復刻版

韓国併合史研究資料 ⑪⑦

家庭百万吉凶宝鑑

清韓染織視察報告書

龍溪書舎

本復刻版製作に際しては、東京経済大学図書館のご好意により、同図書館所蔵本を影印台本とした。ここに深甚の謝意を表する次第である。

廣韓書林 編輯部 編纂

家庭百方吉凶寶鑑 全

廣韓書林
滙東書館
永昌書館
博文書館
朝鮮圖書株式會社
共同發行

家庭 百方吉凶寶鑑全

第一編 秘訣

第二編 擇日

第三編　陰陽

第四編　婚姻

第五編 祈禱

第六編　修造

第七編　交接

第八編　畜產

第九編　陰晴

第十編　葬事

第十一編　命運

第十二　斷時

第十三編　卜字及雜方

第十四編　夢讖

第十五編　療治

附錄

家庭百方吉凶寶鑑 目次終

家庭

百方吉凶寶鑑 全

哲魂 朴埈杓 撰

第一編 秘訣

당년신슈보는법(土亭秘訣)

몬저년치를놋코또태세수를놋코팔팔제지후에그남아지수로상괘를짓고

둘재는생월월건슈를놋코그달이크면삼십일을놋코자그면이십구일을노화륙々제지후에그남아지수로즁괘를짓고

셋재는생일수를놋되초일일로위시하야그생일날싸지놋코또생일일진수를놋코삼々졔지후에그남아지수로하괘를짓나이라

太歲月建日辰의數

오른편으로첫재수는태세수 둘재수는월건수 셋재수는일진수

갑자	二十	十八	十八
갑술	二十二	十四	二十
갑신	二十一	十六	十九
갑오	十八	十八	十六
갑진	二十二	十四	二十
갑인	十九	十六	十七
을축	廿一	十六	十九
을히	十九	十二	十七
을유	二十	十四	十八
을미	二十一	十六	十八
을사	十七	十二	十五
을묘	十八	十四	十六
병인	十七	十四	十五
병자	十八	十六	十六
병술	二十	十二	十八
병신	十九	十四	十七
병오	十六	十六	十四
병진	二十	十二	十八

뎡묘 十六 十二 十四	뎡유 十八 十二 十六	무진 十八 十 十六	무술 十八 十 十六	긔사 十八 十三 十六	긔히 二十 十七 二十	경오 十七 十七 十五
뎡축 十九 十四 十七	뎡미 十九 十四 十七	무인 十五 十二 十三	무신 十七 十二 十五	긔묘 十九 十五 十七	긔유 二十一 十五 十九	경진 二十一 十三 十九
뎡히 十七 十 十五	뎡사 十五 十 十三	무자 十六 十四 十四	무오 十四 十四 十二	긔축 二十二 十七 二十	긔미 二十二 十七 二十	경인 十八 十五 十六

東風解氷 동풍에해빙되니
枯木逢春 마른나무가봄을맛낫다
好花春暮 조혼쏫봄이져물매
暮覺南天 져물재남편하날인줄아랏다

경자 十九 十七 十七	신미 二十 十五 十八	신축 二十 十五 十八	임신 十八 十三 十六	계유 十七 十一 十五	임인 十六 十三 十四	계묘 十五 十一 十三
경술 二十一 十三 十九	신사 十六 十一 十四	신히 十八 十一 十六	임오 十五 十五 十三	계미 十八 十三 十六	임자 十七 十五 十五	계축 十八 十三 十六
경신 二十 十五 十八	신묘 十七 十三 十五	신유 十九 十三 十七	임진 十九 十一 十六	계사 十四 十 十二	임술 十九 十一 十七	계히 十六 九 十四

水流城邊 물이성가에흐르매
積小成大 적은것은싸셔큰것이된다
洛陽城東 락양셩동편에
桃花生光 복숭아쏫치빗난다

【해석】 곤난한사람이차々십이피고또공명할괘

一一二

望月圓滿 달을보매둥굴고차니 鼠入深庫 쥐가깁흔곳집에들매
更有虧時 다시이즈러질째가잇다 班猫跪門 아룽고양이문에안젓따
喜々樂々 희々하고락락해셔 鷄鳴山下 계명산아래에
不如褒姒 포사것이악한계집를모른따 感動楚心 초나라마음을감동한따
【해석】 지금은원만히생활하고거명이업스나장래에는손해와거명이만흐며가속도배반하는마음이잇는패

一一三

鶯上柳枝 꾀고리가버들가지에오르니 雨後江興 비뒤에말근강홍
片々黃金 조각조각황금이라 回問白鷗 돌리여백구에게무렷다
有絲成金 실이잇셔금을이루니 太昊時節 태호적시절에
首陽山影 수양산그림자더라 始畫八卦 비로소팔괘를그렷다
【해석】 부귀공명다하고한가로이퇴로하야상공이라도박구지아니할패

一二一

圍碁消日 바둑으로소일하니 魚遊春水 고기가봄문에놀매
落子丁丁 바둑두는소래가뎡々한다 其尾揚々 그꼬리가양々한다
上下和同 생하가화동하매 石城歸路 돌성도라가는길에
歡聲通隣 질거운소래가이웃에돌닌다 恩人眷顧 은인이도와준다
【해석】 근심거뎡다업셔지고가족이화락하며도와주는사람이잇는괘

一二二

畫虎不成 호랑이를그려되지아니함에 齕々者何 어릿어릿하는재무엇인고
反爲狗子 도리여개자식이되엿다 何取何捨 어는것을취하고어는것을놀고
亢龍在天 놉혼룡이하날에잇는대 左七右七 왼쪽일곱오른편일곱
何望大海 엇지하야큰바다를바라는고 妻妾相鬪 쳐와쳡이서로싸온다

【해석】복되는일을하여도화가되고바라는것이허사되매가족이불화한괘

雖曰箕箒 변々치아니한키와비로 秋菊欲笑 가을국화가피고자하나
其主尙存 그주인이오히려잇다 恒心不久 구든마음이오라지안타
衆山峯立 뭇산이봉오리쳐럼셔매 懸頭宮門 머리를집문에달매
峯々皆人 봉오리다사람이더라 運去何人 수운해가는니가누군고

【해석】탐하지도말고밋지도말나만인간이다보는대모양이숭한괘

老人對酌 노인이술잔을대하매 天地玄黃 텬디가검고누루매
醉睡沉々 취해졸기를침々히한다 日月盈昃 해와달이차고기운다
白雲歸路 흰구름도라가는길에 呂尙釣臺 려상의낙시질하던터에
丹翁指示 불근늘그니가지도한다 文王垂竿 문왕이간지때를드럿다

【해석】강태공이때를기다리다가문왕을맛는괘인대궁하다가달할괘오또이와갓치되지아니하면조치못한괘

草綠江邊 풀이강변에푸루르니 和氣到門 화긔가문에이르니
郁々靑靑 옥々하고청々하더라 豈不美哉 엇지아름답지아니하랴
相生相應 서로생하고서로응하니 去舊生新 거구생신되니
名振四海 이름이사해에떨치더라 一身光輝 한몸이빗치난다

【해석】무삼일이던지심들지아니하고잘되며공명을하면뜻밧게큰벼슬할괘

雪滿窮巷 눈이궁항에찻는대 流離南北 남북에류리하여다니다가
孤松特立 외로온소나무특별히섯다 合掌大笑 손바닥을치고크게웃는때
燕自何方 제비가어느방위로오는고 團々秋月 둥굴고둥군가을달에
從晴入房 날개입을싸라방에드러온다 身醉花間 몸이꼿사이에셔취하엿다

【해셕】 친쳑업시홀노다니는몸이신셰를한탄하야술취해눈괘

四一

萬頃滄波 만경창파에 擧頭何處 머리를들매어느곳이뇨
一葉片舟 한입사귀조각배로다 利在他鄉 이로옴이타향에잇다
一身高臺 한몸노푼대에 欲知平生 평생을알고자할진대
浮雲歸路 뜬구름도라가는손이로다 奇跡三遷 기이한자취가세번옴진다

【해셕】 타향에잇는몸이의지업시이곳져곳피이하게을마다니는괘

四二

百人作之 백사람이농사를지오매 寒谷回春 찬골에봄이도라오매
衣食豊足 의식이넉々하다 治農治產 농사와산업을다사린다
夏日旱亭 여름날가무는뎡자에 千里孤客 쳔리쥬로온손이
大雨方丈 큰비가길노왓다 立身揚名 립신양명한다

【해셕】 도와주는사람이만아서자연히곤한사람이부자되고외로온사람이귀히될괘

四三

夜雨行人 밤비다니는사람이 困木難長 곤한나무가자라기어렵고
進退苦々 진퇴간에괴롭고괴롭다 欲求難求 구하고자해도구하기어렵다
相克相冲 상극되고상충되매 其間芳緣 그간꽃다온인년은
灑淚滄波 눈물를창파에쎄린다 女人吉美 녀자가길하고아름답다

【해셕】 곤난한일이만코무순일을하고져하야도마음파갓지아니하여나오는바가한탄섄이라그러나녀자의판계에는리익이잇다는괘

五一

緣木求魚 나무를인하야고기를구하매 尋友洛陽 친구를락양에차지매
事々多滯 일일이막힘이만타 還醉瑤臺 도리혀요대에서취하다
中無所主 중무소주하매 落日西天 쩌러지는날셔편하날에
虛心狂蝶 무심한밋친나뷔로다 似人非人 사람비슷하나사람은아니라

【해셕】 아니되는일을하매되지아니하고도와주는사람을차자도맛나지못하고공연히마음이써셔힛쌔비에게흘인괘

一五二

火及棟樑 불이기동파들보에밋치니 投鼠忌器 쥐를때리고십허도그릇이잇다

燕子安居 졔비새기가엇지거할고 大笑路上 크게노상에셔웃는다

三歲玉女 세살먹은옥갓흔딸이 萬里邊城 만리변방에

半笑半哭 반은웃고운다 白馬長嘶 흰말이기리운다

【해셕】 대화가당두함을모르고안락하며마음대로하자하야도쓰리는것이잇셔々못하고타향에외로히다니는형상괘

一五三

年雖値荒 해가흉년이라도 竹化玉龍 대가옥갓한혼으로화하매

飢者逢春 주린재봄을맛난다 堯舜日月 요순일월이로다

太古天地 태고적텬디에 自然橫財 자연히횡재를하야

五雲鬱々 오색구름이울々하다 廣置田庄 널리뎐장을장만하엿다

【해셕】 지금은곤난하나불구에곤난을면하고태평히지낼썐외에자연히횡재하야크게뎐장을장만할괘

一六一

甘雨霏々 조한비가솔々오며 重力扶身 무거운심으로몸을부쓰니

一枝梅花 한가지매화로다 營求乃昌 경영하는대로된다

何事南北 무삼일이뎐지남북에 袖上掛布 소매우에베를거니

用之不竭 써도다하지아니한다 有聲高處 놉흔곳에소래가잇다

【해셕】 도옵는사람이만흐매무삼닐이뎐지마옴대로되고조흔명예가놉흔대셔지들니는괘

一六二

夏雲起處 여름이러나는곳에 之南之北 남북으로다니매

魚龍沐水 고기와룡이물에목욕한다 轟々多聲 굉장히소래가만타

非理勿探 비리의것은탐치마라 南退北應 남으로퇴하고북으로응하매

一六三

輕入訟門　경솔히송사문에드러간다　望事如意　바라는일이여의하다

【해셕】 룡이물에잇스니생애가넉넉하고무삼일을하던지성명이잇스나아니될일을경영치마라송사잇슬패

二一一

秋扇停止　가을부채가그치매　進不可難　나아가기도가히어렵지안코
白露既降　백로가임이나렷다　退不可難　퇴하기도가히어렵지안타
幸逢貴人　다행이귀인을맛나　財星兼全　재물별이겸전하니
恩賀紫閣　은혜를대궐에하례한다　能小能大　능히적고능히크다

【해셕】 처음에는진퇴양난한경위이나다행이귀인을맛나귀이되고재수잇는괘

二一二

晝耕夜讀　낫에밧을갈고밤에글닑으니　終身保居　종신토록사는것을보전하매
錦衣還鄉　금의로고향에도라온다　風塵不侵　풍진이침노치못한다
若不勤力　만일부지런니심씨지안으면　天門自開　하날문이절노열니매
壽福何期　수와복을엇지긔약할고　權中垂輝　권세가온대빗치잇도다

【해셕】 부지러니만심쓰면수와복이절노올뿐아니라하날이도와권리잇는중광휘가잇슬매

二一三

金入煉爐　금이다는화로에드러가매　走馬加鞭　닷는말에채치를더하매
終成大器　마참내큰그릇을이루리다　天恩揚名　텬은으로일홈을날인다
賀客入門　하례하는손이문에드러오매　一枝花開　한가지는꼿치피고
喜々樂々　깃부고질겁도다　一枝花落　한가지는꼿치떠러진다

【해셕】 상당한활동을하야상당한지위를어드매희락々하는대한편에조곰불만족한일이잇을괘

平地風波　평디풍파가나셔　杜門不出　문을닷고나오지말고
驚人損財　사람을놀내고손재한다　勿參訟場　송사마당에참예치말나
龍無前後　룡이전후에업스니　若非鳴鍾　만일명종치아니면

欲乘難期 라고져하야도기필키어렵다 難免白衣 백의를면키어렵다
【해셕】 손재슈가잇스니두문불출하고공연히송사에참예치말나잘되면크게되고그러치아니하면해업슨괘

二二一

不知安分 안분할줄을아지못하면 萬里無雲 만리에구름이업슴에
反爲殊常 도려여슈상한일이된다 海天一碧 바다하날한갈것치푸르다
池中之魚 못가온대고기가 老龍無聲 늘근룡이소래업고
終無活計 마참내살계교가업다 江邊驚淚 강가에놀난눈물이라
【해셕】 안부하지아니하면해가잇고재수가업스니극히곤난할괘

二二二

白日靑天 백일청텬ㄴ 三人之中 세사람가온대
陰雲濛々 음음한비가몽々하다 一人之惡 한사람의악한것
含口切迷 입을물고이를가니 花落無春 꼿헌떠러지매봄이업다
千恨未伸 일천한을펴지못한다 狂風更發 미친바람이다시발한다
【해셕】 뜻밧게변사가다겨원한을맷고그래도부족하야또조치못한일이생기는괘

二二三

玉樹珮月 옥나무에달이걸님에 先吉後凶 먼저길하고뒤에흉하니
花落花開 꼿치열고떠러진다 非利不食 리롭지못한것은먹지마라
草兮々々 풀이여풀이여 鶯啼柳枝 꾀꼬리가버들가지에우니
前庭其草 뜰압헤그풀이로다 夏雲冬雪 여름구름겨울에눈
【해셕】 우락이상반하니뜻업는세월이어너결을에가는지아지못할괘

二三一

逢時不爲 때를만나하지아니하니 千里貴客 천리에귀한손이나
何時待望 어너때를기다리고바랄고 愼勿相對 상가셔상대치마라
群雉陣飛 뭇꿩이떼로나니 修道遠惡 도를닥고악한것을멀니하니

胡鷹拂翼 큰매가날개를버린다 去舊生新 넷것을버리고새것을낸다

【해셕】매사를쌔를이러엇지할고아무리귀한손이라도나를해코자하는자이니도를닥고악습을버려야조

二三二

夜逢山君 밤에호랑이를맛나니 暮道晩行 저문길행하난사람을

進退兩難 진퇴양난하다 誰云指示 누가가렷쳐줄고

青山細雨 청산속가는비에 掛燈素壁 등잔을흰벽에거니

蒼鷹擧頭 푸른매머리를들고 暮覺南天 저물제남편하날인줄안다

【해셕】나를해코져하는사람샌이요지도하는사람은한사람도업다늣제야조곰나흘패

二三三

海龍得珠 바다룡이구슬을어드매 舜琴抱得 순님금이거문고를아

變化無常 변화가무쌍하다 妙在其中 묘한것이그가운대잇다

碌々君子 록々한군자가 偶然呼友 우연히벗을부르매

有何意思 무삼의사잇는고 殷道復興 은나라도가다시이러난다

【해셕】재물만히상기매무삼일이던지쏫파갓치되고귀인을맛나성공할패

二四一

居家不安 집에잇스면불안하고 心深洞庭 마음은동졍호에깁고

出他心閒 타쳐에가면마음이편안하다 路永湘岸 길은상수언덕에길다

無頭無尾 무두무미하매 出頭何方 어느방위로출두할고

行似浮雲 행함이뜬구름갓다 利在東北 리가동북에잇다

【해셕】가사를져바리고동북간오로멀니행하면조흘패

二四二

古人塚上 넷적사람무덤우에 鷄鳴月午 닭이울고달이낫되매

今人葬之 지금사람이장사지낸다 孟嘗出關 맹상군이함곡관에나온다

太公何人 강태공이엇쩌한사람인고 牛遊草野 소는풀잇는들에놀고

二四三

無窮夫子 무궁한공부자 魚遊河側 고기는하수가에논다

【해셕】허던일하매크게곤난되다가다시일이폐여걱정근심업는괘

二五一

傳相告引 서로고발하다가 左右通泰 좌우가잘되엿는대

罪及念外 죄가뜻밧게밋첫다 納履何往 신들메이고어대로갈고

火起東山 불이동산에낫는대 鳳別梧桐 봉이오동을이별하니

聲聞南海 소리가남해에들닌다 內抱宿病 안으로숙병을어덧다

【해셕】구셜슈가잇스니가뎡이나라인이나언쟁치말지어다조고마한일이라도크게소문나매다정한사람이라도다갈니괘

蓬萊求仙 봉래산에신선을구하매 四顧無親 사방으로친한사람이업스니

反似虛妄 도리여허망하다 赤脚何依 적각으로어데의뢰할고

察々不明 찰々하야도불명하니 半哭半笑 반은울고반은우스니

誰怨誰仇 수원수구할가 身藏北斗 몸이북두에감추엿다

【해셕】의뢰할대업시허탄한일하지말나도모지제불찰이지누구를원망할가자연히화가나셔들어안진괘

二五二

靡室靡家 가속도업고집도업스니 垂釣滄波 낙시를창파에드리매

窮居無聊 궁하게거하매자랑할것업다 暮覺南天 져물게남편하날을아랏다

寂寞天地 적막한텬디에 日暮靑山 날이청산에져물매

浪送風光 허랑히세월을보낸다 寃心自退 원망하는마음이절노업다

【해셕】일업시도라다니며세월를보내다가늘게야자긔의잘못을세닷는괘

二五三

花爛春城 꼿치봄셩에난만하니 魚躍龍門 고기가룡문에뛰니

萬和方暢 만화방창하다 攀龍附鳳 룡을밧들고봉을부친다

指南指北 남북을가라치매 三江五川 세강다섯내에

必看妙云 반다시묘한일이잇다 恩友顧恤 은혜벗이애호한다
【해셕】 가족이화락하고벼살이놉히되여지도하는사람이만코도와주는사람이만타는괘

二六一
千里他鄕 쳔리타향에 升天玉龍 하날에오르는옥룡이
喜逢故人 반가히고인을맛난다 五雲鬱々 채색구름이울울하다
九秋晩景 구츄느진경은 佳曲滿扇 아름다온곡조붓채에가득하니
蘭庭和風 난초뜰화한바람이라 豈不美哉 엇지아름답지아니한가
【해셕】 반가운사람을맛나는동시에대판의지위를엇고가을에이르러새남할괘

二六二
三年不雨 삼년을비가아니오니 投鼠忌器 쥐을때리고십허도그릇때문
年事可知 년사는자연알겟다 大笑路上 크게길우에서웃는다
山影倒江 산그림자가강에빗치니 勿歎飢寒 긔한을탄식마라
白骨空泣 백골이공연히운다 終有亨通 마참내형통하리라
【해셕】 궁인이모사가마음대로되지아니한다신슈야엇지할가한탄말고잇스면종말에는형통할괘

二六三
柳花春風 버들꼿봄바람에 天地得合 텬디가합하매
鶯歌太平 꾀고리노래태평하다 有物皆成 물건마다이른다
暮得良馬 늣재양마를으드니 龍眠北海 룡이북해에졸매
何羨白樂 엇지백락을부러할가 喜擧必成 조흔일이반다시이른다
【해셕】 화락한가운대태평가부르매만사가절노되고늣재아달나으매경사가가중에충만한괘

三一一
忙々歸客 밧부게도라가는손이 上下不順 상하가불화하니
臨津無船 나루를당하야배가업다 無面渡江 무손낫으로강을건널싸
滄波一氷 창파한어름에 烏鵲南飛 오작이남으로나렷스니
千金散盡 천금을헛쳐버렷다 秋起朱門 가울이주작문에이러난다

【해셕】 분주히도라단녀도셩공치못하고가뎡에흠당만생기여손재만되는괘

靑鳥傳信 쳥조가편지를젼하야 三年之榮 삼년의영화는
鰥者得配 호라비가짝을어덧다 三日之知 삼일의지혜라
漸得生氣 점차생긔를어드매 金姓來助 김가셩사람이도으매
死地求生 사지에사는것을구한다 光彩五倍 광채가오배나된다

【해셕】 혼인되고덕공은젹어도효력이만흐며김가셩사람이와서도으면생색이오배나될괘

日入雲中 날이구름가운대들매 風前孤落 바람압헤외로히써러지나
其明未期 그밝은것이기약이업다 比如破鏡 비컨대깨진거울갓다
日何不明 날이엇지하여밝지아니한고 無主奉祀 봉사할주인이업스니
浮雲蓋月 뜬구름이달을덥헛다 平生大吉 평생에길하다

【해셕】 일월이다밝지아니하니부모에게질병이잇슬괘

方病大癰 병들고종긔나매 地神弁動 터가동하매
扁鵲難醫 편작이라도의원키어렵다 家宅不寧 가택이편안치못하다
一言六[illegible] 한말에여섯이써르니 白玉落點 백옥에써러진점은
水火一驚 물과불에놀난다 橫財反凶 횡재가도리여흉하다

【해셕】 질병이써나지아니하고수재의염녀가잇는괘

春分三月 봄이셕달에뉘니 旱苗逢雨 가무는싹이비를맛나니
花落結實 꼿이써러지고열매가연다 牛眠盛草 소가조흔풀에조은다
披雪見月 구름은헤치고달을보니 棄秦事楚 진나라를바리고초나라를셤기니
豈不美哉 엇지아름답지아니한가 巳亥之間 사월십월새이라

【해셕】 생남하고부지되고귀인을맛나보고쳐녀이면사월십월간에출가할괘

三二三

有弓無矢 활은잇고살이업스니 月出瑤臺 달이요대에나오니
來賊何防 오난도적을엇지막을고 才勝德薄 재조만코덕은박하다
蠅何無家 파리가엇지업슬가 移門自開 문을옴기여절노열리니
更附牛尾 다시소의쏘리에부텃다 仁聲通隣 어진소래가이웃에통한다
【해석】매사를준비하야장래의환을방비하고빈한한생활이라도안심하고지내면린동의칭찬을엇을괘

三三一

陽翟大賈 양덕쌔에큰장사가 小竹迎春 대는봄을맛고
手弄萬金 손으로만금을희롱한때 蓮花開秋 연꼿은가을에핀다
夏日旱亭 여름날가문뎡자에 桃花付竹 도화가대에부치니
逢雨之格 비맛는격이라 因人成事 인인셩사를한다
【해석】락판시벽을하매부자되기어렵지아니하고무삼일이던지도와주는사람이만흔괘

三三二

北邙山下 북망산아래에 花衰春風 꼿치봄바람에쇠하니
新建茅屋 새로씌집을세웟다 几上之肉 도마우에고기더라
千斯萬斯 천이나되고만이나되야도 凶化爲吉 흉함이화하야길하게되니
不識不知 긔록지못하고알지못한다 掃塵禱榮 퇴글을쓸고영화를빈다
【해석】금만금이잇슨덜무엇할고북망산쌔장이가편하다그러나극흉하면길한지라아모쪼록긔도나하야불패

三三三

射虎南山 호랑이를남산에쏘매 坐鎭大軍 안재서대군을진정하매
連貫五中 연하야쏘와오중하엿다 統合六國 대국을통합한다
垂釣滄波 낙시를창파에드리니 鶯上柳枝 씨고리가버들가지에오르니
晚時其節 만시가계졀이라 錦衣騎馬 비단옷으로말을탄다
【해석】경영만하며안될것이업다권리가능히큰일이라도할러인대때를기다려할괘

三四一

萬里長程 만리나먼길에 謀事不成 일을써해도이루지아니하매
去々泰山 갈슈록태산이라 移席紛々 자조자조좌셕을옹긴다
鳩雛獨鳴 비둘기색기가홀노울매 花落無春 꼿치떠러지고봄이가니
日食粥也 날노죽을먹는다 依托何處 어너곳에의탁할고
【해셕】 꼿업는일이가고갈소록어렵기만하고잘되지아니하매마음이항상불안한괘

三四二

年少靑春 나희절믄청춘이 薰風吹軒 더운바람이마루에불매
足踏紅塵 발노홍진을밟는다 子孫縉紳 자손이사환한다
猛虎出林 사나운호랑이가슈풀에나고 雨順風調 우순풍조하매
神釣化龍 신긔한낙시가룡으로화한다 百穀豊登 백곡이풍년이라
【해셕】 소년등과하고자손싸지영귀한대위엄파권세가썰치매복록이진々한괘

三四三

駈馳四方 사방으로구치하매 雪裡求筍 눈속에죽순을구하니
山程水程 산길이나물길이나 誰知其苦 누가그괴로옴을알니
破屋重修 헌집을중수하니 凍魚出海 언고기가바다에나오니
晩時生光 늣게야새광한다 不遠千里 천리가먼줄모른다
【해셕】 귀물을구하고재산이나물이나사방으로댕진다고진감래늣게야조금나을매

三五一

未嫁閨女 출가아니한규녀가 帳中排裘 장맥속에갓옷을치니
弄珠不當 구슬희롱합이올치안타 兩手執餠 두손에떡을쥐엿다
螢付春草 개똥벌네가봄풀에붓트니 改舊從新 옛을고치고새것을조츠니
以失其光 그빗을이럿다 東園回春 동원에봄이도라왓다
【해셕】 이리저리다댕하매한곳도배반키어렵다도를이럿서도의식은넉々하나무색한일이야엇지할고개파천선하면안정할괘

三五二

靑龍朝天 청룡이하날에조회하매 金盤推果 금쇼반에실파가싸이고
雲行雨施 구름이행하고비가온다 花榻設宴 꼿탑에서잔치한다
殊水舟行 물을베고배가가니 雲外萬里 구름밧만리에
外虛內實 외허내실이라 順風加帆 순풍에돗을다랏다
【해셕】 내외가화합하매연락이자조잇고당하는대로하매해로온듯하야도평안한괘

三五三

擧杯花前 진을꼿압헤드니 與人謀事 남파일를꾀하매
和合春鳥 봄새와화합된다 利在其中 리가그가운대잇다
第一金榜 뎨일파거방에 祿重權多 록이중하고권세만흐매
後昆餘慶 형을뒤하야경사잇다 萬人仰視 만인이우러러본다
【해셕】 혼인되고파거하니련네와록이만흐매세상사람이우러러보는괘

三六一

狡兎旣烹 샤나온토기가임이살멋스니 日暮西天 날이셔편이저무니
走狗何罪 닷는개가무삼죄인고 莫向乘舟 배를타지마라
二十年光 이십년광이 若不勤力 만일근력하지아니하면
有似飄風 표풍갓치지낫다 壽福何期 수와복을엇지긔약할가
【해셕】 타인의해가내게도라오니깁히삼가고아모쪼록부지러니하여야수복이도라올괘

三六二

太平安席 태평연셕에 世本云何 셕업이다무엇이야
君臣會坐 군신이회좌하엿다 橫財豊饒 횡재가만토다
安身安意 몸파뜻이평안하니 瑞日春城 상셔날봄셩에
薰風和氣 더운바람화한긔운이라 太乙照命 태을셩이명에빗첫다
【해셕】 귀히되고횡재하니심신이평안하고명이기온괘

三六三

虎榜雁塔 호방안탑애 日麗中天 날이중텬에걸이니

或名或載 혹데명하고혹실넛다 金玉滿堂 금옥이만당한다
相生相應 상생상응되여 和氣芳濃 화긔가방농하니
名振四海 이름이사해에썰치더라 道高名利 도고하고명리를엇는다
【해석】 벼살에ᅱ도룩하니젼후좌우가다귀인이라내몸이놉고내이름이날니는괘

四一一

老星光落 늘근별이빗치쪄러지니 有財無功 재물은잇서도공이업스니
後軍先陣 후군이션진된다 終不得亨 마참내형통치못한다
風雨秋來 풍우에가을오니 天地不交 텬디가교합지아니하니
陰谷回春 음곡에회춘된다 非山大岸 산은아니나큰언덕이라
【해석】 나종난풀이욧둑하고재물을다라도내것이아니라그러나의지할데잇스면궁은할괘

四一二

馳馬長安 말을장안에달이니 水汪金塘 물은금당에왕셩하고
得意春風 츈풍에득의하엿다 翠滴銅山 푸른것은구리산에듯더라
離樑壽閣 조량화각에 氣淩彭澤 기운이팽택을능멸하니
一身安過 일신이평안하다 淵明何言 연명이무순말을할고
【해석】 화직으로셰도하매재산이만히생기여일신는태평이지ᅦᅥ록먹음이도리여구々하다환산하는괘

四一三

渴龍得水 목미른룡이물을어드니 欲見前程 젼뎡을보고자할진대
濟々蒼生 창생을젼진다 李下接桃 오얏나무아래복숭아졉
春光再程 봄이두번오니 赤手成家 젹슈로셩가하니
慶事盈門 경사문에가득하엿다 致產更期 치산을가히긔필하겟다
【해석】 권셰를어드니창생을구졔할생각이오자식이업서양자하면길하고경사잇스며또형셰느러부자될괘

四二一

僅避狐狸 겨우여호와삵을피하니 擧頭何處 머리를어녀곳에들고

更踏虎尾 다시호랑이ᄭᅩ리를발밧다 難致手足 수족은놀리기어렵다
有聲無功 소리만잇고공은업스니 財星逢空 재셩이공을맛나니
一限奈何 한한들엇지할고 虛往虛來 헛도히왕래만한다
【해셕】화불단행이라갈사록곤난함이만라아모리노력하야도공이업스니한탄한들무엇하리재슈좃차업는괘

四二二

兄耶弟耶 형이냐아오냐 暮竿天中 져문낙시오월에
庚人之害 동갑의해로다 良事魔情 조흔일에마가든다
欲步江東 강것고자하나 春光重陰 츈광이거듭그늘하니
日暮奈何 날이져물러엇지할고 其色難秀 그빗을새여나기어렵다
【해셕】형이냐아오냐한다하여도다해로운사람이오일을ᄭᅬ함에오월절이ᄯᅳ린다어언간느졋스니엇치할고하는괘

四二三

花笑園中 ᄭᅩᆺ치원중에피니 稱曰暗行 암행한다한덜
蜂蝶何喜 봉졉이엇지깁블가 改事誰知 일곳침을누가알고
無月洞房 달업는동방에 神化龍劍 신통한칼이룡이되니
花燭再輝 화촉이두번빗난다 瑞出甘泉 단샘에상셔가낫도다
【해셕】조흔일에조흔줄모르고남모르게하고져하여도자연안다두번장가들고생산할괘

四三一

天崩地陷 하날이문어지고ᄯᅡ이ᄭᅢ지니 寂寞江山 젹막한강산에
事々倒懸 일々이것구러진다 何以虛驚 엇지하여헛도이놀내는고
風振畵樑 바람이화량에ᄯᅥᆯ치니 掘井求水 우물을파서물을구하니
花燭不明 화촉이밝지못하다 終得吉地 마참내길디를어덧다
【해셕】부모상을당하고내환이잇스며근력하면재슈는잇슬괘

四三二

交趾越裳 교지월상에서 飛將冲天 날면장차하날을찌르고
遠獻白雉 멀리흰꿩을드린다 鳴將驚人 울면장차사람을놀내언다
井魚出海 웅물고기가바다에나오니 鳳棲梧桐 봉이오동에깃드리니
其尾洋々 그꼬리가양々하다 衆知振々 다진々할주를안다

【해석】 룡마가나자장군이나셔시세를어더마음대로동하는괘

四三三

伏於橋下 다리아래업데여잇스니 流落南天 남쪽으로류락하야
陰事雖知 가만한일을누가알니 僅避仇人 겨우원수를피하엿다
秋水林澤 가을물수풀못에 飛龍施雨 나누룡이비를나리니
金鱗無氣 금비눌이긔운이업다 浮萍流川 마름이호르는내에구른다

【해석】 큰일을경영하다이루지못하고련년히다리아래에업데여생각하니활발한긔운이업는대다행이도 와주는사람이잇서갈길을차져가는괘

四四一

搴雉盡飛 못꿩이다날때 霜月流螢 구십월에나는개똥불이
胡膺拂翼 큰매가나래를떨친다 用之何時 어나때에쓸고
風塵秉燭 바람틔끌에촉불을잡으니 莫恨初困 쳐음곤난을한하지마라
興盡悲來 흥이다하고슬픔이온다 晚節生光 늣제빗치난다

【해석】 세상에나매해코져하는사람이잇다매사를실시하니되는일이업도다곤난을한탄말고잇스면늣재 는조흔일이잇스리라는괘

四四二

茫々大海 망々한큰바다에 之南之北 남북으로단녀도
遇風孤棹 바람을맛는외로온돗대라 擧目無親 눈을들매친한니업다
乘槎渡海 떼를타고바다를건느니 虎入殘山 호랑이가쇠잔한산에드니
黃龍負舟 황룡이배를진다 兎狸來侵 톡기와삵이와서침노한다

四四三

【해셕】 혈々한단신이의탁할곳이젼혀업다멀니려행하면뮤조가야줄사람이잇슬괘

六月炎天 륙월염텬에 披雲見月 구름을헤치고달을보니
開臥高亭 한가로히놉흔뎡자에누엇다 空笛穿雲 빈피리가구름을뚜른다
蘭生芝園 란초가지동산에나니 竿頭掛龍 낙시때에룡이걸리니
花笑眞光 꼿치참빗으로웃는다 名振四海 이름이사해에썰친다

四五一

【해셕】 몸이한가하니피리소리도청한하다상당한곳에쳐하매희색이만면하다차々립신양명할괘

青山歸客 쳥산에도라가는손이 石間殘水 돌사이의쇠잔한물에
日暮忙步 날이져물매거름이밧부다 細流歸海 가늘게흘녀바에도라간다
友人來助 친구가와셔도으니 深山幽谷 깁흔산그윽한골에
晚時生光 늣재야광채가낫다 夕鳥投林 져녁새가슈풀에던진다

四五二

【해셕】 날이져무러가니일々이밧부다ㅣ피로운몸이은인을맛나질겁게고향에도라오는괘

夢得良弼 꿈에어진사람을어드니 錦衣騎牛 비단옷으로소를타니
眞僞的知 전위를꼭알겟도다 反爲獵者 도리여산양군이되엿다
松風蘿月 송풍라월에 春園柳李 봄동산에복숭아와오얏이
金光隨之 금빗치써른다 郁々青々 셩하고푸르다

四五三

【해셕】 어진사람을어더도음을바드니무상일이파실이잇슬가산파돌에그물을쓰니걸녀드는자가현당한사람인괘

望月玉兎 달바라는옥토기니 良馬滿廐 어진말이마구에가득하니
金光滿腹 금빗치배의가득하다 伯樂何人 백락이엇더한사람고
青草綠竹 푸른풀푸른대가 黃龍吐雲 황룡이구름을토하니
簷前含露 쳠하밋헤셔이슬을머금엇다 望者一驚 바라는자가한번놀난다

【해석】 슈태하면귀자를낫코질병업시잘잘알괘

四六一

避險出谷 험한것을피하야골을나오니 踰墻逐客 담을넘어손을쫏치니
仇者懷劒 원슈가칼을품엇다 仰天仰地 텬디를우러러본다
乘馬失路 말을타매길을이르니 由此觀之 이로좃차보면
擧頭何處 머리를어느곳에들㐅 背恩忘德 배은망덕한다
【해석】 원슈가칼을품고말을타매길을이뎟스니이것이배은망덕한죄가아닌가현디를우러러탄식하는괘

四六二

萬里無雲 만리에구름이업스니 富春山下 부츈산아래에
海天一碧 바다하날이한갈갓치푸르다 擊壤老人 격양하는노인이더라
魚遊深水 고기가깁흔물에놀고 江湖歸帆 강호로도라가는배에
春燕歸巢 봄제비가둥우리에도라온다 棹歌一聲 도때노래한소래로다
【해석】 베슬마다사양하고고향에도라가한가로이낙시질이十하고셰월보내는때

四六三

玉兎向東 옥토기가동편을향하니 靑鳥來往 청죠가래왕하니
滿光可把 맑은빗을가히자불려라 信音關々 신음이관々하다
鳴琴柳鶯 거문고를버들진에타니 雛鶯出谷 색기쐬고리가골에나오니
佳曲滿扇 아름다운곡조붓채에가득하다 反是黃金 도로혀이황금이라
【해석】 슈태하면귀자를낫코가족이화락하여경사가잇슬괘

五一一

梧竹爭節 오동파대가절을다투니 石上栽蓮 돌우에연꼿을심고
身入麻田 몸이삼밧헤드럿다 坐井觀天 우물에안져하날을본다
疊餠衰飢 떡을쌋코쇠하고쥬리니 轉禍爲福 화를굴려복을삼으니
何時免窮 어느때궁을면할가 終乃大亨 마참내크게형통하리라
【해석】 부모상을당하고곤궁할슈이나화를리용하야복을삼으면종내에형통하는일이잇스리라

五一二

池中之魚 못가온대고기가 蛇入龍窮 뱀이룡에굴에드러가니
終無活計 마참내살계교가업도다 誰勝誰負 누가이기고누가질꼬
浪裏乘槎 물결속에뗴를타니 孤松巢鶴 외로온소나무에깃드린학이
不知東西 동셔를분간치못한다 無味春光 무미한봄빗치라
[해셕] 자々으는물고기가살길이바이업다상대하는자가다강한자이라엇지이기기를바랄가동셔에분쥬하야도무색한패

五一三

沼魚出海 못의고기가바다에나오니 擇地移居 땅을가려이사하니
意氣洋々 의긔가양々하다 壽福綿々 수와복이면々하리라
七年大旱 칠년대한에 破厠老鼠 두산뚜르든쥐가
喜逢甘雨 반가히단비를맛낫다 赴入冬窓 겨울창에드러왓다
[해셕] 형셰가느러큰집으로이사하니오래살고복이도라오는패

五二一

敗軍之將 패군한장슈가 採薪逢虎 나무하라갓다가범을맛나네
無面渡江 강동에도라갈낫이업다 進退兩難 진퇴가냥난하다
岩山走馬 바위산에말을달리니 春園蝴蝶 봄동산나비가
不知功名 공명을아지못한다 必逢燕子 반다시제비를맛는다
[해셕] 팔천군사다패하고사방으로처도러오는먹군을막을쥰비바이업는패

五二二

二月桃李 이월도리화가 夢見君王 꿈에군왕을보매
逢時爛熳 때를맛나난만하다 金盤推果 금소방에파실이가득하다
披雲見月 구름을헤치고달을보니 缺月重圓 이지러진달이거듭둥굴고
太陽照命 태양이명에빗친다 新鏡對容 새거울에얼골을대하엿다
[해셕] 가명에화락합이봄바람화한것갓고셩조에베술하니복녹이진々하며질병이구름갓치거뎌가니집

안이다건강한괘

五二三

兩虎相鬪 두호랑이가서르싸호매 炎天歸路 더운하날도라오는길에
望者失色 바라는재빗을일는다 春光秋光 봄빗파가을빗이라
夕陽歸客 셕양에도라가는손이 一朝淸光 하로아참맑온빗치
携笻忙々 지팽이쓸기를밧부재한다 瞬息間也 슌식간이라
【해셕】 라인파쟁루를따라어언갈세월이다가고늣게하는일이밧부기만하다

五三一

龍成頭角 룡이두각이나니 掘井求水 우물을파고물을구하니
然後登天 그런후에야등현한다 終有大亨 마참내크재형통하리라
寶劒藏匣 보배칼이갑에감취니 飛將冲天 날면하날을씨르고
逢時冲節 맛나는재에절개를직킨다 鳴將驚人 울면사람을놀내인다
【해셕】 공부가셩취되니체용될러이오재용되면장래에크게될괘

五三二

見而不食 보고도먹지못하니 逆水舟行 물을거실너배질하니
畫中之餅 그림가온대떡이라 勞身無功 몸이피롭고공은업다
小舟入浪 조고마한배가풍낭에드니 老顔對鏡 늙근얼골로거울을대하니
不知安危 평안하고위태함을모르갯다 反是乳心 도리혀어지러운마음이라
【해셕】 되지아니할일에욕심을부리니마음이항상불안하고피롭기만한괘

五三三

射而不中 쏘와서맛지아니하니 暮到晩行 저물재이로러늣게가니
蕨手投魚 고사리손으로고기를더진다 誰云指示 누가지도할고
工人抱木 공장이나무를아느니 飛是南風 남풍에나라드나
疑是成功 용당셩공하리로다 每々層々 매양칭々이로다
【해셕】 매사가마음대로되자아니하니지도하는재누구인고재목을다르면성공할듯

五四一

三十六計 셔른여셧계교에 今當泰運 지금큰운을맛나니
走行第一 다라남이뎨일이오 月明中天 달이중텬에밝앗다
雨後淸江 비뒤에맑근강은 走馬花衢 말을꼿거리에달리니
回問白鷗 도려켜백구에게무럿다 舞袖喜風 춤추는소매에봄바람이라
【해셕】 닥치는대행하라조흔운이도라왓다흥미잇는봄언덕에뜻을어더다니는괘

五四二

一把刀劒 한번칼을자부니 流離南天 남텬에류리하니
害人何事 사람을해함이무삼일고 合掌大笑 합장하고대소한다
廣大天地 널고큰텬디에 秋起東山 가을이동편산에이러나니
納履何往 신을메고어대로갈고 心動跰足 마음동하야거름을주저한다
【해셕】 타인을해코자마라텬디널다한들어대로도망할고마음이항상공구할괘

五四三

先人丘墓 조상의산소가 矢中貫中 살이관똑기온대를마지니
都在大梁 다대량에잇다 魚矢其目 고기가그눈을이럿다
五臟不通 오장이통치못하니 前路荒々 압길이황々이니
病作內腫 병이내종병이되엿다 修道遠惡 도를닥고악한것을멀리하라
【해셕】 쌍방에졍드리매어너곳을배반할고그로인하야병이되니치료하기극난하다압길이황々하니도나닥가볼괘

五五一

妖魔入庭 요망한마귀가뜰에드니 生東枝西 동에나셔셔에지나니
作孼芝蘭 지란에게해씻친다 五倫不知 오륜을아지못한다
東字西閣 동편집셔편집에 雲程飛鳥 구름길에나는새가
金鼓長鳴 금북이기리운다 獨鳴橋上 홀노다리우에운다
【해셕】 자손이불길하매자연히화에싸여한적한졀간에셔염불하는괘

五五二

四皓圍棋 상산사호가바둑을두어 門前梅花 문압헤매화는
消遣世慮 세상생각을소견한다 蜂蝶探香 봉졉이향긔를탐한다
東遊西去 동에놀고셔에가니 金菊綻時 금국화필때에
方稱貴榮 바야흐로귀영함을이룬다 正好晩景 졍히느진경이좃타
【해셕】큰보배를가지니차자오는사람이만타누가영귀하다하지아느리요쳐사의생애가넉々할괘

五五三

淸風明月 청풍과명월에 漸々榮華 졈々영화하매
對酌美人 미인과대작한다 實不輕也 실노가비엽지아니하다
碧桃花間 벽도의꼿이피니 換改門戶 문호를고치니
春色濃々 봄빗이농々하다 才人欽仰 만인이흠앙한다
【해셕】내외가화합하고자손이창셩하며겸허하야귀이되나만인이잉시할괘

五六一

風起西北 바람이셔북에이러나니 力能拔山 힘이능히산을빼이나
落帽何處 모자가어너곳에써러젓노 未越江東 강동을건너지못한다
謀事不利 일을때하야이롭지못하니 荊園烟滿 거친동산에연긔가가득하니
虛送歲月 허송세월이라 愁色不解 근십빗이풀려지아니한다
【해셕】만사가와해되니고향에도라갈뜻이업는괘

五六二

寶鼎煑丹 보솟에영사를다리니 日麗中天 날이중텬에걸리니
仙人之藥 신선사람의약이로다 金玉滿堂 금옥이당에가득하다
天門廣開 하날문이열리니 世間何云 세업은엇더하든지
外振北極 밧그로북극에썰친다 橫財豊饒 횡재가만토다
【해셕】장수부귀할괘

五六三

深入靑山 깁히청산에드러가니 靑山六里 청산륙리에

六一一

自建芳屋 절로꼿집을세웟다 白骨空泣 백골이공연히운다
鳥失羽足 새가나래올이르니 湖水間阻 호수가새이에막히매
不飛長空 샹공에날지못한다 天地無話 텬디가말이업다
【해셕】청산에뒷집을세우나무덤이분명하고백골이우름우니션조와맛나볼날이요세상을영결하니텬디가아득한패

六一二

平地風波 평디에풍파나니 虎嘯楓林 호랑이가풍림에회바람부니
束手無策 손을맷고꾀가업다 陰陵失路 음능에길을이럿다
無頭無尾 무두무미에 不知人事 아지못게라사람의일이
行事浮雲 행하는일이부운이라 長沙難免 구장을면키어렵다
【해셕】풍파나는곳에계책이전혀업다도망코저하여도길을일코모든일이뜬구름파갓다남의구셜을면키어려운패

六一三

植蘭靑山 란초를청산에심으니 東閣雪梅 동각의셜매에
更無移意 다시왼길뜻이업다 蜂蝶喧嘩 봉접이헌화한다
杜宇啼處 두우새우는곳에 廣積眞珠 널리참구슬을싸으니
醉興咏詩 취한흥으로시를읍는다 晩時登豊 느진때에풍년든다
【해셕】조흔터를어더거하니고상한처사의명망으로차자오는손이만코또보물을싸코오곡이풍년든패
若有緣人 만일인연사람이잇스면 片時春夢 편시간봄꿈에
丹桂可折 단계를걱그리라 行盡南天 남편을행하여다한다
逢何晩也 만나기를엇지늣게하엿는고 千古英雄 천고의영웅이
不覺其情 그정을깨닷지못한다 浪送風光 헛되이풍광을보낸다
【해셕】귀인을맛나면짝가할수오미인을리별하고연々불망하고경륜을품고세월만허송하는패

六二一

三顧未着 세번가도만나지못하니 金盤美肴 금소반에조흔안주를
吾情怠慢 나의정이태만하다 見而不食 보고도먹지못한다
失矢南樓 남누에셔살을일코 流落南州 남주에류락하니
孤立北樓 북편다락에외로히셧다 葉落古査 입히옛뿌리에떠러젓다
【해석】매사를경영함에재르지마라셥대업는락인물ᄌᆞᆺ을탐하지마라타향에도라다녀도내곳만못할패

六二二

僅避釣鉤 겨우낙시를피하니 寒枝春來 찬가지에봄이오니
張網何免 쳐논그믈을엇지면할고 欲發難發 피고져하여도어렵다
有利南門 리익이남문에잇스니 察々不明 ᄉᆞᆯ々이불명이라
何望貴榮 엇지영귀를바랄고 誰怨孰尤 뉘를원망하고허물할고
【해석】져근회를피하니큰화기당두한다소리를탐하니대리를가망할가다나의불찰이라남을원망치아니할패

六二三

投入于秦 진나라에드러가니 日月理氣 일월이긔운을다사리니
相印纏身 정승인이몸에들렷다 七十二局 이른두판이라
二十四位 이십사위의별이 鷄鳴山下 계명산아래에
必觀其爛 한다시그만합을보리라 吹笛散楚 피리를부러초나라를헤친다
【해석】놉흔지위를어드니만만이우려볼패

六三一

棣花開發 아가위꼿치피여가니 鳳凰山下 봉황산아래에
更傳好春 다시조흔봄을던ᄒᆞ리라 其跡可推 그자취를가히밀윤다
南原綠竹 남원에푸른대는 一雙靑鳥 한쌍청됴가
白馬長嘶 백마가기리운다 含情歸巢 졍을먹음고둥지에도라온다
【해석】형제가상봉하고타향에잇는기족의소식드를패

六三二

怒奔燕軍 셩내고연군에다라나니 其日逃禪 그날중에도망하니
無處不傷 상치아니하는곳이업다 背恩忘德 은혜를지고덕을잇는다
三蟲食盡 세벌네가먹어다하니 敗軍之將 패군한장수가
誰勝誰負 누가이기고누가질고 無面渡江 강건늘낫시업나

【해셕】 내몸이피로우니그해가타인에밋천다던래의업을버리고타업에종사하면탕패될패

六三三

手足相殘 수족이상잔하매 日月常明 일월이밝은중에
骨肉絶脈 뼈와살에맥이업다 火起南方 불이남방에이러난다
無髮火鬼 털업는불귀신이 風驅暮雲 바람이져문구름을몰매
亦忌財主 또한재물주인을싀긔한다 日冷月寒 날도차고달도차다

【해셕】 일가에싸홈하고친척간에절교하니오륙월새이에는부모에게근심을끼치고재수에도손해가잇는패

六四一

心小膽大 마음이적고담이크니 帳中排裘 장막가운대갓옷을치고
居常安靜 거합에항상안명하다 長調玉琴 기리옥거문고를탄다
雲出幽間 구름이메뿌리사이에나니 松風蘿月 송풍라월에
龍盤虎伏 룡이셔리고범이업드엿다 鳳飛紫草 봉이자초에나라는다

【해셕】 가택이안셩하매부부가화락헌다공명이무엇인고다버리고산수조흔곳에소요하는패

六四二

捕兎于海 톡기를바다에셔잡고 五月飛霜 오월의나는서리가
求魚于山 고기는산에셔구한다 一人之怨 한사람의원망이라
浮心洞庭 마음이동정에뜨니 北極侶朱 북극에는여주이오
路出湘岸 길은상수언덕에낫다 東園衰突 동원에는쇠한구들이라

【해셕】 분외의일을하지미러노로허무한일이오남에게적원하니 그해기불소하다마음이뜨고몸이곤한패

六四三

暗中行人 어둔가온대행하는사람이 北海萬里 북해만리에
偶得明燭 우연히밝은촉불을어덧다 蘇公還國 소무가고국에도라온다
夢覺南天 꿈을남편에깨다르니 花柳春風 화류춘풍에
手弄千金 손으로쳔금을희롱한다 錦衣弄笛 비단옷으로피리를희롱한다
【해셕】 고진감래리비색한운이다가고왕셩한운이도라오니재수잇고환복잇는괘

六五一

籠中囚鳥 농중에새를가두엇다가 柳鶯春色 류영의춘색은
放出飛天 내여노으매하날에나랏다 一輝金陵 한번금능에빗낫다
富春山下 부춘산아래에 花山十里 꽃산십리에
叩腹老人 배두라리는노인 必有餘慶 반다시먼지경새잇스리라
【해셕】 곤궁한신세활발하에게되고세상공명다바리고부춘산아래에셔수석을사랑하는괘

六五二

雪裏寒梅 눈속에매화가 日暮青山 날이청산에저물매
獨帶春光 홀노봄빗홀띄엿다 寃心自退 억울한마음이절노퇴한다
金鞍駿馬 금안준마에 風淸月白 바람이맑고달이희니
御史花光 어사와빗지도다 豈不美哉 엇지아름답지아니리오
【해셕】 춘계울다지나고맛듯한봄도라오니마음이화평하고경사잇슬괘

六五三

成功者去 공이룬재가니 葉青細雨 입푸른새우에
前功可惜 젼공이가히앗갑다 牛尾作害 쇠꼬리가해를짓는다
雖有吉慶 비록길한경사가잇스나 移植東隣 동린에옴겨심으니
有名無實 이름은잇고질상은업다 可得功名 가히공명을엇겟다
【해셕】 젼셩시가다지나니여간경시가유명무실하나이사하면공명할괘

六六一

九重丹桂 구중의단계를 三陽回春 삼양이회춘하니

我先折挿 내가먼저꺽거꼬즈리라　　雨順風調 비가순하고바람이고르더라
魚龍聚會 어룡이모두이매　　鳴鳳在竹 우는봉이대에잇스니
金盤推果 금반에실과가가득　　花開設宴 꼿피자연회한다
【해석】 벼슬하고생남하고가족이화락한괘

六六二

六里青山 륙리청산에　　君唱臣和 임금이부르고신하가답하니
眼前別界 안전별계라　　車載萬寶 수레에일만보배를시럿다
官祿隨身 관록이몸을따르니　　天地東南 텬디와동남이
萬人仰視 만인이앙시한다　　皆是掌中 다이장중이로다
【해석】 산에드러오매산수의락이잇고환로에나매권리가강하다세상일을마음대로하는괘

六六三

九月黃菊 구월의황국이　　種竹成林 대를심어수풀을이루니
勝於牧丹 모란보다낫도다　　生涯爲主 생애로주한다
春日桃花 봄날도화가　　虎入荒山 호랑이가겻친산에드니
郁々青々 성하고푸르다　　兎狸來侵 토기와삵이와침노한다
【해석】 봄에부지런하니가을에거두는것이잇고조흔터를으더드니의식이절노생기는괘

七一

尋芳春日 봄날에꼿다온것을차지니　　商山老人 상산에로인이
却是花開 벌서꼿치피엿다　　圍棋消日 바둑을두어소일한다
順風加帆 순풍에돗을다니　　月下彈琴 월하에거문고타니
欸乃一曲 바노래한곡조라　　閒坐高堂 한가로이고당에안젓다
【해석】 혼인하면생남하고도와주는사람이만흐매매사에심드지아니하고한가로온괘

七二

銀鱗萬點 은비늘일만졈에　　雪裡求筍 눈속에죽순을구하니
金角未成 금색다귀가이루지못하엿다　　出天之人 하날이낸사람이라

七一三 七二一 七二二 七二三

天衢策馬 하날거리에말을모니 張弓落日 활을락일에쏘니
坐獨高堂 홀노고당에안젓다 終成大器 맛참내큰그릇을이룬다
【해셕】룡이아직뿔이나지아니한격이오부모에재효셩하니장래에크게될때
龍盤虎踞 룡이서리고범이웅크렷스니 萬里長程 만리장뎡에
風雲際會 풍운이제회하엿다 喜逢佳人 반가히가인을맛낫다
船涉中灘 배가여울가운대로건느니 財物隨身 재물이몸을싸르니
外虛內實 밧근허하고안은실하다 所營如意 경영하는바가뜻과갓다
【해셕】구름룡바람호랑이가조화가무궁하고재수가무진하니일마다여의한때
萬物化生 만물이화생하니 微權必執 져근권세를반다시자부니
陰陽和合 음양이화합하다 日漸生光 날마다생광는다
恩人扶助 은인이부조하매 只依何處 다만어데의의지할고
廣致田庄 널니젼장을장만한다 非我無功 내아니면공이업다
해셕】음양이화합하니귀자를나을것이오권세를신장하니인민을구제할지라각셔에젼장을장만할때
日中不決 한낫이되여결뎡치못하니 有信無德 신은잇고덕은업스니
好事多魔 호사다마로다 樂事反凶 질거운일이되려흉하다
心功過人 마음과공이과인하되 碌々浮生 록々한부생이
四方無氣 사방에미운이업다 不得間節 한가한때를엇지못한다
【해셕】일마다결밀이나지아니하니호사가다마로다선공을닥가도덕이업스니신수가참불길한때
行到滄波 행하야창파에이르니 日暮長程 날에장뎡에져므니
後津何處 뭇디가어늬곳인고 去々泰山 갈수록태산이라
家業浮生 가업에종사하는부생이 一生身苦 일생에몸이피로우니

七三一

行過何年 행하야지내길멧해인고 復有賢良 다시현량한사람이잇다

【해셕】일가생활이갈슈록태산이라몸이비록신고하나현량한사람을맛날패

七三二

遍踏帝城 두로뎨셩을밟부니 清名遠播 맑은일홈이멀니젼파하니

千門共開 천문이한꺼열닌다 運通月映 운수가통하고달이비친다

崢嶸豪傑 번듯한호걸이 命在權威 명이권세와위엄에잇스니

大明稱賛 크게밝은것을칭송한다 腰帶黃金 허리에황금을띄엿다

【해셕】압길이열니니행하는일이마음과갓치잘되여간다부귀를겸젼하니누가아니부종할가만사대길할

七三三

雷門一開 우레문이한번열니니 文章修腹 문장이배에가득하니

萬人驚倒 만인이경도한다 囊積金玉 주머니에금옥이싸엿다

馬上英雄 말우에영웅이 八子貴星 여덟자식귀한별은

智慧過人 지혜가과인하다 高堂魁元 고당에괴원이라

【해셕】우레소리에만인이놀나매공명할슈이오학문으로인하야어금옥이뢰젹하니귀하기비할데업는패

七四一

魚龍變化 어룡이변화하니 老鼠失路 늙은쥐가길을이로니

造化不測 조화가불칙하다 不知去處 갈곳을아지못한다

猛識出林 맹호가슈풀에나매 金鱗落井 금비놀이우물에써러지니

其形不敏 그형상이민쳡지못한다 顚沛無窮 뎐패가무궁하다

【해셕】조화를부리고자하야도길을일코곳을써나매곤궁하고형세를일은패

六馬交馳 여섯말이사귀여달리니 勤讀功名 부지런니일거공명하니

男兒得意 사나히가뜻을어덧다 平生才藝 평생의재주라

人門所德 사람의문에덕하는바는 瑞日光陽 상셔날빗는볏해

七四二

謀事曆々 꾀하는일이칭々하다 牛眠盤草 소가셩한풀에존다

【해셕】 부지런한결피공명을히고덕을씨셔부자가되는괘

前程早辦 젼졍을일즉판단하니 淺水求魚 얏흔물에고기를구하니

榮貴有時 영화롭고귀합이때가잇다 不是其難 그어렵지안타

積土成邱 흙을싸언덕을이루니 日暖風和 날써듯하고바람이화하니

先難後易 션저는어렵고후에는쉬웁다 春蘭秋菊 봄난초와가을화국이라

【해셕】 영귀가때가잇스나셩공하기어렵지아니하디긔회기조협으로맘피갓치되는괘

七四三

早程起程 이른아참에길써날러인대 以手撫膺 손으로씨가슴을어로만지포

汝眠何事 너의졸음은웬닐고 回頭雲臺 머리를운대에돌렷다

之南之北 남북으로갈지도라 日暮長程 날이장뎡에져므니

四顧無親 사고무친이라 問答老翁 문답하는재로옹이로다

【해셕】 기름을인하야사람마다시러한다도와줄재업는괘

七五一

三日之程 사흘길을 百事可臨 백사에가감하니

一日行止 하로에행한다 千斯萬斯 쳔이나만이나

百尺竿頭 백쳑간두에 斜陽歸客 사양의도라가는손이

一席飄々 한자리가표々하다 短布忙々 자른집팽이가밧부다

【해셕】 사흘일을하로에다하고져밧부다이것져것쳔만기지일을언제나다맛칠고가는키는여젼하다생활
이극히곤난한괘

七五二

天心日光 하날가운대일광이 良馬廐滿 조흔말이마구에가득하니

正照萬里 졍히만리를빗촌다 遠招貴才 멀니귀한재조를부른다

雲龍風虎 구름룡파바람호랑이가 無月洞房 달업는동방에

七五三

坐鎭大軍 안저셔대군을진뎡한다

花燭再輝 화촉이두번세빗난다

【해셕】 국가를위하야만리에군사를내니부하가다지모지사리가히셩공할것이오또재취할패

一渡長江 한번장강을건너니
非淺非深 엿지도아니하고깁지도안타

春深玉樹 봄이옥슈에깁흐니
荀氏之慶 순씨의경사이라

斗酒安陵 말술안능써에
蜀琴將調 촉ㅅ금가락거믄고를고른다

端陽惠風 단양의화한바람에
袖振楓階 소매가풍셰에셜친다

【해셕】 무해무덕한패이니귀자를낫코부부의금실이조흔패

七六一

一人之害 한사람의해가
及於百人 백사람에게밋친다

北賊來侵 북뎍이와셔침노하니
哀々痛哉 애애하고슬푸다

無形無聲 형상도업고소래도업스니
拱訴無處 하소할곳이업따

有何意思 무삼의가잇는고
合掌大笑 합장대소한다

【해셕】 한사람오로하야백사람이나곤난하고애々신세를어대에호소할고자연히우슴이나는패

七六二

隨時應祚 때을따라복을응하니
到處有榮 도쳐에영화가잇다

冬鳩春卵 겨울비닭이의봄알온
其雛振々 그색기진々하다

雲沈仙堂 구름이선당에잠기니
打水取魚 물을치고고기를취한다

金冠玉帶 금관과옥대로
立身揚名 립신양명한다

【해셕】 가는곳마다영화롭고자손이진진하야그릴것업는패

七六三

飛龍在天 비룡이하날에잇스니
利見大人 리롭게대인을본다

深得上人 깁히웃사람을으드니
一身自安 일신이절로편안하다

時雨滋苗 때비가모종을자라게하니
衆星拱北 뭇별이북두에뫼친다

峩嵋山頭 아미산머리에
金光滿腹 금빗치배에가득하다

【해셕】 대관이되여군왕을섬기니일신이평안하고국가태평하며귀자를나을괘

八一一

萬里空長 만리장공에 雲歸太虛 구름은태허에도라가고
日月明朗 일월이명랑하다 星陣北極 별은북극에진친다
君逢際會 군신이긔회로맛나니 以此觀之 일노써보면
人民安堵 인민이안도한다 安樂自在 안락이자재하다

【해셕】 무근해에재앙은락섭갓히허여지고가정이태평하고만사가마음파치되는괘

八一二

遇火不傷 불에도상하지안코 蟾宮老兎 월궁에늙은톡기가
入水不溺 물에도쌔지지안는다 出入無礙 출입에무애하다
取之無禁 취해도금하는이업고 金星隨身 금셩이몸을싸르니
用之不竭 써도마르지안는다 有何是非 무삼시비가잇스리오

【해셕】 슈화ㅣ염녀가업고재물을마음대로취하여도시비하는사람업는괘

八一三

凶方宜避 흉한방위를맛당히피히니 日中爲市 한낫에장이서니
吉方何處 길한방위가어데뇨 交易以退 매々하야간다
東園桃李 동워의도리화는 稔多盈倉 풍년에가득한창이만흐며
移植成林 옴겨심으매슈풀을이뤗다 和困後吉 썩은후에길하다

(해셕) 흉함을피하고길한방위를차지니가정이편안하고이사를하던저양자를가던지하면길하고농사가잘될괘

八二一

乘龍乘虎 룡호를타니 掘地逢金 땅을파셔금을맛나니
變化無常 변화가무쌍하다 勞身無功 몸만슈구럽고공이업다
浪裡乘槎 물속에돗대를타니 高樓聽笛 놉흔다락에피리를드르니
何年逢吉 어느해에길함을맛날고 悔心落淚 마음을뉘웃처눈물을흘린다

【해석】 긔회를으더발동하니변화가무상하고황재가잇서도공은업스며슨푼소리를드르니자연회심이나
는괘

八二二

三陽同氣 삼양이동긔하니　披雲見月 구름을헤치고달을보고
萬物生光 만물이생광시럽다　點鐵成金 쳘을녹여금을이룬다
春燕歸巢 봄제비가우레도라오니　淘沙取金 모래를이러금을취하니
去舊生新 옛을바리고새것을낸다　以小易大 작은것으로큰것을밧군다

【해석】 귀자를생하니일가에생광이오천한재귀히되고빈한자가부자될괘

八二三

九月霜降 구월에셔리오니　鶯上柳枝 꾀꼬리가뻐드나무에오르니
落葉歸根 락엽이귀근한다　錦衣還鄕 금의환향한다
葛衣過冬 츩옷이겨울을나니　晩節寒松 느진절찬소무가
興盡悲來 흥이다하고쓰홈이온다　只有生光 다만생광스럽다

【해석】 객지에고생하다가공명하고환향하나꼰궁합은면키어려운괘

八三一

入山修道 산에드러가도를닥그니　生秦事楚 진나라에셔초나라를섬기니
本見性情 번대이셩졍이라　莫恨古國 고국을한치마라
風淸月白 바람이맑고달이희니　衆力扶身 뭇힘으로몸을부드니
春花宿鳥 봄쏫헤자는새라　營求乃昌 경영하야구하매이엔잘된다

【해석】 안셩을숭상하니배상일이부운갓고혼인하면부부가화락하야경영대로될괘

八三二

往釣于淵 못에가셔낙시하니　萬里滄波 만리창파에
金鱗日至 금리어가날노이른다　竿頭掛龍 낙시대에룡이걸렷다
磨鏡後粧 거울을갈아단장하니　枯木逢春 마른나무가봄을맛나니
丹唇皓齒 단순호치라　豈無生光 엇지생광이업슬가

【해석】 일을경영하니재슈가부궁하고미미한집에환관이나니일가의생광인괘

八三三

靜中滋味 고요한가온대자미를　北岳南山 북악과남산에
聚得尋常 모되여엇기심상하다　殘花迎春 쇠잔한꼿이봄을맛난다
丈夫功名 장부의공명은　至非功名 만일공명치못하면
早年靑雲 이른청운이라　必生貴子 반다시귀자를낫는다
【해석】 변치못한살림이나자미는잇다또공명하거나귀자를어들괘

八四一

碌々浮生 록々한뷔생이　花落深處 꼿떠러져기픈곳에
不知安分 안분할줄을모른다　狂蝶失路 밋친나뷔가길을일엇다
以此論之 일로써할진대　欲知平生 평생을알고자하면
豈赴他處 엇지다른곳으로갈가　奇蹤三遷 긔이한자최가셰번옴간다
【해석】 안분치못하니도와주는사람이반대한다갈곳업는이신세가이리져리세월을보내는괘

八四二

採薪飮水 나무하고물마시니　必逢貴人 반다시귀인을맛나
樂在其中 락이그가온대잇다　治農治產 농사와산업을다사린다
安靜抱通 고요이도를닥그니　月中丹桂 월궁의단계를
山林豊饒 늣게야산림이넉々하다　蜂蝶探香 봉졉이향긔를닷톤다
【해석】 해져의직업에종사하니질거움이이에잇고귀인을맛나니경영하는일에여의한괘

八四三

人有舊緣 사람이녜인연이잇스니　潛龍出海 잠진룡이바다에나오니
偶來助力 우연히와서조력한다　含雨昇天 구름을먹음고하날에오른다
南趨北應 남으로추창하고북으로응하니　尋訪春日 봄날을심방하니
恩友顧我 은혜벗이나를돌논다　喜滿家庭 깃븜이집에가득하다
【해석】 귀인을맛나도음을밧고시세를어더공명할괘

八五一

蟲食衆心 못마음을좀집듯하니 洛陽城東 락양성동에
事不安靜 일이안정치못하다 何人屹立 엇더한사람이웃득셧노
威去盛來 흑가고흑오니 如履虎尾 호랑이꼬리를밟은것가치
事々多滯 일일히막힘이만타 空谷傳聲 빈골짝이에소래를전한다
[해석] 세상일이뜻피갓지아니하니공연히회만나는괘

八五二

一入玄門 한번현문에드러가니 有路南北 남길이북에잇스니
人不識仙 사람이신선을모른다 紛々忽走 분々히다라난다
落月照命 떠러지는달이명에빗초매 秋月功名 츄월공명은
莫到黃門 황문에이르지마라 疑是鬼谷 의심컨대귀신의골이라
[해석] 공부를힘써하야도남이아라주지아니하고남북으로분주하야되피롭기만한괘

八五三

入山對虎 산에드러가범을대하니 白鷗失巢 백구가둥우리를일으니
死生難辨 사생을판단키어렵다 衆鳥斷腸 뭇새가단장한다
日入雲間 날이구름새이에들매 有弓無矢 활은잇스나살이업스니
其明未期 그밝은것이미약이업다 左右不知 좌우를아지못한다
[해석] 깊흔산서범을맛나는형상이오호주가불안하니가족인들평안할가준비가잇서도방비키어려운괘

八六一

夕陽歸客 셕양에도라가는손이 十年勤苦 십년을근고하니
步々忙々 거름거름밧부다 一日之榮 하로날영화로다
靑山細雨 푸른뫼가는비에 朱雀投江 주작이강에떠지니
一心自嘆 한마음이절노탄식한다 塞翁失馬 변방로옹이말을일엇
[해석] 십년공부가잠시영화에지나지못하고도리혀손재하니나오는바가한숨인괘

八六二

一聲砲響 한소래방포에 負薪入突 나무를지고구들에드러가니

禽獸皆驚 금슈가다놀난다 細網何解 가는그물을엇지풀고
身藏北極 몸이북두에감최니 馬躍草場 말이풀마당에뛰노니
半哭半笑 반은울고반은웃는다 聲振四海 소래가사해에떨친다

【해석】한몸의불안으로원집안이다놀란다일이풍고하야해결키어려운괘

東風浩蕩 동풍이호탕하니 梅花雪月 매화눈달에
春花富貴 봄꼿의부귀로다 琢石得玉 돌을조와옥을엇는다
花爛春城 꼿이츈성에란만하니 聲聞高閣 소래가놉흔집에들이니
萬和方暢 만화가방창하다 喜事滿庭 깃븐일이뜰에가득하다

【해석】조흔운슈도라오니부귀할괘요돌을조와도옥을어드니재슈잇슬괘

▲즉셩행년법 (直星行年法)

즉셩행년법을내엿스니십셰부터육십삼셰ᄭᅡ지재로버려알기쉽게하 고육십삼셰후로알냐하면육십오셰즉셩은십일셰와갓고육십육셰즉셩은이십이셰갓흐며육십오셰행년은십칠셰와갓고육십육셰행년은십팔셰와갓흔니이대로셰여보면백셰ᄭᅡ지라도아나니라

십 셰 남 졔용즉셩미륵보살등명강에든쥐몸
녀 목즉셩미륵보살등명강에든쥐몸

십일셰 남 토즉셩여래보살신후피의든매몸
녀 졔용즉셩관음보살하듸구멍에든노루몸

십이셰 남 슈즉셩지장보살대길바다의든일희몸
녀 토즉셩아미보살종피셩에든돗해몸

십삼세 남 금즉셩보현보살공됴산에든범에몸
녀 슈즉셩대세지살젼숑방에든뗭에몸

십사세 남 일즉셩약사보살태충슈풀에든사지몸
녀 금즉셩마리보살소길동산에든새몸

십오세 남 화즉셩문슈보살련팡뫼쌕리에든뗭에몸
녀 금즉셩젼판보살숭팡뜻해든범에몸

십륙세 남 계도즉셩지장보살태을쌀는물에든돗해몸
녀 화즉셩지장보살태을쌀는물에든돗해몸

십칠세 남 월즉셩젼판보살숭팡뜻해든노루몸
녀 계도즉셩듄슈보살련강뫼쌕리에든매몸

십팔세 남 목도즉셩마리보살태충동산에든쥐몸
녀 월즉셩약사보살소길슈풀에든쥐몸

십구세 남 제용즉셩대세지보살젼상방아에든매몸
녀 목즉셩보현보살공조산에든노루몸

이십세 남 로즉셩아미보살종피셩에든일희몸
녀 제용즉셩최졍보살태을밧해든돗해몸

이십일세 남 슈즉셩판음보살하피구령에든범에몸
녀 로즉셩여래보살신후재에든뗭에몸

이십이세 남 금즉셩미륵보살등평강에든사자몸
녀 슈즉셩미륵보살등명강에든사자몸

이십삼세 남 일즉셩여래보살신후재든뗭에몸
녀 금즉셩관음보살하피구령에든몸

이십사세 남 화즉셩최졍보살대길밧해든돗해몸
녀 일즉셩아미보살종피셩의든일희몸

이십오셰 남 계도즉셩보현보살공조산에든노루몸
녀 화즉셩대세지보살전송방아에든매몸

이십육셰 남 월즉셩약사보살태충슈풀에든쥐몸
녀 계도즉셩마리보살소길동산에든쥐몸

이십칠셰 남 목즉셩윤슈보살천강뫼색리에든매몸
녀 월즉셩전관보살숭광삿해든노루몸

이십팔셰 남 졔용즉셩지장보살태을살는물에든일회몸
녀 목즉셩지장보살태을살는물에든돗해몸

이십구셰 남 토즉셩전관보살숭광삿해든범에몸
녀 졔용즉셩문슈보살천강뫼색리에든사자몸

삼십셰 남 슈즉셩마리보살쇼길동산에든사자몸
녀 토즉셩약사보살태충슈풀에든사자몸

삼십일셰 남 금즉셩대세지보살전송방아에든뗨에몸
녀 슈즉셩보현보살공조산에든범에몸

삼십이셰 남 일즉셩아미보살종피셤에든돗해몸
녀 금즉셩최졍보살대현길밧에든일회몸

삼십삼셰 남 화즉셩관음보살하피구령에든노루몸
녀 일즉셩여래보살신후재에든매의몸

삼십사셰 남 계도즉셩미륵보살등명강에든쥐몸
녀 화즉셩미륵보살등명강에든쥐몸

삼십오셰 남 월즉셩여래보살신후바다에든일회몸
녀 계도즉셩관음보살하피셤에든돗해몸

삼십육셰 남 목즉셩최졍보살대길바다에든일희몸
녀 월즉셩아미보살종피셤에든돗해몸

삼십칠셰
남 제용즉셩보현보살공조산에든범셰몸
녀 목즉셩대졔보살젼송방에든쌩에몸

삼십팔셰
남 토즉셩약사지보살태충슈풀에든사자몸
녀 제용즉셩마리보살쇼길동산에든사자몸

삼십구셰
남 슈즉셩문슈보살현강뫼쑤리에든쌩의몸
녀 토즉셩젼관보살숭쨩산에든범에몸

사 십 셰
남 금즉셩지쟝보살태을셜는물에든돗해몸
녀 슈즉셩지장보살태을셜는물에일희몸

사십일셰
남 일즉셩숭광젼관보살쑷해든노루몸
녀 금즉셩연강문슈보살뫼쑤리에든매몸

사십이셰
남 화즉셩마리보살쇼길동산에든쥐몸
녀 일즉셩약사보살태충슈풀에든주몸

사십삼셰
남 게도즉셩대셰지보살젼송방아에든매몸
녀 화즉셩보현보살공죠산에든노루몸

사십사셰
남 월즉셩아미보살대길셤에든일희몸
녀 계도즉셩지장보살종피밧에든돗해몸

사십오셰
남 목즉셩관음보살하피구렁에든범의몸
녀 월즉셩여래보살신후재에든쌩에몸

사십육셰
남 제용즉셩미륵보살동명강에든사자몸
녀 목즉셩미륵보살등명강에든사자몸

사십칠셰
남 토즉셩여래보살신후재에든쌩에몸
녀 제용즉셩관음보살하피구렁에든범에몸

사십팔셰
남 슈즉셩최졍보살대길바다에든돗해몸
녀 토즉셩아미보살죵피셤에든일희몸

사십구셰 남 슈즉셩보현보살광조산에든노루몸
녀 금즉셩대세지보살젼죵방아에든매몸

오십셰 남 일즉셩약사보살태충슈풀에든쥐몸
녀 금즉셩마리보살쇼길동산에든쥐몸

오십일셰 남 화즉셩문슈보살현강뫼쌕리에든매몸
녀 일즉셩젼관보살숭광쯧해든노루몸

오십이셰 남 제도즉셩지장보살태울셜는물에든일회몸
녀 화즉셩지장보살태울셜는물에든돗해몸

오십삼셰 남 월즉셩젼관보살숭광쯧◀든범에몸
녀 계도즉셩문수보살현강뫼쌕리에썽에몸

오십사셰 남 목즉셩마리보살쇼길동산에든사자몸
녀 월즉셩약사보살태죵수풀에든사자몸

오십오셰 남 제용즉셩대세지보살젼송방아든썽에몸
녀 목즉셩보현보살광조산에든범에몸

오십육셰 남 토즉셩아미보살죵피움에든돗해몸
녀 제용즉셩최졍보살대길바다에든일희몸

오십칠셰 남 슈즉셩관음보살하피구렁에든노루몸
녀 토즉셩여래보살신후재에든매몸

오십팔셰 남 금즉셩미륵보살등명강에든쥐몸
녀 수즉셩미륵보살등명강에든쥐몸

오십구셰 남 일즉셩여래보살신후재에든매몸
녀 금즉셩관음보살하피구렁에든돗해몸

륙십셰 남 제도즉셩마리보살대길바다든일회몸
녀 화즉셩보현보살죵피셤에든돗해몸

륙십일세 남 화쥬성최정보살공산에든범에몸
녀 일쥬성마리보살전조종바다에든쒱에몸

륙십이세 남 월쥬성약사보살태츙슈풀에든사자몸
녀 제도쥬성아미보살소길동산에든사자몸

륙십삼세 남 목쥬성문슈보살현강뫼쌱해든쒱에몸
녀 월쥬성전관보살승광쑛해든범에몸

륙십사세 남 제용쥬성지장보살태을살는물에든해몸
녀 목쥬성지장보살태을살는물에든일희몸

직생법은하날에아홉셩군이잇셔사람의나대로돌녀차지하니이글을보와이대로하면액을면하고복을어리드라

▲홉셩군위차 (九星君位次)

제용직셩토직셩슈직셩금직셩일직셩화직셩제도직생월직셩목직셩을차례로세여보면다알니라

◇제용직셩은나후셩군이니만사가흉하고삼구월에관재구설파안직해산액이잇고륙셧달에자손으로걱정할슈니정월망일에쵸인을맨드러도액하면대길하리라

◇토직셩은닉셩군이니가내태평하나관재구설파리별락셩할슈가잇고정오구월에실물슈라이해는배타지말고먼길가지말고놉흔대오르지말고토역하지말고정월망일에명산정결쳐에가셔조밥지여홋로면길하리라

◇슈직셩은복록셩군이니만사대길하고복록이만코놉흔일음을어드면관록을도도고사람을드리면길하고길가면재물을어들슈라조심하고정월망일에조밥지여홋트면길하리라

◇금직셩은양셩군이니백사대길한고먼길가면리하고벼살하야록먹을슈라다만구설파실물파신병액이잇고이삼월관재슈가잇스니남파닷토지말고정월망일에셔방태백셩을향하야사배하라

◇일쥬셩은태양셩군이니복록이대길하야만인이앙시하나매사가대흉할슈며정오구월에구설파손재슈가잇셔불길하리니정월망일에홍지에날을그리여집

용에옷고사배하면길하리라

◇해직셩은재셩군이니매사대흉하고재앙파구셜이며실물슈니도적을조심하고원행말고사람을드리지말고정월망일에옷동정을쎄여남향하야사르면길리라

◇계도직셩은공쥬셩군이니만사흉하고실물슈으원행하면길하고집에잇스면구셜잇스니밤길가지말고정월망일에조희로버선본을댄드러집웅우에옷고사배하면길하리라

◇월직셩은태음군이니신슈대길하고관록이이르고만사태통하나원행하면병파락셩할슈며곤명은해산액이잇스니정월망일에홰셰자로달도들때에불켜달마지하며사배하면대길하리라

●목직셩은조원셩군이니만사화합하관록이이르며만사대길하나전명은안질이잇고곤명은신물슈가잇스며륙셧달에구셜을조심하고정월망일에목욕하고달을향의야사배하면길하리라

▲행년치셩법 (行年致誠法)

현상에열두보살두신장이잇서사람의행년을차지하엿스니셰초에이책을보와행년의대인보사살계정월내로졍셩것불공하고신장계는금강경파팔합경파천슈경을닑으며도액하면태평하고만사대길하리라

미륵보살 여래보살 최정보살 보현보살 약사보살 문슈보살 디장보살 전관보살 마리보살 대세지보살 아미보살 관음보살 남녀십셰에행년이다미륵보살게매이되건명은나리셰여십일셰는여래보살십이셰는최정보살이오곤명은치셰여십일셰는관음보살십이셰는아미보살이니본대부쳐는선심을위쥬하야사람에게해롭게함이업나니정셩으로인둥하고불공하면재앙은물니고복록을점지하는고로행년길흉을버려긔록하니정셩도이보라

둥명 신후 대길 공죠 태츙 현강 태을 숑광 쇼길 젼송 죵괴 하괴

남녀십셰면다둥명이니건명은나리셰여십일셰는신후오십이셰는대길이오곤명은치셰여십일셰는하괴오십이셰는죵괴라

둥명은일마다되지못하고손재슈와남의모해넘려잇고참쳑으로죠문바들슈라십월이액달이니미륵보살게인둥하라

신후는잡귀가가중에가득하야작희함에경영하는일이여의치못하고또실물슈잇고오동지달이액달이니

여래보살계인둥하라

대길은쇼업이홍하고백사대길하되다만계집에게모해입을액이라륙셧달이액달이니최졍보살계인둥하라

공쥬는백사평길하고귀인을만나면살도리가잇고재물을어들수나쥬문바들액이잇스니졍칠월이액달이라보현보살계인둥하라

태츙은백사불길하야관재와병살파리별슈잇스며횡액이잇스니쥬심하라이팔월이액달이니약사보살계인둥하라

텬강은일마다멀고관재구셜병살이잇고집역사와이사말고참쳑을조심하라이팔월이액달이니약사보살계인둥하라

태을은백사극흉하고관재구셜파쥬문바들슈니귀신이집탈하며신병으로고생할슈라사십월이액달이니지장보살계인둥하라

승광은백사길하며귀인을만나재물을엇고송사하면익일슈나다만집곳치지말고오동지달이액달이니젼관보살계인둥하라

쇼길은농사와길삼하면길하고장사하면실물액을삼가고문병파쥬상말고륙셧달이액달이니마리보살계인둥하라

젼송은집짓지말고관사에해로오며집에잇스면병액으로굿길거시오외방에가셔혼인하면길하리라뎡월이액달이니대셰지보살계인둥하라

죵괴는만사대흉하니잡귀가재양을지오매사로곡셩드를액이오손재하며우마도상할슈라이팔월이액달이니아미보살계인둥하라

하괴는일마다멀고귀양갈슈오젼명은관차와병살이잇고곤명은해산병파실물액이잇스니이구월이액달이라관음보살계인둥하라

▲행년액월법 (行年厄月法)

뎡칠월 이팔월 삼구월 사십월 오동지달 륙셧달남녀십셰는다사십월이액달이니젼명은나리셰여보고곤명은치셰여달을보나니라

▲오행점보는법 (五行占)

축왈텬하언재시며디하언지리오고지즉응하나니감이순통하소셔금유모부모방모동거하는셩명모생신이모월모일에금년신슈길흉을미능상지하오니복걸신명은물비소셔(셰번을보는법이니라)

(금목슈화토)상괘(金木水火土)

귀렴파봉황이상셔를드리고룡파거북이경사를하례하니재앙은가고복록이오리로다○해왈다셧별이밝으매하날이광채나고사람이이패를만나매자손이창셩하고영화를기리누리라

(금)즁괘(金)

녯일을곳치고새로구함이조흐리라고기가룡문에뛰노니범인이신선되리라○해왈일을의논하매귀인이영화를비져내리라

(목)즁괘(木)

범새바람을쪄라이루고묘책이사람을의지하야되는도다만일무귀토를맛나면백사가날노흥하리라○해왈나무가삼츈을맛나빗이날노무셩하니병은쾌차하고만사화순하리라

(슈)상괘(水)

여름에배를띄엿다가보배구슬을엇다맛당이크게쓰일거시니재앙은흣허지고복록이오는도다○해왈북방물이왕셩하니복록파경사가오리라

(화)하괘(火)

남방에불쏫을당치못하는도다송사는문젼에걸니고재앙이만토다○해왈마음이산란하매눈에게침이만코구셜이것치지아니하야일마다길치못하도다

(토)즁괘(土)

먼져는흉하고후에는길하도다공자님이진채의액을보셧시나필경무사하시도다○해왈흙이즁앙에잇셔처음은곤하나나죵을창셩하고사계삭이길하니라

(금목)하괘(金木)

해셩이낫에보이니목젼에싸홈이나리라은인은의를닛고친척이화목지못하도다○해왈금이목을극하니일이쏫이만코친한사람이도로여셩개지고이은인을이원슈가되는도다

(금슈)즁괘(金水)

금파물이길함을만나니영화의일이셔방에잇도다집에잇스나밧게잇스나깃분일이만토다○해왈금파물이셔로맛나구제하매복록이무궁하도다

(금화)상괘(金火)

금파불이만나매영화롭고일마다길하리라○해왈금이불을맛나쓸그릇이되니일마다순하리라

(금토)상괘(金土)

나가공명을취하고금의로고향에도라오는도다반듸불파눈빗에공부를근고이하다가공명을이루엇도다○해왈벼살이놉흐매일이마음에맛당하고근심이업스미계교가길하도다

(목슈)상괘(木水)

고목이봄을맛나무셩한중더욱비를만나셔이변화하도다○해왈춘풍이화창하매죽은나무가다시사라나니근심중깃분일이오는도다

(목화)하괘(木火)

불이나무에셔나셔도로나무를태우니은혜가변하야원슈되도다마음이어지럽고타향에고생하리라○해날나무가불에타매재는날고연긔는사라지는격이라재물은흣허지고구셜이도라오는도다

(목토)하괘(木土)

야광쥬가물속에잇스나그림자못보는도다가난한중에손재할거시니삼가조심하라○해왈나무가흙을이기매쓰지못하나니라다만삼가직히고하인을밋지말라

(슈화)상괘(水火)

겨을나무가말나움이나지못하나봄을맛나매입히나고쏫이피는도다○해왈슈화셔로맛나니일이슈이되고길함이뜻과갓도다

(슈토)하괘(水土)

륙로에는상셜이만코슈로에는풍세가급하도다○해왈마음이의심되고일마다순치못하니근심이끈칠때업도다

(화토)상괘(火土)

하날에해가도드니사해에죠료하고만사가대길하고공명이여의하도다○해왈화토셔로맛나매재앙이사라지고복이오리라

(금목슈)상패(金木水)

하날이밝으매해도듬갓도다악한거시홋터지고리한것시만토다○해왈애매한일을밝히니재앙이가고복록이오는도다

(금목화)즁패(金木火)

약을먹어몸을안보하고송사를결련하야일이지리하니유순하면길하고강악하면해롭도다○해왈범사를삷혀하고급히말며부드러이하면재앙을면하리라

(금목토)하패(金木土)

마음이어지럽고재물이홋터지는도다친쳑이화목지못하리다○해왈귀인을멀니하고쇼인을만나리로다

(금슈화)상패(金水火)

국태민안하니거리마다격양가로다백성이업을직히니셩쥬를맛나도다○해왈우순풍조하니감열합이백배나되고만물이풍속하니인군파신하경사로지내도다

(금슈토)상패(金水土)

마른고기물을엇고새가그물에버서낫도다복록이날노모이니깃분긔운이가득하도다○해왈가물에비를어드니라향외고인을만나도다오랜병이낫고죄인이사를입으리라

(금화토)상패(金火土)

그물에이즈러진달이보룸에두려시밝으니시원하고새쏫하야희미합이업도다○해왈기우러진달이다시둥그럿시니녯일이끗쳐새롭고혼인이화합하매멀니셔신을보리로다

(목슈화)상패(木水火)

공명을구하매벼살이놉고복록이창셩하도다영화로고향에도라가니깃붐이흡연하도다○해왈귀인을사괴야온덕을엽고재물파보배를만이엇고경사를문전에마져드리리라

(목화토)상괘(木火土)

목화토세별이셔로합하니하날의조화를맛나도다재앙은홋터지고매사가홍하리라○해왈화한긔운이셔로생하니범사가근심업고나는룡이하날에잇스니대인을봄이라하리로다

(슈화토 즁괘(水火土)

고향을리별한지여러달만에다시도라오니온갓일쌋다화합하고우슴과노래로소일하도다○해왈친쳑을맛나매경사만고근심이업스며조혼빗이가득하고구설이소멸하도다

금목슈화)즁괘(金木水火)

금색리 둘 낙가내야살무랴하다가천년무근령물이라하고도로바다물에너허보내도다○해왈목젼에해로오나장래는리하리라화를인하야복을어드니근심이업고깃붐이만흐리라

(금목화토)상괘(金木火土)

장슈가젼장에나가변방을맑히고승젼고를울니고도라오도다○해왈졀월이집에이르니빗나고깃부도다벼살이놉하공후에이르니재앙은업고복록이오는도다

(금슈화토)즁괘(金水火土)

갑쇽에구슬과돌속에옥이나올때잇도다재조를닥가벼살을구하니좀썬더되나재화는아니로다○해왈귀함을보고반다시크게하며거침이업도다

(목수화토)즁괘(木水火土)

엷은어름을밟고깁흔물을림하야놉흔다리를건너는도다○해왈교생이진하면락이나나니봄빗이란만하도다위태하고험한대를무사이지내니아즉은곤궁하나일후길하리라

(○○○○)하괘 졈돈이다업허진괘 맑은거울이씌끌에싸히고고흔옥이흙에뭇쳣도다빈한선배가궁촌에잇스니어내날세상을볼꼬○해왈졍신이씌이매객거시침노하니군자는멀니가고소인만와셔보채리라

▲윳파졈(柶科占)

(윳을세번놀아작괘하나니라)(도개걸윳一二三四)

(一一一) 쥐노적에든괘니춘하는곤하고츄동은길하리라 鼠得穀

(一一二) 고기가물을일은괘니금년은곤하리라 魚失水

(一一三) 어둔밤에촉불어든괘니소원셩취하리라 暗得燭

(一一四) 나무가봄을만난괘니춘하는대통하고츄동은평々하리라 木逢春

(一二一) 옥에티업는괘니잉태할슈라 玉無瑕

(一二二) 죄인이공을일운괘니횡재할슈로다 罪成功

(一二三) 나뷔가불에든괘니신병을조심하라 蝶赴火

(一二四) 소나무가비를어드니입이청々하도다 松帶雨

(一三一) 학이집을일은괘니이사할슈로다 鶴失巢

(一三二) 쥬린사람이음식을어든괘니잉태할슈로다 飢得食

(一三三) 거북이롱에든괘니죄엇기쉬우리라 龜入筐

(一三四) 룡이바다에든괘니영화볼슈로다 龍入海

(一四一) 나무가뿌리업는괘니금년은곤궁하리라 樹無根

(一四二) 치운대옷을어든괘니생남할슈로다 寒得衣

(一四三) 죽은사람이도로사라나니상괘한일을보리라 死還生

(一四四) 가난한대보배를어든괘니부귀하리라 貧得寶

(二一一) 해가구름속에든괘니답々한일을볼슈라 日入雲

(二一二) 장마에해빗을어든괘니영화를보리로다 霖見暉

(二一三) 활가진사람이살을어든괘니생남하리라 弓得矢

(二一四) 새가날개업는괘니신슈불길하리라 鳥無翼

(二二一) 말에짐만이실은괘니슈고는만코공은업스리라 馬馱重

(二二二) 학이하날에오른괘니귀인을만나소원셩취하리라 鶴上天

(二二三) 매가밥을어든괘니신슈대통하야영화볼슈라 鷹得食

(二二四) 수래박휘업는괘니사람파장목을드리지말라 車無轂

(二三一) 아해가젓을어든괘니의식이풍족하리라 兒得乳

(二三二) 병인이약을어든괘니소원셩취하리라 病無藥

(二三三) 바람이물결을일운괘니의외풍파를만나리라 風起浪

(二三四) 활이살업는괘니백사불길하리라 弓無箭

(二四一) 범이산에든괘니남의하례바들슈니깃거말나 虎入山

(二四二) 쥐물에빠진괘니금년신슈불길하리라 鼠入水

(二四三) 소경이눈을뜬괘니반가온일보리로다 盲開眼

(二四四) 바다에서배를어든괘니금년은횡재할슈라 海得船

(三一一) 인군이신하를어든괘니만사태평하리라 君得臣

(三一二) 더위에부채어든괘니춘하는대길하고츄동은평々 熱得扇

(三一三) 매가발톱업는괘니매사불셩하리라 鷹無爪

(三一四) 구슬을강물에던진격이니횡액을조심하라 珠投江

(三二一) 룡이뿔이난괘니부귀할슈로다 龍得角

(三二二) 새가그물을버슨괘니액을면할슈로다 鳥脫網

(三二三) 가물에비를만난괘니부귀생남할슈로다 旱得霖

(三二四) 고양이가쥐를엿보는괘니죄를지으면면키여렵다 猫窺鼠

(三三一) 소가범파닷토는괘니의외풍파를죠심하라 牛鬪虎

(三三二) 꼿이열매를매진괘니생남하리로다 花結實

(三三三) 새가나래를어든괘니만사여의하리라 鳥得翼

(三三四) 즁이퇴속한괘니금년은이사하면대길하리라 僧退俗

(三四一) 집에기와업는괘니관재구설을죠심하라 屋無蓋

(三四二) 말이굴네버슨괘니향할바를아지못하는도다 馬脫勒

(三四三) 행인이길을어든괘니경륜하는일이여의하리라 行得路

(三四四) 꼿이봄을만난괘니벼살이점々놉하질슈라 花逢春

(四一一) 아비가아들을어든괘니영화볼슈로다 父得子

(四一二) 일에애를쓰되공이업는괘니남의문병치말나 事無功

(四一三) 룡이비를어든괘니만사가대길하리라 龍得雨

(四一四) 소경이눈을어든괘니재물엇고영화보리라 盲得眼

(四二一) 친한사람이귀이된괘니인々생사하리라 友爲仕

(四二二) 농가에소가업는괘니힘만들고소득이업도다 農無牛

(四二三) 용렬한사람이슬긔어든괘니벼살할슈로다 愚得智

(四二四) 사람이집업는괘니의식이업고표박하리라 人無屋

(四三一) 귀먹은이가다시밝은괘니가난하다가부자되리라 聾得聰

(四三二) 근심중에깃붐을만난괘니압길이여의하리라 愁得喜

(四三三) 일은길을다시차즌괘니전일을세다르리로다 失更得

(四三四) 행인이말을어든괘니재물어들슈로다 行得馬

(四四一) 엷은어름을밟은괘니춘하는불길츄동은대길하리라 履薄氷

(四四二) 고기가낙시에걸닌괘니일마다리치못하리라 魚呑釣

(四四三) 호라비가과부어든괘니영화볼슈로다 鰥得寡

(四四四) 장슈가승젼한괘니일홈이사방에폐이리라 將勝戰

▲법평사쥬법(法秤四柱法)

사람에사쥬네기동으로일생부귀빈천수요장단을아는바푸는법은임자생은九錢一分、을축월은五錢五分、병진일九錢五分、정묘시는九錢三分을통이재지하면三兩三錢三分이나三分은물론하고三兩三錢으로할사여개방차라

갑자一兩四分을축五兩五錢병인九錢三分정묘九錢三分무진一錢一分긔사八錢五分경오一錢七分신미八錢一分임신九錢一分계유七錢五分갑술一兩四分을해二兩병자一錢一分정축一兩一分무인一兩二分긔묘七錢三分경진七錢三分신사五錢五分임오九錢三分계미九錢一分갑신七錢을유一兩一分병술七錢정해九錢九分무자一兩六分긔축八錢四分경인二兩三分신묘六錢임진一兩五分계사一兩五分갑오一兩五分을마九錢三分병신六兩五分정유九錢五分무술九錢긔해一兩五分경자一兩四分신축七錢一分임인九錢三分계묘七錢갑진一兩四分을사二錢四分병오一兩四分정미一兩九分무신九錢三分갑인一兩六分

을묘二兩二兩병진九錢五分졍사九錢三分무오八錢三分긔미一兩五分경신一兩三分신유九錢五分임술一兩二分계해一兩五分

一兩一錢 가난하고천한명이니만약수가짜르지아니하면사람의고용되리라

一兩二錢 하천한명이니륙친이랭낙하고외로우며외방에류리하리라

一兩三錢 빈한헌명이니두번상쳐하고외로히공방을직히리라

一兩四錢 식소가번할명이니륙친이무졍하고사방에류리하야부평초갓호ㅣ라

一兩五錢 궁곤하고빈천한몸이니만약즁이되지아니하면재조와승슈로지내니라

一兩六錢 빈한헌명이니고독하고슈가단하며천한업으로지내니라

一兩七錢 식록에극히해로운명이니부쳐와자녀가동서에표박하야가업을잇지못하리라

一兩八錢 즁이될명이니고향을써나매양식이끈어지고형뎨각각셩긔하리라

一兩九錢 고독한명이니생애는뜬구룸이오부쳐의향화를밧들고지내리라

二兩 빈궁하고피로운명이니근심환란온써나지아니하고만년에자식으로마음이상하리라

二兩一錢 손재조가잇슬명이니일생을부즈런이경영하면의식은근심업스리라

二兩二錢 초분에노력할명이니중분이후에는가산이셩업하리라

二兩三錢 먼저는어렵고뒤에는쉬운명이니초중년은곤곤하고후분은조곰나으니라

二兩四錢 지혜가잇는명이니골육이무셩하고중도가되여집을써나의식을구하리라

二兩五錢 몸이한가하고재조가잇슬명이니초년은곤난하고중후분발전하리라

二兩六錢 선빈후고할명하니동서로표박하다가조혼운을맛나면평안하리라

二兩七錢 부귀공명이출중할명이니셩픔이공교하고의식이족하면공명하리라

二兩八錢 놉흔재조가잇슬명이니셩품이공교하고의식이족하며공명으로일생을지내리라

二兩九錢 재조와지혜가잇슬명이니만약재조로의식을작만치못하면륙친이나노고리치못하리라

三兩 의식이유여할명이니조업을구치말며타향에가서스사로가산을일우리라

三兩一錢 먼저가난할명이니매사가머리는잇스나꼬리가업스며중분은가도번창하고조혼자식을두리라

三兩二錢 의식이풍족할명이니백사가형통하고처자가화락하며부귀하고사방에재물이이르리라

三兩三錢 글을배와문장될명이니입으로사방록을먹으며재조로인연하야부귀하리라

三兩四錢 내조로부귀할명이니현철한부인올취하며평생을영화로지내리라

三兩五錢 룩친불화할명이니두번장가들면재물을만이엇고비야으로몸을보젼하리라

三兩六錢 뛰여날록을먹을명이니큰계가도을성입하고젼장을사방에들지며지혜가만아숫이업서도향긔가잇스리라

三兩七錢 총명부귀하고장슈할명이니귀인이재물을인도하며관록이중々하야은치지아니하리라

三兩八錢 부귀하고공명할명이니성품은영리하며사람파잘교제하며처자중화생이불길하리라

三兩九錢 창고재물이잇슬명이니의식이유여하며재조가교상하고자손이창성하며래々부귀하리라

四兩 부귀하교권세가잇슬명이니일생을영화롭고수하며당운하며만사가여의하고자손이창성하리라

四兩一錢 재록이잇슬명이니양자갈수며째가이르면업을일울지며만년에자손이창성하리라

四兩二錢 병권이잇슬명이니셩픔은너그럽고폐풀기를조화하며사방을평정하나만래에허하리라

四兩三錢 자수셩가할명어니처자가도으면부귀할러이오중년은길하고만년은평々하리라

四兩四錢 글을조와하야귀이될명이니재록이풍부하고외방에벼살하며처자가도으며셩픔이유하고장수하리라

四兩五錢 극히귀할명이니셩명이크게잇스며지혜가출즁하고처자가화슌하며범사가대길하리라

四兩六錢 복파수할명이니룩친은무력하고일평생재물이창고에가득하고귀도하리라

四兩七錢 판록부귀할명이니재물의구산갓고창셩하며만약귀한벼슬을못하면부모를조실하리라

四兩八錢 벼살로귀이될명이니생래에벼살공명하야사방에록을만이먹으며래々창셩하리라

四兩九錢 부귀할명이니셩픔은공교하고사방에의식은만으며일생이평안하리라

五兩 문무가겸젼한명이니셩픔이총명하고활달하며평생을공명으로무험하리라

五兩一錢 판록이중한명이니셩픔이어질고복록이창셩하며부귀를누리지못하면부모가일즉망하리라

五兩二錢 병권을가질명이니초년에부귀족하고말분에의식이만으리라몸이묘당에처하매영화창셩하리라

五兩三錢 도승의명이니친척이업스매절간에의지하리라불전에분향하고밤마다후세를발원하라

五兩四錢 장수하고부귀할명이니평생지혜가만으며일생을영화로지내니라

五兩五錢 팔푼관인의명이니음양을다사리고사시를살피며복녹이창셩하고군왕의게배현하리라

五兩六錢 칠푼관작의부귀영화할명이니내々발달하야일생을쾌락키지내리라

五兩七錢 일품관족의명이니귀인이몸을도으매사々대통하고몸이일품에처하매영화가매키미업도다

五兩八錢 관록을먹을명이니재조가농하고셩픔이강직하며재물이풍족하고장수하리라

五兩九錢 벼살하고녹먹을명이니평생에의식이족하고부귀하며마음이풍변되고일흠이진동하리라

六兩 벼살하고녹먹을명이니창고에보배만싸이고자수셩가하야영화로지내리라

六兩一錢 법관으로권세를잡을명이니라향에관원되면부귀하고전장이만으리라

六兩二錢 삼품관직으로권세가잇슬명이니공정대신몸으로만백셩을다사리리라

六兩三錢 수령으로부터방백할명이니셩픔이광명정대하야물망이크리라

六兩四錢 놉흔벼살할명이니셩픔이착하고어질어인군을도와백셩을다사리리라

六兩五錢 출장입상할명이니자손이만당하고금옥이고에가득하리라

六兩六錢 공후부마와졍승군왕될명이니셩픔이총명활달하며일홈이천고에빗나니라

六兩七錢 귀한거슬가히말하지못하리라

▲팔패살보는법(八敗煞法)

사람마다생년에팔패살(八敗煞)이드는달이잇스매만일달을면하야생월이되면살격을면하리라

갑자생으로된사람은륙월에오귀(五鬼)팔패살이드럿스니생월이아니되면면할거시오○을축생으로된사람은구월에파가(破家) 팔패살이드럿스니생월이아니되면면할것시오○병인생으로된사람은십월에수폐(囚廢) 팔패살이드럿스니생월에되지아니하면축할거시오○졍묘생으로된사람은십이월에피자(彼藉)팔패살이드럿스니생월이되지아느면면할거

도렷스무진생으로된사람은이월에고진(孤辰)팔패살이드렷스니생월이되지아느면면할거시오○긔사생으로된사람은륙월에양인(羊刃)팔패살이드렷스니생월이되지아느면면할거시오○경오생으로된사람은십이월에의재(益財)팔패살이드렷스니생월이되지아느면면할거시오○신미생오로된사람은삼월에수폐(囚廢)팔패살이드렷스니생월이되지아느면면할거시오○임인생으로된사람은구월에퇴재(退財)팔패살이드렷스니생월이되지아느면면할것시오○계유생으로된사람은구월에파재(破財)팔패살이드렷스니생월이되지아느면면할것시오○갑술생으로된사람은삼월에쥬재(主財)팔패살이드렷스니생월이되지아느면면할거시오○을해생으로된사람은삼월에쥬재(主財)팔패살이드렷스니생월이되지아느면면할것시오○병자생으로된사람은구월에오귀(五鬼)팔패살이드렷스니생월이되지아느면면할거시오○정축생으로된사람은구월에퇴재(退財)팔패살이드렷스니생월이되지아느면면할거시오○무인생으로된사람은십이월에쥬재(主財)팔패살이드렷스니생월이되지아느면면할거시오○긔묘생으로된사람은십이월에의재(益財)팔패살이드렷스니생

월이되지아느면면할거시오○경진생으로된사람은륙월에오귀(五鬼)팔패살이드렷스니생월이되지아느면면할거시오○신사생으로된사람은륙월에퇴재(退財)팔패살이드렷스니생월이되지아느면면할거시오○임오생으로된사람은십이월에퇴재(退財)팔패살이드렷스니생월이되지아느면면할거시오○갑신생으로된사람은구월에수폐(囚廢)살이드렷스니생월이되지아느면면할거시오○을유생으로된사람은구월에수폐(囚廢)팔패살이드렷스니생월되지아느면면할거시오○병술생으로된사람은삼월에퇴재(退財)팔패살이드렷스니생월이되지아느면면할거시오○정해생으로된사람은삼월에파가(破家)판패살이드렷스니생월이되지아느면면할거시오○무자생으로된사람은륙월에광화(光火)팔패살이드렷스니생월이되지아느면면할거시오○경인생으로된사람은십이월에목욕(沐浴)팔패살이드렷스니생월이되지아느면면할거시오○신묘생으로된사람은십이월에퇴재(退財)팔패살이드렷스니생월이되지아느면면할거시오○임진생으로패사람은륙월에오귀(五鬼)팔○살이드렷스니생월이되지아느면면할거시오○계사생으로된사람은륙월에의재(益財)팔패

살이시오○니생월이되지아느면면할거시오○갑오생으로된사람은십이월에퇴재(退財)팔○살이드렷스니생월이되지아느면면할거시오○을미생으로된사람은삼월에손자(損子)팔○살이드렷스니생월이되지아느면면할거오○병신생으로된사람은구월에의재(益財)팔패살이드렷스니생월이되지아느면면할거시오○정유생으로된사람은구월에의재(益財)팔패살이드렷스니생월이피지아느면할거시오 무술생으로된사람은삼월에의재(益財)팔패살이드렷스니생월이되지아느면할거시오○긔해생으로된사람은삼월에의재(益財)팔ノ살이드렷스니생월이되지아느면면할거시오○경자생으로된사람은륙원에오귀(五鬼)팔○살이드렷스니생월이되지아느면면할거시오○신축생으로된사람은구월에복욕(沐浴)팔패살드렷스니생월이되지아느면면할거시오○임인생으로된사람은사월에퇴재(退財)팔패살이드렷스니생월이되지아느면면할거시오○계묘생으로된사람은칠월에오귀(五鬼)팔패살이드렷스니생월이되지아느면면할거시요○갑진생으로된사람은오월에광화(光火)팔패살이드렷스니생월이되지아느면면할거서오○을사생으로된사람은정월에온귀(瘟氣)팔패살이드렷스니생월이되지아느면면할거시오○병오생으로된사람은십이월에사폐(四癈)팔패살이드렷스니생월이되지아느면면할거시오○정미생으로된사람은십월에진퇴(進退)팔패살이드렷스니생월이되지아느면면할거오○무진생으된사람은삼월에(退財)퇴재팔패살이드렷스니생월이되지아느면々할거시오○긔유생으로된사람은구월에텬강(天罡)팔패살이드렷스니생월이되지아느면면할거시오○경술생으로된사람은삼월에사폐(四癈)팔패살이드렷스니생월이되지아느면면할거시오○신해생으로된사람은삼월에온귀(瘟氣)팔패살이드렷스니생월이지아느면면할거시오○임자생으로된사람은륙월에퇴재(退財)팔패살이드렷스니생월이되지아느면면할거시오○계축생으로된사람은구월에오 (五鬼)팔패살이드렷스니생이되지아느면면일거시오○갑인생으로된사람은십이월에퇴재 (退財) 살이드렷스니생월이되지아느면면할거시오○을묘생으로된사람은십이월에퇴재(退財)팔패살이드렷스니생월이되지아느면면할거시오○병신생으된사람은륙월에오귀(五鬼)팔패살이드렷스니생월이되지아으면면할거시오○정사생으로된사람은륙월에오귀(五鬼)팔패살이드럿스니생월이되지아느면면할거시오○무오와긔미생으로된사람은삼월에온긔(瘟氣)팔패살이드럿스니생월이되지아느면면할거시오○경신파신유생으로된사람은구월에오귀(五鬼)팔패이드럿스니생월이되지아느면면할거시오○임술생으로된사람은상월이온긔(瘟氣)팔패살이드럿스니생월이되지아느면면할거시오○계해생으로된사람은이월에오귀(五鬼)팔패살이드럿스니생월이되지아느면면할거시라

▲충텬묘결생々슈법(冲天妙訣生生數法

보는법은갑자생은이백오십파을축월은일백구십파병인일은이백사십파정묘시는일백오십을제지하면팔백상십이되나니라여개방차하라

갑자	二百五十	갑신	二百二十	갑신	二百二十
을축	一百九十	을유	一百九十	을사	一百七十
병인	二百四十	병술	二百十	병오	二百八十
정묘	一百五十	정해	一百四十	정미	一百六十
무진	二百二十	무자	二百	무신	二百四十
긔사	三百九十	긔축	一百四十	긔유	一百八十
경오	一百九十	경인	一百四十	경술	一百十
신미	一百六十	신묘	一百五十	신해	一百九十
임신	二百五十	임진	一百三十	임자	二百五十
계유	一百五十	계사	一百七十	계축	一百九十
갑술	二百	갑오	二百十	갑인	二百二十
을해	一百四十	을미	一百九十	을묘	一百八十
병자	二百二十	병진	二百	병진	二百九十
정축	一百五十	정유	一百四十	정사	一百四十
무인	二百十	무술	二百五十	무오	二百三十
긔묘	一百五十	긔해	一百九十	긔미	二百八十
경진	二百九十	경자	一百四十	경신	一百十
신사	二百四十	신축	一百五十	신유	一百四十
임오	二百六十	임인	二百四十	임술	二百
계미	一百九十	계묘	一百八十	계해	一百四十

五○六 의식이궁곤하고근심이만어서니동셔분쥬하고긔한에골몰하리라

五○七 일생이고단하며의식이랭낙하나다행이귀인의십은십은나종래는가업을일루지못하리라

五○八 고향을쪄나타방에류리하리로다구설이잣고의식이간하야일생을지내니라

五○九 부모에조업이업고창고가뷔고마음이번뇌하며의식이넉々지못하리라

六〇〇 녁사가셩취함이업스며속셩속패하고재물이홋터져종희에물붓듬갓흐리라

六〇一 근심으날을보내며의식온평々하고륙친아무덕하며웃사람셤기교유명무실하리라

六〇二 가업을셩취하기가장어도다근심으로달을보내니귀인의심은잇스나웃지장구하리요

六〇三 마음은말고놉흐며쵸년에타향의류리하다가우연이귀인을맛나면장래길히리라

六〇四 금옥이만당나직히지못할수이니빈々이훗터지고다시는오지못하리라

六〇五 평생에셩패가자즈면만사를경윤하나매양뜻파갓지못하리라

六〇六 치산을부즈러니하니독실이상반하도다션심슈덕하면복이도라오리라

六〇七 금은이창고에가득하여도외안인재물탐치마쇼분슈을죽히지아니하면복이가고재앙이오리라

六〇八 전방에재이비록잇스나매양변화를쥬장치마쇼의독이왕셩하엿스나우숨낫치열니도다

六〇九 이명의귀인을맛날격이니쳔한한션배의종사하면매사에창셩대길하리라

七〇〇 근심이가고락이도라오니구름을라고구현에오르리라재물파복록이왕셩하매금의로쇼졍에셔리라

七〇一 복록이창셩하고원앙이길쓰리니중년에적션을만이하면만년에영화합이무궁하리라

七〇二 륙친에게의지하미어려우니장사하면대길하리라라향에치부하야부귀를누리라

七〇三 록이산갓치놉하스니심중에깁흔셰톨누가알이요재물이갓다가다시도라오매부귀더욱창셩하도다

七〇四 셩품이강하고온슈비색하니젼답이엇지장구하리요사방에분쥬하야길리밧부리라

七〇五 인구가평안하고우마가만아시니영화하미셰상에빗나고졍신이강영하고자손이화락하리라

七〇六 재물구하기어려우니도모지팔자에졍하미라륙친이상관치아니하매눈섭을펴지못하도다

七〇七 지개는고상하며락은도도하도다벼살길에운이요면룡이물어듬과갓트리라

七〇八 일생에의식이풍족하고안구가왕셩하되섭덕을닥지아니하면복이조곰감하리라

七〇九 창고에금은이가득하야외인이알가두려하도다분슈을죽키면마음을허비치아니하라

八〇〇 가업을힘써매가난이화하야부귀되도다우마가들에가득하고재백이풍셩하리로다

八〇一 금옥이만당하고쳐첩이좌우에버려도다중간손재가잇서스나상심치말지어다

八〇二 죠업이잇스며타향에가면인구가상하리라판록이잇고재백이오리라

八〇三 몸에비단옷파입에팔진미로다제쇽에보옥이요육축이번셩하리라

八〇四 벼살이놉호매일홈이진동하도다심신이상쾌하니오는복이한량이업도다

八〇五 젹슈로가업을일우니즁인이우러러보리라젼장을타향에두면리치못하리라

八〇六 뜻이고상하야타향에공명을구하리로다도라가분슈을직키면복이오리라

八〇七 륙친이무졍하고재물이모뒤기어렵도다뎐슈가잇시니엇지심력을허비하리요

八〇八 커문에공자로화락키지내니부귀하고또영화하리로다

八〇九 벼살은일품이요좌우에쳐쳡이며슬하자손이며금고에보배로다

九〇〇 쑛다온일홈을세상에빗내리로다부귀공명으로일생을지내리라

九〇一 문장도덕이빗나니후대에자손이셥션하고가즁에경사가면면하리라

九〇二 붓쳐에마음으로덕을싸시니일생이형통하고권세가놉흐리라

九〇三 쇼년등파하야부귀안락하고말년에가업이조곰영치하리라

九〇四 영웅파호걸이때를맛나니긔운을세상에펴리라

九〇五 공부하야입신양명하고현온이융슝하니곽분양을부러아니하리라

九〇六 긔특한공을나라에세워시니일홈이사해에놉하도다복록이창셩하리라

九〇七 젼장에나가공을일운후일홈이죽백에잇고금의환영하리라

九〇八 식객이삼쳔이매부귀를당할재업도다벼살은상공에거하리라

九〇九 오복이구젼지상이니생이또무엇슬바라리요

▲금목수화토로사람의수요장단

아는법(壽天長短法)

가령갑자은축해즁금、갑자생에생월이정월이면마흔다섯을지내면여든일곱을살이라

금졍월 四十五 八十七	이월 六十八 七十三	삼월 二十七 六十三
사월 五十一 八十一	오월 三十九 七十六	류월 二十五 六十一
칠월 三十八 五十九	팔월 四十五 八十一	구월 五十九 七十一

십월 四十五 六十六　십일월 三十五 五十九　십이월 四十七 七十三

목정월 三十八 七十二　이월 十八 七十八　삼월 三十九 五十五
사월 三十七 七十二　오월 三十六 八十三　류월 九十四 八十三
칠월 二十六 七十三　팔월 六十一 六十七　구월 四十五 六十二
십월 四十五 七十三　십일월 五十二 五十五　십이월 四十五 六十四

수정월 五十三 八十二　이월 二十六 七十二　삼월 六十五 五十六
사월 四十五 六十一　오월 六十三 七十五　류월 六十六 八十二
칠월 四十一 六十一　팔월 四十二 六十三　구월 二十一 七十二
십월 二十五 六十五　십일월 四十八 八十一　십이월 三十六 七十五

화정월 四十九 八十九　이월 五十六 七十二　삼월 十一 六十五
사월 二十九 五十九　오월 二十八 六十四　류월 五十一 六十九
칠월 三十九 五十九　팔월 十六 七十二　구월 二十五 六十七
십월 三十九 五十九　십일월 二十三 七十一　십이월 五十一 五十九

토정월 三十二 七十七　이월 四十九 五十九　삼월 二十五 七十二
사월 三十七 六十九　오월 四十九 五十九　류월 七十七 五十九
칠월 十三 四十九　팔월 十五 六十六　구월 五十一 六十七
십월 十五 六十四　십일월 五十一 五十九　십이월 八十 八十三

▲구궁점(九宮占)

점치는법은동녁으로버든복송아나무가지로웃짝아홉을만들어이아래아홉괘글ㅅ자를써서손바닥속에녀코합장축원후에한개만흔들어셤아내여괘상을보라

開門卦
天地開闢 日月宣明　현디가개벽하고 일월이밝도다
龜竜呈瑞 萬物咸亨　거북과룡이상서를듸리우고 만물이다형통하리라
病者卽差 行者必返　병은곳낫고 나간사람은드러오리라

休門
於休聖人 覩物知易　아름답도다셩인이여 물을보고역수를알도다

卦

與天合德 喜見陽復
하날로더부러덕이합하니 양이회복함을깃비보리라

事々如意 動必得財
일々이뜻과갓하야 움즉이면반다시재물을엇으리라

生門卦

人生兩間 俯察仰視
사람이두사히에나서 굽호려살피고우러러보도다

凶反爲吉 壽福如山
흉한것이도리혀길함이되니 슈와복이산갓도다

病差行至 災消福新
병은낫고나간니는들어오고 재양은사러지고복은새로으리라

杜門卦

生道忽杜 草掩其門
생도가홀연이막히니 풀이그문을가리로다

人在他方 旣急且困
사람이다른방위에잇서 잉의급하고또곤하도다

病者伏枕 行者不利
병든자는벼개에업드리고 나간자는리롭지못하도다

死門卦

不死何俟 大命難保
죽지아니하고무엇을기대리는고 대명을보전키어렵도다

鬼卒在門 魂歸萬里
귀졸이문에잇스니 혼이만리에도라가도다

病遲行遲 身困家敗
병이더되고나간니가더듸며 몸이곤하고집이패하리라

中央

惟中正德 卷藏周密
오즉가온대덕이바르니 것고감초는게쥬밀하도다

卦

待時而動 無不善吉
때를기다려움즉이니 착하고길치아니함이업도다

病差行還 家合身保
병은낫고나간니는도라오고 집은합하고몸은보전하리라

驚門卦

旣驚且急 無所止極
임의놀내고또급하야 긋칠바이업도다

靜言思之 亂我心曲
감안이생각하니 나의심곡이어즈럽도다

病苦身首 行道多煩
몸과머리가병들어피롭고 길을가매번거함이만토다

景門卦

道路行々 其平如砥
길을가니 그평함이숫돌갓도다

君子所履 小人所視
군자의밟는바이오 쇼인의보는바이라

病者卽差 行至事吉
병든자는곳낫고나간이니는 니르고일은길하도다

傷門卦

鳥傷於弓 見曲不飛
새가활에상하야 굽은것을보고날지못하도다

繞樹三匝 無枝可依
나무세겹을돌으되 가지가지가히의지할대업도다

病遲滯行 戚反人怨
병은더듸고나간이는지체하며일가는배반하고사람은원망하리라

▲셔자평일시법(徐子評日時法)

(생일생시로보는)

갑일갑자(시영귀격) 갑파거로평생영업이되야백옥이릐쌀에나옴이라일죠에운수가이르면

해왈 자연귀인이붓들며갑파자에일시를맛나거나축파오가상충되면크게현달하야섬국에꼿를꺽그리라

갑일을축시갑(안이현달격) 잠을쇠가열쇠업슴이니갑안이현달하야능히통달지못하매꼿치비록발

해왈 하고자하나봄빗출싸이지못함이라 창고에재물을장가닷쳐스며고향을써고조상을바려임의표탕하리라

갑일병인시(모라귀할격) 일홈이영웅무리에뛰여나모든무가겸젼하야일죠에몸이귀하니포의로

해왈 비단옷슬밧굴지라록셩이빗치여록이잇고문장이현달하매죠만에숭전되야자사지위에이르리라

갑일정묘(시상패격) 달이이지러지고구름이돌씨니사람은총하랴되길은총치못하야꼿치다

해왈 행이피려하나몰니는비와광풍이또이러나며몃번교한쌔가도리혀졸한쌔가되야눈세쌔지글을닑고공명은

갑일무진시(놉히오를격) 창고에돈이이르니재물이날마다부를지라한록을누리매관록이자연오

해왈 며현디간지에망라살을맛나면몸이쇠하고운수가졸하야또분주파상하리라

갑일기사(시합록격) 식신이록울합하니덕으로문호를곳치리라멋번셩패가잇스며식신록이

해왈 형극파상충파가되면운수가왕숭하고몸이쇠한후리와일홈이잇스리라

갑일경오(시편판격) 동거하야더식구가늘거시니비가가무는밧해옴이라사주에상충상파가

해왈 업스니난쵸가쑥대밧해나오도다갑일경오에편관을맛나면놉흔사람이쇼인의험의를맛나리라

갑일신미시(새가화하는셔) 문울님하야창고를여니험한가온대재앙을면하리라화를인하야복을일

해왈 매귀인이자연붓들지라닭이털를벗고봉새로화하매나라채색구름새이에오를지라

(갑일임신시중편격) 쑴가온대판록을엇고세인후속절업시생각한다다시형극이잇스매늘세

해왈 쌔지여일할것시오갑일임신을맛나면판록이잇슬지라도극형상충이무서우니맛참내남가일몽이라

(갑일계유시참귀격) 닭이란새로화하니쌔마귀의속임을맛나지아느리라일죠에날개를펴이

해왈 러나면평생에채운새이려날니라금슬이화하야불근줄이고르매쳐사가우혜로서써르리라

(갑일갑술시외로운격) 닭파오리가잇스되십지가셔로홍치못하리라재와판록이이상파를맛나

해왈 매죽을변하다가또사라남이라닭파오리가고되그홋려짐이

(갑일을해시조고만치놉홀격) 역마재판이완전하매동셔남북에자연편안하리라운수가일으면자연놉

해왈 화사람이천거할거시오수량차와다른셩가진사람으로가산을다사리라

(을일병자시귀을맛는격) 하날귀인이쇠한병을붓들매험합을맛나도흉합이업스리라쇼시에득하

해왈 기어려우나느진후부귀가이르며운수가이르면자연놉혼사람이천거되며비단옷으로총망치안으리라

(을일정축시중부격) 식신이창고를열매재록이풍만하게감츄리라쇼년에비록전둔하나운수

해왈 가이르면복록이창셩하리라재물이업스면죠졍벼살을짓지못하야한가히놉혼슈를누리리라

(일일무인시평상격) 귀합을맛나거든위태합을방비하며오른일파그른일이모다담착되며운

해왈 수가쇠하면형극이상충되야명리와영화가졈々약하고져거지리라

(을일기묘시대부격) 섬궁에거름을거려계수를썩고구름에오르리라일조에몸이현달하면명

해왈 예를사방에셔알니라판록이구비하매재물은평생에풍족하리라

(일일경진시대부격) 풍년에록을먹을거시오험한가운대에도리혀발복을할거시니득의합이

해왈 엇지심상하리오흉합을인하야부를보고놉혼사람이천거하야느진후에불근옷으로숭현하리라

(을일신사시반복격)반복배회하야위태합을인하야도믄득누렴을바들거시오조상을ᄯᅥ나가

해왈 업을일우며륙신파골육이업는것갓ᄒᆞ나ᄯᅢ가오면타향에록을합하야갓치먹으리라

(을일임오시재부격)ᄯᅢ가임하면인을치고그즁에식록을맛나리라ᄯᅢ가오면귀함이만코운수

해왈 가이르면ᄯᅩ공명을일울지라사쥬에충파됨이업스니가업이자연창셩함을알겟도다

(을일계미시즁평격)역마가길게잇스니변셩이부하고믄장이되리라만인이도라오고ᄯᅥ나기

해왈 를늣게하면공명을엇지요량할수잇스리오년을귀인이와서조력을하니ᄯᅩ의로비단옷을밧구어영화가되리라

(을일갑신시갑귀에갓가울격)ᄭᅩᆺ이ᄯᅥ러지매영화를한하며면생이부와믄장이되며만일생각하야고향

해왈 ᄯᅥ나기를늣게하면공명을가히어들지라다만형극이반복됨이만ᄒᆞ니ᄭᅩᆺ

치아참에피엿다가져물기에ᄯᅥ러집파갓ᄒᆞ리라

(을일을유시비전격)물을순하게배를행하니창강에물을ᄯᅥ라가더라동서남북으로가매재와

해왈 록을담하야구합이적도다재록이널니잇서능히정지하지안으매느진후에는가히공명을일우리라

(을일병술시귀에갓가울격)말은나무가봄을맛나니슈유에푸른빗치불근걸로변하도다가한한가온

해왈 대발복됨이만ᄒᆞ니곤한가온대영화가되리라의로위사람에힘을엇지못하나니나죵은ᄯᅩ합력되야여상하리라

(을일정해시부귀격)봉이닭에무리에ᄯᅥ러지매공명을가히요량치못하리라귀인을서로맛나

해왈 매부귀로고당에영화가잇스리라운수가이르고상충상파와공망이업스면자사지위에일홈이나려나리라

(병일무자시수부격)식이믄에임하니귀운이왕셩하야슈복이완전하리라형극충파를맛나지

해 왈 아니하면공젼에록을바드리라왕래
에또한공명으로나아가매험한가온
대거푸몸을번드처밧구리라

(병일긔축시 개고격) 영화가오래지못하야조상을떠나며
군자는밧그로영화를보리라재물이
해 왈 모손되며형극이상파가잇스매명리
를구할지라도길함이반에지나지못
하리라

(병일경인시 부귀격) 관록재신이임하니공명을요량치못
하리라한문에숨지아니하면득의하
해 왈 야죠정벼티를바르게하니험난한일
이사라지고녹록이셔라한사의집에
장상의나서면데에오르리라

(병일신묘 시중평) 쇠함을인하야공을엇고간예하는일
이깃부고욕됨을당할거시니군자는
결박함에업드리고소인은반복함이
만으리라사쥬에충파를맛나면노심
노력하야속절업시생각만하리라

(병일임진시 감안이현달격) 물이하날하수에써러지매부々가엇
지온전하리오비록관록이왕셩하나

해 왈 간신이재앙은면할거시오창고에재
물이잇스나잠을쇠로잠가쓰지못하
매고금에쇼년사람을변치못하리라

(병일계사시 부귀격) 부자속에배살이생기며때가이르면
애체함이업서귀치안으면부를어들
해 왈 거시오귀인을맛나천거가되면부귀
가몸에써나지아니함을가히알니라

(병일갑오시조 고만치놉흘격) 군십가온대재물이생길것시오조상
을직히면재양파험한일이잇스며멀
해 왈 니써나면십희에쾌하리라운수가좋
하고풍망파상극을맛나지아니하면
느진후에발복이되리라

(병일을미 시부귀격) 금고를때로열매여긔범하면재액이
잇스리라복록이거푸임하니금씌로
해 왈 복은라의를입고느진후에포의를벗
고비단옷슬밧구리라

(병일병신 시평길점) 포의비단옷슬밧구니큰복파큰귀가
잇슬거시오상극이잇스면분슈파산
해 왈 에재물이모도이지못하리라화와금
이서로상극되매셩패가만흐며놉혼

사람은보기룰깃버하고소인은미워하리라

(병일명유시 평상격) 불르금을사르니의식이면져굴에잇슬지라범인은젼퇴하기어려우며군자는여상하리라

해왈 사쥬에상충상파를맛나니로심로력하야동셔에분주하리라

(병일무술시 재물고집) 란초와란초가쑥보다귀하며누대가여점파갓도다

해왈 방과주사에몃번이나서놉한바람을쓰엇나뇨운수가이르면공명으로나아갈것시니만일벼살을엇지못하면큰재물을어드리라

(병이계해시 귀룰막날격) 현울귀인이임하매말고발그무르도처에날닐지로다

해왈 범인은발복을할거시오군자는왕후룰도으리라사쥬외만일상충상파룰맛나면평리룰구할지라도한갓수고만하리라

(명일경자시 중평격) 모래속에금을일우니사셔인이당치못하리라

해왈 형극파상파가잇스매반다시험함이잇슬지라도군자는가히재앙을면하리로다평생에조심하야놀기싸지글을닑으면헛된일홈을가히어드리라

(명일신축시 재물창고) 사람이맛나는거시인연이잇슴이라맛참내부귀룰베로소아랏스니이말이허하지안토다

해왈 운수가이르러귀인을맛나면외군다향에면목을가히낫타내리라

(명일임인시 고만치부할격) 범인은가히발복을할것시오군자는당판을으드리라

해왈 운슈가이르면자연놉흔사람이천거되야재앙에빌울싸화물니면복이스사로오리라

(명일계묘시 번금왕성할격) 몸쇽에셤즁에드러가며세민후부지텁시생각하도다

해왈 범인은발복할것시오군자는명리가창성하리라몸이쇠하면퉁달치못할거시오득의하면맛참내귀인맛나리라

(명일갈진시 빈부격) 끈한룡이물을어드매쉬히는가온대도리혀발복하리라

해왈 째가이래애쾌합이업스면항상부족지안을것시사쥬

에상극상파가업스면재앙이사라지고왕셩한집을일우리라

(명일을사시) 배를매고물을어드매근심으로재물을모도이지못하도다범인은반복합

해왈 이만아셔나라나고어둠이반다시새이가잇도다사람으로더부러반복이생기매이신슈가평생을가히알저라

(명일병오시 부귀격) 말이겨린파갓흔격이니이왓갓흐면반다시공경에이를거시오형극파상충불나지아니하면셩명이죠정에진

해왈 동하리라물결이안온하고평々한대위슈강에낙시대하나로은어를낙글지로다

(명일정미시 록에고가된격) 모래속에연이난격이니때가오면애체합이업셔귀하지안으면부를가히

해왈 할지라험한일이즁년에지나고다시귀인을맛나셔로모도이면안연한복에슈래가자연오리라

(정일무신 시생재격) 복에싹이몸을싸르매화를인연하야도리혀복을일우리라벼살을하지안으면벼살이자연올거시오복록이몸올싸르매집안이스사로영화가되리라

(정일긔유 시현귀격) 가을달이공즁에당하니재물생김이낭々하게발글지라형극상충이업스

해왈 면부귀가몸에써나지안올거시오지간이셔로생하야주면흉하게변하야길합이되리라

(정일경술 시고를여는격) 쇠잔쏫치비를맛남이니이와갓흐면통달하지못하리라창고에열쇠와잠

해왈 을쇠가잇스매조상의업에나아가기어려우며자긔의몸에이르는곳마다거처할데는잇스리라

(정일신해 시부왕격) 재물이왕셩하야생길것시오재릉을사방에셔알니라청련길에오르지안

해왈 으면자사지위에이를거오청윤에득의하야닭이봉으로화하며봉졍이만리나되리라

(무일임자 시고를여는격) 끈세가봉새로화하니명예가자연창셩하리라실시하면루항에잇슬지라

해왈 도득의하면왕후를도오리라삼합
이풍뢰로변하면호광에일홈이걸니
교구즁궁권에절을하리라

(무일계축시고을여는격)
근심이흣터지고길부미생기니재물
에문이날로열니도다사쥬에츙파가
해왈 업스면관록이자연오리라운수가이
르면잠을쇠가열니여벼살노발신치
안으면가업을가히일우리라

(무일갑인시귀공격)
법이문에풍슈하는격이니금방에옥
엽으로나타나리라형극파상츙이업
해왈 스면장상을긔필할거시오쵸년즁년
에발복되야느즌후에조고만치간졸
하리라

(무일을묘시재부격)
면득이조회하니옥녹기가셤궁에이
를지라형극파상츙을맛나지아니하
해왈 면부귀가그가온대잇스리라운슈점
々죵하매인의를베푸러고기가물을
엇고룡으로화하리라

(무인병진시재부격)
적쇼셩대하야태창에물을열격이니
다만공명은느진거시오가는가온대
해왈 발복되야점々영화로창셩하리라

(무일정사시귀인격)
풍운이모도이니패연한비가잠간사
이에잇도다말은싹이부러셔쌔나매
해왈 험한가온대복파재물이생길지라공
즁에나라변화가잇스매머리와발리
련하야무리에뛰여날지라

(무일무오시즁평격)
돌가온대옥을감츄매사람이모다눈
아래로뵈이더라죠업을직히여셩취
해왈 하기어려우매부귀가맥히기를산이
겹으로되얏도다운슈가전둔하야일
홈이헛되이매평생에여상함을알지
로다

(무일긔미시부귀격)
오랜거울을다시씨스며백옥이띄글
에남이로다때가이르고윤슈가오면
해왈 자연귀인이살거시오면져곤난하다
가나중은죠와지며흥즁에길하야셜
상벼살은업슬지라도재물은반다시
잇스리라

(무일경신시대부격)
달이밝고구름이흣터지매포의로베
단옷을맛구리라벼살노몸이진퇴하
해왈 니봉황시에이르러셤공을가히발알
지라신슈에만일형극이잇스면공명

운못할지라도부는반다시하리라

(무일신유시 공망상파격) 째가오면곤궁을면할거시오운슈가애체하면곤난이만호리라흠가온대

해왈 인슨을무덧다가재앙에빌를싸화물니면복록이스사로오리라

(무일임술시 예를바릴격) 옛적을바리고새거슬마지니안장을밧들고창고가풍만하리라째가오면

해왈 재록이왕성하고운수가이르면집이나라나며라놉흔사람이자연천거되매재물을어더부귀할사람이라

(무일안해시 중청평길격) 헛된일홈이실상을이루매발복함이라향에잇슬지라만일안겨형극충파

해왈 합을맛나면파선으로장강에이르리라

(긔일갑자시 재부격) 긔운이두우에샹충되나니파거마당에셩명이날니리라재물파귀함이쌍

해왈 으로아름다우니반다시득의하야계슈가지를꺽그리라

(긔일을축시 성패격) 대소쿠리에물을기로니진퇴함이모다의심이라재를맛나복이열니지못

해왈 하면일홈이이루지못하리라몸이쇠하면그에재물이잇슬지라도열쇠가업스며밧게나가면뜻에맛당하리라

(긔일병인시 부귀격) 호방에일홈을쓰매벼살노현달하리라쇼년에는째를맛나지못하엿다가

해왈 사쥬에샹충샹파가업스면한번뢰정니썰치는대재룡이나라나리라

(긔일정묘시 중평격) 다만샹극샹파를맛나면늙기에이르러여일할지라평생에명리가합의하

해왈 지못하매고향을써나동셔로다라날이라

(긔일무진시 부격) 푸른대가불근것을새이함이니공망파충파를맛나지안이하면고를열매

해왈 룡이셔림을보겟도다돈이풍만하야창고를진압하니고관을엇지못하면부하젼장을만흘리라

(긔일긔사시 음왕격) 물을기려연꼿삼으니음이왕셩하야양이쇠함을붓들니라조상을직히면

해왈 셩취치못하고밧게처하면발복이되리라왕셩하고삽합이여상하야면저근심하고후에깃부리라

(긔일경오시 평치못한격) 먼가운대근심을추어졍히 노고만흘지라몃번일웟다가또패하며도처에

해 왈 집은잇슬지라도운수가졸하야쌔진배로장강을건너는격이라

(긔일신미 시긔재교격) 슈하는법이임하니득의하야가풍을꼿칠지라운수가졸하면고에열쇠가

해 왈 업고말년에는록마가놉흘것이오운수가이르면자연놉흔사람이천거하야명리가쌍젼하매느짐을한하지말나

(긔일임신시 부귀격) 바람에오동이떠러지니재물파벼살이이롭지못하리라긔임이서로모도

해 왈 이고삼합이서로맛당하면귀한벼살을하거나그럿치안으면부로왕셩한집이되리라

(긔일계유 시중평격) 사자에만일형극이잇스면조만에반다시가풍을꼿치리라긔가음목에유

해 왈 시를맛나면평생에여상하리라

(긔일갑술시 패살격) 가을입사귀가서리를지냇다가수유에또불근빗을변합이라만일형극을

해 왈 맛나면조잔하야동셔에떠러저서재물이모도이지못하매패한입사귀와갓흘지라

(긔일을해시 소부격) 노는고기가그물을피함이득하면교래를화합이라운수가이르면흉함이

해 왈 사라지고쌔가이르면가난함을밧지안으리라역마가잇서동한치안으매꽁명으로현달하야영화로우리라

(긔일병자시) 노는고기가그물을피하매점々물가이되엿더라액운이닥치면길치못할

해 왈 것이오쌔가오면가난치안으리라조상을직히면셩취가어려우리라

(정일정축시) 긔운이무지개를토하야창고에문이열닐지라일조에시운이이르면부록

해 왈 이자연오리라만일형극과상충을맛나지아니하면재물과벼살노평생을지내리라

(정일무인시 귀에갓가운격) 어진장색이옥을조으매분주함을보지못하리라일조에교한장색을맛나

해 왈 면그롯을일우고귀인은과거를하리라운수가이르면자연놉흔사람이천거되야영화를누리리라

(경일긔묘시 귀와복이잇슬격)평々이거러대에올으니일홈이반다
시놉흐리라벼살길에진퇴를하매청
해 왈 고하야무리에뛰치리라째의울록파
문셩을맛나니부귀가온젼하며사쥬
에흉이업스니황운을바드리라

(경일경신시 부귀격)하날에뢰셩을떨치니당한사람은위
엄이잇스리라복셩이이르는곳마다
해 왈 몸이봉지에이르며재물표가스사로
열여복록이자연오리라

(경일신사시 중형격)근심가운대깃븜을바라며깃분가운
대근심을감추리라길흉화복을엇지
해 왈 도망하리오형극파상충이업슨후에
야셩가를하리라

(경일임오시 귀에갓가운격)필마로무리에뛰여나니인간에장상
이필지라사주에충파가업스니놉흔
해 왈 벼살로일홈이날니리라일노좃차명
리가윤수가잇스매귀인이사람을접
하야현대에올을지라

(경일계미시 고가모손격)돈속에손을보며깃분가온대가만히
근심을감춘지라발근달이거문가온
해 왈 대로나오니범사를부저럽시람하도
다가고자하다가도로오매마음이일
하야써러진실파가가을을당합이라

(경일갑신시 부재격)째와록이통태하야사주에형충이업
도다일에윤수가이르면놉흔일홈을
해 왈 현달할것이오놉흔사람이천거하야
버들푸르고꼿치불그매만리에봄이
되리라

(경일을유시 합부격)바다에드러가구슬을구하매명셩이
부하고문장이되리라오랜일은오재
해 왈 안코새일은길하야장수를거나리는
명리가동서에잇스리라

(경일병술시 고를여는격)낫라나코어두며잠기고못치여재물
고를능히열지못할지라천거됨을맛
해 왈 나면재물을모호기어려우며낫게지
내면다시생재가되야가난한중발복
되매느진후에경광이조흐리라

(경일정해시 귀할격)일홈이공명에나라나매포의로비단
옷을밧구리라사주에충파가업스니
해 왈 복록이스사로써르리라불근사리짝
복송화꼿헤일진동풍이빗나리로다

(신일무자시 가히귀할격) 한문에귀하이나니다복하야자연창성하리로다형극상충을맛나지아니

해왈 하면자사지위에이를것이오봄이드러꼿사이에붉은빗을겸하면공명을탐하라지말고절머서고생한후에통달하리라

(신일계축시 재와관록격) 때가고실상이업스니재물파관록이고속에못침이라때로험한일이만호

해왈 매전혀잠을쇠열니기를기다리라동으로몸을두고서흐로쓰리를삼으면공명이자연유여하리라

(신일경인시 귀에갓가운격) 어둠을등지고발근대로향하니득의하야영화로우리라사주에충파가업

해왈 스니란초가쑥밧헤남이로다때가이르면발복될것이오소년에때를맛나지못함을의심치말나

(신일신묘시 중평격) 가는물이길에흐르매유예하야온전치못하도다조상을직히면성취가어

해왈 렵고밧게처하면성가하리라옥을구하매문채를이루지못하야신수가중으로평々하리라

(신일임진시) 적은물이길게흐르매유예하야줄수가업도다조업을직히면성취가어렵

해왈 고라향에성가하리라열쇠를맛나열지못하면소년에발복되기어려우리라

(신일계사시 부귀격) 봉황이하날에조회하니룡파범이스사로때를지라형극파상충이업스면

해왈 몸이제왕궁에이르리라놉혼일홈이멀니서울에썰치매귀객이마저봉대하리라

(신일갑오시 부격) 뜻이둘이면마음이세시매될일이반다시뜻이더되고리산되리라다행이

해왈 재물파록이모도이나시비를담당하리라하날가에날이발고어둠을말하지말나평생에평々하리라

(신일을미시 부귀격) 고기와룡이서로짝하매록마다창고에가득하도다때가이르러소와개를

해왈 맛나면관록이반다시쟁영하리라신미에창고문이열니면일홈이나고또재물을어드리라

(신일병신시) 산에학이하날에씨르며낙시로큰새우를낙굴지라때가이르면반다시현

해왈 귀하야금방에일홈이오르리라전정이졈〃열니매공명으로하날거리에다닐지라

(신일정유시) 련을귀인이도으매한물을구하리라비록반복합이만호나험한일이지나

해왈 복이자연오리라복과리가쌍〃이이르매놋게귀합이근심으로시름을면하리라

(신일무술시 장파부격) 관록이창고에임하나운수가졸하니또못치는또다일조에시운이이르면

해왈 창고에문이열니리라만일형극파상충이업스면느진후에영화로창성하리라

(신일기해시 평온격) 친족이각기동서로홋터지매조상을직히면성취가어려우리라밧게나가

해왈 면곤궁을면할것이오일직이발달되면재액이업스리라공망충파가잇스면음체합이만아시비로지내리라

(신일경자시 부룰풀격) 배룰띄교여울에가매휘장을베푸니순풍이오는도다전정이협합이만리

해왈 가느진후에형통이되리라운수가졸하면애체합이만아또일홈으로부지럽시구함을담하도다

(임일신축 시에부격) 여호가범의위엄을비러지냄이나맛나지못하면또여상하리라재물파관

해왈 록을나라나교자할러이면술이와야화로성창하리라훤양이견마를쎠르면재물파관록이쌍으로빗나리라

(임일임인 시거부격) 전대속에구슬이든격이니벼살이업스면재물이잇슬지라사주에상충상

해왈 파가업스니복록이자연올지로다부귀를부지럽시구하지말나범이오고말이놀나면배암파개가물니라

(임일계묘시 재부) 마른나무가봄을맛난격이오몸이얏튼물가에거하도다재물을보고도이

해왈 지못하니잇는재다하면또생합이잇스리라상충상파가잇스매마음을쓸지라도뜻에맛지못하며교항을쎠나면근심을면하리라

(임일갑진시부할격)록마가자연오매벼살에인이만흘지라부자는가히셕숭의게가히비할것

해 왈 이오공명은조만에나아갈것이니운수가이르면한집안이풍비하리라

(임일을사시편상격)꼿치광풍에써러진격이니조상을직히면능히통달치못하리라육친이의

해 왈 지하기어려울것이오나가거하면셩가하리라

(임일병오시귀할격)록마가시플을갓치하매재록이반다시창성하리라법인은반다시발복것

해 왈 될것이오군자는왕후를도으리라운수가이르고사쥬에충파가업스면조만에승현되야자사지위에이르리라

(임일정미시재부격)적재가고크게오니문호가졈々새로리라일조에시운이이르면자연친하

해 왈 리라재앙파복이서로맛낫[illegible]라도복온반다시클것이니부귀로길게창셩하리라

(임일무신시중귀격)사나온법이하수를의지하니평생에소래가우뢰갓더라글파일홈이호방

해 왈 에오르며험한곳에벼살파재물이발하리라귀합은역마를인하야포의로붉은옷을밧구리라

(임일긔유시현귀격)충파가업고록마가온젼하야동셔에뜻이맛당하야자연편안하리라귀인

해 왈 을맛나면풍에벼살을하거나그럿치안으면부로왕셩하리라

(임일경술시고를여는격)청탁을난호기어려우매운수가젼둔하야화하지못하리라소년에몸이발

해 왈 복되면재물고집에잠을쇠가열니라공명이반복됨이만흐매쟁짜든해를맛나면부운파갓호리라

(임일신해시중평격)먼저는가난하다가나종은평길하리라재물은혹셩혹패하고모션망에이

해 왈 자종신하고륙십팔세졍명이라

(계일임자시록고격)록을엇고재물이생합은밧게거하야통달되리라때를맛나면연분이졍합

해 왈 이라부귀로가셩이나라나리라재물의운수가긔짜든해에잇나니벼살을못하야도반다시재물이풍비하리라

(계일계축시중부격)고에금고를감추매임오술에열지못하고열쇠가업시장갓다가느진후말

해왈 년을당하면점々마음에마지리라
(계일갑인시)룡이여름구름을어듬이니소년에는
잠기고뭇처잇스며사주에상충상패
해왈 가업스니평々이거려청운에올나가
리라
(계일을묘 시부귀격)문생파식신이잇스니문명이도처에
룡하리라범인은왕생합이만흐며군
해왈 자는공경에거하리라운수가이르면
놉혼사람이천거하야계수나무가지
에오르리라
(계일병진시)옥을남뎐에조으매븨이기더듸물한
하지말나잠을쇠가묘와룡을맛나면
해왈 재교가자연열니리라소년형극공망
을어드면느진후영화를보리라
(계일정사 시문귀격)봉이형산에떠려지매비색한가운대
아름다온옥을감춤이로다득의하면
해왈 조혼때를만나서귀하지안으면반다
시재물이잇스리라만일형극충파가
업스면평지로가히선경에오르리라
(계일무오 시부로격)길게수를어드면재물이왕생하고관
록이생하리라때가이르면닭이봉으

해왈 로화하야노히누어서느진긔약을기
다리며라
(계일긔미 시고독격)고진감래하야소년에는성취를엇기
어려우매분주하야지내다가고향을
해왈 떠나면가히성가하리라벼살을하매
비록험함이만흐나근심을지내면가
히성가하리라
(계일경신 시부귀격)금까마귀가태양에날아구소에오르
도다사쥬에충파업스니성명이국가
해왈 에떨치리라집혼곳에나는룡을보겟
스니문장이영웅에합하도다
(계일신유 시평상격)홍안이무리를일흐매친족이각기동
서로할지라육친이의지하기어려우
해왈 매조상을직히면능히성가치못하리
따흥합을인하야본이다르미또한여
상하리라
(계일임술 시이중평격)밧헤쥐가창집에드러감이니운수가
졸하면분주함이만흐리라잠을쇠가
해왈 축파진을맛나면만년에재록이만흐
리라

(계일계해 시성패격)꾀꼬리가교목으로올오니어둠을등지고밝근대로향할때라소년에분주

해왈 함이만타가곤한룡이큰바다에드러가고맹호놉가흔뫼뿌리에누운격이라

第二編 擇日

▲男女本命生氣法 男順女逆輪數

男은一歲에起离 越坤 二兌 三乾 四坎 五艮 六震 七巽 八离 九坤 十兌 二十坎 三十震 四十离 五十還兌 零數更不計

女는一歲에起坎 二乾 三兌 四坤 五离 六巽 七震 越艮 八坎 九乾 十兌 二十离 三十震 四十坎 五十還兌零數更不越計男女가俱以行年所到處로爲本宮作卦라

▲男女本宮變卦起例

一上生氣 初變上爻爲生氣 二中天宜 二變中爻爲天宜 三下絕體 三變下爻爲絕體 四中游魂 四變中爻爲游魂 五上禍害 五變上爻爲禍害 六中福德 六變中爻爲福德 七下絕命 七變下爻爲絕命 八中歸魂 八變中爻爲歸魂

假如男五十五歲則巽이爲行年所到處니以巽作卦하야呼生氣하면乃坎이生氣오二中天宜하면乃坤이天宜니以此推去하고假如女五十五歲則艮爲行年所到處니以艮作卦하야呼一生氣하면乃坤이生氣오二中天宜면乃坎이天宜오三下絕體乃兌가絕體니以此推去하나니라

▲男女本宮變爻圖 横看하는法

男	二	三	四	五	六	七	八	九
	十	十一	十二	十三	十四	十五	十六	十七
起离	十八	十九	二十	二十一	二十二	二十三		
	二十四	二十五	二十六	二十七	二十八			
順數	二十九	三十	三十一	三十二	三十三			
	三十四	三十五	三十六	三十七	三十八			
越坤	三十九	四十	四十一	四十二	四十三			
	四十四	四十五	四十六	四十七	四十八			
	四十九	五十	五十一	五十二	五十三			
	五十四	五十五	五十六	五十七	五十八			

五十九	六十四	六十九	七十四	七十九	八十四
六十	六十五	七十	七十五	八十	八十五
六十一	六十六	七十一	七十六	八十一	八十六
六十二	六十七	七十二	七十七	八十二	八十七
六十三	六十八	七十三	七十八	八十三	八十八

八十九

生氣	戌亥	酉	辰巳	未申午子卯丑寅
天宜	午	卯	丑寅	子戌亥未申酉辰巳
絕體	丑寅	未申	午	酉 辰巳卯 子戌亥
游魂	辰巳	子	戌亥	卯 丑寅 酉未申午
禍害	子	辰巳	酉	午 未申戌亥丑寅 卯
福德	未申丑寅	卯	戌亥子午辰巳	酉
絕命	卯	午	未申辰巳	酉 丑寅戌亥 子
歸魂	酉戌亥子丑寅	卯	辰巳午未申	

男	三	二	一			
	九	八越艮	七	六	五	四
女	十	十七	十六	十五	十四	十三
	十二	十一	十八	二十五	二十四	二十三
起坎	二十二	二十一	二十	十九	二十六	
	三十三	三十二	三十一	三十	二十九	

逆數

越艮

二十八	四十二	五十六	六十二	六十八	八十二
三十九	四十五	五十一	七十三	七十九	八十六
二十七	四十九	五十五	六十一	六十七	八十九
三十八	四十四	五十八	七十二	七十八	八十五
三十四	四十八	五十四	六十	七十四	八十八
三十七	四十三	六十五	七十一	七十七	八十四
四十一	四十七	五十三	五十九	八十一	八十七
三十六	五十	六十四	七十	七十六	八十三
四十	四十六	五十二	六十六	八十	
三十五	五十七	六十三	六十九	七十五	

▲月家吉神 橫看하七法

		正	二	三	四	五	六	七	八	九	十	十一	十二
天德	造作上官 百事吉	丁	申	壬	辛	亥	甲	癸	寅	丙	乙	己	庚
天德合	同	壬	巳	丁	丙	寅	己	戌	亥	辛	庚	甲	乙
月德	修作上百 百事吉	丙	甲	壬	庚	丙	甲	壬	庚	丙	甲	壬	庚
月德合	同	辛	巳	丁	乙	辛	巳	丁	乙	辛	己	丁	乙
天喜	納財求嗣 結婚	戌	亥	子	丑	寅	卯	辰	巳	午	未	申	酉

天富 宜造作倉庫卽滿日 辰巳午未申酉戌亥子丑寅卯

天瑞 百事吉 四季天瑞是何辰 戊寅己卯辛巳眞 庚寅壬子無差別 百事逢之瑞氣眞

天醫 求醫治病鍼葯皆驗 丑寅卯辰巳午未申酉戌亥子

月空 上章修作取土俱吉 壬庚丙甲壬庚丙甲壬庚丙甲

月恩 天恩同 丙丁庚己戊辛壬癸庚乙甲辛

月財 移居造葬橫財大吉 九三四二七六九三四二七六

生氣 一名天喜 戌亥子丑寅卯辰巳午未申酉

旺日 宜上樑下棺忌動土 寅寅寅己己己申申申亥亥亥

相日 同 己己申申申亥亥亥寅寅寅

解神 解諸殺百事吉 申申戌戌子子寅寅辰辰午午

五富 宜造葬作倉庫 亥寅己申亥寅己申亥寅己申

玉帝赦日 任意作事 丁巳甲子乙丑丙寅辛卯壬辰丁亥甲午乙未丙申辛酉壬戌

天赦神 天赦神來自罪宥赦 戊丑辰未戊丑辰未戊丑辰未

皇恩大赦 望恩未赦消災弛患 戌丑寅己酉卯子午亥辰申未

要安日 獲福受生益後續世 寅申卯酉辰戌己亥午子未丑

萬通四古 轉禍爲福居安動榮 午亥申丑戌卯子巳寅未辰酉

回駕席星 興會席一星同 午子寅戌子寅辰子寅子寅辰

天貴 宜祭祀上官入學又 春甲乙夏丙丁秋庚辛冬壬癸

四相 嫁娶百事大吉 春丙丁夏戊己秋壬癸冬甲乙

二合 午戌未亥申子酉丑戌寅亥卯子辰丑巳寅午卯未辰申巳酉

六合 亥戌酉申未午巳辰卯寅丑子

時德 結婚會友 春在午 夏在辰 秋在子 冬在寅

青龍 出行行船

正二三四五六七八九十十一十二

壬癸艮甲乙巽丙丁坤庚辛乾

子丑寅卯辰巳午未申酉戌亥

▲月家凶神 橫看하는法

		正	二	三	四	五	六	七	八	九	十	十一	十二
天罡	忌百事併黄道可用	己	子	未	寅	酉	辰	亥	午	丑	申	卯	戌
河魁	忌百事併黄道可用	亥	午	丑	申	卯	戌	巳	子	未	寅	酉	辰
地破	忌動土金井	亥	子	丑	寅	卯	辰	巳	午	未	申	酉	戌
羅網	忌婚姻出行訴訟	子	申	巳	辰	戌	亥	丑	申	未	子	巳	申
滅没	忌婚姻起造出行	丑	子	亥	戌	酉	申	未	午	巳	辰	卯	寅
重日	吉事重吉凶事重凶	己亥	己亥	己亥	己亥	己亥	己亥	己亥	己亥	己亥	己亥	己亥	己亥
復日	同	甲庚	乙辛	戊己	丙壬	丁癸	戊己	甲庚	乙辛	戊己	丙壬	丁癸	戊己
重喪	忌安葬成服除服等	甲	乙	己	丙	丁	己	庚	辛	己	壬	癸	己
天狗	開同日忌祭祀	子	丑	寅	卯	辰	巳	午	未	申	酉	戌	亥
往亡	忌出行移居居	寅	己	申	亥	卯	午	酉	子	辰	未	戌	丑
天賊	忌開倉出行百事凶	辰	酉	寅	未	子	巳	戌	卯	申	丑	午	亥
披麻殺	忌嫁娶入宅	子	酉	午	卯	子	酉	午	卯	子	酉	午	卯

		正	二	三	四	五	六	七	八	九	十	十一	十二
紅紗殺	忌嫁娶	酉	己	丑	酉	己	丑	酉	己	丑	酉	己	丑
瘟𤺥殺	忌療病修造移徙	未	戌	辰	寅	午	子	酉	申	巳	亥	丑	卯
土瘟	忌同土禁	辰	巳	午	未	申	酉	戌	亥	子	丑	寅	卯
土忌	忌動土開基同往亡	寅	巳	申	亥	卯	午	酉	子	辰	未	戌	丑
土禁	忌破土開金井	亥	亥	亥	寅	寅	寅	己	己	己	申	申	申
天隔	忌出行求官	寅	子	戌	申	午	辰	寅	子	戌	申	午	辰
地隔	忌栽植安葬	辰	寅	子	戌	申	午	辰	寅	子	戌	申	午
山隔	忌入山畋獵伐木	午	己	卯	丑	亥	酉	未	己	卯	丑	亥	酉
水隔	忌入水漁獵行船	戌	申	午	辰	寅	子	戌	申	午	辰	寅	子
陰錯	忌嫁娶造葬	庚戌	辛酉	庚申	丁未	丙午	丁巳	丙辰	乙卯	甲寅	癸丑	壬子	癸亥
陽錯	同	甲寅	乙卯	甲辰	丁己	丙午	丁未	庚申	辛酉	庚戌	癸亥	壬子	癸丑
遊火	忌針灸服藥	巳	寅	亥	申	己	寅	亥	申	己	寅	亥	申

天火	天獄同忌修造盖屋	子卯午酉子卯午酉子卯午酉
冰消瓦解	忌入宅起造	己子丑申卯戌亥午未寅酉辰
受死	忌嫁娶徙移上官漁獲	戌辰亥巳子午丑未寅申卯酉
歸忌	忌針灸刺血	丑寅子丑寅子丑寅子丑寅子
血支	忌移徙入宅婚遠回	丑寅卯辰巳午未申酉戌亥子
飛廉殺	六畜血財專損	戌巳午未寅卯辰亥子丑申酉
血忌	忌針灸刺血	丑未寅申卯酉辰戌巳亥午子
獨火	忌起造盖屋作竈	巳辰卯寅丑子亥戌酉申未午
地囊日	忌起造動土穿開池	庚子癸丑甲子己卯戊辰癸未丙寅丁卯戊辰庚子辛酉乙未
		庚午癸未甲寅己丑戊午癸巳丙申丁巳戊辰庚戌辛未乙酉
短星	忌赴任嫁娶求謀	廿一九十六廿五廿五二十廿
		十八十八十四十三廿五
		二十六十七

長星	百事凶但宜上壽	初七初四初六初九十五初十
		初八初二初四初二十七初九
月煞	忌福神立柱上樑	丑戌未辰丑戌未辰丑戌未辰
月厭	忌嫁娶出行	戌酉申未午巳辰卯寅丑子亥
四廢	百事凶	春辛庚酉申夏壬癸亥未秋甲寅乙卯冬酉巳子午
四離	忌婚姻百事凶	春分夏至秋分冬至俱前一日
四絕	百事凶	立春立夏立秋立冬俱前一日
月破	忌月時德忌	申酉戌亥子丑辰卯辰巳午未
敗破	忌造作器皿	申戌子丑辰午申戌子寅辰午
黃黑道		正七月 五至月 二八月 六臘月 三九月 四十月
青龍黃道		子 寅 辰 午 申 戌
明堂黃道		丑 卯 巳 未 酉 亥
天刑黑道		寅 辰 午 申 戌 子
朱雀黑道		卯 巳 未 酉 亥 丑
金貴黃道		辰 午 申 戌 子 寅

天德黃道 巳 未 酉 亥 丑 卯
白虎黑道 午 申 戌 子 寅 辰
玉堂黃道 未 酉 亥 丑 卯 巳
天牢黑道 申 戌 子 寅 辰 午
玄武黑道 酉 亥 丑 卯 巳 未
司命黃道 戌 子 寅 辰 午 申
勾陳黑道 亥 丑 卯 巳 未 酉

▲枯焦日 祈禱栽種凶

正辰 二丑 三戌 四未 五卯 六子 七酉 八午

▲十惡大敗日

申己年 三月戊戌日 七月癸亥日 十月丙申日 十一月丁亥日
乙庚年 四月壬申日 九月乙巳日
丙辛年 三月辛巳日 九月庚辰日
丁壬年 無忌
戊癸年 六月丑日

▲伏斷日

子虛 丑斗 寅室 卯女 辰箕 巳房
午角 未張 申鬼 酉觜 戌胃 亥壁

▲太虛日

春戌亥子 夏丑寅卯 秋辰巳午 冬未申酉

▲四吉日

春戊寅 夏甲午 秋戊申 冬甲子

▲天恩上吉日 修作上官嫁娶百事大吉

甲子乙丑丙寅丁卯戊辰○己卯庚辰辛巳壬午癸未○
己酉庚戌辛亥壬子癸丑

▲大明吉日 起造葬埋修作萬事大吉

辛未 癸酉 己酉 甲申 壬辰 壬寅
乙巳 己酉 辛亥 壬申 丁丑 壬午
丁亥 乙未 甲辰 丙午 庚戌

▲母倉上吉日 造作倉庫百事大吉

春亥子 夏寅卯 秋辰戌丑未 冬申酉
土王後巳午日

▲往亡日 百事凶

立春後七日驚蟄後十四日清明後廿一日立夏後八日芒種後十六日小暑後廿四日立秋後九日白露後十八日寒露後廿七日立冬後十日大雪後廿日小寒後三十日

▲大空亡日　百事大吉

甲申　戊申　甲戌　甲午　壬子　壬寅　壬辰
癸卯　乙丑　乙亥　乙酉

▲天地大空亡日　百事大吉

壬子　壬寅　壬辰　甲午　甲申　甲戌　乙丑
乙亥　乙酉　癸未　癸卯

▲五空日　百事大通

戊戌日午時諸神上天　巳亥庚子辛丑日太歲及諸神上天

▲天上天下六空亡日

甲戌　甲申　甲午　乙丑　乙亥　乙酉　壬辰
壬寅　壬子　癸巳　癸卯

▲天聲地啞日　百事宜造作修廁

乙丑　乙未　丙寅　丙子　丙辰　丁卯　戊辰
己卯　己亥　庚子　辛巳　辛丑　辛亥　辛酉
壬子　癸丑

▲天地皆空日

戊戌　己亥　庚子　庚申

▲六空日

乙卯日竈空　丁丑日庭空　戊戌日家空
庚子日砧空　辛丑日廄空　壬寅日廁空

▲六重服日　四季月重服日即是戊己日葬則五年內七八亡云

孟月寅申巳亥　仲月子午卯酉　季月辰戌丑未　春三日寅　夏三日申
秋三日巳　冬三日亥

▲産兒短命法

孟三朔四九日　仲三朔三八日　季三朔二七日

▲蒙童大殺日

春三申酉　夏三寅卯　秋三亥子　冬三巳午

又一方

一日在井　二日在雞　三日在門　四日在砧
五日在庭　六日在厨　七日在廳　八日在房
九日在堀　十日登天

▲七殺時

角亢奎婁鬼牛星　行船定破遭沉溺
婚姻起造逢此日　世人若知避七殺
出軍便是不同兵　爲官未滿亦遭刑
不過周年見哭聲　商工士農盡豊榮

▲鉄掃法

辰巳子生五月　寅卯午生十一月　申酉丑生八九月
戌亥未生十二月

▲釰鋒殺日　忌出行安葬入船神祀

春酉日　夏子日　秋卯日　冬午日

▲天賊日　看曆避之

正四七十月滿字　二五八至月破字　三六九臘月開字

▲十二星吉凶法

除危家母亡　成滿盛男女　執破殺牛羊　開定多寳財　平收益田蠶　建閉殺家長

▲二十八宿吉凶法

翼觜室尾ㅣ爲燥宿니埋葬爲良이오造作殃이라
星昴虛房이爲善宿니萬事皆宜오葬不良이라
張畢危心이爲善宿니造葬經營에事々昌이라
軫參箕壁이爲弱宿니德爲懦弱하야被欺佯이라
柳胃女氐ㅣ爲怒宿니遇定官符에大不祥이라
鬼婁牛亢이爲盛宿니臨莅征伐에最高强이라
井斗奎角이文明宿니求事名에大顯揚이라
水宿는極凶하니必不用이오金宿는過戌日이면必凶이라

▲地主下降法　莫犯此方極凶

春三竈　夏三門　秋三井　冬三庭

▲月殺方

正五九月丑方　二六十月戌方　三七至月未方　四八

臘月辰方

▲祈福日

壬申 乙亥 丙子 丁丑 壬午 癸未 丁亥
己丑 辛卯 壬辰 甲午 乙未 丁酉 壬子
甲辰 戊申 乙卯 丙辰 戊午 壬戌 癸亥

▲天赦上吉日

福生黃道天恩天赦天德月德母倉天德合月德合
定成開等日忌受死天狗寅日建破平收日

春戊寅 夏甲午 秋戊申 冬甲子

▲天德合法

正月在壬 三月在丁 四月在丙 六月在己 七月
在戊 九月在辛 十月在庚 十二月在乙

▲太歲己下神殺出遊日

甲子日東遊하야己巳에還位하고丙子日南遊하야辛
巳日에還位하고戊子日遊中宮하야癸巳日에還位하
고庚子日西遊하야乙巳日에還位하고壬子日北遊하
야丁巳日에還位흠

第三編 陰陽

▲五行相生

金生水 水生木 木生火 火生土

▲五行相克

金克木 木克土 土克水 水克火 火克金

▲先天數

甲己子午 九 丙辛寅申 七 戊癸辰戌 五
乙庚丑未 八 丁壬卯酉 六 己亥屬之 四

▲後天數

壬子 一 丁巳 二 甲寅 三 辛酉 四 戊辰戌 五 癸亥 六
丙午 七 乙卯 八 庚申 九 丑未 十 己獨 百

▲十支屬五行

甲乙 三八木 丙丁 二七火 戊己 五十土 庚辛 四九金
壬癸 一六水

▲十二支屬五行

寅卯 木 巳午 火 申酉 金 亥子 水 辰戌丑未 土

▲天干合法

甲己合 乙庚合 丙辛合 丁壬合 戊癸合

▲地支合法

子丑合 寅亥合 卯戌合 辰酉合 巳申合 午未合

▲地支六冲法

子午相冲 丑未相冲 寅申相冲 卯酉相冲 辰戌相冲 巳亥相冲

▲天干三合法

乾甲丁三合 坤壬乙三合 艮丙辛三合 巽庚癸三合

▲地支三合法

寅午戌三合 巳酉丑三合 申子辰三合 亥卯未三合

▲十二支獸名

子鼠 丑牛 寅虎 卯兎 辰龍 巳蛇 午馬 未羊 申猴
酉鷄 戌狗 亥猪

▲寃嗔法

鼠忌羊頭角 虎憎鷄嘴短 龍嫌猪面黑
牛嗔馬不耕 兎寃猴不平 蛇驚犬吠聲

▲年頭法

甲己之年丙寅頭 乙庚之年戊寅頭
丙辛之年庚寅頭 丁壬之年壬寅頭
戊癸之年甲寅頭

▲時頭法

甲己夜半生甲子 乙己夜半生丙子
丙辛夜半生戊子 丁壬夜半生庚子
戊癸夜半生壬子

第四編 婚姻

▲宮合法

頭尾法子寅卯未酉戌亥生爲尾丑辰午申巳生爲頭兩頭合則平兩尾合則順男頭女尾和合女頭男尾不吉

金土 壽命長遠子孫昌盛
火土 子孫孝養萬事如意
土水 病厄連生妻宮生離
土木 來招災殃萬事未就
兩土 倉庫充益子孫滿堂
土火 長命富貴安過太平

火	金	自然愁消百年大吉
火	水	常不親合破家散財
火	木	全無子孫禍災日進
兩	火	無衣無財先富後貧
水	火	富貴子孫奴婢興成
水	土	夫妻不合子孫不成
水	木	種移得利富貴太平
木	金	元來克木各別離散
土	木	元來無日不亂之格
兩	水	和合之相富貴功名
木	火	家祿昌盛金銀滿庫
木	土	始生相克半凶半吉
兩	木	無日口舌貧困之相
兩	金	相克不順百事不成
金	水	相合富貴昌盛綿々
金	火	相念散財破損不吉
火	木	家財自敗蕩敗不吉

▲六十甲子並納音

甲子 乙丑	海中金
丙寅 丁卯	爐中火
戊辰 己巳	大林木
庚午 辛未	路傍土
壬申 癸酉	金鋒金
甲午 乙未	沙中金
丙申 丁酉	山下火
戊戌 己亥	平地木
庚子 辛丑	壁上土
壬寅 癸卯	金箔金
甲戌 乙亥	山頭火
丙子 丁丑	澗下水
戊寅 己卯	城頭土
庚辰 辛巳	白蠟金
壬午 癸未	楊柳木
甲辰 乙巳	覆燈火
丙午 丁未	天河水
戊申 己酉	大驛土
庚戌 辛亥	釵釧金
壬子 癸丑	桑柘木
甲申 乙酉	泉中水
丙戌 丁亥	屋上土
戊子 己丑	霹靂火
庚寅 辛卯	松栢木
壬辰 癸巳	長流水
甲寅 乙卯	大溪水

丙辰 丁巳 沙中土　庚申 辛酉 石榴木
戊午 己未 天上火　壬戌 癸亥 大海水

▲嫁娶滅門法

正女遇九男　三娘配五郎　五女忌正男
七姉懼三男　九女恐四男　二夫逢八夫
四妻從六夫　六女怕丑夫　八女畏十夫
十女嫌子夫

此法은正月生女子가與九年生男子로作配하면滅門하나니라

▲殺夫大忌月

子生正二月 丑生四月 寅生七月 卯生十二月 辰生四月 巳生五月 午生八十二月 未生六七月 申生六七月 酉生八月 戌生十二月 亥生七八月

▲月厭厭對法

正七月辰戌日 二八月卯酉日 三九月寅申日 四十月巳亥日 五至月子午日 六臘月丑未日

▲逐月陰陽不將吉日

正月　丁卯辛卯丙寅庚寅戊寅辛丑丙子己卯戊子己丑丁丑庚子
二月　丙子丙戌庚子庚戌庚寅戊寅丁丑己丑戊子戊戌丙寅乙丑
三月　丁酉乙酉乙丑丙子己丑戊戌己酉丁丑戊子甲子甲戌丙戌
四月　甲子丙子戊子甲申丙申戊申乙酉丁酉甲戌丙戌戊戌己酉
五月　丙申丙戌乙未乙酉甲申戊申甲戌癸未癸酉戊戌
六月　壬申壬午甲午甲申甲戌癸未乙未乙酉癸酉壬戌
七月　乙酉癸酉乙巳癸巳甲午壬午癸未乙未甲申壬申
八月　甲辰壬辰癸巳辛巳甲午癸未壬午辛未甲申壬申
九月　癸卯癸未癸巳辛巳壬午壬辰辛未庚午辛卯庚辰
十月　壬寅庚寅癸卯辛卯壬辰庚辰辛巳壬午庚午

癸巳
十一月辛丑丁丑己丑辛卯己卯丁卯壬辰庚辰庚寅
辛巳丁巳己巳壬寅
十二月辛丑丁丑己丑庚寅丙寅辛卯戊子戊寅丁卯
庚子丙子庚辰丙辰戊辰

▲嫁娶月

女命屬年	子午	丑未	寅申	卯酉	辰戌	巳亥
大利月	六臘月	五至月	二八月	正七月	四十月	三九月
妨媒氏首子	正七月	四十月	三九月	六臘月	五至月	二八月
妨翁姑	二八月	三九月	四十月	五至月	六臘月	正七月
妨女父母	三九月	二八月	五至月	四十月	正七月	六臘月
妨夫主	四十月	正七月	六臘月	三九月	二八月	五至月
妨女身	五至月	六臘月	正七月	二八月	三九月	四十月

▲冠笄日 束髮同

甲子 丙寅 丁卯 戊辰 辛未 壬申 丙子
戊寅 壬午 丙戌 辛卯 壬辰 癸巳 甲午
丙申 癸卯 甲辰 乙巳 丙午 丁未 庚戌
甲寅 乙卯 丁巳 辛酉 壬戌 天德 月德
月恩 天喜
定成日○忌天罡河魁 月厭受死丑日破日及八月定日

▲坐向日

甲己日東北 乙庚日西北 丙辛日西南 丁壬日正南 戊癸日東南

▲生甲病甲死甲法

生甲旬 子丑子辰午戌 寅卯寅子申午 辰巳辰寅戌申 午未子辰午戌 申酉寅子申午 戌亥辰寅戌申
病甲旬 寅子辰寅子辰寅子辰寅子辰 申午戌申午戌申午戌申午戌
死甲旬 辰寅子辰寅子辰寅子辰寅子 戌申午戌申午戌申午戌申午

▲五合日

甲寅乙卯日月合 丙寅丁卯陰陽合
戊寅己卯人民合 庚寅辛卯金石合
壬寅癸卯江河合 此日若合陰陽不將吉日

則他星一切不論永世大吉

▲通用吉日 (一名十全大吉若無不將吉日則用此)

乙丑 丁卯 丙子 丁丑 辛卯 癸卯 乙巳七月有不將壬子 癸丑 己丑 三日無不將吉日○今乃以爲全吉是不拘可也○百忌取用癸巳 壬午 乙未○總聖又取丙辰 辛酉○六甲又取庚寅六日爲次吉

▲送禮天福吉日

己卯 庚寅 辛卯 壬辰 癸巳 己亥 庚子 辛丑 乙巳丁巳 庚申○得合本命吉辰然後送禮納幣

▲婚姻納徵定規日

乙丑 丙寅 丁卯 辛未 戊寅 己卯 庚辰 丙戌 戊子己丑 壬辰 癸巳 乙未 戊戌 辛丑 壬寅 癸卯 甲辰丙午 丁未 庚戌 壬子 癸丑 甲寅 乙卯 丙辰 丁巳戊午 己未○黃道三合 天寶五合六 合陽德玉堂續世六儀天玉月恩天喜定成開日

▲三地不受法

申子辰年亥子丑方 寅午戌年巳午未方
巳酉丑年申酉戌方 亥卯未年寅卯辰方

此法은婚姻新行에看之하니負來면家害하고抱來則來八害라

▲婚姻總忌 附嫁娶大凶日

月厭 厭對 男女本命日 禍害 絶命 每月亥日紅紗殺日 天賊 受死 月殺 月忌 月破 十惡披麻 伏斷 冬至 夏至 端午 四月初八日 (附大凶日) 正五九月庚日 二六十月乙日 三七至月丙日 四八臘月癸日

▲新婦入門法

金姓人이自北門入則凶하고木姓人이自西門入則凶하고水姓人이自北門入則凶하고火姓人이自南門入則凶하고土姓人이自西門入則凶이라

▲新婦入宅吉日

丙寅 庚寅 丙子 辛酉 辛卯

▲五行相克中相生法

沙中釼鋒金은 霹靂天上山下火는 平地一秀木은天河大海水는 逢火喜成形하고 得水福祿榮은無金이면不就榮하고 遇土自然亨하고 路傍大驛沙中土는 非木이면誤平生이라 此는官星制化之妙法이라

▲合婚開閉法

大開는夫妻和樂하고半開는
夫妻不和하고夫妻相離라

子午卯酉生女	大開	十四十七二十廿三廿六廿九
	半開	十五十八廿一廿四廿七三十
	閉開	十六十九廿二廿五廿八卅一
寅申己亥生女	大開	十三十六十九廿二廿五廿八
	半開	十四十七二十廿三廿六廿九
	閉開	十五十八廿一廿四廿七三十
辰戌丑未生女	大開	十二十五十八廿一廿一廿七
	半開	十三十六十九廿二廿二廿八
	閉開	十四十七二十廿三廿三廿九

▲婚姻宮合法

相生　金生水　水生木　木生火　火生土　土生金

相克　木克土　土克水　水克火　火克金

男金女金　은길흉이만으니빈한지격이라자손이
창성하나정이업슬거오부부지정이접々허슈하고
풍긔지정이화목지못하고가되패망하리라

男金女木　은金克木니만사구설이분々하도다파
망지격이요자손이불화하며가도가쇠잔하야우마
와재물이궁진하리라

男金女水　는金生水니부귀복록이반코가도유여
하며자손이장자는죽고차자는장슈하야재물이거
부되여일세의명망이거룩하며부々금실이중하리
라

男金女火　는火克金이니백년을근심할격이라재
물을태산갓치두엇스나자연패가할것시 오여별지
슈가잇고혹자손을두어스나기르기어렵도다

男金女土　는土生金이니부귀풍명지격이로다자
손이성하고노비전답이슈를아지못하매그륵한일
홈이세상에진동하여평생의근심이업스리라

男木女金　은金이木을극하니길치못하고부々간
의장구이동거치못할것시 오일생의빈함을면치못
하고자손이성치못하고재화영면할격이로다

男木女木　은목상합하니평생의길흉이상반하나
부々화락하야생남생녀할거시오재산이풍속지못
하나일생을쥬리던아니리라

男木女水　는슈생목하니부々금슬이지극하고자
손이효성잇고쳐쳑이화목하며복파녹이가득하야
슈명할격이니거룩한가풍이원근의진동하리라

男木女火　는독생화니자손이만당하고복록이흔현할격이라평생을금의옥식으로그릴거시업시복은오고재앙은사라지며만인이츄앙하리라

男木女土　는목극토하니금슬이떠러지고친척이불목하며자손이불효하야패가망신하리로다

男水女金　은금생슈하니부귀할격이라부귀는흔현하고자손은창셩하며생애가족하고친척이화목하며노비전답이사방의만으리라

男水女木　은슈생목하니재산이흥왕하며영화가무슈하고공명이또한겸비하야자손이만당하니평생의깃분일섄이로다

男水女水　는슈상합하니부귀할격이오부〃금슬이중하고일가가화순하며전답이사면의가득하고자손이슈다하야일생의근심이업시리라

男水女火　는슈화상극하니부〃불슌하고자손이불효하며일가친척이화목지못하야자연집안이결단나리라

男水女土　는슈토가상극하니금슬이불화하고자손이불효하야가도가자연패하고재물이업고상부할격이로다

男火女金　은화극금하니불가온대눈갓치스러지고미들거시업도다자손이극귀하고인를이어지러워재앙이끈치지아니하고재물이흐러지리로다

男火女木　는목생화하니만사대길하고부〃화합하야자손이효행하고사방의일홈이날니여재물은셕슝을비하고벼살은극귀하리라

男火女水　는슈극화하니만사대흉하야상처할격이오일가친척이불화하고재물이업스리라

男火女火　는양화가상우하니길한거시업고흉한거시만토다재물이흣허지고부〃간의화슌치못하고자손이업고화재로패를보리라

男火女土　는화생토니자손이창셩하고재물이풍족하니일생의근심이업고부귀봉록이자연이르고도처의일홈이세상의전하여만사의대길하리라

男土女金　은토생금하니부〃해로하야자손이창셩하고부귀공명이겸전하야재물이구산이요노비가무슈하고도생이화슌하니무삼근심이잇스리오

男土女木　은목극토하니부〃서로불화되고또한관재구설이끈치지아니하며집이비록부요하나재물은업실것시오백년을근심으로지내리라

男土女水 은토극슈하니자손이비록잇셔도동셔로홋허질거시오부々지간의생이별하고가업이삭하리라

男土女火 는화생토하니부々간의금슐이즁하고자연부귀하야재물이균산갓고효자효부을두어만사의걱정이업도다노비젼답이사방의만아셔백년을안향하리라

男土女土 는양토가상합하니자손이창셩할격이오부귀할지로다금의옥식의풍유객이되여고루거각의명월이빗취엿고우마노비는무슈만가하리라

▲六甲相克法

갑자을축해즁금은모든불을두려워아니히도다만무오긔미텬상화와무자긔축력화를두려워하고

병인정묘로즁화는모든물을두려워아니해도다만병오정미텬하슈와임슐계해대해슈를두려워하고

무진긔사대림목은모든금은두려워아니해도임신계유금봉금을두려워하고

경오신미로방토는모든목은두려워안니해도다만임오계미양류목파경인신묘송백목을두려워하고

임신계유금봉금모든불은두려워안니해도다만병인정묘로즁화와무오긔미텬상화무자긔축벽력화를두려워하고갑슐을해산두화는모든물은두려워아니해도다만병오정미텬하슈을두려워하고

병자정축간하슈는모든흑은두려워안니해도다만경오신미로방토와무신긔유대력도와무인긔묘셩두토을두려워하고

무인긔묘셩두토는모든나무를두려워안니해도임오계미양류목파경인신묘송백목파무진긔사대림목을두려워하고

경진신사백납금모든불은두려워안이해도다만무자긔축벽력화무오긔미텬상화와병인정묘로즁화를두려워하고

임오계미양류묵은모든금을두려워안이해도임신계유금봉을두워하고

갑신을유쳔즁슈는모든흙은두려워안이해도다만무인기묘셩두토와무신기유대력토를두려워하고

병술정해상토는모든나무를두려워안이하야도다만경신신유석유목을두려워하고

무자기축벽력화는모든물을두려워안이해도다만병오정미현하수를두려워하고

경인신묘송백목은모든금을두려워안니해도다만임
신계유금봉금을두려워하고
임진계사류슈는모든혹을두려워안니해도다만경오
신미로방토와무인긔묘셩두토와무신긔유대력토을
두려워하고
갑오을미사즁금은모든불은두려워안이해도다만병
인정묘로즁화을깁버하야단련하야형상을일워길신
을만납갓타야아람다온긔명을일우고흉셩을만나면
도로혀흉긔을일우고
병신정유산하화는모든물은두려안니해도다만임진
계사장류슈와병오정미현하슈와갑인을묘대계슈와
임술계해대해슈를두려워하고
무술긔해평디목은모든나무는두려워아니해도다만
임오계미양류목파경인신묘송백목파경신신유셕류
목을두려워하고
임인계묘금박금은모든불은두려워아니해도다만병
인정묘로즁화와무자긔축벽력화와무오긔미텬상화
를두려워하고
갑진을사등화는모든물은두려워안니해도다만임진
계사장류슈와병오정미현하슈와갑인을묘대계슈와
임술계해대해슈를두려워하고
병오정미현하슈는보든혹은두려워안니해도다만무
신긔유대력토을두려워하고
무신긔유대력토는모든나무는두려워안니해도다만
무진긔사대림목파경인신묘송백목파경신신유셕류
목을두려워하고
경술신해자천금은모든불은두려워아니해도다만병
인정묘로즁화와갑술을해산두화와병신정유산하화
를두려하고
임자계축상자목은모든금은두려워아니해도다만임
신계유금봉금을두려워하고
갑인을묘대계슈는모든혹은두려워안니해도다만무
진긔사대림목파임오계미양류목파경인신묘송백목
파경신신유셕류목을두려워하고
무오긔미텬상화는모든물은두려워안니해도다만병
오정미현하슈를두려워하고
경신신유셕류목은모든금은두려워안니해도다만임
신계유금봉금은두려워하고
임술계해대해슈는모든혹은두려워안니해도다만무
신긔유대력토를두려워하고

▲婚姻年運圖

傳負哭　男女俱起於兌하니
福死
男流病　男順女逆이라

▲新行周堂圖

死睡門　大月은從竈順하고
床路　小月은從廚逆이라
堂竈廚

▲男女生氣法　日辰을차자보는니라

歲		子	丑寅	卯	辰巳	午	未申	酉	戌亥
十一歲	男	絶命	生氣	禍害	天宜	本宮	有魂	福德	絶體
	女	有魂	福德	天宜	禍害	絶體	絶命	生氣	本宮
十二歲	男	本宮	天宜	福德	生氣	絶體	絶命	禍害	有魂
	女	絶體	禍害	生氣	福德	本宮	有魂	天宜	絶命
十三歲	男	天宜	本宮	有魂	絶命	禍害	生氣	絶體	福德
	女	生氣	絶命	絶體	本宮	福德	天宜	有魂	禍害
十四歲	男	福德	有魂	本宮	絶體	生氣	禍害	絶命	天宜
	女	福德	有魂	本宮	絶體	生氣	禍害	絶命	天宜
十五歲	男	生氣	絶命	絶體	本宮	福德	天宜	有魂	禍害
	女	天宜	本宮	有魂	絶命	禍害	生氣	絶體	福德
十六歲	男	絶體	禍害	生氣	福德	本宮	有魂	天宜	絶命
	女	本宮	天宜	福德	生氣	絶體	絶命	禍害	有魂

▲嫁娶周堂圖

姑堂翁　大月은從夫順數하고小月은從婦逆
夫第　數하니遇翁姑而翁姑者는亦可用之
廚婦竈　라

		子	丑寅	卯	辰巳	午	未申	酉	戌亥
十七歲	男	絶命	生氣	禍害	天宜	有魂	本宮	福德	絶體
	女	有魂	福德	天宜	禍害	絶命	絶體	生氣	本宮
十八歲	男	禍害	絶體	絶命	有魂	天宜	福德	本宮	生氣
	女	禍害	絶體	絶命	有魂	天宜	福德	本宮	生氣
十九歲	男	有魂	福德	天宜	禍害	絶命	絶體	生氣	本宮
	女	絶命	生氣	禍害	天宜	有魂	本宮	福德	絶體
二十歲	男	絶命	天宜	福德	生氣	絶體	絶命	禍害	有魂
	女	本宮	禍害	生氣	福德	本宮	有魂	天宜	絶命
二十一歲	男	天宜	本宮	有魂	絶命	禍害	生氣	絶體	福德
	女	生氣	絶命	絶體	本宮	福德	天宜	有魂	禍害
二十二歲	男	福德	有魂	本宮	絶體	生氣	禍害	絶命	天宜
	女	福德	有魂	本宮	絶體	生氣	禍害	絶命	天宜
二十三歲	男	生氣	絶命	絶體	本宮	福德	天宜	有魂	禍害
	女	天宜	本宮	有魂	絶命	禍害	生氣	絶體	福德
二十四歲	男	絶體	禍害	生氣	福德	本宮	有魂	天宜	絶命
	女	本宮	天宜	福德	生氣	絶體	絶命	禍害	有魂
二十五歲	男	絶命	生氣	禍害	天宜	有魂	本宮	福德	絶體
	女	有魂	福德	天宜	禍害	絶命	絶體	生氣	本宮
二十六歲	男	禍害	絶體	絶命	有魂	天宜	福德	本宮	生氣
	女	禍害	絶體	絶命	有魂	天宜	福德	本宮	生氣
二十七歲	男	有魂	福德	天宜	禍害	絶命	絶體	生氣	本宮
	女	絶命	生氣	禍害	天宜	有魂	本宮	福德	絶體
二十八歲	男	本宮	天宜	福德	生氣	絶命	絶命	禍害	有魂
	女	絶體	禍害	生氣	福德	本宮	有魂	天宜	絶體

歲		子	丑寅	卯	辰巳	午	未申	酉	戌亥
二十九歲	男	天宜	本宮	有魂	絕命	禍害	生氣	絕體	福德
	女	生氣	絕命	絕體	本宮	福德	天宜	有魂	禍害
三十歲	男	福德	有魂	本宮	絕體	生氣	禍害	絕命	天宜
	女	福德	有魂	本宮	絕體	生氣	禍害	絕命	天宜
三十一歲	男	生氣	絕命	絕體	本宮	福德	天宜	有魂	福德
	女	天宜	本宮	有魂	絕命	禍害	生氣	絕體	禍害
三十二歲	男	絕體	禍害	生氣	福德	本宮	有魂	天宜	絕命
	女	本宮	天宜	福德	生氣	絕體	絕命	禍害	有魂
三十三歲	男	絕命	生氣	禍害	天宜	有魂	本宮	福德	絕命
	女	有魂	福德	天宜	禍害	絕命	絕體	生氣	本宮
三十四歲	男	禍害	絕體	絕命	有魂	天宜	福德	本宮	生氣
	女	禍害	絕體	絕命	有魂	天宜	福德	本宮	生氣
三十五歲	男	有魂	福德	天宜	禍害	絕命	絕體	生氣	本宮
	女	絕命	生氣	禍害	天宜	有魂	本宮	福德	絕體
三十六歲	男	本宮	天宜	福德	生氣	絕體	絕命	禍害	有魂
	女	絕體	禍害	生氣	福德	本宮	有魂	天宜	絕命
三十七歲	男	天宜	本宮	有魂	絕命	禍害	生氣	絕體	福德
	女	生氣	絕命	絕體	本宮	福德	天宜	有魂	禍害
三十八歲	男	福德	有魂	本宮	絕體	生氣	禍害	絕命	天宜
	女	福德	有魂	本宮	絕體	生氣	禍害	絕命	天宜
三十九歲	男	生氣	絕命	絕體	本宮	福德	天宜	有魂	禍害
	女	天宜	本宮	有魂	絕命	禍害	生氣	絕體	福德
四十歲	男	絕體	禍害	生氣	福德	本宮	有魂	天宜	絕命
	女	本宮	天宜	福德	生氣	絕體	絕命	禍害	有魂

年齢	男女	子	丑寅	卯	辰巳	午	未申	酉	戌亥
四十一歳	男	絶命	生氣	禍害	天宜	有魂	本宮	福德	絶體
	女	有魂	福德	天宜	禍害	絶命	絶體	生氣	本宮
四十二歳	男	禍害	絶體	絶命	有魂	天宜	福德	本宮	生氣
	女	禍害	絶體	絶命	有魂	天宜	福德	本宮	生氣
四十三歳	男	有魂	福德	天宜	禍害	絶命	絶體	生氣	本宮
	女	絶命	生氣	禍害	天宜	有魂	本宮	福德	絶體
四十四歳	男	本宮	天宜	福德	生氣	絶體	絶命	禍害	有魂
	女	絶體	禍害	生氣	福德	本宮	有魂	天宜	絶命
四十五歳	男	天宜	本宮	有魂	絶命	禍害	生氣	絶體	福德
	女	生氣	絶命	絶體	本宮	福德	天宜	有魂	禍害
四十六歳	男	福德	有魂	本宮	絶體	生氣	禍害	絶命	天宜
	女	福德	有魂	本宮	絶體	生氣	禍害	絶命	天宜
四十七歳	男	生氣	絶命	絶體	本宮	福德	天宜	有魂	福害
	女	天宜	本宮	有魂	絶命	禍害	生氣	絶體	禍德
四十八歳	男	絶體	禍害	生氣	福德	本宮	有魂	天宜	絶命
	女	本宮	天宜	福德	生氣	絶體	絶命	禍害	有魂
四十九歳	男	絶命	生氣	禍害	天宜	有魂	本宮	福德	本宮
	女	有魂	福德	天宜	禍害	絶命	絶體	生氣	絶體
五十歳	男	禍害	絶體	絶命	有魂	天宜	本宮	本宮	生氣
	女	禍害	絶體	絶命	有魂	天宜	福德	本宮	生氣
五十一歳	男	有魂	福德	天宜	禍害	絶命	絶命	生氣	本宮
	女	絶命	生氣	禍害	天宜	有魂	本宮	福德	絶體
五十二歳	男	本宮	天宜	福德	生氣	絶體	絶命	福德	有魂
	女	絶體	禍害	生氣	福德	本宮	有魂	天宜	絶命

歲	男女	子	丑寅	卯	辰巳	午	未申	酉	戌亥
五十三歲	男	天宜	本宮	絕命	絕命	禍害	生氣	絕體	福德
	女	生氣	絕命	本宮	本宮	福德	天宜	有魂	禍害
五十四歲	男	福德	有魂	本宮	絕體	生氣	禍害	絕命	天宜
	女	福德	有魂	本宮	絕體	生氣	禍害	絕命	天宜
五十五歲	男	生氣	絕命	絕體	本宮	福德	天宜	有魂	福德
	女	天宜	本宮	有魂	絕命	禍害	生氣	絕體	福德
五十六歲	男	絕體	禍害	生氣	福德	本宮	有魂	天宜	絕命
	女	本宮	天宜	福德	生氣	絕體	絕命	禍害	有魂
五十七歲	男	絕命	生氣	禍害	天宜	有魂	本宮	福德	絕體
	女	有魂	福德	天宜	禍害	絕命	絕體	生氣	本宮
五十八歲	男	禍害	絕體	絕命	有魂	天宜	福德	本宮	生氣
	女	禍害	絕體	絕命	有魂	天宜	福德	本宮	生氣
五十九歲	男	有魂	福德	天宜	禍害	絕命	絕體	生氣	本宮
	女	絕命	生氣	禍害	天宜	有魂	本宮	福德	絕體
六十歲	男	本宮	天宜	福德	生氣	絕體	絕命	禍害	有魏
	女	絕體	禍害	生氣	福德	本宮	有魂	天宜	絕命

▲生氣法 (日辰을보아생기복덕을아는법)

男女二〇十〇廿六〇四十二〇十八〇五十八〇卅四〇五十〇六十六〇八十二〇七十四〇

未申福酉本戌亥生子禍丑寅體卯命辰巳遊午宜

男三〇十一〇廿七〇卅五〇四十三〇五十一〇五十九〇六十七〇七十五〇八十三〇十九〇

女一〇十七〇廿五〇卅三〇四十一〇四十九〇五十七〇六十五〇七十三〇八十一九〇〇十〇

未申體酉生戌亥本子遊丑寅福卯宜辰巳禍午命

男四〇十二〇二十〇二十八〇卅六〇四十四〇五十二〇六十〇六十八〇七十六〇八十四〇
女八〇十六〇二十四〇卅二〇四十〇四十八〇五十六〇六十四〇七十二〇八十〇八十六〇
未申命酉害戌亥遊子本丑寅宜卯福辰巳生午體

男五〇十三〇二十九〇三十七〇四十五〇五十三〇六十一〇六十九〇七十七〇八十五〇二十一〇
女七〇十五〇二十三〇三十一〇四十七〇五十五〇六十三〇七十一〇七十九〇八十七〇
未申生酉體戌亥福子宜丑寅本卯遊辰巳命午害

男女六〇十四〇二十二〇三十〇三十八〇四十六〇六十二〇七十〇七十八〇八十六〇
未申害酉命戌亥宜子福丑寅遊卯本辰巳體午生

男七〇十五〇廿三〇卅一〇卅九〇四十七〇五十五〇六十三〇七十一〇七十九〇八十七〇
女五〇十三〇廿一〇廿九〇卅七〇四十五〇五十三〇六十一〇六十九〇七十七〇八十五〇
未申宜酉遊戌亥害子生丑寅命卯體辰巳本午福

男八〇十六〇廿四〇卅二〇四十〇四十八〇五十六〇六十四〇七十二〇八十〇八十八〇
女四〇十二〇二十〇廿八〇卅六〇四十四〇五十二〇六十〇六十八〇七十六〇八十四〇
未申遊酉宜戌亥命子體丑寅害卯生辰巳福午本

男一〇十七〇廿五〇卅三〇四十一〇四十九〇五十七〇六十五〇七十三〇八十一〇九〇
女三〇十一〇十九〇廿七〇卅五〇四十三〇五十一〇五十九〇六十七〇七十五〇八十三〇
未申本酉福戌亥體子命丑寅生卯害辰巳宜午遊

第五編 祈禱

▲佛供大通日

甲子　甲戌　甲午　甲寅　乙丑　乙酉　丙寅　丙申　丙辰　丁未　戊寅　戊子　己丑　庚午　辛卯
辛酉　癸卯　癸丑

▲佛供忌日

丙午主人亡　壬辰師亡　乙亥失物　丁卯入地獄
乙卯化主亡、牛馬死

▲竈王下降日

甲子　甲午　甲辰　乙丑　乙亥　乙酉　乙卯　甲
申　丙戌　丁卯　戊子　庚辰　壬寅　壬辰　癸酉
癸卯

▲竈王會集日

每月初六日　十二日　十八日　二十一日
此日祭竈王則富貴大吉

▲竈王上天日

乙丑　乙未　己酉　己卯
此日淨掃竈中則大吉

▲七星下降日

甲戌　甲辰　乙亥　乙巳　丙子　丁未　戊戌　戊
申　戊午　己丑　己亥　己酉　己未　庚寅　庚申
辛卯　辛酉　壬申　壬寅　癸酉　癸卯

▲七星禮拜日

正月初十日綠髮還生　二月初六日消災得福
三月初八日獄亂避危　四月初七日所願皆得
五月初二日無病長壽　六月二十七日所求如意
七月初五日長壽富貴　八月二十五日無憂無患
九月初九日自官無訟　十月二十日金銀玉帛
至月初三日多得財物　臘月二十二日富貴多福

▲赤松子下降日

正月初七日　十一日　三月初六日　十五日
二月初九日　十九日　四月初九日　二十二日
五月初四日　十四日　七月初八日　十三日
六月初十日　二十日　八月十八日　二十九日
九月初三日　二十日　十一月初二日　十二日
十月初一日　十日　十二月初六日　二十日

▲山神下降日

甲子　甲戌　甲午　甲寅　乙丑　乙亥　乙未　乙
卯　丁卯　丁亥　丁未　戊辰　己巳　己巳　己酉
庚辰　庚戌　辛卯　辛亥　壬寅　癸卯

▲山祭吉日

甲子 乙亥 乙酉 乙卯 丙子 丙戌 庚戌 辛卯 壬申 甲申

入山時에先齋五十日하고牽白犬、抱白鷄、鹽一升去山하면神이大喜하야芝草、異藥、寶玉이爲出하고未到山白步하야呼曰林々、央々、此는山王名也니知之하고却百邪하나니라

▲山鳴日 此日山祭則虎咬

大月初二日 二十一日 二十三日 二十六日
小月初一日 初十日 十八日 二十二日
每月初八日 二十三日

▲天狗下食日時

正子日時亥 二丑日時子 三寅日時丑 四卯日時寅
五辰日時卯 六巳日時辰 七午日時巳 八未日時午
九申日時未 十酉日時申 至戌日時酉 臘亥日時戌

▲祭水神日

庚午 辛未 壬申 癸酉 甲戌 庚子 辛酉 除滿執成開日

▲水鳴日 忌行船合醬

大月十三日 十五日 十八日 小月初十日 二十一日 二十二日

▲地神下降日

每月初三 初七 十五 二十二 二十六日

▲地鳴日 不可犯土附地主下降法

大月二十五日 二十八日 小月十三日 十八日
又一方每月十三日 二十五日

▲地主下降法 莫犯此方하라極凶이라

春三竈 夏三門 秋三井 冬三庭

▲神祀祈禱日

甲子 乙丑 戊辰 己巳 乙亥 丙子 丁丑 壬午 甲申 乙酉 丁亥 辛卯 壬辰 甲午 乙未 丁酉 壬寅 乙巳 丙午 丁未 戊申 庚戌 丁巳 壬戌

▲神祀大凶日

每月初一家破 初三六家母亡 初七夫亡 初十兄弟亡 十六人死 十七家母死 二十家長死 二十七家長死 三十日巫女死 又辰日巫女亡 祭未日家長亡 乙卯 丙戌 戊午日損財口舌

▲神祀結命日

正五九月丑日 二六十月戌日 三七至月未日 四八臘月辰日

▲神祀不食日

春三戊午 夏三卯未 秋三巳辰 冬三丑未日

▲神祀大忌日

正七月寅申午日家長死 二八月卯日家長死 己酉日家母死

三九月辰戌日家長亡 子午日家母亡 四十月辰戌日家母死

五至月子午日家長亡 巳日家母亡 寅日牛馬死 六臘月丑未日家長亡 申酉日家母亡 丑未日牛馬死

▲神祀周堂圖

竈	弟	士
翁		堂
井	夫	姑

大月은從夫順數하고小月은從婦逆數하고忌七月旬念日이라

第六編　修　造

▲成造四角法　主人年數計之

一歲兌 二歲乾 三歲坎 四五歲中 六歲艮 七歲震 八歲巽 九歲离 十歲坤 十一歲還到兌하니依此順數하야二十一三十一에累加周而復始라 如二三五七九歲는得四正位故로成造大通하고二六八十은居於四角故로不利하고四五는入於中宮로五雖陽數나亦不利라

▲起造干辰吉年

亥子生甲乙丁壬戊癸年吉

丑寅生丙辛丁壬戊癸年吉

卯辰生乙庚丙辛丁壬年吉
巳午生甲乙庚丙辛年吉
未申酉戌生甲己乙庚戊癸年吉
以宅長의本命長旺有氣月及取三合爲用하되當避旬空羊刃及三殺也니라

▲起造支辰吉年

申子辰水生申酉戌亥子月生運
亥卯未木生亥子丑寅卯月生運
寅午亥火生寅卯辰巳午月生運
巳酉丑金生己午未申酉月生運
此年이合五山六氣及坐運則不怕諸般凶殺하고任意爲之오若未得生運年則須用生運月也라

▲十二命翌造凶年

	三災	太歲入宅	命破	墓破	刼殺	災殺	天殺	地殺
己酉丑生	亥子丑	寅午戌	未	丑	寅	卯	辰	巳
申子辰生	寅卯辰	己酉丑	戌	辰	巳	午	未	申
亥卯未生	巳午未	申子辰	丑	未	申	酉	戌	亥
寅午戌生	申酉戌	亥卯未	辰	戌	亥	子	丑	寅

凡成造陽宅이得四正位然後에推地運이不剋本命이라야可以興工이니必以寅으로寄歲니子年에用事인댄以子로加寅上이면丑在卯하야得四正位하니辰戌丑未坐向이並吉하고丑年에以丑으로加寅上하면寅在卯니寅申巳亥坐向이吉하고寅年은以寅으로加寅上하면卯在卯하야得四正位하니子午卯酉坐向이吉이라餘皆放此하니라　如八干四維가各依當前支一位하야同用하니壬依子、癸依丑之類ㅣ是也라不用此局者는必敗하야萬不一免이라

▲地運定局

辰戌丑未年寅申巳亥艮坤巽乾坐向大通
寅申巳亥年子午卯酉壬丙甲庚坐向大通
子午卯酉年辰戌丑未乙辛癸丁坐向大通
右地運通吉之年에造家修營則進橫財、旺田蠶、生貴子、加官進祿이라

▲家舍坐向法　附起造全吉日

[龍天破人鬼地生絕]以主人生年으로看三合하야輪見所當處라○假令申生則申生에起龍하야至亥上則爲人이니以人坐ㅣ可也라

▲起造全吉日

甲子　乙丑　丙寅　己巳　庚午　辛未　癸酉　甲戌　乙亥　丙子　丁丑　癸未　甲申　丙戌　庚寅　壬寅　壬辰　乙未　丁酉　庚子　癸卯　丙午　丁未　癸丑　甲寅　丙辰　己未日

▲伐木日

宜己巳　庚午　辛未　壬申　甲戌　乙亥　戊寅　己卯　甲申　乙酉　戊子　甲午　乙未　丙申　壬寅　丙午　丁未　戊申　己酉　甲寅　乙卯　己未　庚申　辛酉日

天月德定成開日又宜自立冬後立春前午申日　忌天賊受死建破平收及山隔日

▲造門法

每年十二月癸丑日에造門則盜賊이不敢來하고靑龍方(卯)에作門戶면長命富貴하고安厩則牛馬盛하고安竈則衣食足하고大德方(申)에安庫하면財物足하며牛馬盛하고金匱(未)玉堂(戌)方에安窓하면子孫이聰明通達하고句陳方(寅)에安碓하면衣食足하고造門하면失財하고安竈면火災口舌하고井則大吉하고白虎方(酉)에門則凶하고厩則牛馬爲虎食하고不然則爲賊所失하고天牢方(亥)에室則家道ㅣ漸貧하고竈則子孫이結項致死하고玄武方(子)에門則財物이自然見失於偸盜하고司命方(丑)에門戶則女人이淫亂하고竈則爭鬪하야不絕訟獄하고天刑方(巳)에安碓면凶하고竈則火災오井則有漂溺之患하고明堂方(辰)에安廟則子孫이興하고安碓則牛馬不盛하고朱雀方(午)에竈則火災口舌하고井則吉하고門戶ㅣ無緣自開自閉則三年內에喪故連綿하나니라

△動土開基吉日

甲子　癸酉　戊寅　己卯　庚辰　辛巳　甲申　丙申　戊戌　己亥　庚子　甲辰　癸丑日　宜天德月德月空天恩黃道及除定執成開日　忌土瘟土府土忌天賊月建與天地轉殺九土鬼與建破平收日同則凶癸未乙未土公死葬日忌動土戊午日黃帝死日忌動土犯

之大凶

▲平基日

甲子 乙丑 丁卯 戊辰 庚午 辛未 己卯 辛巳 甲申 乙未 丁酉 己亥 丙午 丁未 壬子 癸丑 甲寅 乙卯 庚申 辛酉 宜忌同開基 築墻宜伏斷閉日吉

▲定磉揚架吉日

甲子 乙丑 丙寅 戊辰 庚午 辛未 己卯 辛巳 甲申 乙未 丁酉 己亥 己巳 甲戌 乙亥 戊寅 丁亥 戊子 己丑 庚寅 癸巳 戊戌 庚子 壬寅 癸卯 丙午 戊申 己酉 壬子 癸丑 甲寅 乙卯 丙辰 丁巳 己未 庚申 辛酉日

宜天月德合天福天喜天富天恩及滿平成閉日吉 忌正四廢天地賊天地火日

▲竪柱吉日

丙寅 辛巳 己亥又宜寅申己亥爲四柱日若竪柱上樑同日則不必再擇

▲上樑吉日

甲子 乙丑 丁卯 戊辰 己巳 庚午 辛未 壬申 甲戌 丙子 戊寅 庚辰 壬午 甲申 丙戌 戊子 庚寅 甲午 丙申 丁酉 戊戌 己亥 庚子 辛丑 壬寅 癸卯 乙巳 丁未 己酉 丁巳 辛亥 癸丑 乙卯 己未 辛酉 癸亥

宜忌與定磉同

▲動土日

甲子 癸酉 戊寅 己卯 庚辰 辛巳 甲申 丙戌 甲午 丙申 戊戌 己亥 庚子 甲辰 丙午 丁未 癸丑 戊午 庚午 辛未 丙辰 丁巳 辛酉 宜黃道月空天德月德天恩四相生氣玉宇金堂除定執危成開日 忌土皇土瘟土符土忌土痕土府土鬼地囊天賊月建轉殺建破平收及土王用事後

▲修造動土吉日

宜四時相日生氣天德月德天恩定日玉堂金匱日 忌將軍太歲身皇定命二黑方五子所臨方 若得五子出遊日通天走馬日則無妨

▲神號鬼哭日

正戌未日 二戌亥日 三子辰日 四丑寅日 五寅午日 六卯子日

七辰酉日 八巳申日 九巳午日 十亥未日 至丑申日 臘卯酉日
忌造廟立像又避身皇定命將軍太歲等方

▲入宅歸火日

宜 甲子 乙丑 丙寅 丁卯 己巳 庚午 辛未 甲戌 乙亥 丁丑 癸未 甲申 庚寅 壬辰 乙未 庚子 壬寅 癸卯 丙午 丁未 庚戌 癸丑 甲寅 乙卯 己未 庚申 辛酉天月二德及合大恩黃道母倉上吉滿成開日驛馬日 不宜歸忌伏斷受死天賊家主本命日正冲日建平破收日

右는移徙日通用하니歸火는是移入祖先의福神香火也라

▲廟主移安及埋安吉日

壬申 癸酉 乙亥 甲申 乙酉 丙申 丁酉 壬子 丙午 己酉 庚申 辛酉 庚午 壬午 庚寅 丙寅 丁卯 丙子 辛卯 甲午 庚子 癸卯 甲寅 乙卯

▲移居日 入宅日通用

甲子 乙丑 丙寅 庚午 丁丑 乙酉 庚寅 壬辰 癸巳 乙未 壬寅 癸卯 丙午 庚戌 癸丑 乙卯 丙辰 丁巳 己未 庚申 驛馬月恩四相日

▲移徙吉日

正壬辰丙辰丁未辛未 二甲子甲午乙丑乙未 三丙寅庚午己巳壬寅 四癸卯甲午丙午庚午
五庚申甲申 六甲寅丁酉 七庚戌甲戌 八乙亥辛亥癸丑 九甲午甲申丙午
十甲子庚辰甲午戊子壬午癸丑 至乙丑癸丑乙未丁丑丁未辛未 臘甲寅庚寅丁卯乙亥己亥辛亥

▲入新家吉日

甲子 乙丑 庚子 癸丑 庚寅 戊辰 癸巳 庚午 癸酉

▲入古家吉日

春三甲寅日 夏三丙寅日 秋三庚寅日 冬三壬寅日 此日萬事通用

▲移安周堂圖

法에大月은從安하야向利順行하고小月은從天하야向利逆行이라

天罡殺

利富

法災師

▲他人入家吉凶法

正二三月人自西方來亡 四五六七月人自北方來病亡 八九十至臘月人自東方來家母亡

▲蓋屋日

甲子 丁卯 戊辰 己巳 辛未 壬申 癸酉 丙子 丁丑 己卯 庚辰 癸未 甲申 乙酉 丙戌 戊子 庚寅 癸巳 乙未 丁酉 己亥 辛丑 壬寅 癸卯 甲辰 乙巳 戊申 己酉 庚戌 辛亥 癸丑 乙卯 丙辰 庚申 辛酉 定成開日破屋毁垣은宜破日이라

▲作竈日

甲戌 甲申 甲午 乙亥 乙未 丙申 丁酉 戊辰 戊申 己酉 庚戌 辛亥 壬辰 壬戌 癸酉 癸未 癸丑

▲修突日 附腹日

甲子 甲申 乙丑 乙酉 戊寅 己卯 庚申 辛巳 癸丑

▲修倉庫吉日

甲子 乙丑 丙寅 丁卯 壬午 甲午 乙未 宜滿日

▲造倉庫吉日

春季己巳丁巳丁未 夏季己巳甲午 秋季乙亥壬午 冬季辛未庚寅壬辰乙未乙亥丙辰 宜成開日

▲寫眞畫像吉日

甲子 乙丑 丙寅 丁卯 戊辰 己巳 辛巳 壬午 癸未 庚寅 辛卯 壬辰 癸巳 己亥 庚子 辛丑 乙巳 丁巳 甲申 庚申 壬寅 癸卯 宜天月德天恩天福福生福厚要安聖心天瑞生氣陰德益復續世 忌天瘟受死獨火四廢勾絞神隔及建破日

▲安砧日

甲戌 乙亥 辛未 庚午 庚寅 庚子 庚申 天聾地啞定成開日

▲安碓磨吉日

甲戌　乙亥　庚申　庚寅　辛酉　庚子　庚午

▲安床吉日

甲子　乙丑　丙寅　丁卯　己巳　庚午　辛未　甲戌　丙子　丁丑　庚辰　辛巳　乙酉　丙戌　丁亥　戊子　癸巳　丁酉　戊戌　己亥　庚子　壬寅　癸卯　甲辰　乙巳　丙午　甲寅　乙卯　丙辰　丁巳　戊午　己未　辛酉　壬戌　宜閉危日　忌建破平收申日

▲天翻地覆時

正月巳亥時　二月辰戌時　三月申酉時　四月巳申時　五月丑卯時　六月子午時　七月酉亥時　八月辰戌時　九月卯酉時　十月辰午時　至月寅未時　臘月卯巳時

▲修造舟楫吉日

宜天恩　月恩　天月德合　要安　月財　平定成日

忌風波　白浪　河伯　張宿　咸池　水痕　觸水龍

日大惡及天翻　地覆時　造船起工이與修造起工日同하고合底起廒　安梁頭는與竪柱上梁日同하고

船關頭는忌天賊　地賊　火星　正四廢執　破滅沒及受死日하고盖船篷은與盖屋日同하고　忌天火

天賊　地賊　入風破日이오艙船은宜伏斷收閉日이오忌執破日이라

新船下水는與出行日同하고宜忌는與修造日同하고申日에不宜下載라

▲凶日　年子丑寅卯辰巳午未申酉戌亥

風波　即大歲　子丑寅卯辰巳午未申酉戌亥

河伯　主瘟爛　亥子丑寅卯辰巳午未申酉戌

凶日　月　正二三四五六七八九十至臘

白波　寅卯辰巳午未申酉戌亥子丑

咸池　卯子酉午卯子酉午卯子酉午

大惡時　即建時　寅卯辰巳午未申酉戌亥子丑

水痕忌　兼忌造酒合醬　大月初一初七十一十七二十三三十日　小月初三初七十二二十六日

觸水龍　丙子　癸未　癸丑　忌行船

海角經　氐尾箕斗婁胃昴畢張軫이大吉하고室牛房參井은小吉이라

▲堤堰塞水日

宜伏閉日　忌龍會開破日

▲泉渴日

辛巳　己丑　庚寅　壬辰　戊申　戊辰　辛巳　己丑　庚寅　甲寅

▲開地塘日

甲子　乙丑　壬午　甲申　癸巳　戊戌　庚子　辛丑　乙巳　辛亥　癸丑　丁巳

▲歲官交承日　不犯立春須擇黃黑道

大寒後五日　立春前二日이乃新舊歲官交代之際니不忌諸般凶殺하고起造葬埋를任意爲之에無不利라寒食淸明此兩日은諸神이上天하니動作　修營　新舊墓에無不利나一日內未畢役則淸明畢功이可라

▲偸修日

大寒後十日　立春前五日에只一日이爲上이오前一日後一日이爲次라不計年月日時受剋而爲之라도無害也니五日內에畢功이爲可라蓋舊鬼는將謝하고新鬼는未進하니此乃一年之空亡이오百事無忌而但無吉星之來助也라

▲厠神下降日

初一日先德夫人　初六日犯德夫人　初七日陳德夫人　十五日順德夫人　二十一日元德夫人　二十九日端德夫人

▲作厠日

宜庚辰　丙戌　癸巳　壬子　己未　天聾地啞天乙絕氣伏斷土閉日　忌正月二十九日

▲修厠日

己卯　壬子　壬午　乙卯　戊午日　忌正六月及六甲胎神牛胎月家占厠

▲作猪圈日

甲子　戊辰　壬申　甲戌　庚辰　戊子　辛卯　辛巳　乙未　庚子　壬寅　癸卯　甲辰　乙巳　戊申　壬子　夫猪圈門은宜高二尺濶一反五寸　放水는惟寅申二位吉하고水流申하면周年에重千斤이니水流寅與乙이면白水喂猪라도自肥也라

▲作牛欄日

甲子　己巳　庚午　甲戌　乙亥　丙子　庚辰　壬午　癸未　庚寅　庚子　牛黃經에又有戊辰　戊午　己未　辛酉

▲修馬枋日

宜戊子 己丑 甲辰 乙巳日 忌月家馬皇馬胎古
枋

▲作馬枋日

宜甲子 丁卯 辛未 乙亥 己卯 甲申 戊子
辛卯 壬辰 庚子 壬寅 乙巳 壬子 天月德成
開日 忌戊寅 庚寅 戊午 天賊四廢日

▲裁裙凶日

四孟月初一初六二十九日虎食愼之

▲裁衣忌日

長短星日天賊日天火日火星日建破平收日

▲裁衣吉日 合帳日

甲子 乙丑 戊辰 己巳 癸酉 甲戌 乙亥 丙
子 丁丑 巳卯 丙戌 丁亥 戊子 己丑 庚寅
壬辰 癸巳 甲午 乙未 丙申 戊戌 庚子 辛
丑 癸卯 甲辰 乙巳 癸丑 甲寅 乙卯 丙辰
戊申 辛酉 壬戌日 合帳은喜雨閉女宿日 裁衣
는喜成開日 忌天賊火星長短星이라
角安穩 亢得食 房益衣 斗美朱 牛進喜 虛得糧 壁獲寶
奎得財 婁增壽 鬼吉祥 張逢歡 翼得財 軫良久

▲修井日 穿井日通用

甲子 乙丑 乙未 癸未 巳酉 戊子 丁巳 癸
亥 癸酉 丁亥 庚申

▲穿井日

戊戌 己未 壬午 癸丑 丙子 戊午 甲午 甲
申 乙酉 庚子 辛丑 壬寅 乙巳 辛酉 辛亥
癸巳日 寅方長壽 卯辰巳方富貴 取本山旺方 歲
官交承日無方道

第七編 交接

▲宴樂日

宜天恩 金堂 天德 月德

▲五合 定成滿開執日

主人之生氣 福德 天宜日 忌上朔月 忌酉日
建 破 平 收 閉日

▲立券交易日

宜三合 五合 六合 天德合 月德合 執日 成

日及歲日干支交生交合　忌建　破平　收　天賊
空亡　伏斷月

▲開張店肆日 典開倉入倉出寶藏寶日同宜成滿開日

甲子　乙丑　丙寅　巳巳　庚午　辛未　甲戌　乙
亥　丙子　己卯　壬午　癸未　甲申　庚寅　辛卯
乙未　巳亥　庚子　癸卯　丙午　壬子　甲寅　乙
卯　己未　庚申　辛酉

▲入學日 求師同　廢事志學者同

丙寅　己巳　甲戌　乙亥　丙子　戊寅　辛巳　癸
未　甲申　丁亥　己丑　庚寅　辛卯　壬辰　癸巳
乙未　丙申　己亥　壬寅　癸卯　甲辰　乙巳　丙
午　戊申　庚戌　辛亥　甲寅　乙卯　丙辰　庚申
辛酉　癸亥　天月德六合寅申巳亥定成開正官正印
正祿天乙日皆用　忌受死正四廢陰陽錯天休廢六不
成日蒼頡死葬日孔子死葬日建破平收危閉日及伏斷
日

▲學技藝日

宜滿成開日　忌正四廢六不成日及破日

▲上章吉日 表冊疏同

甲子　乙丑　丙寅　丁卯　壬申　丙子　丁丑　己
壬午　丙戌　己丑　庚寅　庚戌　壬子　甲寅　丙
辰　戊午　庚申　辛酉　壬戌　黃道福德月空福生
解神本命祿馬月

▲上官赴任日 襲爵受封解除

宜甲子　丙寅　丁卯　戊辰　己巳　庚午　乙亥
丙子　己卯　壬午　甲申　乙酉　丙戌　戊子　癸
巳　己亥　庚子　壬寅　丙午　戊申　庚戌　辛亥
壬子　癸丑　庚申　辛酉　天赦天恩黃道天月德及
合月驛馬旺日官民日本命祿馬日相日守日　忌受死
伏斷牢日獄日徃亡天獄破平收閉日對冲日

▲進人口日 納奴婢同

宜天寶天對天玉天德月德月恩　忌死神月害月破建
破平閉歸忌天罡河魁五離日

▲人動日 附他人出入吉凶

每月初一日　初八日　十三日　十八日　二十三日
二十四日

▲他人出入吉凶

正二三月人自西方來亡四五六七月人自北方來病亡八九十至臘月

人自東方來家母亡

▲求醫療病日 附合藥服藥日

宜己酉 丙辰 壬戌 天醫除破開日 忌建平收滿日弦望晦朔日及未日

▲合藥吉日

戊辰 己巳 庚午 壬申 乙亥 戊寅 甲申 丙戌 辛卯 丙午 辛亥 巳未 又宜除破開日

▲服藥吉日

乙丑 壬申 癸酉 乙亥 丙子 丁丑 壬午 甲申 丙戌 己丑 壬辰 癸巳 丙申 甲午 丁酉 戊戌 己亥 庚子 辛丑 戊申 己酉 辛酉又宜除破開日 男忌除女忌收又忌未日滿日

▲出行日

甲子 乙丑 丙寅 丁卯 戊辰 庚午 辛未 甲戌 乙亥 丁丑 己卯 甲申 丙戌 己丑 庚寅 辛卯 甲午 乙未 庚子 辛丑 壬寅 癸卯 丙午 丁未 己酉 壬子 癸丑 甲寅 乙卯 庚申 辛酉 壬戌 癸亥 驛馬天馬四相建滿成開日 忌生亡四離四絕受死天賊巳日破日平收日

▲不宜出行日

正寅 二巳 三申 四亥 五卯 六酉 七午 八子 九辰 十未 至戌 臘丑

▲商賈興販日

己卯 丙戌 壬寅 丁午 己酉 甲寅 天德合月德合六合滿成開日

▲分家產吉日

正月 己卯壬午癸卯丙午 二月 己酉辛未癸未乙未己亥己未 三月 甲子己卯辛卯庚子癸卯 五月 辛未丙辰己未甲辰戊辰 六月 己亥己卯辛卯乙亥癸卯 七月 丙辰戊辰庚辰壬辰 八月 乙丑乙巳甲戌乙亥己亥庚申 九月 庚午壬午丙午辛酉 十月 甲子丙子戊子庚子 至月 乙丑乙亥丁丑己丑癸丑 臘月 辛卯癸卯庚申乙卯壬申

▲每月出行法

큰달은현문으로부터나려세히고적은달은현복으로브터올녀세히라

▲현문은백사가길하고

▲현감은소망이성취하고

▲텬복은회재하고
▲텬웅은재물엇고
▲텬현은대길하고
▲텬조는구하는바를엇고
▲텬집은무사하고
▲텬적은실물하나니라

▲十二個月分出行法

正、四、七、十月에원행할때보고

四孟日

○당방일의출행하면재물을구함에여의하고조흔사람이서로맛나길하리라
○금고일에출행하면크게이러바리고일이그릇되고흉함을당하리라
○금당일에출행하면길하고통달하리라
○순양일에출행하면간곳마다조코송사하면이의이고도적을만나지아니하며음식을만나나니라
○도적일에출행하면형벌이몸에텹하고크게흉하나

니라
○보창일에출행하는자는백사통달하고금의환향하
야길하나니라
二月、五月、十一月에원행하거든보오

四中圖

○현도일에원행하면지물이생기지안코구설이잇스
며흉하니라
○현눈일에출행하면매사여의하고간곳마다통달대
길하니라
○현당일에출행하면만사여의하야길하니라

○현사일에출행하면재물을구하면엇고귀인을맛나
길하니라
○현적일에출행하면미사가일우지못하고흉하니라
○현양일에출행하면만사여의하야길하니라
○현후일에출행하면구설이잇고또흉하니라
○현창일에출행하면구하는바를다엇고길하니라
三月、六月、九月、十二月出行時보사오

四季圖

○청룡주일에출행하면리롭지못하고흉하니라
○쥬쟉일에출행하면실물하며관인의무리함을보고

흉하니라

○백호두일에출행하면재물을구하되여의하니라

○백호협일에출행하면동셔남북에다길하니라

○백호족일에출행하면일이되지아니하고흉하니라

○현무일에출행하면구설이잇고흉하니라

○청룡두일에출행하면구하는재물을엇고길하니라

○청룡협일에출행하면범사가여의하야길하니라

第八編 畜産

▲出蠶吉日

甲子 庚午 癸酉 庚辰 乙酉 甲午 乙巳 甲申 壬午 乙未 癸卯 丙午 丁未 戊申 甲寅 戊午 收成開日 養浴蠶吉日宜甲子 丁卯 庚午 壬午 戊午日

▲養蠶忌日

忌三月辰戌 四月巳亥 五月卯酉 臘月子丑日 又蠶官所在方에春不宜動土라

▲抱鷄鷄鵝鴨卵吉日

宜天月德 生氣 福生 益後 黃道日 忌月殺 月厭 月破 血忌 血支 死氣 受死 休廢 四廢 天地賊 大小耗 天溫 空亡 閉日

▲買牛吉日

宜丙寅 丁卯 庚午 丁丑 癸未 甲申 辛卯 丁酉 戊戌 庚子 庚戌 辛亥 戊午 壬戌 正月寅午戌日 六月亥卯未日 又成收開日

▲穿牛鼻吉日

宜戊辰 己巳 辛未 甲戌 乙亥 辛巳 乙酉 戊子 乙巳 己酉 乙卯 戊午 己未日 忌飛廉刀砧血忌受死日 丑日

▲馬劐鼻日

忌血支閉日刀砧大風雨陰晦日午日 血支卽用鍼放血續世也同

▲納猫犬吉日

宜甲子 乙丑 庚午 丙子 壬午 庚子 丙午 壬子 丙辰日 天德月德生氣日天德方月德方入吉 忌飛廉日鶴神日 飛廉方入則凶戌不乞狗

▲買猪吉日

甲子 乙丑 癸未 乙未 甲辰 壬子 癸丑 丙辰 壬戌 忌破群日 出猪凶日 亥不出猪又忌破群日 破群日 庚寅及庚申 壬辰與戊辰 甲寅幷己卯此六日也라

▲相 猫 法

猫兒身長이最爲良하니
面似虎威聲要喊이라
眼用金銀하고尾用長하니 露爪하면能翻瓦오
老鼠聞之하고立便亡이라 又云 腰長하면會走家오
面長하면鷄絕種을
尾大하면懶如蛇를
以眼辨時 猫兒定時가有其方하니寅申巳亥에棗核樣이라子午卯酉에一線長이오辰戌丑未에尺血其光이라

▲畋獵網魚吉日

宜月殺 飛廉 上朔及執 危 收日 壬寅癸卯日
江河合漁獵 霜降後立春前執危

▲收日宜獵獸

雨水後立夏前執 危 收日宜捕魚（忌天恩 天赦 月恩 五虛 大小空亡及開日）

▲收蜂吉日 附割蜜

宜天月德天月德合月財五福母倉日 忌天賊天瘟受死大耗少耗月厭月殺月破天火九空四方耗

宜忌詩 除危定執旺蜂家 更有成開宜可用
建滿平收生黑鴉 破閉從來不用他

蜂蜜採取詩 春忌甲寅並庚申夏忌辰戌巳雙神
秋忌戊辰冬丙戌此是蜂王大殺神

▲畜生治療科

牛羊猪瘟에 牙皂細辛川烏草烏雄黃을等分同燒灰研末하야五六分重을吹入鼻中하면即癒하고加麝香二三里하면尤妙라

牛馬疥癩에 蕎麥桿（뫼밀집）을灰水에頻洗하고又藜蘆를作末하야水調塗之라

牛猪病에 大黃黃芩黃栢梔子連翹柴胡蒼朮各三錢을水三碗에煎之爲一椀하야灌之口하면癒라

犬病에 以水로調平胃散灌之하나니라

鷄病에 眞麻油를灌之면立效라○若中蜈蚣毒則研茱萸汁하야灌之하나니라

鷄瘟에 巴豆一粒을搗極碎하야香油調和하야灌入

口하면即癒라○又菉豆磨粉을水和成條하야喂數次하라○又方에生硫黃을灌入口하면癒하나니라

百鳥翅足이折傷에喂以芝麻하고仍又嚼付하면即癒라百鳥瘡　鳥飮惡水하면鼻生爛瘡하니聒菰를作末付之하라

▲辟諸虫方

辟◎蟻는大蒜이最可라

辟白蟻는梔子니能消爲水라辟蛇는白芷를栽植하면不敢入하고又雄黃을熏燒하면不敢入이라

辟蜈蚣은頭髮을燒之하라　辟蚊虫은五月五日에取癩蝦蟆一隻하야剖開不去腸하고埋入於十字街心이라가六月六日에取出하야將蝦蟆肉하야在壁上에劃一圈則蚊이盡入于其劃圈內하고此房에永無蚊患이라○又方에五月五日五更(今子正)에使一人으로在中堂하야向壁揮扇하고且一人은問曰扇은甚麽오答曰扇蚊子로다凡七問에七答을分明爲之오不可戲笑니如是則一夏는無蚊患耳라

第九編　陰　晴

△十二節候豊稔歌

正

歲朝宜黑四邊天
大雪紛々是早年
但得立春晴一日
農夫不用力耕田

上元日晴宜百果

二

驚蟄聞雷米似泥
春分有雨病人稀
月中但得逢三卯
處々棉花豆麥宜

社日雨年豊果少

三

風雨相逢初一頭
沿村瘟疫萬人憂
清明風若從南至
定是農家有大收

初三日雨宜蠶

四

立夏東風少疾病
晴逢初八果生多
雷鳴甲子庚辰日
定主蝗蟲侵損禾

初四百雨穀貴初八雨年豊果少

五

端陽已兩是豊年
芒種聞雷美亦然
夏至風從西北至
菓蔬園內受熬煎

夏至日雨年豊

六

三伏之中逢酷熱
五穀田野多不結
此時若不見災厄
定主三冬多雨雪

七

立秋無雨是堪憂
萬物從來只半收
處暑若逢天下雨
縱然結實也難留

立秋日小雨吉大雨傷禾

八

秋分天氣白雲多
處々歡歌好晩禾
只怕此時雷電閃
冬來米價道如何

社日雨來年豐

九

初一飛霜侵損生
重陽無雨一冬晴
月中火色人多病
更遇雷聲菜價增

重九日雨大宜收禾

十

立冬之日怕逢壬
來歲高田枉費心
此日更逢壬子日
災傷疾病損人民

十五日晴冬暖十六日晴柴炭平

十一

初一西風盜賊多
更兼大雪有災魔
冬至天晴無日色
來年定唱太平歌

十二

初一東風六畜災
若逢大雪旱年來
但令此日晴明好
分付農家放下懷

▲八節陰晴訣

立春日 天氣淸明하면百物成하고陰雨하면主澇하고東有積雪하면當歲豊하고東風이면穀賤하나人民이平安하고西風이면主旱穀貴하야盜賊生하며南風畜安하고北風水淹이라陰陽一氣先하니造化摠由天이라但看立春日의入干如上記하라

春分日 東有青雲하면宜麥하고晴明無雲하면萬物不成하고民多熱疾하며西風이면麥貴하고東風이면麥賤歲豊이오南風이면五月에先水後旱하고北風이면米穀貴라

立夏日 大晴하면必旱하고東風이면五穀收人民安하고南風이면人有疾病하고苗稼亢旱하면西風이면

牛羊六畜이災하고北風이면魚蝦豊이오巳時에東西風이면十日內에青氣現하고東南風이면當年大熟하고青氣不現이면年多大風하며萬物이大傷하고北風이면水如泉湧하며地動、人疫이並生하고西風이면蝗蟲起하고人亦有災오東風이면主有雷하야非時擊物이라

夏至日　丙寅丁卯日에當하면粟貴하고其日午時南方에有赤雲狀如爲者하면(名曰離宮正氣)主五穀豊하고赤雲不現이면當年五穀이不成하고人患眼疾하고又主蝗하며南風이면大熟하고北風이면山田旱하고西南風이면六月에水橫流하야人殃하고西風이면秋多大雨하고東風이면八月에人多病하고北風이면米大貴하고晦日風雨면主來米貴라

立秋日　雷鳴하면禾減收하고雨下하면菜熟하고東風이면人疫하고草木更榮하며南風은秋旱하고西風은大雨오北風은東多雲하고申時西南方에有赤雲하면宜粟하고無雲이면萬物不成하며地震이면牛羊死하고霜降一日에下霜하면主冬至後風雨寒凍하고八月朔에陰晴하면來年豊兆오果木開花하면主來年旱이오秋甲子日에秋有六十日連雨하고九月九日雨하고歸路日又雨하면來年豊이라

秋分日　晴明하면萬物不生하고小雨하면吉하고天陰亦吉이오同日酉時에有風하고有白雲如羊者는即正氣라宜稻年豊하며白氣幷雜氣混者는芝麻收하고有霜이면人多病하되應在來年二月하고東風이면五穀萬物이不實하야穀貴하고西風이면民安歲稔하며西北風이면刼掠의兆오東南風이면暴風의慮가有하고北風이면多寒冷하고東北風이면十一月久陰의前兆오晦日南風이면凶하고西風이면土工興이라

立冬日　屬火하고幷無雨雪이면主煖하니來年旱하고屬水木이면來春雨多하고果樹花開하면來年旱하고東風冬雷면凶하고南風이면來年五月에人疫이有하고西風이면凶하고北風하면冬雪凍獸死하고西北에有白雲如龍馬者하면宜麻하고如不至면大寒에傷人物하야過來四月發現이라

冬至日　遇壬하면主旱千里、二日遇壬이면小旱、三日遇壬이면大旱、四日遇壬이면五穀大熟、五日遇壬이면小水、六日遇壬이면大水、七日遇壬이면河決流、八日遇壬이면海飜騰、九日遇壬이면大熟十日十一、十二日遇壬이면五穀不成하고多風寒冷

하며東風이면人災하며乳牛多死하고南風이면穀貴하고北風에歲稔하고西風이면禾熟人安하고青雲이從北方來하면主來年豊하고無雲이면主凶하고赤雲은主旱하고黑雲은主大水하고白雲은主人病하고黃雲은工事興이라

▲元旦日氣象吉凶表

正月元旦天氣清明하고四方에青氣가有하면年內에雨順風調하고人少疾하며黃氣가有하면歲熟하고人多病하며白氣는旱兆오陰雨하면人殃、田禾水澇、六畜不旺、花果不實

暴風이면盜賊多、禾不登、六畜不旺、又主旱、蔬果減少

黑雲이浮動하고風勢高하면先旱後水

雲多하면麥登、牛羊多災、果荒、米穀賤、魚鹽貴人民安

霞氣浮하면蝗災、綿絲減少、果熟、蔬菜盛 人多災

霧漲하면瘟疫行(卯時는看二月、辰時는看三月、巳時는看四月、午時는看五月、未時는看六月、申時는看七月、酉時는看八月)

雨雹하면多賊、人多疾

先風後雨하면先旱後水、先雨後風하면先水後旱하고風動轉吹하면起方과對沖되는地에災亂이多起

▲元旦日天干吉凶

甲米賤人疫 乙米、麥、貴、人病 丙四十日旱(又云主四月旱) 丁絲、麻、貴 戊粟、麥、魚、鹽又主旱 己米貴、蠶少又多風雨 庚米鐵貴、禾熟、人病 辛麻麥貴不熟 壬麻麥賤、絹布、大豆貴 癸禾殃、人疫 多雨

▲立春日天干吉凶

甲、乙豐年 丙、丁大旱 戊、己損傷田土 庚、辛人不靜 壬、癸水連天

▲占上旬丙子日

甲子豐年 丙子旱 戊子蝗蟲 庚子亂 惟有壬子滔水天、俱在正月上旬看

▲占四季甲子日

春甲子雨면牛羊凍死 夏甲子雨면撐船入市 秋甲子雨면禾頭生角 冬

甲子雨면雪飛千里

▲占六十甲子日陰晴豫占

甲子日雨丙寅止　乙丑日雨丁卯止　丙寅日雨即日止　丁卯雨夕止　戊辰日雨夜半止　己巳日雨立止　庚午日雨辛未止　辛未日雨戊寅日止　壬申日雨即止　癸酉日雨甲戌止　甲戌日雨即時止　乙亥日雨即日止　丙子日雨立止　丁丑日雨夕止　戊寅日雨即時止　己卯日雨立止　庚辰日雨即止　辛巳日雨癸未止　壬午日雨即止　癸未日雨甲申止　甲申日雨卽止　乙酉日雨丙戌日止　丙戌日雨夕止　丁亥日雨即時止　戊子日雨庚寅止　己丑日雨壬辰止　庚寅日雨即時止　辛卯日雨癸巳止　壬辰日辛丑止　丁酉日雨己亥止　戊戌日雨辛丑止　己亥日雨即時止　庚子日雨甲辰止　辛丑日雨壬寅止　壬寅日雨即時止　癸卯日雨立時止　甲辰日雨即止　乙巳日雨丙午止　丙午日雨即時止　丁未日雨立止　戊申日雨庚戌止　己酉日雨辛亥止　庚戌日雨即時止　辛亥日雨癸丑止　壬子日雨癸丑止　癸丑日雨即止　甲寅日雨立時止　乙卯日雨丙辰止　丙辰日雨丁巳止　丁巳日雨即時止　戊午日雨立止　己未日雨即時止　庚申日雨甲子止　辛酉日雨即時止　壬戌日雨立時止　癸亥日雨即止

▲子午卯酉時氣象觀測法

一、北斗杓星에白氣가横하면風雨大作하고罡星第七前黃氣는翌曉乍霔할것이오

二、晨天北方에黃黑雲이横亘하면即雨하고

三、北斗星이雲間에遍掩하야乍暎乍沈하면三日에雨하고

四、鰕頭에一点黑雲이浮하면雨霔馬頭하고

五、斗間天河中에雲如龜動하야黑氣를作하면大水오白氣는亢旱이리라

▲子丑辰巳日氣象觀測法

一、壬子日은管戊午己未庚申三日하니黑雲이釀氣하면所管三日內에雨하고

二、癸丑日은管辛酉壬戌癸亥三日

三、甲寅日은甲子乙丑丙寅三日

四、乙卯日은管丁卯戊辰己巳三日

五、丙辰日은管庚午辛未壬申三日

六、丁巳日은管癸酉甲戌乙亥三日

七、丙子日은管壬午癸未甲申乙酉丙戌五日하니十

干方位上에黑氣를觀測하야雨日을預占하고
八、丁丑日은管丁亥戊子己丑庚寅辛卯五日
九、戊寅日은管壬辰癸巳甲午乙未丙申五日
十、己卯日은管丁酉戊戌己亥庚子辛丑五日
十一、庚辰日은管壬寅癸卯甲辰乙巳丙午五日
十二、辛巳日은管丁未戊申己酉庚戌辛亥五日

▲占 天

朝天에黑雲이東南에突起하면即雨하고暮天에黑雲이西北方에突起하면半夜에風雨至하나니라

▲占 日

烏雲接日하면雨即傾下하고雲下日光은晴雨正好하며朝天日珥는狂風即起오申後日珥는明日有雨이珥單日이오兩珥二日이라午前日暈는風起北方하고午後日暈은須防風勢하며暈開門處에風色不狂이라早白暮赤하면飛沙走石하고日沒暗紅하면無雨必風이라朝日烘天하면晴而風揚하고朝日烘地에細雨必至하며暮光이燭天하면日色이連陰하고日光晴彩하면久晴을可期라日光杲々에淸明不久오返照黃光은明日狂風이오午後處遮하면夜雨滂沱라

▲占 雲

早朝天無雲하면白日漸光이오暮看西天明하면翌日正是晴이라遊絲天外飛하면久晴可以期라淸晨海雲起하면風雨霎時間이라風靜蒸鬱餘에雲雷必震過라東風雲過西하면乍雨不移時라卯起東南雲하면巳時雨乍飛라雲起南天暗하면辰時風雨至라日出卯遇雲하면無雨必天陰이라雲隨風雨疾하면驟雨霎時歇이라日落接雲黑하면風雨大作之라雲沈四山低하면雨聲連宵聞이라西北黑雲生하면雷雨必高聲이라雲若鱗錯하면大風이自明朝라午后排雲鉤하면風聲掠耳過라曉雲東不雨오夜雲西過라紅雲生日初하면定知當日雨오日落紅雲起하면雨聲隔三天이라

▲占 電

電光西南이면明日炎日이오電光西北이면雨下連日하고辰闕電飛면大颶可期오電光亂明하면無雨風情이오闕爍星光하면雨下狂風이라

▲占 虹

雨下虹垂면晴明을可期오斷虹이晚見하면不明天變이오斷虹이早掛하면有風不怕라

▲占 霧

曉霧卽收하면晴天可求오霧收不起하면細雨不止오三日霧濃하면必起狂風이오白虹下降하면惡霧必散이라

▲占燈火

燈은乃一家鑑照之主니開花結蕊하고吐焰生光하야知人間之吉凶하며識天時之晴雨하니凡燈이有花에任其自開自謝오不可挑剔剪滅이오一吹一滅이오不可再吹니라燈有花久不滅하면來日主有喜慶하고至天明不滅不絕하면五日內喜事不絕하고開花向外하면必于大人處에得書하고乃七夜如此하면仕人則加官進祿、爵位高遷하고常人則生財納福、田產立至하고焰忽兩分하면主有大恩、印綬遷官、吉慶하고士人則有大官委命及貴人引援하고燈花連珠下垂者는主有遠行하고燈中心結하야花如면豆하면主有酒食、孕貴子하고燈花連日、遞出爆者는主大喜、選擧、遷官、陞改、吉慶하고燈花向上圓大者는主明日有客至하고燈自明而炸者는主遠信至하고燈無故自滅者는主喪服하고燈若有花라가忽挑去吹滅者는主有恥辱之事

第十編 葬事

▲洪範五行

甲寅辰巽水兌丁乾亥金
震艮己山爲木
戊坎申辛同 离壬丙乙火
丑癸坤庚未土

▲正五行

申庚乾(陽金)艮辰戌(陽土)丁(陰火)
己丙午(陽火)
亥壬子(陽木)辛兌(陰火)巽(陰火)坤丑未(陰土)
寅 甲(陽木)
卯乙巽(陰木)

▲四 魂

男起寅(順行) 女起申(逆行)奇門路應

乙奇 遇生門兩鼠鬪爭孝服人 休門牛馬或壯水事 開門客人或紅衣公吏人

丙奇 遇生門逢眼疾或人相爭 休門五十里聞鼓聲或樂器 開門老人執杖或哭聲

丁奇 遇生門逢獵者衣人 休門二十里逢皂衣白衣

人　開門小兒執杖竹茅物

▲八　門

震爲日出門　坎爲鼎陽門　乾爲天門　艮爲人門
兌爲月出門　离爲降陰門　坤爲鬼門　巽爲地戶

▲逐月斬草破土日

正　月　丁卯　庚午　壬午
二　月　庚午　壬午　甲午　丙午
三　月　壬申　甲申
四　月　甲子　乙丑　丁卯　庚午　癸丑　庚辰
　　　　壬午　辛卯　壬辰　庚子　癸卯　甲辰
五　月　壬寅　癸卯　甲寅
六　月　丁卯　壬申　甲申　辛卯　丙申　癸卯
　　　　乙卯
七　月　甲子　丁卯　己卯　壬午　辛卯　壬辰
　　　　癸卯　甲辰　丙午　乙卯
八　月　乙丑　壬辰　甲辰　癸丑
九　月　丁卯　庚午　壬午　辛卯　癸卯　丙午
　　　　乙卯
十　月　甲子　丁卯　庚午　辛未　丙午　乙卯
十一月　戊辰　己巳　壬申　甲申　乙未　丙申
十二月　壬申　甲申　丙申　壬寅　甲寅　戊申

吉　宿房尾斗室壁胃畢鬼張軫餘宿不利
忌天瘟土瘟重喪重復天賊地破四時大墓陰陽錯重日

▲安葬吉日

壬申　癸酉　壬午　甲申　乙酉　丙申　丁酉　壬寅　丙午　己酉　庚申　辛酉此十二日乃大葬日上吉
庚午　壬辰　甲辰　乙巳　甲寅　丙辰　庚寅此七日乃小葬日次吉
忌重喪重復天賊天罡河魁陰陽錯土禁

▲逐月安葬吉日

正　月　癸酉丁酉己酉外丙寅壬午
　　　　乙酉壬寅丙午辛酉
二　月　丙寅壬申甲申庚寅
　　　　丙申壬寅己未庚申
三　月　壬申癸酉壬午甲申乙酉
　　　　丙申丁酉丙午庚申辛酉
四　月　癸酉壬午乙酉
　　　　丁酉巳酉辛酉
五　月　壬申甲申庚寅丙申壬寅丙申壬寅
　　　　甲寅庚申（寅日宜葬忌開金井）

六　月　壬申癸酉甲申乙酉庚寅
丙申壬寅甲寅庚申辛酉
七　月　癸酉乙酉丁酉己酉外壬申丙子
甲申壬辰丙申壬子丙辰
八　月　壬申甲申庚寅壬辰丙申
壬寅乙巳丙辰丁巳庚申
九　月　丙寅壬午庚寅
壬寅丙午
十　月　庚午丙子甲辰
丙午丙辰
十一月　壬申甲申庚寅丙申壬寅甲辰甲寅庚申
外壬子申日申日宜葬忌開金井
十二月　壬申癸酉甲申乙酉丙申壬寅
甲寅庚申申日宜葬忌開金井
逐月安葬忌魁罡勾絞重喪重復八座氷消陰陽錯
及建破收日

▲葬日周堂圖

客	父	男
婦		孫
母	女	死

只論月分大小하고不論節氣하야大月은初一日에從父向男順數하고小月은初一日에從母向女逆數하야一日一位하야數値亡人則吉하고如値生人則出外少避하고惟停喪이在外則不論이라

▲大明大空天光星

太陽與太陰이會合하야以爲合朔、臨到本山이大明大空이니大宜修造、遷墳、動土、不拘三殺、巡山羅睺、鐵掃、劍鋒、官符、九十六辰、一百二十禁忌、神煞、諸般空亡、惡殺、盡皆迴避、潛藏拱伏主添人、進口、田宅、奴婢、畜蠶、五穀豊登、家門安泰、加官遷職、儒士登科、富貴榮華하고若修壽山이면主壽命延長、大致福祿하야無所不利라

正　月	析木寅	日月合朔在壬亥二山
二　月	大火卯	日月合朔在乾戌二山
三　月	壽星辰	日月合朔在辛酉二山
四　月	鶉尾巳	日月合朔在庚申二山
五　月	鶉火午	日月合朔在坤未二山
六　月	鶉首未	日月合朔在丁午二山
七　月	實沈申	日月合朔在丙巳二山
八　月	大梁酉	日月合朔在巽辰二山
九　月	降婁戌	日月合朔在乙卯二山
十　月	娵訾亥	日月合朔在甲寅二山
十一月	玄枵子	日月合朔在艮丑二山
十二月	星紀丑	日月合朔在癸子二山

詩曰 動山明天星 修造鬼神驚 有祿方遇此
千金莫示人

太陽은乃星中天子오萬宿之祖오諸吉之先이니五更初出에諸星이皆沒이라至尊極貴하는吉曜ㅣ遇之면增助光輝하고凶星이逢之면拱手斂伏이라專論坐山照向과坐向照山과坐方照方이三合相照면極爲有力하니如大寒後四日이入子女二度면雖出入子方이나到癸則對照午丁이皆可稟光이오若三合이到子則申辰二方이得光이오若到癸則巽庚二方이亦有餘輝矣니主添丁、旺財、進產、加官하야無所不利라

▲安葬從權法

擇大寒節五日後、立春節之前이乃新舊歲官交承之時니先擇日破土하고又擇日安葬이니如開山立向不忌年月日時剋하고山家가更不忌太歲、月家諸凶神殺하고就立春前謝墓하고或于來年寒食節淸明節內에用人夫、工匠하야盡一日之內에加土謝墓則無禁忌라

▲乘凶葬法

如死者三日之內或七日或旬日之內에擇日安葬이면不忌年月諸凶하니不須昭告地祇斬草니名曰盜葬이라當日早開壙하고盡一日之內成墳하며三日之內謝墓하고或大寒節五日後謝墓가亦可也라

▲禳鎭重喪法

用白紙하야做函一個하고用黃紙하야朱書四字하야置函內하고放棺上하야同出하면大吉하니正二六九十二月은朱書六庚天刑하고三月은六辛天延이오四月은六壬天牢이오五月은六癸天獄이오七月은六甲天福이오八月은六乙天德하고十月은六丙天오十一月은六丁天陰이라

▲除靈服吉日

壬申 丙子 甲申 辛卯 丙申 庚子 丙午 戊午 己酉 辛亥 壬子 乙卯 己未 庚申 又戊寅 乙未 戊申 癸丑官除日

▲除靈周堂圖

亡 男 亡 孫 亡 母 亡
父 女
亡女亡客亡女夫亡

大月은初一日에起從父하야向男順數하고小月은初一日에起從母하야向孫逆數하야一日에過一位하야數至亡字則吉하니宜用이오若値人이면損人

이니不宜用이니라

▲鳴 吠 日

壬申癸酉甲申乙酉丙申丁酉壬寅丙午巳酉庚申辛酉庚午壬午庚寅

▲天 喪 日

寅卯月巳日 辰巳月午日 申酉月申日 戌亥月酉日 子丑月戌日

▲破 殯 吉 日

辛未甲戌乙亥丁丑戊寅丙子甲申乙酉己卯壬午戊子甲午乙未己酉壬午癸丑乙卯己未庚戌辛酉

▲四時先破方

春三月南方 夏三月北方
秋三月東方 冬三月西方

▲破 殯 方

申子辰時東方 寅午戌時西方 己酉丑時南方
亥卯未時北方

▲停 喪 忌 方

己酉丑年忌艮 申子辰年忌巽 亥卯未年忌坤 寅午戌年忌乾

▲不 伏 方

申子辰年巳午未方 巳酉丑年寅卯辰方 寅午戌年亥子丑方 亥卯未年申酉戌方

▲正 沖

假如甲子生遇甲午日遇祿馬貴則不忌

▲同 旬 沖

甲子生遇庚午日乙丑生遇辛未日也餘倣此

▲密 日 (祭主本命冲克凶)

角木冲克戌土生 井木冲克丑土生 斗木冲克未土生 柳土冲克子水生 奎木冲克辰土生 壁水冲克巳辛山辰弓戌箭 癸山丑弓未箭 艮山寅弓申箭 巽山亥弓巳箭 坤山寅弓申箭 乾山辰弓戌箭 火生冲尾火冲克申金生

▲重喪及重服日

重喪日甲乙己丙丁己庚辛己壬癸己
巳上日은安葬、成服、除服、諸喪事가並凶하니라

重 日 一年十二月內에巳亥日을忌하나니라

復日　正甲庚　二乙辛　三戊巳　四丙壬　五丁癸　六戊己　七甲庚　八乙辛　九戊己　十丙壬　十一丁癸　十二戊己

入棺吉時

子甲庚　丑乙辛　寅乙癸　卯丙壬　辰丁甲　巳乙庚　午丁癸　未乙辛
申甲癸　酉丁壬　戌庚壬　亥乙辛

成服吉日宜甲子　己巳　乙酉　庚寅　癸巳　丁酉
丙午　辛亥　癸丑　戊午　庚申

▲天牢不守吉日　移墓、加土立石吉日

庚午辛未壬申癸酉戊寅己卯壬午癸未甲申乙酉甲午
乙未丙申丁酉壬寅癸卯丙午丁未戊申己酉庚申辛酉

▲故墓宿殺

春木墓在午未　夏火墓在丙戌　秋金墓在子丑　冬
水墓在卯辰

▲開塚凶時

甲乙日申酉時　丙丁日丑午申戌時　戊己日辰戌酉
時　庚辛日辰丑巳時　壬癸日丑卯巳時

▲將軍箭

甲山酉弓卯箭　乙山戊弓辰箭　丙山子弓午箭　庚
山卯弓酉箭　壬山午弓子箭　丁山丑弓未箭

▲改葬大廟年

此年月時改葬則大敗

金　辛丑辛未　木　乙未乙丑　火　丙戌丙辰　木土　壬辰壬戌

▲造廟破碎歌

寅犯地主大難當　辰犯大主無靈聖　勸首逢申命不
長　鄉坊逢戌起瘟癀　巳犯時師難躲內　亥犯木匠
見災殃

▲移安埋安吉日

壬申　癸酉　甲申　乙酉　丙申　丁酉　壬子　丙
午　己酉　庚申　辛酉　庚午　壬午　庚寅　丁卯
丙寅子　辛卯　甲子　庚子　癸卯　甲寅　乙卯

▲遷葬改莎草

庚辛日不開
丙午丁未坐　辰戌丑未大空　子午卯酉小空
戊己日不開
壬子癸丑坐　辰戌丑未大空　子午卯酉小空
丙丁日不開
坤甲庚酉坐　子午卯酉大空　寅申巳亥小空

艮寅甲卯坐　子午卯酉大空　寅申巳亥小空
甲乙日不開
辛戌乾亥坐　寅申巳亥大空　辰戌丑未小空
壬癸日不開
乙辰巽巳坐　寅申巳亥大空　辰戌丑未小空
右法大小空日用吉　圍字則龍虎符入塚故滅孫

▲身皇定命

(上元男)起八宮　中元男)起中宮
(下元男)起二宮
(上元女)起中宮(中元女)起八宮
(下元女)起二宮
(乾隆九年男子中元)

▲地　運

(辰戌丑未年)寅申巳亥　甲庚丙壬坐大通
(寅申巳亥年)子卯午酉　乙辛丁癸坐大通
(子午卯酉年)乾坤艮巽　辰戌丑未坐大通

第十一編　命　運

▲男女四柱吉凶法

此法은四柱의太歲와月建과日辰과時數의順序로合하야看하나니太歲의干數와月建의干數를合하야初分을驗하고月建의干數와日辰의干數를合하야中分을驗하고日干數와時干數를合하야末分을預料하나니라

甲一、乙二、丙三、丁四、戊五、己六、庚七、辛八、壬九、癸十

假如甲子年丙寅月이면甲一丙三을合하야一三에初分을驗하고丙寅月甲寅日이면丙三甲一을合하야三一에中分을驗하고甲寅日戊辰時면甲一戊五를合하야一五에後分을驗하라

一、一　松桂長春

天性剛直하고淸高聰明이라財祿連綿하고竹杖先鳴이라四鴈分飛에一鴈何孤오戌年登科하야富貴雙全이라若有刑殺이면骨肉情疎오四季秋節에難免叩盆이며庭踈雙蘭하고衣食晩達이라辛壬水鵲은順七歸期라

一、二　水邊楊柳

天性恬淡하고氣豪襟濶이라智足計短에始勤終怠라前程成敗는朝得暮失이라虎嘯牛兎에枯木逢春이라

一、三　走馬紅塵

天性剛直하고柔順精詳이라梧葉早秋에兩雁分飛라元央相分하고一子終身이라六親如疎에奔走東西라生涯南北에貴助立身이라子辰之年에公門顯名이라一曰幾何오希上加三이라

一、四 鷲上柳枝

性疎情濶에心高志倦이라能小能大에萬事商量이라商賈爲業이오亥忌横夭하라鶴鳴梧枝오鴿原獨叫라龍虎快樂이오鷄犬背梯라莫恨別離하라先疎後密이라孤竹輕身에先貧後富라虎嘯驚蛇에可愼厄會라順鼠水鷄에魂歸北邙이로다

一、五 山田秋穫

性質懶慵하야躊躇暗昧라心多悔悟에始終不一이라虎嘯揚威하고立旗邊庭이라過房贅居에衣祿卓立이라鴿原三台가似有狐獨이라元離莫恨하라平生愛花라一朵結實에福祿崢嶸이라順之丁壬에乘雲上天이라

一、六 鳳飛朝陽

天性峻急하고伶悧慧明이라心施仁德하고愛老憐貧이라名利武科에官任邊將이라位至三品하고喜蹲九旬이라淚洒梧桐이며自卓衣食이라金馬龍樓오鳳鳴鶴和라單一兄弟에果三特活이라遇犬揚名하고逢馬吐氣라莫和琴瑟하라秋花映隙이라莫恨貧苦하라先枯後榮이라年至希三하면魂飛白雲이라

一、七 春苑開花

剛柔聰明에智謀相半이라作事雖遠이나末乃未通이라鵬翼博犬하고牛禁弟鷄라木邊貴客이手把竹杖이라鴈飛單獨이오親戚參商이라叩盆無鞭에納幣西庭이라少無嫡子하고老養螟蛉이라莫恨喪明하라牛年一璋이라前程漁農이오後榮財祿이라庚辛壬癸에可愼厄會니라順后三四에玉京朝位라

一、八 豹隱南山

天性剛柔에心仁口直이라性急心忙하야事有未決이라官在武科하고位名堂上이라鼠口牛背에反愛官祿이라祖業春雪에自手成家라鳳鳴梧枝에一天二地라雙鳳分相하고親戚無情이라生活成敗는猪遇貴助로다丁壬羊狗에可畏横夭라順后一二에魂歸三山이라

一、九 春堤芳草

性情柔和에事機通敏이라氣質柔順하야不犯刑害라龍輸富貴하고鶴鳴竹枝로다骨肉情疎하고兄弟孤單이라莫嘆鴈陣하라離鄕老大라經營成敗에無宮耽花라兩三有花에必有金玉이라辰未犬羊에財祿豊盈이라自家成己에丑未橫夭로다二立騎牛하니一夢可期라

一、十 楚玉無瑕

性情豪俊에剛柔且明이라奇謀深淺에有頭無尾라仁反爲愁하니多學少遂라事業漁樵오名利鄕利라傭耕生涯에地崩慟哭이라西天秋鴈이橫夭鷄口라元央弄水하니常好巫女라五枝結果에雙躍龍池라墻外孤竹이最爲榮昌이라辛苦得財하야老來大吉이라龍蛇之年에七旬可期라

二、一 竹筍紅梅

信義貞高하고智謀聰明이라性急無毒하니名利祿事로다天崩北堂이오結果三台라兩三昆玉이各分西南이라事有孤單하고心爲辛苦라莫恨離別하라平生愛花라金烏哀鳴하고銀蟾宮險이라敬奇酉犬이오得福牛馬로다寅卯坤頭에福祿亨通이라老得富貴에順五天命이라

二、二 燕鴻有期

高良松栢에剛直聰明이라智謀多退하니有本無末이라功成武科하니官至邊將이라六品佳兼에叩地慟哭이라單獨兄弟에不調好妾이라晩得二果하야終身百年이라論其事業하면老末得富라雲梯升龍이行逢艮羊이라巳午一合에榮華三秋라尼丘聖壽에乘被白雲이라

二、三 秋天星月

性敏多謀호대心勞不成이라氣質殘弱하고精神暗昧라性急無毒에先實後虛라武科門將에堂上功名이라其兄乃弟ㅣ昊天罔極이라元央相合하고翡翠偕老라花柳多妖하니別離何連가單一結果하야期百終年이라五枝如芬에一井龍門이라辰艮犬羊에富貴昌盛이라希年加一에飄然升天이라

二、四 燕回故栖

性情淸高에柔順氣豪라直言無奸에養老濟人이라名利攀龍하니尊榮且貴라三品之位에金腰玉

頂이라坤土何沒가同氣亦踈라堂鶴結果에離親踈戚이라先當叩盆하고晩得子孝라幾經風霜고每多成敗라牛馬水沱에衣紫天台라耕田得富하고抱病趁命이라順后一二에天夢九萬이라

二、五　鶴立九皐

天性清豪하고智謀高明이라心無私曲호대恩反招怨이라功高堂上하고名稱鄕吏라心在武夫하니超上天梯라皇天何傾가連枝單一이라無不和合에反愁名利로다莫恨元別하라不然破鏡이라結果三枝에秋得榮貴라莫恨辛苦하라自手成家로다一身不困하고萬善延命이라龍虎七八에歸期三天이라

二、六　鶯出幽谷

性清情直하며柔而且雅라直言多和하니剛柔兼備라內難正志하고外柔文明이라用晦自明하니智謀多端이라俯仰之間에梧陰先秋라琴瑟調床에百年同和로다鼠猿之期에錦衣還鄕이라天生定命은六九是然가

二、七　邂逅班荊

心性光彩에聰明清高라奇謀超群하니養老濟人이라名利攀龍에尊榮勢重이라名在武夫에待詔金門이라事如崩舟하고財若散雲이라竹杖先鳴이오雙鴈獨飛라元官五女에五枝一榮이라莫恨喪明하라門駕天馬라富在耕耘하니秋得財祿이라希得一牛에歸往赤松이라

二、八　石中隱玉

胸襟洒落에心高氣豪라性兼剛柔하고機謀深明이라口直招非에始終一均이라行事科慶에名利祿厚라名振官中에梧桐先鳴이라天地之間에有而若無라孤獨兄弟에離祖卓立이라晩幣破鏡에先離後吉이라秋結兩果하니桂花一貴로다耕田事業은晩得榮昌이라年當順六하면猿啼泉臺라

二、九　鵬博南溟

性任剛直하니威風凜烈이라燥急清豪에心慈口毒이라雖無祖業이나權多財旺이라名利俱全하니山東節官이라鴈行孤獨하고元央叩盆이라仰天痛哭하니親戚楚越이라兩妹其孀인지不然離鄕이로다落水喪明에獨子終身이라非前牛羊에福祿富貴라身帶壽疾하니希七必終이라

二、十　松栢并茂

天性剛强에心仁口直이라高節小謀오靈學小成이라世業武夫오生涯市賈로다乾坤之間에梧葉先秋라同氣連枝오令妹獨身이라莫輕元宮하라先踈後和라莫恨喪明하라先男後女라莫嘆辛苦하라先困後榮이라衣食兼足호대朝得暮失이라若逢申酉어든可愼厄會니라

三、一　牧丹雙開

性質自强에每慴奸邪라心慈且厚하며溫良淸高라事業巧拙이오生涯市賈라一二兄弟오五節竹杖이라莫恨元別하라花發墻外라應靈立女하며結果必雙이라莫恨孤弱하라朱衣天恩이라論其財宮하면新舊相繼라平生辛苦하니東西奔走라莫恨身病하라牛馬厄會라年至順二에路深蓮臺라

三、二　鶴立靑松

天性淸高하고氣質俊秀라功名武科에三品尊榮이라三刀有力하니金玉之任이라雙々鴻鴈이離別何多오元宮果妖하고後花有實이라兩宮先空에先貧後富라勞心无功에辛苦徵力이라龍虎榮光이오鷄犬厄會라希年之三에九萬長天이라

三、三　遮虎拒狼

性主淸高에聰明端正이라心質懶怠하니險厄不驚이라弓馬功名은朱衣天恩이라竹杖一身에反有二母라雁行孤飛하고元央失侶로다莫恨元離하라妖花榮光이라晚得芝玉하니三枝三花라艮宮簫條하니先困後榮이라耳邊龍井에順四雲登이라

三、四　鳩居鵲巢

巧中性直하고淸高心輕이라奇謀不莊하니招是招非라天乙及身하니淸高將軍이라官祿生涯오坤宮先沒이라兩家稱婿하고三雁孤飛라馬牛之年에未免叩盆이라莫恨喪明하라三枝一花라墻外有花하니麟角終身이라平生計活은負債多端이라莫言成敗하라外富內貧이라順七騎馬하니數曲悲歌로다

三、五　鵬飛衝天

性情和順에氣質高仰이라聰巧愛人하니心仁且寬이라犬羊之年에一子上天이라布衣帶金하니掌兵爲相이라名在壯元하고位在一品이라竹杖

先鳴에孤獨兄弟라莫恨元別하라先離後吉이라果有三孕하나最榮一果라草屋琴棋로安合待時라先破何苦오午亥財得이라自當希一하야食神空亡이라

三、六 孤猿失侶

性稟虛實에心事淸高라心情不定하니非僧非俗이라名稱工吏하고行伍軍官이라生涯商路에奔走南北이라地忽沒兮여天定元別이라二雁似孤오一虎叩盆이라二果結枝에一子榮昌이라秋後借逢하니生計最吉이라平生志士가新舊相繼라定年之疾은牛馬犬歸라

三、七 天際孤鴈

性直无猛에喜怒易生이라或度无常에是非反招라身似鄕吏하고行同宮漏라麻衣竹杖에呼天叩地라三台之鳴은一点之鳴이라元唱淸波하니雙蓮花香이라莫恨叩盆하라晩得佳配라枝三結果에得一終身이라若逢鼠龍이면必見榮光이라先貧後貴에大登得財라丁犬龍犬에大貴宜官이라

三、八 鶴栖雲林

性愛淸高하고節若霜雪이라聰明剛直에以手得財라連枝遠斥에溟洲先臺라三行其鴈이一雁孤飛라元央遊池에妖蓮何生고何患子孫가二枝一花라水水貴人이官祿必高라過得險苦오犬羊厄會라

三、九 冬嶺孤松

性急如火하야恩深成怨이라聰明淸高하고心舌剛直이라從車武夫오牛頭功名이라破祖成家하고先鳴竹杖이라兩三之鴈이琴瑟不和라納幣西庭에孤果必榮이라頌載陰德이오永恩拜天이라謀念深々하니秋得福祿이라馬虎之鼠에必愼厄會라六甲酉牛에金身化仙이라

三、十 鴈過瀟湘

性本剛直에骨格淸秀라名利副將이오泣血地崩이라兩鴈孤弱하야悲値縱形이라晩侶鳴鷺하니莫恨未娶하라龍吟貴子하니綵衣有榮이라四海兄弟오一家胡越이라水口家厄이오犬羊必榮이라鑿石見玉하고掘地見金이라貴人助我하고卯酉有厄이라若逢龍馬면採藥蓬萊하라

四、一 枯楊生華

天性不順에洒雨狂風이라靜反作喧하고正變爲邪라弓馬事業이오四品功名이라一天先崩에兩地何故오三鴈分飛하고兩庭納采라花栖春風에偶逢立女라雖無嫡子나墻外三枝라莫恨喪明하라終得貴兒라年至希三에一夢南柯라

四、二 月隱浮雲

性本淸高에志亦廣大라恒帶豪氣하고性剛好勝이라功名滿堂하니秋后富貴라三刀有力하니身彼征衣라地忽沒兮여兩雁似孤라三度爲婚하고立女家人이라二果之中에一果最吉이라功振萬里에晩得千鍾이라兩戊相合하니老來大吉이라鷄犬橫厄하니日光勝春이라希年加二에天命其定이라

四、三 有弓有矢

心性剛直에忍不憤事라氣多智謀하야危中不急이라金水逢人에得招鳳機라天定二母하고竹杖先鳴이라一雙孤雁이名武嘉善이라忽當叩盆하나結果四枝라龍蛇之年에財帛興旺이라莫恨奸誣하라常招是非라牛馬兎羊에厄會可知라希年乙月에乘上白雲이라

四、四 掘井得金

多辯多論이外寬內變이라羊骨易決하니兮好是非라武科功名이金玉帶光이라梧葉先秋하고兩雁孤飛라莫恨叩盆하라鳳閣好緣이라六親不和하고雙枝有榮이라四九興業이오卯午恩祿이라子酉亨通하고寅申厄會라順之一二에乘彼白雲이라

四、五 桃李爭春

性好豪俊에意氣自揚이라心仁無猛하고口直聽明이라千川流兮여鳳閣香名이라堂上名利오手裡竹杖이라孤雁數飛하고元央雙離라晩得貴子하고老去得財라辰卯之鷄에天理常榮이라

四、六 乘船渡江

性本正直하고氣質淸高라曾抱忠良하야機志大哉인저堂上得名이오桐梧雙立이라別離故鄕하고淪落江湖라一二連枝가有名孤刑이라富貴一子오太平百年이라兩家之婿로三四結果라莫恨辛苦하라卯酉得榮이라一曰幾何오八甲是定이라

四、七 獨依金門

天性巧拙하야愚者反怨이라口直言輕하야到處被嗔이라若居江口면必得武威로다名利有權하야平生謫居라天先北堂에竹杖先鳴이라三雁之格이正似孤形이라元央弄水하고鴻子何快오甕明在數오一子終孝라龍虎當運하면自己成家라雖無祖業이나必有榮華라希之二四에天命其逝라

四、八 雲間明月

性好精直에氣像淸高라口直心仁하니有恩無德이라名利賣買오先把竹杖이라兩鴈各飛에一子有榮이라井後應福이오貴人助力이라甲丙牛馬因貴上梯라朝恩暮籌로奔走得財라問其駕天하면順二定命이라

四、九 鼠守庫糧

性甚剛硬하야作事利順이라機謀多巧하야作業自閑이라布衣閑良이오泣血竹杖이라二鴈一孤에早娶叩盆이라莫恨元別하라麟角奉燭이라牛馬逢乙에光彩反見이라祖業不利하고早得石崇이라未申之厄에抱病之運이라希之加七에天命其定이라

四、十 披雲見月

性主剛直이오材化棟樑이라剛明忠直에志豪氣英이라龍門逢人이오紫衣金玉이라名利武夫오梧葉先秋라三鴈一孤오三枝一花라牛馬犬羊에天祿自榮이라三改衣冠하고四變成龍이라順行淸閑에有陷火中이라希后子午에天其命哉止저

五、一 仙郎遊雲

性主剛直이오心無邪曲이라義析是非하고志急心仁이라交易生活이오竹枝先鳴이라秋鴈孤飛에鏡破何離오三花一果오陰功有孕이라莫言成敗하라離祖成家라陰人者助하면亥犬受福이라艮巽猿鳴에魂歸松林이라

五、二 鶴立靑松

性兼剛柔에喜中生憂라淸白伶俐하니心直忠良이라報國誅邪하고恩變成怨이라祖業春雪이오漁夫生涯라梧葉先秋하고喪明何歎고芝蘭多生에秋得富貴라牛馬犬羊에必得榮貴라希七之年에乘雲上天이라

五、三　晨鴻貴件

性本淸秀에心若滄海라忠良剛直하고俊秀聰明이라手得功名하고背多是非라位在金門에名威遠振이라竹杖先鳴하고孤獨其身이라元離天定이오兩枝一孝라平生之業은鼎分三足이라經過辛苦하고晩得貴榮이라莫嫌奔走하라自手成家라龍虎之年에可愼橫厄이라天命九皐에誰敢不赴리요

五、四　鴈飛秋天

天性剛直하야聰明多智라博學多文하고積小成大라生涯維何오商賈爲業이오乾健坤厚에梧枝先秋라瀟湘秋岸에四鴈高飛라元央和鳴에二子登庭이라丑未之年에出外得財라莫恨奔走하라先苦後榮이라希年加二에魂歸九天이라

五、五　嶺上高松

天性剛高하야自行其僻이라俯昂之間에先把竹杖이라鴒原其踈하야隻影孤飛하고奔走南北에幾經辛苦오莫嘆元別하라立女相依라牛角羊蹄에貴人其助라膝下之榮은一男二女라成敗多端하고六親其踈라一日幾何오中壽可期라

五、六　打破玉玦

性稟柔順하고氣多正直이라常好罵佛하니豈信鬼邪아孤中有福이오短處求長이라武夫名利며離祖贅居라三鴈幷飛하나其何孤獨고卯盃忽陷이오松林有鳥라莫恨喪明하라晩得一果라龍馬犬羊에心有榮貴라子丑之年에龍登天門이라希年巳犬에魂飛九天이라

五、七　旱苗逢雨

性稟輕巧에聰明剛直이라欲巧反拙하고好處嗔聲이라名利兼全하고身着錦衣라腰頂金玉이오乘龍上梯라天何不顧오鴈行三台라一枝結果하야可免後慮라貴人助力하니福祿自榮이라卯酉之年에車馬鬧門이라希年卯午에路通泉臺라

五、八　雛鷺作栖

天性剛柔하며心直淸高라聰明多智오愛老憐貧이라獨何富貴오萬戶之祿이라鶴鳴竹枝하고鴈分東西라元離貪花로何免孤獨가卯盃之數오三枝結果라羊犯蕃屛에金玉盈旺이라馬頭得祿이오秋后榮光이라兩井又庚에玉京有期라

五、九 魚游大澤

性情淸肅하고眼明手快라心仁口急하야自取口舌이라兩三鴿原에君何獨飛오天地之間에丑午竹杖이라若逢天乙이면正祿多多라名世口辯이獨猿幽聲이라辰巳之年에錦衣還鄕이라喪明之歎은在數難免이오庚壬馬頭에魂飛九天이라

五、十 淘沙見金

德合石柱하고性在忠良이라志守綱紀하야能知黑白이라名利雙全하야位至三品이라借力三刀하야紫衣揚武라特鎭西戎하고鳳鳴井梧라兩鴈孤飛에元離在數라各分東西하야秋月再逢이라一枝培根에四柱奇數라寅卯辰貴에牛馬得榮이라年任卯辰에骨肉丘冷이라

六、一 池上雙蓮

性本剛柔에事不表裡라救人無恩하야有始有終이라家不端正하고面博可知라平生好酒하고竹林鶴病이라吳山一鴈이오楚水六親이라叩盆愛花하야老得麟角이라赤手成家오財官興旺이라六六午頭에可愼厄會라希之猿啼에魂飛九天이라

六、二 雲散月明

性多胆氣하고志兼正直이라凡事在勤하고心志超群이라鳳鳴在梧오三鴿一原이라莫恨別離하라不然叩盆이라喪明在數하니先後得果라若逢貴力이면水邊成功이라成敗在數하니先苦後榮이라幾經風霜코水口官祿이라馬負水大하니生不出外로希二辰年에玉京前導라

六、三 秋月芙蓉

氣性雄壯하고高節江漢이라心仁言恭하고愛老憐貧이라叫天慟哭에兩鴈一鳴이라莫恨別離하라不然叩盆이라親戚楚越이요三枝一朝라成敗在數하니若來衣食이라辛苦之後에朱衣天恩이라功名三刀오山東節官이라辰巳之年에可愼厄會라順二之年에玉京可朝라

六、四 接樹逢春

氣俊多智하고性情正直이라聰明多謀하고性急無毒이라天何不顧오日暮東林이라兩鴈高飛에一鴈何孤오辰巳之年에必有弄璋이오幾經風波에得意三羊하고駕鶴携栞에皮骨破傷이라子丑之年에未免厄會오順之其六에朝天有期라

六、五 鑿石見金

性情淸高하고心仁口直이라智謀兼備에凡事正直이라俯仰之間에秋先梧枝로다群鷹高飛에隻影是何오無合有家하야花光相照라辛苦之餘에晩娶亦喜라莫嘆初欠하라五九還福이라勝父施祖에衣祿自足이라平生之數는先貧後富라雖無祖業이나自己得榮이라順後鷄犬에玉京可期라

六、六 鴈過江漢

性質淸豪하고心志剛直이라聰明過人에勤終怠라鳳鳴竹上에孤竹守根이라鴒其在原에五鴈神飛라叩盆之歎은在數難免이라午未之年에釣得金魚라順二之年에玉京可朝라

六、六 雨打荷花

性本正直하야行事至誠이라內寬外急하야氣力好勝이라口直招非하야有頭無尾로다乾坤之間에竹林先秋로다三鴈高飛에隻影何孤오中年叩盆이豈不可嘆가西家有緣하니莫失機會하라六親踈遠하고一果가風燭이라免年月日에高門可接이오水鷄之鳴에官祿在身이라莫恨辛苦하라晩得榮貴로다希之加二에魂飛九天이라

六、八 巖上孤松

高節剛直하나大用之材로다月明秋天에梧葉早彫라蕭湘南岸에三鴈遠飛라損族招怨하고離鄕成家로다元別莫恨하라不然破鏡이라幾度喪明고晩得一果가風霜之餘에榮華可期라離鄕逢貴하며井後應福이라佳期何時오應在水口라順之七年에魂馭九霄라

六、九 鴛鴦戲水

天性少急하나意氣寬大라心厚仁慈에善惡相半이라俯仰之間에竹林先秋하고孤枝修孝하니莫不欽羨이라二三其鴈이各飛東西로다四九之年에叩盆可歎이오半月再圓하니其緣莫違하라膝下爭財나積德惟多라雖有成敗나官刑不犯이오水邊人助하야老而富貴라位至三品에朱衣有權이오牛草白水에厄會可愼이라稀年加二에朝上玉京이라

六、十 鴒下秋風

機謀廣大하고識見高明이라心仁口直하나是非紛紜이라羅網之中에元央羅立이라一花三枝가子午折桂라平生事業이以源通海라莫恨辛苦하

라晩釣巨鰲라水邊得助하야榮華可期라若論富貴ㅣ댄萬金商賈라六七馬牛에厄運何免고

七、一 渭水直釣

氣質淸雅하고知識高明이라性本淸聰에心直招怨이라牛馬之年에先把竹杖이라一鴈若孤하고元央戯水라妖花何忌고墻外麟角이라辰巳垂榮에麾節可期라鷄頭恐貴는好事多魔라先苦後吉하고壬午揚名이라一日幾何오順七可期라

七、二 葦田篷新

心懶性憂하야有本無末이라外戚楚虎오同心齊羊이라梁山風雨에梧葉空飄라鴒原春日에三飛頡頏이라孤單相吊는同氣相倚라不有此厄이면難免叩盆이라龍犬得子에又何喪明고東西飄泊라가幸遇尊貴라衣食雖足하나有勞无功이라莫恨成敗하라先凶後吉이라九九猪羊에厄會可愼이오希年加八이云是定命이라

七、三 燕語東風

性本聰明하고淸高剛直이라終身有德하니非僧處士라乾坤難再라天崩奈何오鴒原春日에三台昆玉이라鳳兮凰兮여妖花何多오膝下之榮은一枝一花라鶴鳴枝上에應入紫雲이라辰戌値空하니道反爲凶이라改換爲妙하니衣食豊足이라順之庚猿에玉京可朝라

七、四 月照山亭

天性多巧하야弄假成眞이라作事多魔에値凶有救라俯仰之間에梧陰先秋라瀟湘群鴈이一鴈何孤오莫恨元別하라妖花在數라枝花紛紛에破祖成家라午卯之年에每多成敗하고天乙若照하면末年自安이라順七悲猿은命也奈何오

七、五 鳳宿梧桐

性如孤雲하야朝暮無定이라野鶴途鳳은東西宿食이라俯仰之間에竹林先杜라兩鴈高飛에一東一西라元央妖花가爭光淸水라兩樹三實이오墻外一枝라骨肉情疎하고過房贅居라東西馳聘에笙吹爲業이라貴人借力을頻頻望上이라成敗在數하니井後有福이라六六之年에命也奈何오

七、六 孤鴈帶書

性雖聰明이나急燥未貴라少材磊落에善始善終이라地忽沒兮여共非早年가同氣連枝에三箇幷茂라夢態其遲하야晩有一子라羊馬見牛에井光

射斗라莫恨辛苦하라後榮可期라虎莫登山하라
讀經大吉이라耳順之年에魂飛九天이라

七七、春光秋映

性多柔軟하고迹似芝蘭이라節如松栢에不拘多少라日暮西天에竹枝雙鳴이라同氣有枝나一南一北이라元離破鏡이오晩得雙童이라骨肉雖疎나名利天權이라辰午之年에貴上天梯라莫嘆辛苦하라未分安吉이라寅甲赤鼠에橫厄可愼이오順之七八에玉京可朝라

七八、鰲隱滄海

性多輕急하고喜怒易生이라作事顚倒하고出言有忌라俯仰之間에梧枝先秋하고瀟湘秋月에雙鴈高飛라元央相合에二子終孝라莫恨辛苦하라先欠後吉이라耳順有六에魂飛九天이라

七九、細雨蓮花

性似秋霜하고口直心忙이라無文多計에徒疊口舌이라乾坤乃定에梧葉先秋라鴒原春日에雙鴈高飛라琴瑟和合하고二子終孝라莫恨勞苦하라晩得功名이라苦盡甘來에枯木逢春이라成敗雖多나末年可成이오順六申辰에登上玉京이라

七十、鶴宿野林

天性猛强하야東西去來라自信淸淡하야能脫是非라俯仰之間에梧枝先秋하고瀟湘兩鴈이分飛東西라百尺竿頭에生涯何疎오庭樹三枝하나一枝何孤오莫恨困苦하라先窮後達이라元史相合하니百年可偕라卯辰無功하야反成其厄이라耳順有六에云是定命이라

八一、瑞雲耶月

天性淸高하야无私聰明이라尙度是非에能規能矩라乾坤之間에梧陰先秋하고瀟湘之岸에一雁孤飛라親戚何踈오庭樹一果라愼行貴方하라何日恩詔오初凶後吉에衣食自足하고知音由馬에寒谷回春이라虎巳之年에橫厄可畏오順之六八에玉京可登이라

八二、鴛鴦綠水

天性淸高하고容貌俊秀라心無邪曲하고口直是非라元史相和에月下結緣이라夢熊何遲오秋後二枝라辛癸之年에必登龍門이오莫恨奔走하라祿在其中이라猿啼孤鷄에橫厄可愼이오希年之間에玉京可登이라

八、三 黃沙見金

天性最難하야性急无毒이라心仁口直에善醫有權이라俯仰之間에先把竹杖하고瀟湘秋月에五鴈一孤라西隣弄婿로一果有結이오龍虎之年에貴人爭花라爾改友冠에先困後榮이라六九己犬에厄會可愼이라順八之年이云是定命이라

八、四 花發春山

弄巧成拙하고反正爲邪라天性如雷하야有聲無形이라乾坤之間에梧枝先秋하고瀟湘秋月에三鴈一孤라莫嘆衣寒하라無奈天定가過房贅居로逢秋弄璋이라子丑相合하면玉京仙郞이라藍田美玉이白髮知己라鼠牛之日에西南得貴라虎兎之年에難免橫厄이라六六牛羊에朝天玉京이라

八、五 林木逢榮

天性剛直하고平生膽大라智謀深明에廣大有權이라天何不助오早失北堂이라四鴈孤影이오元離妖花라寅辰未申에門前桂香이라高嘆幾時오有恩反怨이라草創花發하니衣紫腰尾라恩人得助하야兵印重傷이라貴助犬羊이오貧李周張이라馬輕鷄鳴에玉京可朝라

八、六 眞玉連環

性本柔剛하야心无邪曲이라善談黑白하니氣豪英雄이라先問天地하면鳳鳴梧枝라綠水淸波에无央得意라紅蓼白蘋에鳴雁影損이라回看結果하면一門朱雀이라兎地出系오鷄呼安祿이라一失中鳳에折桂何難고龍犬戾達하니立見成功이라恩人助力하야秋後富貴라稀七水鷄에魂歸九天이라

八、七 魚龍戲波

性少知音에輕急智短이라平生規模가求小失大라三雁一獨에竹杖鳴咽이라莫恨別離하라秋以爲期라三枝團圓에百年固根이라骨肉雖疎나姻戚何密고運値龍犬에可得高名이라東西奔走에必多豪力이라牛馬逢水하면厄運連綿이라歸期何時오順之加四라

八、八 石上靈芝

天性謙直하고急如成火라平生事業이緣木求魚라碧梧月落에孤鳳悲鳴이라叩盆在數하니先離後吉이라昆玉其幾오獨鱗可憐이라只待狂風에正是螟蛉이라順五辰未에玉京可朝라

八、九 金星聚奎

性急頑愚하야易嗔易怨이라俯仰之間 竹林先秋라湘江之岸에一雁孤飛하고鳳兮凰兮여四飛其宮이라骨肉情踈하야奔走東西라牛馬之回에事有就緖라寶樹兩枝가破祖自卓이라犬馬逢辛에魂飛九天이라

八、十 寶銅重磨

性情順厚하고度量寬大라志氣如天하야遇急不愁라乾覆坤載에鳳鳴蒼梧라連枝同氣는一枝其秀라元央再飛하니必繼其紘이라庭蘭雙立하니二子彩舞라龍虎鼠頭에光財斗牛라己午丑年에生涯有期하고辰申之年에橫厄可愼이라莫嘆辛苦하라先貧後富로다順二水鷄에玉京有期라

九、一 松秀雲林

天性正直하고心志浩大라巧多性拙하고謀略其端이라天位之間에白日無光이라鴿原蕭條하야東分西飛라骨肉何踈오姻親有情이라牛馬之年에一呼萬欽이라他鄕產業은江邊逐鹿이라莫嘆奔走하라先貧後富라膝下之榮은一果奉燭이라再抱木雁하니東床西閨라順六犬羊에知是天命이라

九、二 玉椀蟠桃

性似風雷하야先忘後失이라心素輕毒하야有聲無形이라天地覆載에梧葉先秋라兩雁高飛에君何孤獨고元央佳期는應待鵲橋라兩枝雙花에一朶最榮이라他鄕生業이勤力自成이라祖業難守하고志同隱士라若求珍寶댄須向水口라順七鷄鳴에魂飛三山이라

九、三 猿戲松林

天性俊麗에心正膽大라淸秀口直하고水飮散懷라天何不助오地忽沒兮로다元央相離라가申酉更期라三殺終根에何患喪明고虎腹佩刀하고牛角張紘이라莫恨舌刑하라金櫃得榮이라順二兎鷄에天命其定이라

九、四 鴈宿蘆花

氣雖殘弱하나性出眼對라深思智謀하고心留淸眞이라俯仰之間에梧枝先秋라叩盆之歎은在數難免이라立女依居하니羊犬立志라在家其少하고山外何頻고船行事業이豈其辛苦오龍虎之年에厄會可愼이라順頭猿啼에三山有路라

九五 金玉滿堂

胆大淸高하고言多聰明이라奇謀厭求하고骨肉情疎라俯仰之間에竹枝先鳴이라湘水秋月에隻雁孤飛라叩盆之數은枝花同身이라親戚無依하니孰有眞義오成敗其幾오貴人相助라龍呼虎嘯이고兎化爲鳳이라初年辛苦라가後有富貴라順五犬羊에乘上白雲이라

九六 玉窓夢閑

天性聰明하고容貌俊麗라心无邪曲하고和柔言好라天地怙恃에梧桐早凋라雁飛三行에有形无形이라元史其化하고依居立女라莫恨喪明하라秋結一果를莫恨難難하라夕陽祿馬라成敗雖多하나秋後應福이라依勢貴人하라可期功名이라巳化爲龍하니卓立事業이라順五之年에天命其數라

九七 換骨成仙

性情淸高하야不樂鬧市라竹杖何刑고各居無憂라鼎立悲鳴하니鴒原其疎라三台雙月이陰德之餘라莫歎艱難하라秋福可期라借力水人하야富貴雙全이라順后白虎에輕別大吉이라順七六申에天命在數을

九八 松秀雪嶺

天性情高하야言出冷談이라口舌何多오常招是非라俯仰之間에梧葉先秋을湘水岸上에三雁高飛라元央相和에未免叩盆이오一枝兩果가半世傳孝라更整衣冠하고始見成功이라順二水鷄에三山有期라

九九 魚還春澤

天性巧作하고心高仁行이라以小敵大하니淸節孤竹이라俯仰之間에竹杖先把라二雁雙飛에朝東暮西라元史無情에何恨叩盆고一枝守根에親戚無依라祿旺財하니秋后得祿이라申卯之年에厄會可期라甲前犬鷄에一去不歸라

九十 花柳同榮

性多德厚하고心仁兼美라愛老冷談에常無是非ㄴ天高地濶에梧月无光이라二雁隻飛에相依相資라叩盆莫嘆하라妖花在傍이라孤枝培根하니秋后有祚라村居鳳臺하니黃金何愁오一朝貴人은水口天福이라棄馬之時에可愼落傷이라成敗其幾오老大吉祥이다順之水鷄에三山前路라

十、一 仁山智水

天性淸雅하야秋毫不誤라剛直且柔하니其宜功名이라天何不顧오地忽沒兮라元史分飛하고六親歷越이라一枝其秀하니可觀榮達이라初年困苦는无依自成이라奔走東西라가一朝榮華라持弓逐鹿하야功名可遂라順之其三에可朝玉京이라

十、二 玉兎待月

性直聰明하고忠心高節이라遭亂遠避하니自比夷齊라天高地濶하니地忽沒兮여湘上兩雁이東西分飛라叩盆之歎은鳥可得免고晩得兩果하니能仁且孝라成敗常多하야竿頭生涯라初欠後吉하니枯木逢春이라順五羊馬에魂飛九天이라

十、三 龍門題名

天性雷震이오氣質이淸雅라性急事倦하고聲若雷動이라怙恃之間에梧桐先秋라鴒原三行에一鴈孤飛라叩盆妖花는羊馬孤數라親戚无情하고骨肉相疎라事業其何오門柳交春이라前苦後安에好風鵑啼라禱逢五朶하야花芳森苑이라東西南北에生事作好라丁戊莫船하라水會咽憂라順六之年에玉京趨拜라

十、四 鸞鏡磨新

天性淸高에憂多恩念이라心雖正直하나恩反爲害라怙恃之間에先把竹杖이라元央綠水에錢財致榮이라湘水秋月에兩鴈分飛라家無妖花하고墻外奇枝라子丑奇巧오寅辰得功이라墻起干戈하고水上見氷이라辛苦後安하니榮華一時라巳頭逢馬에厄事相知라順七之年에玉京可期라

十、五 舟逢順風

天性正直하고志氣淸高라聰明伶悧하야能卞是非라天高地濶에梧葉先秋라鴒原其多에一雁獨飛疎莫嘆喪明하라一枝二花叩라盆愛花하고親戚라濶이라羊犬之年에父子同榮하고晩祿羊膓에秋后得榮이라何恨辛苦오先貧後富라兎莫乘船하라金網水患이라順二之年에天定其命이라

十、六 夏雲多峰

心性仁高에意深氣壯이라有權愛人하나恩反爲怨이라俯仰之間에竹枝先鳴하고儷鳴其三에君何獨在오琴瑟不和에必不爲叩盆이라初苦奈何오苦盡甘來라牛犬相調에水口衣祿이라莫嘆勤

勞하라西北知音이라順七猿鷄에魂飛九天이라

十、七　山田松栢

心性剛直하야黑白分明이라溫良恭儉에凡事再想이라俯仰之間에桐葉先凋라湘江之岸에雙鴈分飛하고元央相分에墻花可怪라莫恨喪明하라晩得一果라零丁餘生이逢兎何苦오馬前貴助하고羊犬爲榮이라莫近酒色하라害事常隨라順之加二에魂飛九天이라

十、八　磨石成玉

性素閒嚴하야暗成威權이라黃面長者로必與爲友라梁山風雨에交易大凶이라鴈飛其幾오雙分東西라春風花柳에元央叩盆이라花枝幷發에何恨喪明고辛苦成敗하고奔走生涯라名必成功이오携酒問綠이라財祿自旺에頑石藏玉이라井近福來하고君命猪羊이라

十、九　虎隱深谷

膽氣淸高하고性志洒落이라常不拘人하니堂々丈夫라天高地濶에梧葉先秋라蕭湘之岸에雙雁無群이라元何孤飛오東西各分이라庭前寶樹는寅得腰金이라水口之年에携金五候라事業其何오旱餘得雨라莫恨勞力하라井後多福이라財帛旺昌하니枯木生榮이ㄱ順之其六에拜朝玉京하라

十、十　葵藿香同

性多仁信하고心直無正이라智足多謀하고到氣春風이라天高地濶에鳳鳴梧桐이라同氣連枝에六七男妹라元央雙飛에百年偕老라六親不和하고二枝結實이라寅辰之年에功名可期라希年加三은天命其定이라

人命四柱吉凶法

天干

甲壬六乙癸二丙八丁七戊一己九庚三辛四

地支

子一丑十寅三卯八辰五巳二午七未十申九酉四戌五亥六

時＝(單數)　行年太歲干支及月數、

日＝(十數)　日辰、時干支數皆用單數

月＝(百數)

太歲‖(干數)

右年月日時干支數를千、百、十、單으로總合하야幾千幾百十零數를得한後에三百八十四로除하고其餘數로何卦何爻를看하야平生數의吉凶을預判함

▲行年數法 (用中天數)

平生元祖數에加年齒數하고更添當年太歲干支數하야總合得幾萬幾千幾百幾十零數後에三百八十四로除하고其餘數로觀何卦何爻하고

▲月內吉凶法 (用先天數)

平生元祖數、當年太歲干支數及年齒數上에加何月數及干支數하야總合除去後에看何爻하야驗其吉凶하고

▲日下吉凶法

月數上에加幾日數及干支數하야總合한後에依法除하고看何卦何爻하야驗吉凶하라

▲諸事吉凶占法

誠心으로得數하되先得數는用百하고再得數는用十하고三次得數는用單數하야三百八十四로除하고餘數로依法驗看하라

▲男女平生卦得爻法

年月日合數로八八除之後에零數로作上卦하고時支數를合하야八々除之後에作下卦하고更以年月日時數로總合하야六々除之後에零數로變爻를作하야元卦動爻에吉凶을驗看하라

▲唐四柱法

子	天貴星	人貌가俊秀하고子孫이昌盛하니貴人의氣象
丑	天厄星	一身이窮困하고多年抱病한氣象
寅	天權星	多術多權하고萬事의權能이有하야吉할氣象
卯	天破星	每事가欲成未成하고半凶半吉의氣象
辰	天奸星	爲人의奸巧多謀한氣象
巳	天文星	容貌가非常하고文明한氣象
午	天福星	衣食이有餘하고富貴兼全할氣象
未	天驛星	他鄕에流離할氣象

申　天孤星　兄弟가分散하고孤獨의氣象

酉　天刃星　手足에多險하고多殺할氣象

戌　天藝星　爲人이才能하고文明에進步할氣象

亥　天壽星　長壽의氣象

法에曰年上에加月하고月上에加日하고日上에加時하야輪回로順看하라

假如戊午三月(辰)八日(未)午時生이면卽午의天福星이니午宮에서起子하야未에丑、申에寅、酉에卯、戌에辰이되니月建辰의所到宮이即戌宮天藝星이오戌에서又起子하야上法과如히輪回하야日辰未에所到官이即己天文星이오巳에서又起子하야如上輪回하야時支午의所到宮이卽亥天壽星이니餘皆倣此하라盖此人의四柱를論하면年에天福星이니衣食이有餘하고富貴雙全할것이오月에天藝星이니文明才能이多할것이오日에天文星이니文彩容貌가非常할것이며時에天壽星이니八十享壽가無疑하리라

論　曰

天貴星　爲人이早達하고名聲이顯揚이라萬人이仰視하고百祿이兼全할格이라

天厄星　天上에得罪하고人間에謫降하엿도다早世에困苦하고末分에泰平하며日月에天厄星이入하면早失父母할것이오不然이면一時乞人을難免이나舊基를早離하면可無此厄하리라

天權星　爲人이俊達하고百事에多權하며初分에는成敗多端이로대末乃大吉이로다大人은榮貴하고中人은商賈오若非其然이면便是巫才品格이라

天破星　平生凡事가有頭無尾라心無定處하야多有失敗하며故基가不利하고財聚即散이라

天奸星　爲人이多巧하야奇謀難測이며性情이雖急이나頃刻解怒하고從貴得榮하고活人救命하리라

天文星　容貌가端正하고文藝有餘하며若逢天權天及하면文武兼才의格이라

天星星　爲人이俊秀하고財帛이豊盈하며四海에名滿하고官祿이利身이로다若此重逢하면衣食이不足하고或事醫藥하면濟活人命하리라

天驛星　若非官祿人이면乃是離鄕格이라萬一不然이면遍踏八方에累見困厄한以後에身安하

고長沙之厄(귀양가는것도)或有未免일듯

天孤星 六親이無德하고一身이孤單이로다世業을難得하고克妻刑夫라異地에迎風하니遍迴江山이라海財之數오漁夫之格이라

天刀星 性情이便强하고膽大心小라非他是我하고要爭作事라若無疾病이면身體受傷할命이라

天藝星 本性이工巧하고才多出衆하며文武百科를不學自成하야多能多智는人所難及이나若逢天破天厄이면反爲昏遇로라若不離鄉하면長少參難免이오若以重犯이면難免〱이라

天壽星 天上得罪하고謫下人間이라冠(二十)運이雖吉이나立(三十)運이多困이라日時에當하면井井(八十)을可期오性溫且良하니一聞에千悟라存心正直하고作事公平하며壽福高隆에晚境泰安이라若逢天破天厄이면反爲下命의格이로다

▲執運法

子 天貴 丑 天厄 寅 天權 卯
天破 辰 天奸 巳 天文 午 天福
未 天驛 申 天孤 酉天刃 戌 天
藝 亥 天壽

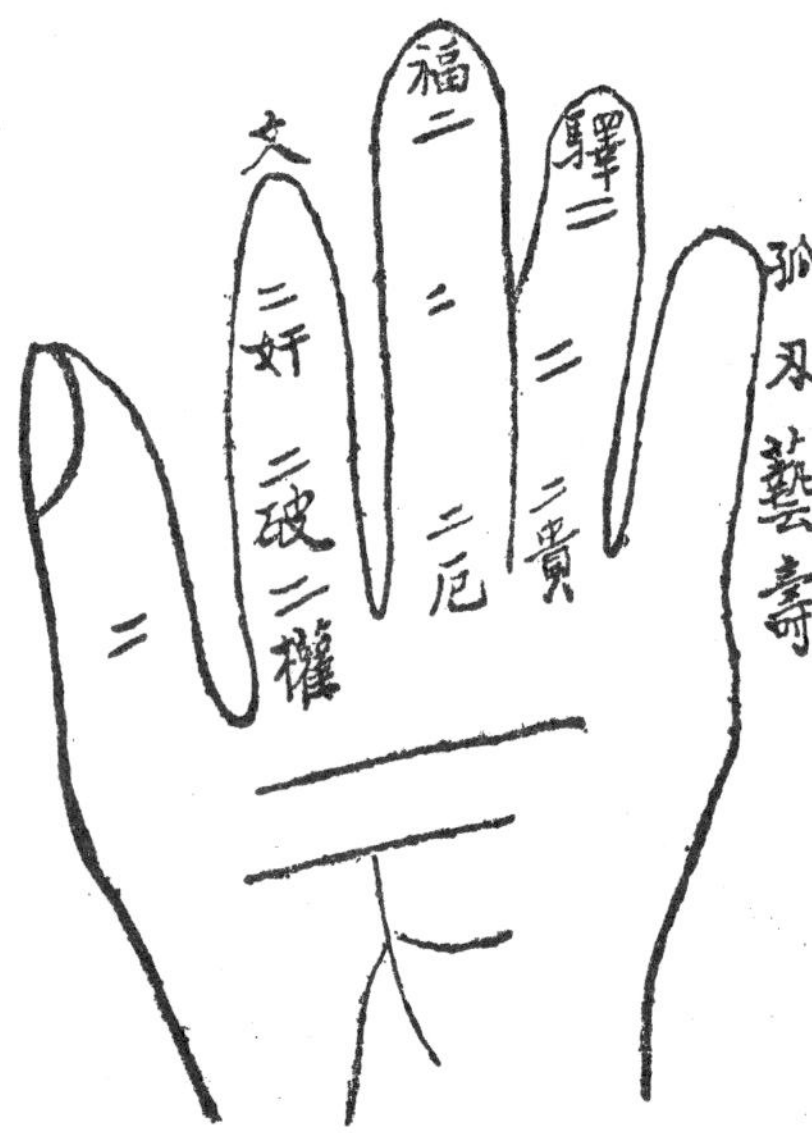

十癸未 六己未 十六 六己未 三丙子 六十三
三丙子 七庚寅 三十七 一甲子 四丁丑 十四
四丁丑 六己酉 四十六 六己酉 二乙亥 六十二

▲解名法 (일홈푸는법)

名字初字計劃以八々除之餘劃當作上位名字次字計

畫亦以八々除之餘劃當作次位若單字則合姓字劃作位爲可

첫일홈자의획수를세여팔(八)로제하다가남은획으로첫자리를만들고다음일홈글자도또그와가치하야그다음자리를만들어브며만일외자일홈이면성자(姓字)획수와합하야보나니라

一一 始見貧苦 終賴榮貴
一二 古木逢春 終見開花
一三 天顔好聲 英雄優遊
一四 木馬行時 終成財利
一五 身退九級 花落空房
一六 愁心不解 爭訟不利
一七 寂寞空山 逶迤高臥
一八 愁見春夢 終無風景
二一 暗裏衣冠 身成名利
二二 碧玉琅玗 舟行江亭
二三 二十年光 有似飄風
二四 安身守義 名譽新風
二五 睢鳩獨鳴 日食五粥
二六 有求逢折 霜綠漸潤
二七 唇缺調談 左漏右塞
二八 有君寵保 賞賜無雙
三一 日更月新 壽福綿々
三二 木火無緣 血深如塵
三三 枝動不靜 勤身之務
三四 脩行榮長 香蓮開新
三五 聽明文章 風雲有光
三六 十年賽病 終身不差
三七 二十光景 風雲豪蕩
三八 第一金榜 俊夫餘慶
四一 風雲新來 雪氣騰天
四二 糊々城門 低頭心事
四三 一振金聲 陰谷暖氣

四四 雍容自得 優遊度日
四五 有財無功 終得不亨
四六 長秩千人 仁聲自聞
四七 五鬼滿林 向人吊問
四八 才起貌美 事々新々
五一 含唇切齒 千恨未伸
五二 太行大路 三月奄行
五三 琴瑟淸音 一家爭春
五四 家門千里 刑到更留
五五 不顧爭々 老物與降
五六 花落無實 狂風更放
五七 右脚己折 左目亦盲
五八 大鑑千八 仁吉四海
六一 枯木逢春 千里有光
六二 薰風吹軒 子孫紹紳
六三 風生保位 巨川舟楫
六四 若非英雄 壽福不期
六五 身安保吉 風塵不侵
六六 重遭險坂 魂魄驚散
六七 有魚無鱗 有財無功
六八 紫府背衣 皇恩自得
七一 老龍得雲 食前方丈
七二 老龍無聲 江邊垂淚
七三 靑鳥無春 華蓋無風
七四 柳衡一道 山月徘徊
七五 身得疾病 墻有寇賊
七六 射之眉間 實少空房
七七 朝后折桂 零落飄風
七八 一入刑門 有何壽强
八一 名高章籍 紫府文桂
八二 鳳鶴麟閣 光被日用
八三 江上起樓 心適自安
八四 飄零東西 暮年得病
八五 才學一枝 道德文章
八六 初稼平地 山頭與齊
八七 立身揚名 文章變換

八八 清香滿堂 帝傍揚名

▲折草占

졈치는법은솔닙을다소간두손으로셥아들고소원대로속으로빈후에두손에난으어좌편손에잇는솔닙은위흐로세여놋코우편손에잇는솔닙은아래로가로노와아래노흔것을삼삼(三三)으로제한후남는것으로괘를짓고졈사를보라

｜一 大衆卦

綿々芳草면々한쏫生於幽谷다은풀이그욱한쏫求財如意재물에낫더라爭訟有利울구합에뜻파갓고송사를다루매리가잇스리라行人則還나간사람인病者不死죽도라오고병든자는죽지아니하리라

｜二 雪中卦

官事四散관사가사산하고
動靜皆凶동정이다흉하리라
口舌不止구설이긋치지아니하고
爭訟不克송사를다루어도이긔지못한다
君子失官군자는벼살을일코
小人失敗소인은재물을일으리라

｜三 懸危卦

行路無馬길을가매말이업고
臨江無船강을림합에배가업다
好事多魔조흔일에마가만코
事々不利일々히리롭지못하리라
訟事不勝송사는이긔지못하고
疾病侵身질병은몸을침노하리라

‖一 老君卦

有言無違말이어긔미업스니
帝王與國뎨왕이나라를이르키도다
所求如意구하는바는뜻파갓고
凡事大吉범사가대길하리라
病則有差병인즉날것이오
行人即還행인은곳도라오리라

‖二 大人卦

吉祥幷至길상이아올너니르니
求官必得벼살을구하면어드리라
病則見差병인은즉낫코
爭訟有利송사하면리보리라
所求多吉구하는바가길합이만코
才事如心만사는마음파갓흐리라

‖三 鵬鳥卦

君子得祿군자는녹을엇고
小人得食소인은밥을엇으리라

病人卽差병자는곳낫고
行人卽還행인은곳도라오리라
得食得衣밥을엇고옷을엇으며
過吉遇祥길한것을맛나상서하리라
入室安樂집을들어가안락하고
出入有利출립에리를보리라

☰ 一女 前卦

福祿一進복록이한길노나가고
功名一新공명이한번새로오리라
行者卽還나간者는곳도라오고
訟事必勝송사는반다시이긔리라

☰ 二天 殃卦

所求不得구하는바를엇지못하고
事々不成일々히이루지못하리라
病者難差병든자는낫기어렵고
行者不吉행인은길치못하리라
事不如意일이여의치못하고
失財落訟재물을일코송사를지리라

第十二編 斷時

▲六壬斷時訣

本法은占者의生年干支（男干女支）及占日의日干과 占時의時支를三合作卦하나니干支는甲己子午（九）乙庚丑未（八）丙辛寅申（七）丁壬卯酉（六）戊癸辰戌（五）巳亥屬之（四）로써定算함

假如壬子生男이甲午日巳時에占하면男子年干壬數가六이오日干甲數가九오時支巳數가四이니三合六九四를計한즉十九結猿卦가되나니以此推看하라

十三蛇卦 土 五十 君王赦死、三春花發 待 今日不來면 五日十日來
病 乙卯不死方에破土 한頃로症重하라 失 自來하고他人이出之니東方路中에有之라 官訟 先呈하면 得吉이라 求 吉 逃 尋 孕 男 官位 吉 罪 徐々히無事 回程 하리라 執物 左青白右黃이라

十四蚓卦 金 四九 鳩鳥鳴春、遠近重行、日月在前、光明在後、前逢大蛇、後來白虎 待 路中來오又云 半年四九日
病 申酉方에用土伐木하고北方에金物을出入한頃이니難差라 失 東行하면不得하고在西林下하니家人臥ㅣ者有 官訟 不吉이나 或 有吉이라 官位 平이라 先凶後 逃 하야見人하리라

不見이오 一云得 罪不吉 執物左赤白이오右手空이라 求不得 孕女 酒食吉

十五蛛卦水一六 門前騮馬鳴。死人在前、安家得針、日月在堂前、光明必在天、四馬催行路、都得死殯葬 待進來하니過則一日或六日이라 病不死하나母邊에女鬼가肉味에犯이라 失在家內하니空中見이라 官訟先呈이吉이라 罪不吉 執物左青右白이라 求不成 孕女 逃西行하면得見이라 出入不吉

十六鳩卦木三八 神鶴抱卵時、春鶴鳴九皐 千里必有心、所願金銀玉、喜慶臨門戶、出遊逢酒食、榮福萬事吉 病不死하나寅卯方破土伐木頃한木神의所嘆이라 待今日不來면三日來오過三日하면八日來리라 求遠하면吉하나一云難成이라 失東西不見이나一云速見이라 逃南行이면雖見이라 孕男 出入吉 酒食 官訟兩邊得罪라 執物左青右貴이라

十七蝸卦火二七 老人倚橋行、深淵求大珠、一木猶可畏、由行甚可難、病付猶難、死屍在堂△又曰但招愁心斜月外、方知天門一往開 待今日不來면二日七日來

라 病南方에動土니甚苦難하나不死리라 求成 官訟先凶後吉이오一云先呈이면吉이라 失女取면不得이오埋北方地下하니春秋면得하고夏는不得이라 官位不成이나一云幸成이라 孕女一云男 逃在南不來 出入吉 罪解遲 執物左赤이라

十八山鼠卦土五十 猛虎入陷穽、還出洞口來、聲聞四方振、要路捉虎門、處々事難成、若遇人助、必見君王 待今日不來면五日十日來라 病南方項死鬼執頻이니高祭西方하면吉이라 失在南不得 求不成이나一云幸成이라 孕一女 逃自來 出入不吉 官訟後呈이吉이라 官位不成

十九結猿卦金四九 松風入庭中、有玉無瑕玷、遇險不傷災、待今日過하면四日九日來라 病東西方土木出入한頃이니大凶이나不死하리라 失在西北하니不得見이면凶하리라 求得 官訟先呈함이吉하리라 官位不成 孕男一云女 逃西行이면不要 出入吉 罪解決

二十蠅卦水一六 兩犬爭一骨、黑白未分明、何語勝與

否玉堂復有路、平步上雲梯 待今日不來면三日六日來라 病南方에木石出入하고碓를修理한頃로大神이行罰함이라 失東西方草木에埋下하얏고牛馬는不得하고見則凶이라 官位成吉 逃西北에尋見이라 官訟不吉이나先呈하면吉함 孕女 罪遲 求得吉 執物右黑 出入不吉 酒食

二十一結猪卦木三八 午後逢紈扇、水中走人行、吉夢冬夏月、淸風待人來、貴人輕助力、出步逢大人 待即來오一云處不動이라 本病東方動土나不死하리라 官訟速吉 官位難成 失東南行하니出不得이라 出入吉 酒食求吉 孕男一云女 執物左青右白

二十二鷲卦火二七 玉女即相逢、三春穀雨來、所願逢大吉、出遊乘車馬、佳賓有名客、枯木生新葉 待今日不來하면二日七日來라 病東方動土한頃 失在來中이라一云西南女人이盜去하나不得이라 官位吉 官訟不成一云先呈이면得決이라 出入吉 酒食求得 孕女一云男 罪吉 逃南北方에得見 執物左黃右青

二十三家鼠卦土五十 少兒得母時、枯木新葉、所願必成、可憐人自少、捨母其何從、莫歎時來晚、逢吉亦安身 病卯酉方犯土한頃이오一云父母鬼作祟이라 待今日不來吉五日十日來라 失西南方人이盜去하니不得하기十常八九라 孕女一云男 官訟遲 出入 酒食求吉 罪難解 逃見 執物左白右青

二十四蝙蝠卦金四九 險路逢毒蛇、盲人失柱杖、玉女在後、罪身在前、貴人來助力、無事萬里來 待今日不來하면四日九日來라 病西南에動土로水神所嘖이라 求不得 失西南方이나不吉이라 逃西에得見이오一云不來라 出入吉 酒食 孕男 罪解 官訟吉 得官位不成 執物左白

二十五鵲卦水一六 龍女無病、將軍領兵渡江時、喜見萬里奏笳來、將軍服衣、家中治平 待本處에서不動이니一三六日間來오一云進이라 病父母神靈과地方動土頃로三人病이라 求得吉一云不成이라 失家內女人이移하야在來北邊他人不見處하니難得이라 孕女 逃北行不得 官訟吉 官位不成一云先凶後吉이라 出入吉 酒食 罪遲 執物右黑

二十六蟬卦 木 三八 人間即相逢、龍潛大澤、要見大人 夏月得執扇、魚龍得海水、貴人來助力、流水自然來 待 今日不來하면三日이나八日 病 東方動土木頃이오不死라 失 在西北하니難得이라 求 得이나一云不得이라 逃 行南不得 官訟 難成 出入 酒食 罪 吉 孕 男 執物 右青

二十七龍卦 火 二七 將軍領兵渡江津、逢人彎弓處、擁兵百萬衆、喜見君王、乘雲上天、天晴地晏、萬國太平 待 今日一云二日七日이라 病 不死라責七鬼帝釋이遲晚하니高祭하며一云南方이速吉이라 失 在西北하니不得이오一云他家親切人이置水土하니不出하고商行이라 孕 女 官訟 吉 求 吉一云難得 逃 難得 官位 吉 出入 平吉 執物 右赤

▲行馬斷時法 諸葛孔明 馬前秘訣

赤口……白虎四、十月　小吉……六合五、十一月　速喜……朱雀三、九月

空亡……句陳六、十二月　連留……玄武二、八月　大安……青龍正、七月

此法은每從大安上하야起正月하고月上起日하고日上起時하나니假如二月初十日午時占하라면從正月大安數去하야至二月留連하니留連上에起初一日數去하면順回至小吉하야乃爲十日하고小吉上에起子時數去하면午時가順回로更在小吉하니以小吉로推占觀之하고餘倣此하라

大安 身不動이라時屬木青龍하니凡謀事를主一五七하라

詩曰 大安事々昌하니求財在坤方이라失物去不遠하며宅舍保安康이라行人은身未動이오病者는主無妨이라將軍은回田野하니仔細與推詳이라

留連 卒未歸라時屬水玄武하니凡謀事를主二八十이라

詩曰 留連事難成하니求謀日未明이라官事는只宜緩이오去者는未回程이라失物은南方見이니急討方稱心이라更須防口舌이면人口日平々이며

連喜 人便至라時屬火朱雀하니凡謀事를主三六九라

詩曰 速喜々來臨하니求財向南行하라失物은未申去니逢人路上尋이라官事는有福德하고病者는無禍侵이라田家에六畜吉하고行人은有信音이라

赤口 官事凶이라時屬金白虎하
니凡事謀를主四十七하라

詩曰 赤口主口舌하니官非를切要防하라失物은急尋去하라行人이有驚惶이라鷄犬이多作怪하니病樣이出西方이라更須防咀呪하라恐怕染瘟疫이라

小吉 人老喜라時屬十六合하니
凡謀事를主一五七하라

詩曰 小吉이最吉昌하니路上에好商量이라陰人이來報喜하니失物이在坤方이라行人이立便至하니交關이甚是強이라凡事가和合하니病者는禱上蒼이라

空亡 音信稀라時屬土句陳하니
凡謀事를主三六九하라

詩曰 空亡이事不長하니陰人이少乖張이라求財無利益이오行人有災殃이라失物은永無見이오官事는有刑傷이라病人이逢暗鬼하니禳解하야保安康하라

▲附日本運氣曆叅照表

二十八宿吉凶法

角 嫁娶、請員、裁衣吉

亢 求馬牛、又種蒔、婚姻等吉

氐 契約、又立門吉

房 造作、求庄土、山林吉

心 移轉、旅行、開店、修床等吉

尾 倉庫、金談吉調查宜

箕 浚川、造畓、物置建宜

斗 土役、倉庫修繕日

牛 此日正午十二時祈天得福

女 理髮吉、又學藝宜

虛 入學、浴室修繕日

危 造船、作厠、塗壁、作厨吉

室 造作、移轉、旅行、婚姻、請員吉

壁 養蠶日

奎 井戶修繕、作厨、加棟、旅行吉

婁 緣談、金錢事整理吉

胃 開業、轉業、求職等吉

昴 社行、寺行吉

畢 求庄土、作家、緣談事吉

觜 入學、家屋修繕大吉

參 金談事調定、建門吉

井　穿井、種蒔、拜神吉
鬼　何事勿論崇無
柳　店棚開設、築山吉
星　造厩、迎醫吉
張　婚姻、入學、社祭、求職吉
翼　種蒔、其他農事吉
軫　分家、隱居、供佛、大吉
角井奎斗　求名利吉
亢牛鬼婁　赴任出陣吉
氐女柳胃　官府事不吉
房虛昴星　百事皆吉
心張危畢　造葬、他事吉
尾室觜翼　埋葬、吉造作凶
箕參軫壁　百事不宜

▲十二星吉凶法

建　百事宜
除　改革事最宜
滿　百事宜
收　神社隨人吉
平　百事吉
定　種蒔、婚姻、作家吉
執　收入吉、出付不吉
開　開店、婚姻、移居吉
破　百事不吉
危　灾生
成　種蒔、緣談、着業吉
閉　墓行、寺行吉

▲婚姻日

除危（家母亡）、成滿（男女盛）、執破（殺牛羊）、開定（多賣販）、平收（益田蠶）、建閉（殺家長）

▲種蒔日（勿論某物結子物盡佳吉）

正月酉日二月申日三月未日四月午日五月巳日六月辰日七月卯日八月寅日九月辰日十月亥日十一月亥日十二月戌日

▲土役凶日

春（己午酉）夏（卯辰申）秋（未酉亥）冬（寅巳卯）

▲天赦日

春辰日（二月廿九日）夏未日（四月廿九日五月十五日）秋戌日

(七月十四日 九月十六日)冬丑日(十一月十日)

▲六 曜 星

先 勝　友 引　先 負

七月 正月一日起　八月 二月一日起　九月 三月一日起

佛 滅　大 安　赤 口

十月 四月一日起　十一月 五月一日起　十二月 六月一日起

先勝 百事速行好　友引 午時百事宜 葬式不宜　先負 百事先後利靜　佛滅 口舌可愼注意

大安 大吉　赤口 百事可愼 口舌愼

第十三編　卜字及雜方

▲南陽訣(諸葛武侯巧連數)

弁　言

本訣은臥龍先生이隆中高臥하야默運古今하고不干世外할其時에衡天地하고象時刻하며推封爻하야吉凶禍福을未來에鑑케함이니天地數는五十有五며時刻數는九十有六이오易卦數는六十有四라此를合連하면二百十五ㄴ故로於是乎巧連數의稱이出世되얏도다

蓋此數는凡占者ㅣ卜字三하야計劃하되最先字는每一劃을百으로數하고再得字는十數로、最後字는單數로計하야其總計한數에서二百十五로順次除去하고其零數만實數로하야(二百十五未滿은勿論그數位대로만)下記句語를索考하는法이니當占하야는盟手焚香하고虔誠祝告曰「維太歲某年某月某日姓名某以某事奚酉所疑伏願神靈日吉日凶或日成日否尙明告之」라하면至誠所到에天必感應이니라

世俗流行의類는浩繁多訛하기로編者ㅣ一般의省煩을爲主로全部算合하야簡便詳明히單題에句語로縮成한者니讀者는諒乎ㄴ저

▲運算成句表(一二三順)

一、混沌初開乾坤及定日月合璧風雪際會

二、蒼蠅之飛不過數尺步於驥而騰千里路

三、莫言多莫行邊雖是千伶百悧不如一推二摩

四、絕妙々々雲無心以出峀鳥倦飛而知還花艶々鳥躍々

五、綠水因風皺面青山爲雪白頭諸般股肱盡是天就

世誰强求
六、不敎盤算偏要盤算直莫歸三尺腸閑二尺兒童拍手笑父老
七、船到江心補漏馬臨坑坎收韁鳥入籠中躍魚在釜裡洋
八、不是賞心勝景何必踏雪尋梅孜々乘學而快徃俯首而回
九、積細旣含雪此時糊塗少伎買賣自今好經紀休誇
十、莫樂々成而復破損讓備盡心竭力寸膠不足塗黃河
十一、風熏影莫亂朴究竟費工夫愼終仍慮後不若初孤單
十二、打草驚蛇歐山振虎以待蛇竄虎撲唯恐不措手足
十三、物各有主須且消停雪裡埋尸久而自明
十四、狐假虎威狗伏人勢弄到其間盡是無益
十五、以蠡測海坐井觀天雖有見誠亦是枉然
十六、鷲巢幕上魚遊釜中眼前得地智後生風
十七、得隴望蜀得魚忘筌天長日久人憎狗賺
十八、鼹鼠黠驢有技有能考其實迹能子爭技
十九、奇々海市妙々蜃樓一派佳景却在浪頭
二十、烏雲捿日墨猪度河郊外濛々日鳴閣々
二十一、雪水烹茶桂花煮酒一般清味恐難到口
二十二、虛而復實々而却虛禾頭產耳竇裡生魚
二十三、可哭可憐物各有限聽之弗聞視而不見
二十四、櫛風沐雨戴星被月何時可歇直到三更
二十五、蛙皷驚夢虹弓東斜蜻蜓飛舞蝴蝶穿花
二十六、紅日遮天綠莎蓋地漁月穩坐專祿自持
二十七、伐柯々々順少逆多攄有神藝亦末如何
二十八、燈油耗盡漏靜滴徹一聽鷄鳴逍遙自歌
二十九、離矣哉
三十、山不生高有仙則名水不在深有龍則靈
三十一、萬朶紅雲連舊府一輪明月照前川
三十二、白玉樓中吹玉笛紅梅閱上落梅花
三十三、椿萱幷茂蘭玉聯芳
三十四、雪來柳淨月落樓空
三十五、一木焉能支大厦
三十六、玉燕投側
三十七、莫輕狂細端詳好鳥枝頭皆朋友落花水面盡文章

三十八、賴圍難徹
三十九、預謹言愼行惹跡掌離鴟
四　十、鮒魚只得西江水霹靂一聲致九天
四十一、兩手劈開名利路一肩挑盡洛陽春
四十二、莫氣賭莫粃賭雖有長鞭不及馬腹
四十三、盲人騎瞎馬夜半臨深池
四十四、眞好
四十五、老天不容
四十六、天覆地載萬物仰賴鶴鳴九皐聲聞雲外
四十七、左右運轉前後擁蒞夫人不言言必有中
四十八、水中之月鏡裡之花凡般幻景落在誰家
四十九、海不揚波風不鳴條雪飛六出半空飄々
五　十、秋風有意殘楊柳冷露無聲吉桂花
五十一、梅老偏能耐雪冷菊殘却有傲霜枝
五十二、能
五十三、一心白雪陽春越兩袖淸風明月秋
五十四、離
五十五、兩個黃鸝鳴翠柳一行白鷺上靑天
五十六、春夜發生千野綠風刮去一天香
五十七、昨雨花殘猶未落今朝露濕又重開
五十八、好
五十九、一朶烏雲驚鳥鵲半天殘月落誰家
六　十、九天日月開昌運萬里風雲起壯圖
六十一、方離發福生財地又入金積玉門
六十二、須放開肚後吃飮切趾定脚根爲人
六十三、進一步門前添十分春色
六十四、春風拂弱柳細雨潤方苗
六十五、心中無險事不怕鬼叫門
六十六、可也
六十七、不能
六十八、割鷄之事焉用牛刀
六十九、維鵲有巢維鳩居之
七　十、瓊漿潤口玉露滋心
七十一、星移斗轉去舊幻新
七十二、不入虎穴焉得虎子
七十三、鷸蚌相持漁翁得利
七十四、鳳毛濟美麟趾呈祥
七十五、芳蘭競秀玉柳生香
七十六、不危不險去而復返
七十七、太阿倒持於誰有益

七十八、春南魚伏秋高鹿鳴
七十九、幇虎吃食有損無益
八　十、柳絲靜而風不息
八十一、蜻蜓飛舞在池塘
八十二、伐倒大柳有柴燒
八十三、眼看明月落人家
八十四、正遇雙星渡鵲橋
八十五、有想
八十六、一條明路直達靑天半途而廢可嘆可憐
八十七、伐柯〳〵郎遠不多本費手脚更無風波
八十八、閑時賞月忙裏跪風弄到其間內淨外空
八十九、仰賴天地何必曰利只須勤儉是可
九　十、浮生若夢不用妄貪封是長樂能忍自安
九十一、江水洗心江月照肝爭南我心不離〳〵
九十二、好〳〵一了百了不雷雷驚何須風掃
九十三、離而合復成而必破再費唇舌亦末如何
九十四、門前抵虎後戶進狠愼之愼之切勿强求
九十五、不作風波於世上只無氷炭在胸中
九十六、莫惆悵莫莫悵命裡八尺難求心丈
九十七、間裡只誇金屋好夢中不覺玉山頹
九十八、猛虎鬪飛龍爭水落石出草木昏腥
九十九、落花流水杳然去大懷文章盡居雲
百　、一樽美醴傾荒野雨袖春風拂故塵
百一、書足方能圖快樂吃焉纔是發財源
百二、苦雨摧殘桃花色凄風吹打楊柳枝
百三、發財臻極宜先退得意至濃便好休
百四、燈花振喜鵲叫鶯子雙返故巢
百五、風中燭草霜雙耀〻不久長
百六、桃紅復含宿宿雨柳綠更帶朝烟
百七、鼎折足車脫輻日過無風吹燭
百八、小心哉莫務外一步錯百步不正
百九、桃李爭春色春去桃柳搬
百十、爲山九仭功虧一簣
百十一、先如山倒後若線抽
百十二、失之東隅收之桑榆
百十三、刻鵠類騖畵虎成狗
百十四、紅梅結子綠竹生孫
百十五、前車之覆後車之鑑
百十六、獲罪於天無所禱也
百十七、半途而廢令人自淚

百十八、朝琢夕磨其如分何

百十九、命縷如線不可妄想

百二十、精衛銜石杜勞心抗

百二十一、於心難忍於心難安

百二十二、事不干己何必石急

百二十三、求則得之捨則失之

百二十四、管中窺豹井底觀天

百二十五、旣知如此何必如此

百二十六、知道莫影却來問誰

百二十七、蝶蝀在東莫之敢止

百二十八、撥開置霧見青天

百二十九、丸泥可以封函關

百三十、花開能有幾時紅

百三十一、同心合意步雲梯

百三十二、一竿明月釣淸風

百三十三、掌上明珠埋糞土

百三十四、池上抱琴有鳳毛

百三十五、麟趾春深步玉堂

百三十六、越鷄焉能抱鵠卵

百三十七、鷰鳩焉敢笑大鵬

百三十八、青草池塘處々蛙

百三十九、鳥獸不可與同群

百四十、青趺飛去復飛來

百四十一、柳暗花明別有天

百四十二、雙斧伐孤柳

百四十三、千辛刺腹

百四十四、百酸攪臈

百四十五、寸步難行

百四十六、痴心妄想

百四十七、般翻詳溝

百四十八、桃雲得步

百四十九、離

百五十、莫輕狂須開量好鳥枝頭皆朋友落花水面盡文章

百五十一、入萬物靈兒好萬物積靈而弄積精而

百五十二、堪愁向憂火被蒙頭睡而不醒

百五十三、窮通有命富貴在天南顚得絕盡櫃旺然

百五十四、螃蟹蝨賊陟生四野惡之不盡去之不己

百五十五、參居於西商居於東雖有方位永不相逢

百五十六、竹本無心多生枝葉矣雖有孔不染塵埃

百五十七、囊內錢空
百五十八、鳥急奔樹狗急跳墻
百五十九、能
百六十、山崩水落尖魚人々吐文柳々冒烟分辨
百六十一、風裡燒燭旱地拿燃向心雖有名利却無
百六十二、天之生物因時而篤痴心妄想天亦不顧
百六十三、莫喜〳〵始終在底差人毛釐恐謬千里
百六十四、不揣其本而齊其末雖濟燃眉恐有後慮
百六十五、夸父逐月杞人憂天心小犯大利益茫然
百六十六、刻刻舟求劍剖腹藏珠血心耿々名利虛々
百六十七、爲人謀何所圖瓜了賺坏骨敗而落
百六十八、氷生於水而寒於水青出於藍而勝於藍
百六十九、可奈何可奈何中流見砥柱平地起風波
百七十、淄澠之滋味宜辨涇渭清濁當分
百七十一、莫强求一薰一蕕十分尙猶有臭
百七十二、與效城狐社鼠寧爲打犬風鷄
百七十三、走韓盧行搏蹇兎
百七十四、蜉蝣人可落殘花
百七十五、鷄助不足尊拳
百七十六、狗尾續貂

百七十七、破竹遮筍
百七十八、罟罟罟
百七十九、有想
百八十、莫誰
百八十一、旣知重輕何用叮嚀可止則止可行則行
百八十二、以卵撞石
百八十三、海底撈月
百八十四、景星入戶
百八十五、羣蟻附氈
百八十六、李生道傍
百八十七、花發上林
百八十八、不敢說好
百八十九、河淸海晏
百九十、天下太平
百九十一、絕無所好
百九十三、朽枝敗葉
百九十四、一木撐天
百九十五、破麥剖梨
百九十六、勢若摧枯
百九十七、摧枯拉朽

百九十八、大器晚成
百九十九、器滿必傾
二　百、萋裴成錦
二百一、城火殃魚
二百二、可厭可憐花落庭間
二百三、有醒離酌有膳離飧有會離賭有話離言
二百四、人即是鬼々即是人々會弄鬼々會弄人
二百五、明晝莫愁却來問我粑
二百六、旣知是爲何必來占
二百七、得意不可再往
二百八、好事不如無
二百九、事不由己
二百十、誰說有成
二百十一、無可無不可
二百十二、自惹其禍
二百十三、不必
二百十四、好
二百十五、雖究富貴在天窮通有明

▲亦須行盡人事

合醬吉日（雜方）

丙寅　丁卯　戊子　丙申　乙未　忌水痕日不生蟲

▲造麯日

辛未　乙未　庚子　三伏日

▲造酒吉日

丁卯　癸未　庚午　甲午　己未　重開成日　忌滅沒日　秩春氐箕　夏亢　秋奎　冬危

▲治酸酒法

每酒一臺에用甘草一兩官桂五錢砂仁五錢研碎하야入酒하고封固三五日이면酸味即去하고又法에每酒一臺에用鉛一片令炙熱하야投入酒肉하고封固一日이면酸味去去라

▲收雜酒法

如人家有喜事에諸親友가携酒慶賀하면酒之美惡이不齊하되欲共一處어든擇淸者하야將陳皮二三兩入酒하고封固三日이라가漉去陳皮하면其味香美라

▲浸穀種吉日

甲戌　乙亥　壬午　乙酉　壬辰　乙卯

▲下秧吉日

辛未 癸酉 壬午 庚寅 甲午 甲辰 乙巳 丙午 丁未 戊申 己酉 乙卯 辛酉

▲十二干支及五行配姓字法

子安丑鄭寅吳姓 卯徐辰朴巳李哥 張午未崔申金氏 酉權戌尹亥黃家

亥子水一六 吳許蘇曹庾龍于孟禹胡卜表郭公毛葉卞呂南宮馬鮮于西門秋魚具睦金

寅卯木三八 趙周曹廉兪高洪崔金南陸玉劉李權池朴林尙郭卜車孔石

辰戌丑未土五十 孫沈嚴魏劉宋任閔鞠景慶都明殷丘仇南睦甘司空南宮安鄭崔黃河

巳午火二七 李鄭陳蔡羅尹丁陶皮芮諸桂卓宣石咸池吉薛邊權具姜邢于印愼

申酉金四九 王龍張方裵黃成徐溫文白申慶南楊安兪盧金康余元柳蔡房

▲避官災法

正月初卯日에厠木三十個를燒於庭中하고元日에取鵲巢燒灰하야著于厠하면以避兵하고散門內하면避盜賊하나니라

▲逃人自來法

逃人의年歲生甲姓名을朱砂로書于寸紙하야納于鷄卵內하야埋於鼎下則自來하고又方東桃枝一寸을分二片하야書逃人名字後에還合하야埋於門下則自來라

▲紅沙日 成造則見火災出行則得病必死

正七四十月(酉日紅沙 午日黃沙)二五八十一月(巳日紅沙 寅日黃沙)三九六十二月(子日紅沙 丑日黃沙)

▲孕胎知男女法 婦人十三歲爲始孕胎則

十三歲正月男二月女三月男四月女五月男六月女七月男八月女九月男十月男十一月女十二月男

十四歲正月男二月男三月男四月女五月女六月女七月女八月女九月女十月女十一月男十二月女

十五歲正月男二月女壯三月男四月女五月男六月女七月男八月女九月女十月女十一月男壯十二月男

十六歲正月女二月男三月女壯四月男五月男六月男七月男八月男九月男十月男壯十一月女十二月男

十七歲正月男二月女三月男四月女壯五月女六月女

七月女八月女九月女十月女十一月男十二月女
十八歳正月女二月男三月女四月男五月男壯六月男
七月男八月男九月男十月男十一月男十二月男
十九歳正月男二月女三月男四月女五月男壯六月男
七月女八月女九月女十月女十一月男十二月女
二十歳正月女二月女三月男四月男五月男六月男七
月男八月男九月男十月男十一月男十二月男
二十一歳正月男二月女三月男四月女五月女六月女
七月女八月女九月女十月女十一月女十二月女
二十二歳正月女二月男三月男四月女五月女六月女
七月女八月女九月女十月女十一月女十二月女
二十三歳正月男二月男三月女四月男五月男六月女
七月男八月女九月男十月男壯十一月男十二月女
二十四歳正月男二月女三月男四月男五月女六月男
七月男八月女九月女十月女十一月女十二月女
二十五歳正月女二月男三月女四月女五月男六月女
七月男八月男九月男十月男十一月男十二月男
二十六歳正月男二月女三月男四月女五月女六月男
七月女八月男九月女十月女十一月女十二月女
二十七歳正月女二月男三月女四月男五月女六月女

七月男八月女九月男十月女十一月男十二月男
二十八歳正月男二月女三月男四月女五月女六月女
七月男八月男九月男十一月女十二月男
二十九歳正月女二月男三月女四月男五月男六月男
七月男八月男九月男十月女十一月女十二月女
三十歳正月男二月女三月男四月女五月女六月女七
月女八月女九月女壯十月女十一月女十二月男
三十一歳正月男二月女三月男四月女五月女六月女
七月女八月女九月女十月女十一月男十二月男
三十二歳正月男二月女三月男四月女五月女六月女
七月女八月女九月女十月女十一月男十二月男
三十三歳正月女二月男三月女四月男五月男六月女
七月女八月男九月女十月女十一月女十二月男
三十四歳正月男二月女三月男四月女五月女六月女
七月女八月女九月女十月女十一月女十二月男
三十五歳正月男壯二月男三月女四月男五月女六月
女七月女壯八月男九月女十月女十一月女十二月
男
三十六歳正月男二月男三月男壯四月女五月男六月
女七月女八月男九月男十月女十一月男十二月女

三十七歲正月男二月女三月男壯四月男五月女六月男七月女八月男九月女壯十月男十一月女十二月男

三十八歲正月女二月男三月女四月男壯五月男六月女七月男壯八月女九月男十月女壯十一月男十二月女

三十九歲正月男二月女三月男四月女五月男壯六月女壯七月女八月男九月女十月男十一月女十二月男

四十歲正月女壯二月男三月女四月男五月女六月男壯七月男八月女九月男十月女十一月男十二月女

四十一歲正月男二月男三月男四月男五月女六月男七月男壯八月男九月女十月男十一月女十二月男

四十二歲正月女二月男三月女壯四月男五月女六月男七月女八月男壯九月男十月女十一月男十二月女

四十三歲正月男二月女三月男四月女五月男六月女七月男八月女九月男壯十月男十一月女十二月男

四十四歲正月男壯二月男三月女四月男五月男壯六月男七月女八月男九月女十月男十一月女十二月女

四十五歲正月女二月男壯三月男四月女五月男六月女七月男八月女九月男十月男十一月男十二月男

四十六歲正月男二月女三月男四月男五月女六月男七月女八月男九月女十月男十一月女十二月男

四十七歲正月女二月男三月男四月女五月男六月女七月男八月女九月男十月女十一月男十二月女

四十八歲正月男二月女三月男四月女五月男壯六月男七月女八月女九月女十月男十一月女十二月男

四十九歲正月男壯二月男三月女四月男五月女六月男七月男八月女九月女十月男十一月女十二月男

▲變女爲男法

은이나쇠로독기를맨드러잉부의자리속에녓코당자는알니지말지니이것을증험하오려면달긔알안을제부으로자자리속에녀어두면모다슈닭이되나니라

호랑의코를버혀주머니에녀코잉부출입하는방문우에다라맨후당자는알게아니할지니라

第十四編　夢　讖

▲現夢吉凶解(해몽법)

一、텬문、일월、성진(天文日月星辰)

▲텬문이열니면귀인이천거하야인도하고

▲하날이개이고구름이흣허지면모든근심이가고
▲련문이불그면병화고일어날징조오
▲용을타고하날에올으면대귀함이잇고
▲하날에올나물건을가지며왕위됨이잇고
▲나려서집웅에올으면놉흔벼살을엇고
▲하날에별이명랑하면공경에이르고
▲하날하수물을건느면길할바가잇고
▲하날에서사신이잇스면대길하야상서롭고
▲해와달이몸에빗최면즁한벼살을엇고
▲해와달이어두우면아해밴부인이길하고
▲해와달이합하야모드면안해가아들이잇고
▲해와달을안으면후왕의길함이잇고
▲해와달에배례하면대길창셩하고
▲하날빗이몸에발그면질병이업서지고
▲하날빗이발그면부인이귀자를낫코
▲얼골을드러하날에향하면크게부귀하고
▲하날에올나안해를구하면아녀가귀이되고
▲나려서하날에올으면부귀대길하고
▲하날이찌여지면나타의난위일근심이잇고
▲하날이새이고자하면수명을더하야길하고

▲하날과땅이합하면구하는바를엇고
▲해와달이처음으로도으면가도가창셩하고
▲해와달이떠려저새지면부모로근심되고
▲해와달이나오고자하면벼살을엇고
▲해와달이산을막으면노복이상전을속이고
▲해와달을생키면맛당히귀자를낫코
▲해빗치집에들어오면벼살이일오고
▲해가나오며빗치잇스면조흔일이잇고
▲구름이드러가고해가도드면흉한일이흣허지고
▲별파달에절하야향을살으면대길하고
▲별이떠러지면병파관사가잇고
▲번을잡아가지면크게부귀하고
▲하날에순행하야별을만지면공경대신이되고
▲오색구름은다대길하야창셩하고
▲또구름을보면일을이루지못하고
▲거문구름이싸호로떠러지면시절병이잇고
▲눈이제재에오면대길하고
▲눈이몸에서녹지아니하면거상을입고
▲음々히눈이어두면흉한일이잇고
▲련등이싸호로이러나면일이쏫파갓고

▲몸에벽력을마지면부귀하고
▲무지개가불그면길하고거무면흉하고
▲광풍이대작하고큰비오면사망지환이잇고
▲바람이홀디에부르면나라에호쟝이잇고
▲해가픔에들면귀자오달은귀녀이며
▲구름이해를홀연히가리우면가만한일이잇고
▲별이줄르버려잇스면노비가생기고
▲흐르는별이쩌러지지아니하면이사하고
▲구름이사방으로이러나면흥셩매々가길하고
▲구름이븕고희면길야며푸르고검으면흉하고
▲운무가가리우면일이다대길하야리롭고
▲서리와눈이오면모든일이이루지안코
▲눈이몸에쩌러지면만사가일우고
▲눈이집안뜰에쩌러지면상사가잇고
▲길에가다가비를맛나면주식을엇고
▲우뢰소래가두렵고두려우면이사하야길하고
▲번개빗치몸에빗치면길하야경사잇고
▲무지개가불그면길한경사가잇고
▲노을이하날에가득하면백사가진겁고
▲바람이사람의옷에불면질병이생기고
▲바람소래가울니면먼대소식이일으나니라

二、디리、산석、수목

▲지동을하면벼살을옴겨잘하고
▲평々한전디를긔경하면대길창셩하고
▲돌우에누으면대길하고
▲돌을운전하야집으로되리면부귀하고
▲반석은가내평안하야근심과의심되는일이업고
▲손으로적은돌을희롱하면귀자를낫코
▲스사로흙을뭇치면붓그려온욕을입고
▲산에올나무섭고두려우면녹을일우고
▲놉흔산에올나놀면봄파여름에대길하고
▲놉흔산에살면깃분일이잇고
▲물건을안고산에올으면귀자를배고
▲마른나무가다시피면자손이홍하고
▲원림이무성하면대길하고
▲슈풀가온대안고누으면병이업서지고
▲슈풀가윤대나무가나면귀자를더하고
▲싸이러지면질병이잇서크게홍하고
▲싸이놉고나저불평하면병이잇고

▲짱가운대로검은귀운이올으면홍하고
▲들에오르면재록을어더대길창성하고
▲바위에올나돌을안으면백사가길하고
▲몸이흑가운대드러가면백사가길하고
▲산에올나써에써러지면벼살을일코
▲산에올나무너지면흉악하고
▲행하다가언덕에올으면병과근심을제하고
▲산으로단이면재물을엇고복록이잇스며
▲산중에서농사를지으면의식이풍족하고
▲짱우에짱이써지던모친게근심이잇고
▲나무가말으고죽으면가택이불안하고
▲나무가말나써러지면사람이흉하고
▲슈목을심으면대길하야창성하고
▲큰나무에올으면일홈이나타나고이로우며
▲사람파꼿을난우면흣터저난움이잇고
▲큰나무가사람의집에써러지면대길하고
▲집으헤나무가나면부모에게우환이잇고
▲나무를베히고집으로오면재물을엇고
▲초목이무셩하면가도가흥왕하고
▲소나무가집우에나면벼살이상공에이르고

▲집가온대잔나무가나면크게길하고
▲단풍나무가집우에나면백사가다일우고
▲파실슈풀속으로단이면재물을엇고
▲생나무가우물우에나면근심이잇고
▲죽순을써거들고집에돌아오면외손을두고
▲짱을쓸고똥을업시하면가산이파하고
▲나무에올나흘연이부러지면죽고상합이잇스며
▲마른나무가꼿치피면자손이흥왕하고
▲나무아래셧스면귀인의힘을보고
▲큰나무가부러지면흉악하고
▲큰나무를버히면큰재물을엇고
▲묘중에파실나무가나면아들이잇고
▲집가온대소나무가나면일마다풍족하고
▲뜰압헤나무가나면깃븐일이층々하고
▲난초가뜰압헤나면손자를보고
▲파실동산에올나가면크게재물을발달하고
▲파실나무에파실이의으면자손이편안하고
▲죽순을보면자손을더하고
▲똥거름을싸흐면재물을만히모흐나니라

三、신톄、면목、치발

▲스사로흰옷을몸에입으면사람에게모해를당하고
▲몸이조상에제절하면대길창셩하고
▲몸이병들고버레가나면중한벼살을엇고
▲노끈파색기로몸을매이면장명하고길하며
▲몸이살찌던지파리하던지다흉하고
▲몸이드러나고옷시업스면대길리하고
▲머리가백발이되면장명하고대길리하고
▲머리가모지러지고터럭이쌔지면모다흉하고
▲머리털파슈염이세여쌔지면자손에게근심이잇고
▲목욕하면벼살을옴기고질병이업서지며
▲거울을빗치여발그면길하며어두우면흉하고
▲슈족에고롬피가나면대길리하고
▲머리를드러내고터럭을풀면사람이음해하고
▲머리털을싼그면가내가흉하고
▲치아가절노쌔지면부모에게흉하고
▲머리빗고낫을올초면일백근심이물너가고
▲몸우헤땀이나면흉악하고
▲몸우에벌레가행하면이몸평안하고
▲항쇄족쇄가몸에림하면병이오고자하고
▲낫초로관원을대하면대길하고
▲부인이머리를풀면사졍이잇고
▲머리에두쌀이나면다틀일이잇고
▲얼골에검은종괴가나면아들에게흉하고
▲머리털파슈염이다시나면명이길고
▲손씻고발씨츠면옛근심이업서지고
▲새여진거울이사람에게빗최이면홋터저난우고
▲오좀쏭이사람을덜어이면대길형통하고
▲머리털이눈섭으로가조록하면관록이이르고
▲머리폴어낫출가리우면관송이잇고
▲치아쌔지고다시나면자손이흥왕하나니라

四、관쌔、의복、혜말

▲갓을쓰고수레에올으면벼살을옴기고자하고
▲관잠하고대상에올으면벼살을옴기고
▲의관을새로밧으면관록이이르고
▲관파사모를이러바리면벼살이물너가고
▲사람이공복을입히면벼살을엇고
▲녀인이갓을쓰고씌를씌면귀자를낫코

▲신위와부쳐가수짓고노하면다불리하고
▲왕후와갓치안지면대길하야상셔롭고
▲셩인으로더부러말삼하면대길하고
▲백의로불너사신이되면사망의환이잇고
▲션조상이음식을구하야말삼하면길하고
▲사람이일으기를죽엇다하면명이길하고
▲나와너와함게가자하면대흉하고
▲악한사람으로더부러말하면구셜이잇고
▲몸에날개가나서날면대길하고
▲사람으로더부러교역하면병이잇고
▲짝을지어동행하면흉한일이일으고
▲귀신을보려왓다가보지못하면흉하고
▲사신이문에드러오면대길리하고
▲위조한대졀하며길하고경사잇고
▲사람이닐으기를좃타하면불길하고
▲사람이밧게서부르면흉하고
▲사람이일으기를너는쓸대업다하면대길하고
▲살해함을닙으면길하고수무면흉하고
▲몸이도망하다가버서나물엇스면병이가고
▲가난하고궁진한대갓치살자하면대길하고

▲일절귀인은다대길리하고

七、궁실、옥우、창고

▲뎨왕궁에드러가단니면대길하고
▲왕후와울고집에드러가면대길하고
▲궁집에가서안지면대길하고
▲루각파단에올으면다대길하고
▲놉흔누각에서술을마시면부귀가일으고
▲조정묘당에졀하면부귀하고
▲도궁에행하다가신선을보면길하고
▲사당집이크고너르면사々이길하고
▲놉흔당에일으면크게부귀가일으고
▲집에놉흔누각을세우면일이다평안하고
▲성에올나사람에게쫄니는배되면길하고
▲성곽이널고크면크게재수잇고깃붐이만코
▲성에푸른빗치연하면깃거온일파길합이잇고
▲성우에집을지으면대길리하고
▲집에올나무너지면가도가흉하고
▲성당이거우러지고무너지면가주가흉하고
▲집을새로곳치면길하고
▲타인에새집에옴겨들면길하고

▲전택을떤당하고팔면벼살을일코
▲집아래를뚜르면몸에애매한일이잇고
▲사람으로더부러집을닷호대흉하고
▲헌집으로이사하면아름다운안해가생가고
▲가도가빈하면대길리하고
▲방에들보가훌연이부러지면대흉하고
▲안해가담아래아들을나호면벼살이일으고
▲군인이집에드러오면대길하고
▲집가온대말이색기를나호면남자의소직이업고
▲성에올나잡힌배되면벼살이나타나고
▲성중에행하면부하고문에나면길하고
▲불근성곽에올으면대길하고
▲집에오르면부하고동산에나오면길하고
▲당샹에관곽이잇스면몸이평안하고즐겁고
▲집을니으고더푸면명이길고ᄯᅩ길하고
▲바람에집이움작이면이사하고
▲젼장집에가서살면안해가깃거운일이잇고
▲사람에게방사를젼당잡으면벼살을하고
▲집안을정히수면면대사람이오고
▲가택에사람이업스면사망지환이잇고
▲담을넘어집을건너가면험한일이가고

▲부인으로더부러집을닷로면길하고
▲별원이문어저내리면사망지환이잇고
▲담우에서흙을파면다시고치고
▲원앙기와가떠러지면부부간에닷토고
▲집가온대서풀이나면집이비이고지하고
▲집우해소나무와잣나무가나면수명을더하고
▲절집가온대드러가면귀자를낫코
▲중의집으로옴겨들면병이일으고
▲창곳집속에드러가면대길창성하고
▲젼당집을수리하면큰깃분일이잇고
▲절집에경문책이잇스면병든사람이병이낫코
▲창고를세워니으면복녹이일우고
▲창곳집이문어지면백사가흉하고

八、문호、청죠、쥬츄

▲문호가놉고크면부귀하고
▲문호가홀연히열니면대길하고
▲문을새로곳치면귀자를낫코
▲문이새여져열니면구설이잇고
▲성문이크게열니면구설이잇고
▲문호가닷치여서막히면일이일우지못하고

▲옥홀을잡고귀인을보면대길하고
▲사람이옥홀파인슌을주면벼살을옴기고
▲문서에인을치면일홈이세상에들날니고
▲새로도포를입으면처첩을더하고
▲의복을쌀고물되리면다대길하고
▲길을써나더러운옷을입으면큰은택이잇고
▲새옷을모화싸ᄒᆞ면백사가다흉악하고
▲옷감을마르던지상옷을입던지모다길하고
▲누른옷파검은옷을입으면다대길하고
▲푸른옷을입으면신인이힘써돕고
▲뭇사람이불근옷을입으면정이업고
▲뭇사람이흰옷을입으면관사가잇고
▲안해가장옷을입으면귀자를낫코
▲사람파옷을합셰입으면안해가사정이잇고
▲조혼이불을덥ᄒᆞ면부귀를엇고
▲신을어드면노복이길하고
▲신을벗고씌를씌면흉하고
▲메투리를신으면백사가다화합하고
▲신을비러어드면사람이힘써돕고
▲부두와전모가절노씨여지면다길하고
▲귀인이관을주면길하고

▲관파사모를불사르고허러지면벼살을올하고
▲갓파씌를어드면관록이일으고
▲사람이공복을주면벼살을더하고
▲옥홀을씻고옷을물되리면새로벼살이일으고
▲옥홀이재여지면흉하야상서롭지못하고
▲허리에씌를씌면벼살이일으고
▲인을가지면안해가귀자를더하고
▲수노흔비단옷을입으면자손이영화롭고
▲도롱이를입으면큰은혜가일으고
▲의복이홀연히해여지면안해가박대하고
▲사람에의북을입으면근심이오고
▲의가절노부러지면백사가길하고
▲흰옷을입으면사람의청합이잇고
▲쪽빗슈노흔옷을일으면안해가버리하고
▲뭇사람이푸른옷을입으면집사람이흣터지고
▲뭇사람이발간비단옷을입으면대길하고
▲녀인이웃옷을입으면평평하야일이업고
▲의복을일어바리면안해가해산이어렵고
▲타인이내신을신으면안해가사졍이잇고
▲신을일으면노복이도망하야달아나고
▲신이해여지면자손파처첩의제병이잇고

▲새로관작을바드면귀자를낫코

▲나막신을버스면쌔々로신액이나아가나니라

五、칼、긔、북、쇠、북

▲군왕의검극대와오시위는이상한길합이잇고

▲정긔를안으면귀인을붓들고

▲긔와일산을지으면대길리하고

▲긔쌔를영접하면크게부귀하고

▲손에절월을가지면상급이잇고

▲새로긔를지은걸보면대길하고

▲칼을쌔여출행하면대길하고

▲사람이칼세자로를주면자사가되고

▲칼을마자피가나면주식을엇고

▲칼파독긔에절노상하면대길리하고

▲칼이우물가온대써러지면처첩이망하고

▲칼을씌고행하면재수가잇고

▲녀인이칼을쌔히면아들이잇고

▲녀인이칼을씌면대길리하야경사롭고

▲가위는재물을난우올일이오

▲군병이패합을보면흉합이잇고

▲창파장팔사모는벼살하고길리하며

▲쇠북파경쇠소리가잇스면먼대손님이일으고

▲칼을님을주면다흉하고

▲북소래가나지아니하면흉한일이일으고

▲정긔를사랑하고피여면대길리하고

▲긔를잇글고진으로드러가면흉하고

▲깃으로맨든일산으로몸을덥흐면부귀하고

▲긔와긔가다토아나가면질병이잇고

▲휜일산이몸을덥흐면대길리하고

▲사람으로더부러일산을난우면훗터저나뉘고

▲사람으로더부러서로찍으면길하고경사잇고

▲남의칼을어드면행인이오고

▲칼을가져사람을찌르면리롭지안코

六、데왕、문무、호쇼

▲제왕이부르심을베푸시면놀납고깃부며

▲태자가부르시면크게깃부고길리하고

▲도군을뵈옵고말삼하면신선의연분이잇고

▲부처게절하면대웅작이고자하면크게재물엇고

▲왕후와귀비ㅣ부르사술마시면병이잇고

▲현자자리를주면재물에길합이잇고

▲태상선관을보고일을베풀면대길하고

▲문호가다닷치여서막히면일이일우지못하고
▲문에설주가저절노부러지면노복이다라나고
▲문호를수리하면대길하고
▲문압헤조수가드러오면자사벼살하고
▲하날불이문을사르면흉한일이잇고
▲문호를새로히열면크게부귀하고
▲문호를크게열면대길하고
▲문이져전노열니면안해가사정이잇고
▲문호가쌔여저고부서저면흉한일이잇고
▲궁성이막히면구설이일으고
▲문호가녀머지고허라지면크게흉하고
▲성문이크게열니면구설이잇고
▲문호안에사람이업스면크게흉하고
▲돌로문호를만들면슈명더하고
▲문압헤구렁개천이잇스면일을일우지못하고
▲방문이조끔열니면사정이잇고
▲우물을파서물을보면먼대소식이잇고
▲우물이끌는듯넘치면재물을엇고
▲우물에몸이빗최이면관록이일으고
▲집이우물가온대잇스면면병이잇고

▲우물가온대진흙을지고나오면재쉬잇고
▲우물가온대고기가잇스면몸이귀히되고
▲우물가온대업대여피하며형욕의일이잇고
▲집이우물에드러떠무르면맛아들에게흉하고
▲우물을치고우물을싸면대귀하고
▲부억아래물이흘너가면횡재하고
▲부억에가마솟시쎄여지면사망지환이잇고
▲부억아래서귀명이울면구설이잇고
▲부억파붓두막을꼿처지으면대길하고
▲뒤간에똥이넘치면대길하고
▲뒤간을치면횡재를하고
▲똥가온대안지면크게흉하고
▲우물이절노무너지면가대패이고
▲우물이마르면집안재물이훗허지고
▲몸이우물에써러지면질병이잇서흉하고
▲우물물을써서말그면길하고흐리면흉하고
▲우물이마르고자하면가도가패코자하고
▲우물을드려다보는소래가잇스면구설이생기고
▲취하야우물가온대써더지면관사가일으고
▲사람이이르되우물에서나왓다하면깃붐이일으고

▲긔명이우물에써러지면급한일이잇고
▲부억아래서불을사르면일홈소래가잇고
▲부억아래서우는자는가도가파하고
▲집안부억이둘이잇스면일의일우지못하고
▲절구가져절로타면처첩이업서지고
▲판이부억에드러가잇스면재록을엇고
▲뒤간에올나오좀파똥가온대잇스면길하고
▲똥흙을덥이로싸으면재물을엇고

九、금은、쥬옥、견백

▲금은보패는부귀하고
▲금은술잔긔명은귀자를배고
▲옥이산갓치싸이면크게부귀하고
▲구리노구솟손구셜이일으고
▲옥사발긔물을어드면다길하고
▲납파쥬셕은다재물을엇고
▲말굴레등물파풍류긔명은다질병이가고
▲돈을주어어드면다대길하고
▲가중이재물을난우면니산하고
▲귀인이능비단을주면벼살이일으고
▲사람을실파비단을주면크게흉하고
▲배와비단을차지면인구를더하고
▲실파비단을차지면인구를더하고
▲길삼실이얼키면사람에게욕을닙고
▲금은주옥등물은다대길리하고
▲금은으로노구솟슬지으면대길하고
▲금옥환을어더두면귀자를낫코
▲주옥이품에가득하면크게길하고
▲철물긔명을어드면재물을엇고
▲구리물전을어드면크게부귀하고
▲사람에게돈을도라보내면질병이물너가고
▲돈은봄파여름을길하고가을파겨울은흉하고
▲채색비단을주면권세가잇고
▲사람이비단을주면대길창성하고
▲타인에게마포옷을어드면흉하고
▲사람을의복을주면판사가일으고
▲길삼하면슈명이더하고
▲상자그릇은다구셜이잇고

十、거울、빈혀、빗

▲거울이발그면길하고어두면흉하고
▲거울을가저절노빗최면먼대신이일으고

▲타인에게거울을어드면귀자가잇고
▲금빈혀가쌍을일우면애첩을더하고
▲금빈혀가빗나면귀자를티코
▲은팔둑고리는부처가서구축하고
▲사람이빗졉상를주면아름다운첩을엇고
▲빗졉상자를보면귀인이붓잡아잇글고
▲치아를악스면병환이나지아니하고
▲연지와분을보면크게재슈리롭고
▲수전은구셜이잇고
▲거울을주서어드면조흔안해를부르고
▲거울에타인이빗최이면처첩에게흉하고
▲타인이나의거울을희롱하면안해에게흉하고
▲금빈혀가움작이면원행할일이잇고
▲빈혀와고리가서로두다리면안해를리별하고
▲꼿빈혀는처첩이간사이쇠깁이잇고
▲쪽헤눌니면처첩이션마음을내고
▲차아롱파치아닥는솔을녯일이다가고
▲빗졉상자를어드면미녀가일으고
▲연지와분을어드면미아를낫코
▲분첩을어드면안해가아름다운쌀을낫고
▲바눌파실을어드면백사가다일우고

十一、상장、젼요、시져

▲상파장막을꿋치면벼살을옴기고
▲새로이샹파쟝막을편냐히하면먼대사람이오고
▲샹파쟉막을꿋처밧구면니사하야길하고
▲샹파쟉막을펴면크게부귀하고
▲샹파쟉막이문에나가면안해가업서지고
▲샹파쟝막이파샹하면아해가업셔지고자하고
▲상우헤개암이가잇스면샹서롭지못하고
▲장막이허타지면처자가병이잇고
▲샹에올나누으면크게흉하고
▲샹파쟉막을씨순즉대길하고
▲자리가해지면벼살을일코
▲자라와졈석은힘써도움이잇고
▲발파쟉막이문어지면안해가간사합이잇고
▲자리페고안지면벼살을엇고
▲적은솟이던지큰솟이던지크게재물을엇고
▲옥파돌긔명은사람의도음이잇고
▲자셕사발은주식이일으고
▲수쌔락은쳐첩파자손을더하고
▲외는꿋집을더하고길하고

▲화토와돌긔명은크게부귀하고
▲큰동의와적은동의가섯겨잇스면단톄되고
▲놉흔시령은집안일을닐우지못하고
▲조흔벼개를보면귀인이붓들미잇고
▲장막을열면주식이생기고
▲상다리를새를박고면노복에게흉하고
▲피가상에잇스면처첩이간사하고
▲자리를옴겨드러온즉길하고나가면흉하고
▲자리를밧구와드러오면길하고나가면흉하고
▲젼파요를포진하면만사가다편안하고
▲새바알은조흔안해를엇고
▲조흔입울에덥혓스면대길하고
▲가마솟시넘치면큰재물을엇고
▲가마솟시쌔여지면거상닙을일이오고
▲자석졉시는구설이닐으고
▲져ㅅ가락은젼택파노복울더하고
▲동의를들다가밋치쌔지면재물이홋터지고
▲세수그릇은아름다운첩이일으고
▲합울어드면구하는바를엇고
▲롱은결단하는일이잇고
▲손수건파매는수건은병환이일으고
▲깃붓치를호려가지면관가일이길하고
▲방망이와송곳은해로옴을침노할일이잇고
▲삽가래는사람의모라부림을입으니길하고
▲배롱은산업을더하고
▲노끈색기는명이길고대길하고
▲사람이삽가래를주면금을주서엇고
▲노구솟밧침이쌔여지면악한일이잇고
▲다듬이돌은이사하야대길하고
▲방망이를드려움이자하면사람붓들일이잇고
▲대림이에불이만호면조흔일이일우고
▲사람이져울을주면규셰가잇고
▲노와색기가끈어지면흉악하고
▲사람이비를보내면벼살을엇고

十二、배、슈레、노는물건

▲배가나라단니면크게부귀하고
▲배를타고강하를건너면벼살을엇고
▲배를타고일월을보면벼살을엇고
▲배를타고술을마시면먼대손님이일으고
▲배를타고돗세바람을마시면대길하고

▲배를타고다리아래로지나면대길하고
▲아비를도와배를타면벼살이일으고
▲불을잡고배의드러가면대길하고
▲배가얏타서언덕에잇스면시비와일어잇고
▲배가온대물이잇스면재물을엇고
▲배를타는대해와달이지나가면부하고
▲사람으로더부러한가지배를타면이사하고
▲배를타고키를보면편안하고
▲병든사람이배를타면반다시죽고
▲몸이배가운대누엇스면흉합이잇고
▲집가운대서배를타면재물이업서지고
▲배를타고쐿슬보면주식을엇고
▲수레박휘가쌔여지면부처리별하고
▲수레에실녀일어나지아니하면액사가잇고
▲수레가행하면백사가순리하고
▲수레가문에들면흉한일이잇고
▲상여가나가면재앙이홋허지고
▲사마가수레를메이면길한게도로흉하고
▲말을갓초면원행할일이생기고
▲배와수레가부서지면상서롭지못하고
▲수레박휘가부러저긔우러지면흉하고
▲수레를멍에하야놀나단니면관녹이일으고
▲수레가행치아니하면행하는바를일으지못하고
▲병든사람이수레에올으면크게흉하고
▲행하는수레와말은대갈하고
▲양으로수레를메이면일이순순치못하고
▲원행에들고나는것이다명이롱달하고

十三、도로、교량、시집

▲내길이롱한것을보면공명을드리고
▲길이질고가시나무가잇스면일을일우지못하고
▲다리와개천을곳치면만사가화합하고
▲다리우에안지면관녹이일으고
▲손을씻고다리에올으면안해가아해배고
▲새로다리를노흐면크게화합하고
▲다리기동이부러지면자손에재흉하고
▲길가온대서재물을어드면롱달하고
▲다리전녀는걸보면관사가잇고
▲다리문허진걸보면관사가잇고
▲다리우헤서부르면송사에득송하고
▲다가쓴허지면구설이잇고
▲다리와길우헤수레가막히면다흉하고

▲부부가져자에드러가면재물을모호고

十四、부쳐、산잉、교환

▲부쳐가잘채에모듸면서로리별하고

▲부쳐가빈혀를난호면리별하고

▲부인으로갓치단니면재물을일코

▲부인으로뎌부러교합하면사귀의병이잇고

▲가장을안으면재물을엇고질겁고

▲부처가각々머리비스면길하고

▲남자를교접하면재물을일코

▲안해가잉태하면사산정이잇고

▲부인이몸을드러내면대길하고

▲형제가난위여리별하면구셜이임하고

▲적은아해가죽으면구셜이잇고

▲혼인에상제를보면흉하고

▲부쳐가서로수지지면질병이잇고

▲부쳐가서로치면화합하야모듸고자하고

▲부인으로뎌부러갓치안지면대길하고

▲부인을안으면깃분일이잇고

▲부인이가장으로뎌부러물에드러가면길하고

▲부쳐가서로절하면흣허저나뉘고

▲안해가비단옷을입으면귀자낫코

▲부인이음문을보면구셜이잇고

▲남자가옷버서맨몸이면명이통달하고

▲적은아녀를안으면구셜이잇고

▲새로남녀간나으면대길하고

▲남자가화하야녀상이되면흉하고

十五、음식、쥬육、다파

▲사람이청하야술을먹으면명이길고

▲사람으로더부러먹는대로모히면부귀가일으고

▲술을먹으면울일이이잇

▲사람이젓을먹으라고주면놉혼천구가오고

▲사람에청하야쇠젓라락을먹으면깃븜이잇고

▲귀인으로더부러대하야마시면대길하고

▲개고기를먹으면닷토는송사가잇고

▲칼노제육을버리면병이생기고

▲절노죽은고기를먹으면리별이잇고

▲오이를먹으면질병이생기고

▲만두를보고먹지아니하면귀윤이잇고

▲만두를먹으면구셜이흣타지고

▲감파복사를먹으면리별하 얏다가다시모듸고

▲대초를먹으면귀자를낫코
▲밥을먹으면리별하야난위고
▲베인파실을먹으면흉합이일으고
▲파나물을먹으면닷토아싸홈일이잇고
▲사람으로더부러밥을먹으면구설이잇고
▲자리에빈객이모히면가도가파하고자하고
▲술을먹어취하면질병이잇고
▲귀인의잔채를주면질병이잇고
▲물을먹으면큰리를엇고
▲구토를하면병든사람이병이낫코
▲사람이쑬을먹으라고주면대길리하고
▲닥파오리고기를먹으면낙병하고
▲거위고기를먹으면첩에게질병이잇고
▲재육을먹으면질병이일오고
▲감파감자를먹으면질병이생기고
▲참외를먹으면귀자를낫코
▲떡을먹던지밥을먹으면마음대로되지안고
▲생열매를먹으면귀자를낫코
▲배로먹으면재물을일코
▲가지를먹으면안해가아들이잇고
▲부초를먹으면중복을닙고
▲마늘을먹으면재앙파헤오온일이잇고
▲기름소금간장신것메주등물을먹으면다흉하고

十六、총묘、관곽、송영

▲무덤이놉흐면대길하고
▲새무덤파관곽은근심을제하고
▲무덤우헤구름긔운이잇스면길하고
▲묘문이열니면백사가길하고
▲무덤우가발그면길하고어두면흉하고
▲무덤에나무가나면길하고부러지면흉하고
▲무덤에쏫치열면대길하고
▲무덤가온대서관이절노나오면대길하고
▲관을가지고집에드러오면관록이일으고
▲죽은사람이관에서나오면외방손이일으고
▲관을열고죽은사람으로더부러말하면흉하고
▲죽은사람을염하고입관하면재물을엇고
▲관을물우에서보면크게재물을엇고
▲너른들에사람이업스면원행하고

十七、문셔、필연、병긔

▲각색경서는크게부귀하고
▲오색조희는크재재물을더하고

▲오색조히를생키면글을잘하고
▲제우에서책이잇스면만복이일으고
▲글을짓고글시를쓰면크게길하고
▲사람이잇서글을가라치면크게부귀하고
▲글닑는걸보면총명하여지고
▲사람의글닉는걸보면귀자를낫코
▲책역을어드면업을맛치고
▲서신을봉하면통달하고
▲손의붓파벼루를희롱하면먼대소식이일으고
▲사람이먹을주면문장이되고
▲타인이붓을보내면재조가나아고
▲사람이주억점을치면질병이잇고
▲공사자리를움직이면질병이잇고
▲인을차고공후가되면대길하고
▲창파부월이빗치잇스면관녹이일으고
▲바둑온집에사람을떠두고
▲병마가성에드러오면복녹이일으고
▲재기차고공치면일홈을엇고
▲가는사람이처음나오면일을일우지못하고
▲군대가패합을보면흉한일이잇고

▲가든사람이도라오면질병이잇고
▲활파쇠뇌가서로싸호면닷호는의론이잇고
▲활시위에살이오르기어려우면형제헤지고
▲사람이활파쇠뇌를보내면사람의심을엇고
▲고군왕의군사대오는이상한일홈이잇고
▲사람이나의붓을가저가면문장이물너가고
▲큰사를어드면가택이흉하고
▲사람에게지젼을바드면대길하고
▲벼살이상판을바드면재물이오고
▲연을차고저새락을잡으면이사하야살고
▲인끈을꼿쳐옴기면귀자를낫코
▲인신을차면명예가잇고
▲군사무리를거나려적진을파하면구하는바를엇고
▲장수와군사가좃차행하면깃분일이잇고
▲군사진가온대잇스면하길고
▲내가사람을쏘면반다시원행하고
▲활파살을가지면대길하고
▲사람이나를쏘면행인이잇서일으고
▲활을다리여시위가끈어지면흉하고
▲갑옷닙고칼을잡으면놉흔벼살을엇고

十八、애락、사령、가창

▲사람으로더부러울면경사잇서하례밧고
▲몸에상옷을닙으면관녹이일으고
▲상우해서울면크게흉하고
▲집안이다깃부고즐거하면백사가다길하고
▲타인의피리를주면일흠소래가잇고
▲당상에서노래하고질기면상사날일이잇고
▲피리불고북을치면길한경사가잇고
▲치아를드러내고울면닷토는송사가잇고
▲병이중하면흉한일이잇고
▲병든사람이노래를부르면크게흉하고
▲병든사람이일어나면반다시죽기를정하고
▲죽은사람이울면구설이잇고
▲죽은사람이품에서울면재물을엇고
▲사람이죽은것과절노죽은걸보면다길하고
▲먼져죽은존장을보면크게흉하고
▲방성대곡하면깃부고즐거운일이생기고
▲면대사람이와서슬피울면흉합고
▲노래와춤을보면구설이일으고
▲풀가온대비파는사람의십을엇고
▲사람으로더부러장단을치면구설이잇고
▲생황을불면다시곳칠일을잇고
▲타인이질거움을지으면송사에리치못하고
▲병드러누엇는대사람이붓들면벼살을더하고
▲스사로병들면깃분일이잇고
▲병든사람이울고우스면질병을다재하고
▲병든사람이수레를장속하면반다시사망하고
▲죽은사람이다시사라나면밋더운일이잇고
▲죽은사람이일어서면크게흉하고
▲자식이죽으면깃분일이더합이잇고
▲타인에조문하면아들을낫코

十九、불도、승니、귀신

▲모든부처보살은크게길하고
▲로군과진인은다길하고
▲신의와부처를보면안해가아들을낫코
▲신위가사당집의드러가움작이면대길하고
▲중스승이사람념불경문을가라치면길하고
▲남승파녀승이경문책을보면민망합이잇고
▲당위에신위와부쳐는크게길하야상서롭고
▲향을살워례배하면대길리하고

▲신선성인이짓에일으면복녹이일으고
▲각신도에제사하면대길하고
▲신녀로더부러통하면귀자를엇고
▲법사자리에올으면질병이잇고
▲신위와부처를그림그리면사람을어드매홈션하고
▲부쳐가사람은함쎄말하면복조잇고
▲긔와신을지으면크게길리하고
▲도사와녀관으로말하면길하고
▲귀신의째림을닙으면크게상서롭지못하고
▲신위에부처가향렬을일우지못하면크게흉하고
▲신위를마을집에비러마지면외방재수가잇고
▲귀신으로더부러싸호면년년의수하고
▲몸소학자의재경계를드르면아들이효도하고
▲녀숭으로더부러교합하면재물을엇고

二十、살해、투상、타매

▲사람의살해를입으면크게길하고
▲칼을가지고자살하면크게길하고
▲타인을죽이면크게부귀하고
▲사람을죽여피가옷을더러히면재물을엇고
▲칼노찌름을닙어불이나면쾌한리가잇고
▲칼에상하야피가나면주식을엇고
▲몸을구을어피가르흐는걸보면크게길하고
▲칼놀가저사람을찍오면스사로힘을일코
▲머리를쓴코행하면큰깃붐이잇고
▲처첩을째리면힘을일코
▲사람의게째림놀닙으면심을엇고
▲형제서로째리면크게길리하고
▲사람죽이는걸보면크개길하고
▲손쌰락을쓴으면아들의게병이잇고
▲사람으로더부러서로쑤지즈면길하고
▲사람의게능욕을닙으던재물을엇고
▲양을죽이고양을째리면질병이잇고
▲소와사슴을죽이면크게부귀하고
▲나귀와노새와말을죽이면주식이잇고
▲새를죽이면처첩에게재란이잇고
▲칼을가지고서로죽여피를보면길하고
▲찍고찔너서피를보면크게길하고
▲칼파독긔에절노상하면크게흉하고
▲사람의뇌두를찍오면둘재일홈을맛치고
▲사람이발을차서념어짐을닙으면재물을패하고

▲처첩에게때림을닙으면흉하고
▲녀인이서로때리면병이일으고
▲집안사람이서로싸호면헛터저나뉘고
▲사람의죽창으로씨름을닙으면크게길하고
▲사람을향하야머리를두다리면백사가다길하고
▲삭지짐을닙고거즛업더지면큰귀함이일으고
▲도야지를죽이면크게길리하고
▲호랑이를죽이던중한인신을엇고
▲소를죽여고기를먹으면재물이생기고
▲거북을죽이면초상날이잇고
▲닭과오리와거위를죽이면길함이잇고

二十一、포금、형벌、옥구

▲옥에갓치엿다가옥이문허지면사가잇서길하고
▲옥중에안지면반다시운사가잇고
▲옥에드러가재앙을바드면영화롭고귀하고
▲옥중에서죽으면관사가다흣터지고
▲사람으로옥에드러가면재물을엇고길하고
▲옥에드러가굿게갓처면크게귀함이잇고
▲옥에갓치여넘새나고더러우면백사가흉하고
▲도적이절노옥에드러면크게길하고
▲죄인의버서져다라나면질병이물너가고
▲도적을좃차행하다가보면크게흉하고
▲항쇄족쇄가몸에임하면질병이일으고
▲항쇄족쇄가부러저업스면구설이흣터지고
▲항쇄족쇄하고집에드러오면크게흉하고
▲노끈파색기로몸에매면대길리하고
▲몸이그물을닙으면관사가잇고
▲그물에힘을입으면주식이잇고
▲사람의재앙을결단한걸닙으면관녹이일으고
▲사람의친역지음을닙으면크게길하고
▲사람이손을드러희롱함을입으면질병이일으고
▲몸이관가의때림을입으면거상을입고
▲스사로형장을치면붓끄러운욕이생기고
▲항쇄족쇄가무섭고두려오면난호여흣터지고
▲관가에드러가송사하면크게갈하고
▲사람을만나관가에드러가면주식이잇고
▲아전에게잇쓸녀관사에드러가면크게길하고
▲아전에긔록한배되면급한일이잇고
▲귀인이말을달니면관가일이발가지고
▲죄를뭇고형장을치면크게귀하고

二十二、정원、오곡、경종

▲밧가온대풀이나면재물을엇고
▲밧을크게잘심으면관녹이일으고
▲스사로밧헤베씨를심으면나갈일이잇고
▲밧헤서시마는걸보면관록이일오고
▲밧갈고시무는법을가라치원면행할일이잇고
▲사람으로하여끔전지를시무면크게길하고
▲사람의전택을사면벼살에나아가고
▲몸이배가온대잇스면리하고
▲전택을다패하면크게길하고
▲밤에베를베히고거두면그집이편안하고
▲집우에베나면벼살이길하고
▲베가풍년드러의은걸보면부귀가잇고
▲보리와오레베를보면큰재물을엇고
▲찹쌀을용졍하면재물이잇고길하고
▲오곡이무성하면재물엇고
▲곡식이삭이간즈러니쌔혀나면대길하고
▲미곡이싸이하면길교혹허지면흉하고
▲밀파보리는안해가사사마음이잇고
▲콩싹입사귀는조손에게흉하고
▲쌀파보리가버려잇스면대길리하고
▲쌀파보리가온대눕고안지면대길하고
▲손가온대곡을주이면복록이잇고
▲미곡을어드면크게길하고
▲베를어덧다가우연이일어바리면가속을더하고
▲좁쌀은반다시현상하야드리는물전이잇고
▲채소를심으면장영대길하고
▲모밀가루떡은관가일이일으고
▲밀가루에서겨가섯겨스면집안이검소하고자하고
▲술파누룩은빈객접대할일이잇고
▲갈대가얼키엿스면악한일이잇고
▲삼섭질파의뿌리는질병이일으고
▲삼대가수풀갓치잇스면크게리하고

二十三、슈화、도젹、등촉

▲물우에행하면크게길하고
▲물우에섯스면흉한일이잇고
▲물우에불이나오면대길하고
▲물이흘너술넝술넝하면새혼인이잇고
▲스사로물가온대잇스길대길하고
▲스사로물가온대써러저서나오지못하면흉하고

▲물마시기를쉬지아니하면큰재물을엇고
▲흐르는물이몸을두루면송사가잇고
▲큰물이말고랄그면크게길하고상서롭고
▲사람의집이물에잇서보이면아달이업고
▲강파바다가창일하면크게길하고창성하고
▲하수와사셕은재물을더하고
▲물이해와달을살으면큰사람이돕고
▲물이하수를사르면돕하고
▲불이산파들을사르면크게현달하고
▲불이스사로집을사르면홍왕하고
▲불쏫치훌々일어나면겨울이발달하고
▲불이쌍으로좃차나오면홍왕하고
▲불놋잡아다고행하면벼살이일으고
▲큰불이하날을사르면나라이평안하고
▲몸어불가온대잇스면귀인이붓들고
▲불연긔의빗치저무면질병이잇고
▲불을잡고길을행하면크게통달하고
▲불을잡아우마를사르면질병이잇고
▲집가온대가불이빗치면크게길하고
▲부억가온대불이나오면급할일이잇고
▲불을가띄여라합을드르면발근마음을것고

▲사람을살나넘새가더러우면대길하고
▲초불을보면재물이크게통발되고
▲등불이빗시밝그면대길하고
▲여러사람이화로를닷토면화합하야길하고
▲악한사람이서로잇쓸면질병이일으고
▲도적을좃차저자로드러가나오지못하면길하고
▲강도가집에드러오면집이패하고
▲도적으로더부러한가지행하면대길리하고
▲내몸이도적을지으면구하는바를엇고

二四、후오、목욕、농욕

▲오좀파똥이몸을더러어면재물을엇고
▲똥이쌍에가득하면부귀하고
▲뒤간가온대서근심하면관녹을엇고
▲뒤산에써러저서나오면길하고못나오면흉하고
▲뒤산을일으켜세우면지슈엇면깃분일이잇고
▲똥거름을드러메고집으로도라오면크게길하고
▲몸이진흙가온대잇스면구한바를일우지못하고
▲오좀파똥을누어일어바리면재물을일코
▲진흙이의상을더러이면해산에흉하고
▲진흙이소매를더러이면몸에욕이잇고

▲산아희와계집이목욕하고상에오르면흉하고
▲듸슬진흙에목욕하면질병이낫고
▲머리를씻고옴케안지면질병을제하고
▲욕하고꾸짓는걸보면사람이송사를일으키고

一二五、룡사、금슈、등유

▲룡을타고물에드러가면귀한위고잇고
▲룡이집가온대서조올면구하는바를드대여일우고
▲룡이문호에당하면크게길하고창성하고
▲룡이죽으면귀한위를일코
▲룡을타고저자로드러가면귀한위에잇고
▲룡이내려와산으로올으면구하는일을일우고
▲룡이우물가온대로드러가면벼살에녹을닙고
▲룡이날면벼살위에잇서크게귀하고
▲룡파배암이집에드러오면지물을엇고
▲룡파배암이부억에드러오면벼살이일오고
▲배암이화하야룡이되면귀인이잇셔돕고
▲부인이룡을보면귀자를낫코
▲배암이속으로단이면영화를옴기고
▲배암이사람을싸라가면안해가외대하는마음을두고

▲배암이골노들어가면구셜이잇고
▲배암이문에돌니귀면자를낫코
▲배압이만흐면가만히할일이잇고
▲배암이붉고거무면구셜잇고푸르면길하고
▲배암이누르고희면관가의일이잇고
▲봉황은귀인이도음이잇고
▲봉이손우헤모듸면모친게병환이일으고
▲봉황운귀인이도음이잇고
▲봉이논우헤모듸면모친게병환이일으고
▲공작새는크게길리하고
▲학이하날에올으면집에조코마한지앙이잇고
▲학이울면관녹이크게낫타나고
▲학이품가온대드러오면귀자를낫코
▲학이수레를멍에하면전장에갈일이잇고
▲학을노아보내면지물을어더길하고
▲공작새가나라춤을추면문장을뎌하고
▲앵무새는부인의제구설이잇고
▲원앙새가홋터저가면안해에게길하고
▲오리가집에드러오면크게길함이잇고
▲꿩을홰에안치면관녹이일으고

▲비둘기는부인에게깃븜이잇고
▲졔비가나라품에드러오면안해가아달을낫코
▲졔비가일으면먼대손이오고
▲공즁에서새가울면안해가업고
▲새가나라품으로드러오면다길하고
▲나라가는새를잡으면먼대소식이일으고
▲새가서로싸호면관가일이잇고
▲가마귀가서로지지면주식이잇고
▲거위와오리가한가지로놀면조흔쳡을더하고
▲새배알을싸라오면사람이인도하야천거하고
▲닭이깃을다드무면벼살을엇고울면구설이잇고
▲닭이알을품으면깁븐일이잇고
▲닭이나무밋헤잇스면벼살이일으고
▲긔린은일홈이현하에썰치고
▲흰코씨리와도야지는벼살이일으고
▲사지가부루지저울면일홈소래가썰치고
▲호랑이가크게울면벼살을엇고
▲호랑이를타고단이면악한일이업고
▲호랑이가집가운대로드러오면벼살이중하고
▲호랑이가움작이지아님을보면벼살이길하고
▲시랑에개를미워하면도적이잇고
▲시랑이다리를물면길을행치못하고
▲낙타와표범은중한인연을엇고
▲곰은귀자를낫코
▲여러토기가나무에올으면귀한위를엇고
▲노루와사슴이문에잇스면관녹을더하고
▲산돌소가동산에잇스면일백근십다가고
▲고양이가쥐를잡으면재물을엇고
▲흰쥐가길을인도하면사람이붓드러살고
▲쥐가사람의옷조면구하는바를엇고
▲쥐가다름질하야다라나면깁븐일이잇고
▲산에원숭이는송사할쑷시잇고
▲흰원숭이는관녹이잇서길하고

一一六、우마、졔양、륙츅

▲누른소가집으로오면부귀하고
▲물소는션조상이먹을걸찻고
▲소가산언덕으로올나가면크게길하고
▲창성하고소를쓰을어산위로올나가면부귀하고
▲소뿔에피가잇스면벼살이삼공이되고
▲소가사람을바드면범사가일우지못하고
▲소가문으로나아가면조흔일이잇서일으고

▲물소가집으로오면초상날일이잇고

▲소가색기를나으면구하는바를다엇고

▲소를타고성에드러가면깃분일이잇서일으고

▲소와양을쓰러집으로오면씻버즐거운일이잇고

▲말이뜰압헤서춤을추면흉한일이흣허지고

▲말이천리를행하면깃분일이일으고

▲말을타고쾌하면길하고둔하면흉하고

▲말을타고오락가락하면문서할일이잇고

▲말이집에드러오면간사한경사가잇고

▲말게돈을시르면관녹을엇고

▲흰말을타면질병이잇고

▲여러말이가에에워싸면원한일이풀니고

▲죄인이말을달니면재액의일이다가고

▲도야지를죽이면길하고절노죽으면흉하고

▲말게물님을입으면관녹이잇서일으고

▲나귀와노새를타면재물을엇어길하고

▲양이도야지를짝지여다니면행인이일으고

▲도야지가변하야사람이되면관가일이잇고

▲도야지와양의부스럼을글그면구설이일으고

▲말을쓸고솔질하야노하달니면깃분일이잇고

▲양을라고거러다니면재물을엇고

▲양의색기를거나렷스면슈명을더하야대길하고

▲개가사람을재지면귀신이와서먹을걸구으고

▲개가주인을물면재물을일코흉하고

▲집가온대서말이나면크게길하고

一一七、귀별、어하、곤츙

▲거북이우믈파집으로드러오면부귀하고

▲거북파배암이서로바라보면재물이생기고

▲거북을보면녀인이귀히되고

▲거북을잡으면초상날연이잇고

▲자라를보면재물을어듬이잇고

▲고기가물우에서나라다니면백사가다흐터지고

▲우물안에고기가잇스면벼살을옴김이잇고

▲그물을베푸러고기를잡으면크게리하고

▲사람이고기를잡아먹기로주장하면다길하고

▲고기를쌔앗고고기를주서가지면병이잇고

▲물가온대서고기를낙시질하면크게길리하고

▲수풀가온대서고기를산영하면일이일움이업고

▲고기무리가쎄를지어물에써놀면재물이이르고

▲리어는안해가잉태하하면길고

▲마른고기가물로나려가면명이다시통달하고

▲새우가변하야고기가되면재물을일코

▲몸이고기와버러지속에안지면병화를제하고

▲방게는백셩이사라져홋터지고

▲개고리가울고다라나면구설이잇고

▲물에거머리는녀인의재물을엇고

▲누에가나라고치를짓지를안으면적은길함이잇고

▲조개는로래에아들을낫코

▲나뷔가나라등잔에드러가면라인에게패하고

▲말똥구리가흙을모아굴니면재물을일코

▲나뷔와벌이서로희롱하면일을일우지못하고

▲벌이사람의다리를쏘면재수와깃분일이잇고

▲박쥐가쎄를지어날나가면하는일이잘되고

▲참자리가사람을대하야날면미인이오고

▲뱃장이소래가변성하면적은수고롬이잇고

▲지렁이는전택에크게면하고

▲지네가사람을물면수명을더하야면하고

▲그림아는적은재앙이잇서면하고

▲소라는의방에잇서리롭지못하고

▲모기가사람을물면실물이잇고

▲파리가사람을더러이면반다시참소가잇고

▲청개고리가물면박지못한일이잇고

쇤슈 차시졔흉양갈지법

양셩론에일녀갈오대꿈이잇거든모름직이말하지말고다만정한랭수한목음을입에물고동밧을향하야뿜고외와갈오대악몽착초록하고희몽성주옥이라하나니라

第十五編 療 治

▲諸病救急科

積久塊癖 ○鉛片을取하야如薄之如紙後呑下하라○取屋漏水에浸良薬者를課日服之하라

半身不遂口眼不正邪 ○陳皮當歸五佳皮各四兩을濁酒에浸하야三日早夕二次温服하라

陽氣不足 ○兎絲子九製一斤을作末하야五月에生한雀의卵을破하야作丸호대梧大子로以酒水調하야空心呑下三四十丸하라

小便艱澁中痛欲死 ○牛膝을酒煎하야空心服하라

小便不通 蛞螻下의半節을研하야水調服하되虛弱者는不可하니라

小便頻數 ○銀杏十四個를半生半煨하야吃食하면即效하고또 絡石(담장이)을水煎服하면神效하니라

血尿 ○白茅根을幾次服煎하라又淋疾仙藥

膏淋 ○眞荏汁에粟米로作粥하야空心服하라

頭痛 ○白芷一錢을作末하야溫蜜水에調服하라

炭頭痛 ○凍沉菹水를飮之하라

病後頭髮脫落 ○東延한棗木根을取하야幾個든지斷切하야器內에橫安한後蒸飯에納置하면棗根兩邊頭에液汁이出하리니此를頭髮에塗하면即長하나니라○蔓菁子와松葉子를取油하야塗布하면即生하나니라

年少髮白 ○拔去白髮하고以白蜜로塗毛孔하라

久病髮乱難梳 ○荊芥의穗나葉이나濃煎하야乘熱和油하야朝塗하고午時에櫛梳하면順解하나니라

口眼喎斜 ○北魚湯水에洗面하면神效하니라○方葱白을搗爛하야粘付하면神效하니라

面部瘡痕 ○蜜陀僧一兩白附子五錢을作末하야洗水後에頻々히塗布하면瘡痕이自褪하나니라○鷹屎白과胡鷰의巢中草藁(집검불)를燒灰等分하야人乳에和塗하면瘢滅肉平하야復舊無痕하나니라

面部爪破 薑汁에輕粉을調付하고또生栗을嚼付하나니라

乾癬 ○杏仁을燒研하야和油摻布하고또驢屎를燒存性하야油에和塗하고또倭躑躅花汁을塗하면神效하니라

皯黵(죽은깨) ○白木을苦酒中에漬하야拭面하면漸消하나니라

濕癬(진버짐) ○藿豆를燒灰하고礦末三錢을和油塗布하며또石花나蝌蚪(올창이를搗付할도亦好하니라

風丹 ○生太末을鹽水에調付하면神效하니라○當處周暈을針刺하고生猪肉을付하면神效하며또豆腐를多付하고木麥末을作餠裡付할도無妨하며또麥飯도付하면有效하고梨汁에雄黃末을和하야鷄羽로써刷上하며井中苔를撈採付粘하면俱好하니라○雄死二個를腹合堅縛하야地上에立하고麥草를其中에盛한後火燒하고砂椀으로其上을覆할時에唾津을少吐하야覆置하면烟熏이砂椀內에黃色結晶되나니此를塗付하면神效無比하니非但風丹에治療할而已라他腫도亦效하나니라

丹毒 ○諸魚血을塗付하고黃芩末을水調付하라○鍛鐵竈灰(풀무구멍의재)를溫水에和付하라○遍身赤丹이면羚羊角을燒灰하야鷄子淸에和塗하면神效하니라

眼生赤翳 ○田螺(우렁)一個를去掩羃(殼上蓋)하고黃連末로써摻하야露處에置하얏다가曉頭에取見하면肉化爲水하리니眼中에此를滴入하면即效하리라

病後生翳 ○白菊과蟬退를等分하야蜜少許를加入하면煎眼하라

眼疾 ○大蛤水로洗眼하라○白狗乳에枯白礬末을和하야點眼、면神效하니此는夢中神敎方이라○大蘿葍一個를空中를割하고鷄屎白一枚를入하야種土하엿다가其開花結子를待하야鷄屎白을取出硏末하고蘆甘石(煆過)一錢熊膽五分龍腦一分半末을加하야和蜜하고一日一次式點眼하면七日에全快하리니眼翳에도神効하니라

疔翳(삼눈) ○石雄黃을水飛하고龍腦少許를人乳에和하야每取○豆大하야點眼하면不痛自效하나니一日二三次式하라

眼中入刺終不出 ○桑灰水에浸眼하고淨洗하면自然脫出하나니라

眼胞赤爛不得開 ○生地黃을塗付하라

眼入飛絲(俗云여,윤가시) ○上品眞墨을濃磨入眼하고數時間閉眼하면其絲가自然成塊하야拭出하나니라

雀目 ○夜明砂를調酒服하라○北魚油를服之하라

偸針(다락기) 病在左上즉書于右足掌에地字하고左下즉書天字하고病在右左掌에書干地하고下則書天字하나니라

耳聾 ○草麻子三個와大棗肉五個를硏極作丸하야綿裡揷耳하라○松葉과草麻子를等分하야水煎入甁하고甁口에屬耳하야熏氣取汁으로爲度하라○青布를燒灰하야和葱汁作丸하야塞耳하면三十年久聾을可治라

暴聾 ○全蝎을去毒하고作丸하야調酒滴耳中하라

耳痛及聤耳(귀에진물나는대) ○草麻子油를耳中에滴入하면有效하니라

虫入耳中 ○桃葉을熱挼(손으로부비여)하야耳孔을塞하면自出하나니라○韭汁이나鷄冠血或은葱汁、薑汁을滴耳하면幷出하나니라

虱入耳膜 ○白綿에眞油를濡하야耳門을塞하면自出하나니라

鼻瘜 ○鹿角을火炙하야頻々히揷充하라○苽蔞를去仁하고暴乾作末하야竹管에盛하야鼻孔에를

吹入하라○枯白礬을面脂에和하야綿에裹하야塞鼻孔中하면數日內에瘜肉이隨藥自落하리라

鼻塞 ○麻鞋消灰를鼻에吹入하면立通하나니라

鼻瘡 ○杏仁을作泥하야乳汁에調付하고又는玉容膏

鼻澁不聞香臭 ○乾柿三個와粳米末一合豉少許를煮粥하면空心服하면神效하니라

鼻中肉出如錐痒痛 ○葱燒灰水에瀕洗하고飮豉湯數盃하라

口瘡 ○枯白礬、黃丹一錢膽礬、孩兒茶、黃柏五分、麝香、龍腦、朱砂、石碓黃各三分을作末摻之하라○枯白礬、黃丹三錢膽礬、孩兒茶一錢(有蟲蝕이면加碓黃三分)을作末摻之하라

舌苔 ○竹葉、細辛을水煎하야頻漱하고又生薑을切片하야拭舌上하면亦好니라

重舌 ○百草霜滑石芒硝를等分作末하야酒에調塗하라

唇腫 ○飯糊에枯白礬을調付하고加黃丹少許하면尤妙하니라○枯白礬을津涎에和付함도亦好니라○毒遍唇部者는人糞灸가極好니라○如針刺者는瘡根을括去한後粘米를細嚼하야入瘡口하고外付粘米飯하라

齒痛 ○秋茄花를燒末하야塗痛處하라

遞帶久不生 ○取牛糞中太하야燒末塗齒端하면即生하나니라

齒痛 ○秦若葉을搗擦作丸하야三四丸을齒痛上에含하면甚好하니冬以其根으로水煎漱口하면神效하니라

項核 ○蟾蜍溲을塗之하라

咽喉 ○地龍汁을服之하라○人中白(오좀벅흠)과枯白礬을作末하야以竹管으로吹喉하라○單蛾、雙蛾를勿論하고蛇退를燒存性하야雉䐆胵(꿩의멀더구니)과地龍草乾者를作末이야以管으로朝夕吹喉하라○最急者는單蛇退를燒存性하야吹喉하고且喉間如塊垂下者는(名曰華蓋)니竹葉茶에牛黃凉膈丸十個를化下하라

咽喉項直 ○後髮際一穴을灸七張하고又中封穴에灸七張하면大効니라

喉泡 ○針破로出血後에黑茬壚으로拭之하라

胸痛 ○生淸一鍾好酒一盞、壚水一鍾을同入缸中하고封缸口置架上이라가方痛時에服一鍾하고痛止에更服餘鍾하라○糯米一斗、末麯四升、生芋(土蓮)二十一個를合同釀酒하되生鱉三個를甕中에先置하고次入米麯芋混合하야依法釀造하야至十一日에取出作燒酒하야隨量服하면三十年

久病者라도皆效하나니라○鼹鼠三首를燒存性하야酒에調服하라○又白石(차돌)大如雞卵者三個를入火中하야赤煎後에淬蜜水하야一器를痛飮하면即時袪根이니蜜은生淸이甚好하니라○合歡根中皮(자귀나무)를濃煎服하라

男子乳核欲成腫 ○杏仁靑皮胡桃肉十個를同硏하야分二次和醋하야微妙塗付하되日二次替付하면至月餘에乃解하나니婦人核에도亦好라○螳螂을去頭足殼하고塗付하라

腹痛 ○熊膽大豆少許를調溫水에調服하라

腹中虛冷 ○鼠糞을碎塡臍中하고艾炷를如棗核大하야火灸三張、五七張하되春秋灸하면神效라

癮疹 ○租皮(베져)를水煎代茶服하라○又樺皮를煎服하라○白礬를醋에煎塗하라

癍疹 ○浮萍를水煎頻洗하고以滓로亦付患處하라

赤瘢痒痛 ○朱土二錢重을冷水에나蜜水에나調服하 면大好니라

赤白瘢(어루러기)○茄葉末을和硫黃擦付하라(黃用黃蔕白用白蔕)

紫瘢 ○知母를醋에磨하야擦付하되日三次爲度하라○右神方에兩肩에서雙垂當乳頭處하야皮膚를堅執하고以墨絲로貫針하야刺左右曳絲하면自然消滅하니라

痱瘡(땀띄)○亂髮灰、石灰各半兩을炒하야合棗葉半根作末하야以溫醬水로先洗後付하라○滑石末과豆粉을同和하야以綿으로蘸擦하라

手臂痳痺痛 ○松葉、蘇葉、薄荷生薑、葱白을同炒하야火炒厚貼痛上하고或單松葉을乘熱熨溫하면幷神效니라

凍指欲墮 ○馬糞煎湯에漬半日하면即愈니라

脚氣腫痛 ○桃葉을和鹽爛搗하야付當處하고且兼水腫(수종다리)에桑葉을濃煎하야頻々洗滌하라

手足指忽腫 ○蚯蚓糞을醋和付之하고馬糞煎水에漬之하라

足生疣目(티눈)○蠶出繭殼을割去兩頭하고貫裹疣指하면至朔餘에自消라○大棗肉으로裹疣指하면三四朔에自消하나니라

水腫脚病 ○以熱尿로浸脚連日하면甚好하니治法이無過此方이라

前陰疝症 ○石衣(바위옷)를水煎하야一椀을服하라

癩疝(산로)○薏苡仁을東壁土에炒하야水煎하야服數次하라○皂角實을作末하야和好醋付

하라

陰弗濕痒 ○吳茱萸煎水에頻洗하라○蛇床子를水에煎하야頻洗하고伏龍肝에和鷄子白하야塗痒處하라

外腎腫 ○大牡蠣를作末하야和鷄子白調付하라○黃土를和醋付하라

下疳瘡 ○黃栢或甘草水에頻洗하고五倍子를燒存性하야作末搗付하라

陰弗瓜破或濕爛 ○紅紙(다목물드린조희)를津唾付處하라

八脚陰毛作痒 ○水銀을和津唾하야塗毛根하라○烟竹中罝津을和水塗하면立効니라

婦人陰戶搔痒 ○覆盆子木根을多採濃煎하야頻洗하면神効니라

後陰痔疾 ○熊膽을頻塗하면能治五十年久痔라 槐花枳實荊芥葉煎湯에和白礬洗하라○油髮을入瓶中하고下合大瓶後裹泥土하고以糠火로取油塗하라

脫肛 ○槐皮를濃煎盛瓶하고乘其上取熏하라

暑天中暑 ○大蒜汁을和白淸服하라

中暑外地氣絶하야 ○大蒜及路中墊土各一握을搗研하야以新汲水로和取汁하야央斷灌하면少頃即甦이라○漿을和水服하라

伏暑 ○燒酒에入地龍數十介하야經一二宵後服하라

霍乱 ○木瓜五錢桑葉三片을煎服하라○井華水一甫兒를煎半하야冷水半甫兒에相合하야調百草霜三七하야服하라(此名陰陽水)

轉筋 ○牛糞을和水去滓하야一椀을服하라○白礬을作末하야三四錢을和水服하라

咳嗽 ○胡桃川椒各五枚大棗十個生薑五片을煎服하라(此名五椒湯)

膈痰咳嗽 ○天花粉을乳汁에蒸하야竹瀝에浸曬乾하야每二錢을生薑湯或梨汁이調服하라

痰喘咳嗽 ○糯米一斗作飯하고桃仁千個를去皮尖하야水泡에磨末하야入麯釀酒하야隨量服하면神效라○又芒硝一錢을生薑湯에調服하고又白礬末을調服하라

土疾積年 ○民魚膽을和溫酒하야每日淸晨에吸一盃하면神効無比니라○黑糖(검은엿)을多食하라

土疾兼痰喘 ○乾柹二個를去核하야合腹하고以橡葉으로重裹하야浸童便하되朝浸夕取하야更浸米泔汁後經夜取出하야火煨服하되限二貼服하면神하니라○白鴨卵을去白하고連服

三服하면神効하니라

積聚痃癖 ○大蒜을合皮하야截去四頭하고呑下하라

痃癖 ○鴨卵을去白하고和好醋하야連服七日이면大効라

肉積不下 白鳳仙花子、阿魏를煎服하고○「새마중이」草를煎服하면卽差라(生乾草皆用)

浮腫 ○木防己(通草)二三兩重을水煎浴之하고兼服之하라○商陸을搗付하면立効라

黃疸 ○綿花子를煎服하라○黃芩五錢을伏龍肝煎水에和服하라○年久한籬木入地者를煎服하라

背腫肩甲以上 ○生沙蔘을搗付하라○雄鷄屎(잣생족한것)을作末하야沙蔘膏에加入付處하면自潰濃出하야卽差니라○眞末에和鷄冠血하야作膏付하라

凡大小腫癤 ○生芋(토란)를摻付하라

背腫髮疽及一切惡瘡 ○松茸을濃煎頻塗하고重者는煎滓를付하면自潰卽効라○促膿膏眞末麵末을等分하야和鷄子黃作膏付하면膿近或白潰니라○腫後自潰어던菉豆二三個를細嚼하야膿頭尖處에貼付하면過半日인自潰神効니라

內腫及脾癰 ○岩上石衣를多取하야以伏龍肝漿水에煎하야空心連服하라○腫出久末廖하면黃狌肉을燒末하고合歡皮(자귀나무껍질)를濃煎하야和肉末一七하야空心連服하라

附骨疽(믜) ○蟷螂(말똥구리)七個를和大麥하야搗爛付하라○大蒜을硏하야一分과井底泥二分을同和付하면不過三四次에効니라○凡腫潰後有根不出○林檎을火灸付하라○白狗糞을麴末에等分하야和飯爛付하라

一切毒腫刺痛 ○眞末生白礬을等分하야和蚯蚓汁付하라○黃丹枯白礬石雄黃을等分하고和蠟油猪脂하야作膏付之하고或飯糊에入鹽和調付하라「此名拔疔膏」

疔腫 (독기) ○白礬槐花末을和蠟油付하고初發時에斧子上에以靑布로燃燒하면有凝脂하니頻取塗付하라

紅絲腫 ○以針亂刺後에菊葉을搗付하고冬月은菊根을搗付하며木麥飯을付하라

水疱腫 ○針刺하야出惡血하고付拔疔膏하라

便毒 ○鷄屎을和水付하라○黃葳蔞一斤黃連五錢을水煎連服하라

漏瘡久不斂口 ○鼈甲을燒存性하고作末摻付하며兼有惡臭어던大腹皮를水煎하

야頻洗하고神聖散을用하라○枯白礬一錢黃丹乳香沒藥白芨朱砂黃連硫黃雄黃孩兒茶胡桐淚輕粉蘆薈의重數는隨症加減하야作末摻之하라右藥을或以眞末로作糊하되燈心樣갓치作柄하야厚摻藥末하야更轉盤上乾出하면內白外紅하나니其難摻藥末處에는隨腫處淺深하야柄藥을瘡口內에納함이爲可하니라又一方은枯白礬一錢黃丹朱砂五分孩兒茶 分胡桐淚靑黛各二分胆礬三分龍腦一分(名神聖散)이라云하니라

腮頷腫 ○赤小豆를和醋塗付하고又百合을搗付하라○大黃末을醋에調塗하라

痰腫未潰者 ○何首烏紅者五兩獨活三兩石菖蒲赤芍藥南星一兩白芷一兩을作末하야雀舌茶에入酒少許하야調患處하면即効하나니라(名曰五行膏)

痰腫已潰者 ○乾白狗胆五錢麝香雄黃乳香各一錢熊胆五分龍腦三分牛黃一錢(名麝香膏)을用하라○五倍子를以綠豆五兩同炒하야去豆하고草烏四兩南星半夏大黃羌活黃栢各一兩乾薑五錢을作末하야葱汁好醋에和付하면散核하나니라「名曰黑虎膏」

痰瘤(혹)大如升者 ○紫河車一部를淨洗하야去筋取肉하고無子家의三年陳醬三七와蓖麻子仁五個에眞末眞油를調和匀搗하야作片付連日하면膿熟自潰니作片이太乾하면添油하고太泥하면添眞末하라又一方에는小片瓦三七個를入火通紅하고每一個式浸水後에遍按瘤上하야至三十一個하면瘤必軟爛하리니以粳米飯으로裹付經宿하면愈爛化水니又經一宿後에刺針出水하고外에糯米飯하면自然合瘡神効니라○「난되무가시」를瘤上에插入하되若瘤大하면數三個「가시」를連續插入하야四五日後自潰어든括膿汁하고粳米飯에和鹽付○凡諸惡(不同何處하고)

○菖蒲末을和醋付一日夜하면即效라

諸瘡努肉凸出或如蛇頭或突起數寸者

○硫黃을塗付하면即縮하고或肉頭가如梅實及豆하야根細如索如絲어던以蜘蛛絲로回纏하면枯落하나니라一方에는枯白礬二錢五分五倍子一錢五分雄黃胡搗一錢胡桐淚五分一言半分을作末하야眞油鷄子淸에一次沸한後에去淸하고匀和塗付하면一切漏瘡及粉刺等瘡에皆效니라

頭腫瘡十年惡瘡 ○蛇退一條를燒存性하야猪脂에和付하라

頭部及女人面上瘡○兎絲子煎水에洗하고更以猪胆汁으로塗하라

白禿瘡及身上瘡 ○馬骨을燒末하야 和醋調付하라○鷄子黃을炒 하도油粉을醋和付함도亦好라

瘰癧 ○鳳凰殼을砥石파并末하야和醋付하라○未潰已潰를勿論하고螳螂을去頭殼搗付하라○潰久不愈者는乳香黃連黃丹雄黃一錢黃栢松脂片腦龍骨五分硫黃一錢黃蠟香油에溶化하야作膏付하면神效라○玄蔘酒를長服하라○海藻一升을酒二升에浸하야數日後에稍々飮하라○蜈蚣末을麻油에和調塗하라

疥瘡 ○砒霜熏燒가第一良方이나熏時에以眞末로水調作片하야臍孔腎囊及糞門을堅々固封하고且以綿|으로裹束하면砒烟侵入을嚴防한後取熏이爲可나不然이면恐傷命이라熏後生砒毒이어든萆麻子仁을爛搗하야水洗煎身하면不過三次에全効라

龍病 ○服白蛇或烏蛇煎하고温泉에浴하라

腫瘡 (左右하라)○苦蔘煎水로洗한後에黃栢末을和猪脂付하고或水에調付하라

唐瘡 ○槐木皮를去麁皮하고取二兩하야水二器에煎至半하야調生松脂末二三錢温服하되至十餘日止하면永々斷根이라

甲疽瘡久不瘉欲成蛇頭瘡 ○雄黃硫黃末을等分摻裹하면甚好라○已成蛇頭하야百藥無效者는鷄卵을穿孔하고浸患指連日하면神效하니連替新卵하라

火傷 ○鼠糞을醋에調付하라○蛤殼을大○하야油에調付하라○鷄子黃을頻々塗付하라

湯水傷有大泡者 ○眞末로作糊付하면立地止痛하고三日이면落痂니라

糊熱油傷及火傷 石膏末을付傷處하라

灸瘡 ○靑色布를燒存性하야油에調塗하라○牛糞을燒灰付하라

痔疾 ○北魚大者三個를燒末하야塗付하되至乾커든和油塗하라

肩臂痛 ○「업나무」皮를作末하야恒服하라○陳皮一錢厚朴(酒炒)一錢半을煎하야恒服하라

眼明法 ○每年十月上巳日에槐花子를多取하야缸中에入하고牛胆一二個를和水하야浸槐花子하야過一個月하면槐花子|皆腐하나니後에取出恒服하라

滯疽浮症 ○茵陳一兩大黃五錢山梔子三錢限十貼服用하고更用滑石하라

疝症 ○「蕩疝湯」「半夏白朮天麻湯」을用하나니「蕩疝湯」枸杞子三錢當歸身白茯苓烏藥小茴香各二錢人蔘肉桂吳茱萸各一錢唐木香五錢「半夏白朮天麻湯」半夏、橘紅麥芽(炒)各一錢半白朮神曲(炒)各一錢白朮仁蔘黃芪天麻白茯苓澤瀉各五分入乾薑三分黃栢二分 限二十貼食遠日再服)

腰痛 ○服 加減蒼栢丸」하나니如左蒼朮一斤黃栢(酒洗)牛膝 酒洗)白茯苓各六兩杜冲)去絲干炒)破古紙防己各二兩을米△浸剉乾하야半部童便半酒浸하야經一宿後末麵曲糊丸綠豆空心服하라

杖瘡 ○未受杖前에白蠟을細切하야入椀內하고潑酒服하면重杖이라도不疼이니라

杖畢後 ○童便黃酒各一種子를溫服하면血不攻心이라

成瘡 ○黍米燒소를和油付하고又는眞末糊도付하면擧皆成腫치안코止痛하나니라○半夏末을調付하면一宿에不見痕이라

杖瘡重傷者 ○黃土數斗을盛帒한後帒口를綏結하야平置하고踞坐其上하야搖身하면結核處가盡消解하리니然後에以上藥物을付하라

臍瘡 ○當歸末을摻付하고又栢墨散이亦好라○一切○腫에荊芥湯으로洗한後葱葉을火灸候冷하야以指甲으로剖開하고付腫處하라

痔瘡突出疼痛座立不便 ○先以韭菜淨洗하되和沸湯하야瓦器에煎하야取熏하고通手沃洗하면即效하니라如未盡消어든用生薑 切薄片 하야散布痔上痛甚處하고以熟艾로作炷하야灸三張하면黃水流出하야自消하고若肛門上에有兩三個痔하야四五日不消어든依前法一二次灸하면卽效라

凡瘰癧及痔漏唐瘡最神方 ○蜘蛛를取一升하야入置白缸中하고浸一種眞油하야匀漬衆蛛하고經一宵周至漬油時하야傾出油汁하야封口하고黃土로作確하야入油하야蜘蛛를取入하야合口하고圍以炭火하야黃土確의變成黑色으로爲限하고破確取蛛하야細末하고又以確土로浸水하야取出清汁하야每一鍾에和酒少許하고調蛛末一方寸匕로服하고瘡口에塗封置油汁하고經三日更塗하면不過三四次에其效如神이라但塗油處가少痛이니라

小便卒不通 ○炒鹽을納臍中하면即效라

夢泄 ○白茯苓一斤을作末하야米飲에和下하면即效니赤茯을參用도亦可니라

陽虛陰痿不起 諸脇全部에內外腎을縫入脇內하야蒸食하되連用三次하면仙藥이라可稱하리라

中風不語或痰厥氣厥倒仆不省人事 ○急取香油三四兩하야入麝香二三分攪匀하야病人의口로大開灌下케하야通關竅하면即甦하니無麝香이어든生薑自然汁半盞을同服하면亦可라

中惡卒死或平居寢臥忽死 ○急取葱心黃하야刺入鼻孔하되男左女右로刺入三四寸하면鼻自出血者는生하고不出血者死하나니此는扁鵲秘方이라

肥濕者欲瘦方 ○棗葉을曬乾하야濃煎浴體하라

感寒一二日欲汗者 ○豆赤一握을磨한後百沸湯一湯器에猛洗服하고取汗하라

犯房侵寒至於死境者 ○雄雞(장세)의右便足二個를水一碗에煎至半器하야溫服取汗하고徐々納汗하면即効니라○眞木炭을作末하야一合을水煎服하고取汗하면交効라

婦　人　科

帶下症 ○益母草末二錢을空心酒服日三次하라○地楡一斤을水熬成膏하야空心服二合하되日再次하라○狗肝을乘熱作膾하야和芥子煎服하되若一狗肝에不差어든三狗肝을必食하라○貫衆五錢을酒에煎服하라○杏仁上의黃皮를燒存性作末하야三錢式空心溫酒下하○라旱蓮草를煎服又는水豆腐을多食하라

血崩 ○棉花子를炒至盡烟後作末하야每二錢을空心溫酒下하라○覆盆子를多服하면永斷이니라

經道不通 ○茜草一兩을酒煎服하면一日即通이라

孕婦心腹痛及漏胎 ○益母草를煎服하라

胎動及落胎之漸 ○鷄卵을依胎月數하야烹食하라銀指環을水煎服하라△葱白을煎服하라松寄生을煎服하라

孕婦熱病 ○鷄子七個를納置井中하야待極冷呑下하라

兒在腹中哭 ○朋黃連煎汁하고使胎母로俯伏向地하야拾物하면即止라

難產 ○麝香一錢을水調服하면立産하라○水麻子二個를兩手에各執하면立産이라○鼈甲을作末하야水調服하되方寸七服하라○槐子七個를水呑하라○秋田螽斯(뫼뚝이)三個를去足하고炒末하야溫水調服하라○螽斯一個右手에執하면即産이라○松茸入百沸湯하야其水淡黃커든服하라○獺皮或熊皮上에坐하면即産이라○海馬를手執하면即産이라

大抵難産에最要方은太一個를分半하야一片에書日字하고一片에는書月字하야呑下하면即産하나니라

死胎 ○其夫의小便一盞를煖飮하면即下라

橫逆産 ○其父名을足上에書하면卽産이라

胞衣不下(後産) ○萆麻子仁二個를搗付足心하면卽下하니隨其下하야搗付한萆麻子를勿留一刻하고速히拭去하라若遲緩이면腸出이니或至腸出이어든萆麻子末을預心에付貼하면腸還收入하나니라○胞未出時에大紅蛤二十個를水二升에煎半服하면卽出하고又産兒가無病充實하니라反胞下不에鹽醎全體者를擇하야去頭尾足하고中體만二個를呑下하라○銀杏一個를磨면飮하면亦好라

難産 ○三姓家鷄卵各一個式과三姓家水一匕鹽一撮式을取하야和服한後에仍摻卽吐하면卽産이라

臨産用力太多陰門突出 ○四物湯에加龍骨末少許調服하되空心連二貼하고麻油湯水로써熏洗하라

産後諸症 ○益母草에童便黃酒를相半하야煎服하라凡産後는不問有無病하고未食前에黃酒와童便을折半相合하야溫服하라

素患頭風婦人每當産後滿身浮腫者 未食前에和酒添水少許하야作粥頓服하라

産後發熱 ○柹屑三合을溫水調服하라○熊膽을溫水調服하야一大盞을服之하라○紅柹三個를服하라○千葉膾를食하라○産後染衣를漬水服하라○胡桃三個를去皮服하라○野葵(아욱)를濃煎多服하야以代茶水하면能히淸熱補虛니라○蚕殼三枚를燒存性하야酒에調服하되熱極昏絶에必用하라○紫驎糞을以桑枝로爛搗하야作灸하고刮取外皮하야浸溫水後乘熱服하고取汗하라

産後諸症彌留者每産後復發 ○淸酒一鍾에生地黃五錢을取汁하야和服三四次하면百病이自差하니飮酒不能者는酒水相半하야服用하라

産後忽死而胸膈間微熱 ○紅花數十斤을大鍋에煮熱하야置床下하고熏且服하면遂甦하나니라

産後見鬼譫妄 ○生地黃汁二合益母草三合童便一合鷄子淸三枚를三四沸하야溫洗하라

産後陰中傷 ○梧桐枝를水煎하야頻洗하라

陰痛痒 ○陳艾를和炒醋熨하고또水煎溫洗하라

虎勞骨節疼痛汗出 ○取猪腎하야造稀臛(국쑤미)하고入葱、豉、米하야依食法作粥服하라○牛脾(질혀)를去筋膜하고黑太로微炒作末하야搗作丸服하라

產後腫○蟬三個를去頭足하고陰乾作末하야溫水調下하라小菁根을多取磨搗하야乘熱付하면大効라○蠡斯를以好醋로炒置存性하야至乾커든更添醋하야猛炒作末後好酒調下하면不過三四次에祛根하나니라

產後咳嗽○童便好酒各半盞을和合溫服하라○奪命散이神効니라(在醫方)

產後咳逆○壁鏡窠(납거믜집)三五個를煎取汁하야熱服하고青橘皮末을加入하라○葱白을童便에煎服하라

凡難產及後產不下子懸症○百沸湯에肉燭少許를消飮하라
(肉燭은即牛油燭)

產後生腸不收○香油를煉熱하야盃에盛하고待熱退稍溫하야令產婦로坐油盆中하라約一食頃久後에以皂角子末少許로吹入鼻中하야令作嚏하면立効라

胎上附難堪(치거부러)○布手巾을胸中에安鋪하고牛糞을煨火하야取溫하면即時安胎나限久하면亦不利니라

逆產足先出○銀杏二十一個를煎服하면即產하나니如無銀杏이면杏木을代煎하라

臨產久延辛苦至氣絕者○蘇葉煎湯으로腹部及產門을洗之하면順產이라

難產(胎兒死於胎內產母危急)○冬葵子를細末하야酒調服하면回甦하나니產母가若噤口어던期於開口로루服用하라

胎動(因物抵觸而動胎)○向日花(해바라기꽃)를煎服하면即安하나니라

臨產辛苦○杏仁一個를去皮하고白仁을分半하야一片에書日字하고一片에書月字하야塗生清하고更即合仁하야生清이自然流外어던白塗全仁하고百沸湯에呑下하면即効라

胎兒姑未當門前胎母空然努力甚苦○磨石(중쇠자옴)을井水에煎服하라

滿朔前死胎不即出瀉胎母陷危○黑太를醋에煎하야一碗을服하라

後產不出○生男에用海帶、(다시마)하고生女에用甘藿間에一如掌大樣으로切取한後浸水待潤하야腹臍上에付粘하면以手로不捫이라도自然順下라

落胎而不即出下○糯稈中心(수々대속)을燒末하야酒調服하면即下하나니라

胎中疾疾○烏鷄卵三個를或生食煎食호대隨意爲之하라

產後雜頭 ○瓢枯(됴고버섯)七個와大棗二枚와粘米一合을同煎一服하면神効라

產後乳道不足 ○猪乳半鍾子를溫水에調服하면好하니라○萵苣種子木通甘草各三錢大葱二錢을水溫服하라

乳腫。初起時에蔓荊子를炒末하야酒服方寸匕하고以其滓로付患處하라又馬糞을付하라百合을付?하라○(鯖鯁鮦鱈鱈鯉魚鯆鮒鯛鰱魟)十四字符를患處에書하라

乳岩 ○青皮甘草煎湯에樺皮燒存性하야每一七調緒하고日用凉膈散하라○生太末을和水連服하라○桃仁一升米一斗를合同釀造하야連服하라

乳腫始初 ○生地黃을爛搗하야付하면速効이라○木麥末을調蜜하야數々溫服하라。鰍魚를燒末하야黑及糖에調和塗하면即差라○墨筆로瘡處에「大根葉宗々」五字를書하면不成腫하나니라

乳腫堅固成核身熱不能飲食 ○橘皮一錢을細末하야酒에調服하라

產後出血不止 ○益母草를煎服하야限二十日하면効하니라

產後陰戶突出 ○牛膝五錢을水煎服하고其後에他人이以醋塗手하야其突出者를推入하면更不出이라

月經不順反不出 產生牧丹根을煎하야二四次服하면即効라

赤白帶下幷用方 ○鼹鼠(두더지)를燒里末하야一次에五分重式每日二三次溫水服하면不過三四日全治라

產母餘血腹痛 ○乾柹蔕(감꼭지)五六介를水一鍾에酒至半甫兒하야服用하면快愈할뿐아니라產母의營養에大効니라

胎兒不產而子母死 ○鼠穿穴한土를木、布片에盛置하야○火에取熱하야下腹에安佈置하면不過十二頃에胎兒가即出하나니其土末을長速推去하라不然이면五腸이逆出하나니라

產門傷處 ○紅蛤毛를燒存性하야調油塗之하라

小 兒 門

小兒初生氣欲絕不能啼此是難產時或胃寒所致 ○急抱綿絮하야置懷中하되勿斷臍帶하고且以熱醋로洗臍帶하야須令氣回然後에斷臍帶하라○初生에遍身이如魚泡하며或如水晶하야破即水流어던蜜陀僧末을摻付하고因服蘇合元하라

初生面青口噤者乃胎寒 ○以白殭蚕으로可救니白殭蚕木香檳

椰肉桂陳皮甘草炎各五分을水煎하야以綿으로蘸入兒口하라

初生即死 ○急視하면口中에有懸癰하고臍上에有泡라以爪로破出血하야以帛으로拭去하고髮灰로摻付하되若惡血入口中하면即死니愼之하라○初生急患撮口不能飮乳名曰(馬牙)急視하면迷齦上에有小泡子하야狀如粟米하니以爪로搔破하고點生淸하라○初生穀道(분문)無孔不通○以金玉簪尖末로刺以穿孔한以後蘇合元으로作錠하야納孔하고或油紙로撚經住하야勿令雨合케하라

初生大便不通 ○以硬葱尖으로入肛門中하라

初生小便不通 ○生地龍數條를調蜜少許하야研付陰莖上하라

初生不能吮乳謂之鵝口 ○以括髮로纏指하야蘸井水淨拭하라

○鼠婦(쥐며나리)를取汁塗付하라

初生遍身無皮 ○白米粉末로撲之하야待生皮乃止하라

初生鼻塞不通乳不得下 ○皂角草烏을等分作末하야調烏涎파진하야付顖門(숫구멍)하라

初生發驚乃胎驚 ○用鎭驚散하다

初生發赤毒腫 ○遊走入腹入腎則死니名曰東遊오即胎毒이라鍼刺暈處하고赤링末을和鷄子白하야塗付하라

初生未啼時 ○急以綿絮로裡指尖하야口中穢濁을拭去하면他日驚風熱瘡惡痘를預防되나니라

兒生三日後洗浴 ○易受風寒하니雖夏炎이라도愼之하라

初生時値天寒兒不能啼 ○急以綿絮包裹하고以香油紙로燃臍帶하고艾火灸斬하야使煖氣로入腹하되若先斷臍帶하면氣絕致死니라

初生不能出聲啼 ○急視하면糞門에有一膜이閉住하야不能出聲이니當以手爪로微々摶搖하면膜破하야能啼하나니라

百日之內不宜竪抱 ○竪抱하면易悲生驚이오頭傾하야天柱가倒仄할慮가有하니라

半歲前不可獨坐 ○獨坐하면龜背佝僂의症이有하니라○兒生兩月後若遇晴天和氣晴時어던一度風日을恰受식히면血氣剛强하나니라

洗浴 ○當護背하야忽觸風寒하고又忌多浴이니忽令臍肛으로見溫하라

剃頭 ○宜暖處오宜丑寅이오剃後에用薄荷三分杏仁三個皮尖爛搗하야入生麻油三四滴後에和均拌하야頭上에擦付하면可避風邪라

食肉 ○太早가甚忌하니라

口瘡 ○黃連末을摻付하라

鵝口瘡 ○鼠婦를取汁塗付하라

撮口及發噤 ○白僵蠶二個를作末調蜜하야付唇口하라

齒痰潰爛 ○雪綿子로하야指하고第二番米泔水를頻蘸裏手頻拭出血하라

痘後牙齦 ○其油를火沸하고綿子로作椎三四個하야蘸燒油하야刷拭出血하라

口疳腐齦 ○眞油을猛火沸하고入鷲(돌술이)羽하야盡消後에塗付하라

豚症 ○鷄子殼을燒末하야酒二方寸七하라

月蝕瘡 ○蚯蚓糞을燒末和猪脂하야付貼하라

胎毒爛瘡 ○舊鞋底 무근신창)을燒末하야和猪或眞油하야塗付하라

諸爛瘡 ○浮萍草苦參을等分濃煎하야浸洗하라

身上諸瘡及白禿瘡 ○馬骨을燒灰하야和醋付하라白禿瘡은凡頭上에團々한白色이니每早에以蒜片에從白處塗付하라

頭耳瘡 ○以兒父尿로洗後에狗糞을燒灰하야和油塗하라

痘後痰盛 ○生梨一個를半部去瓢하고入硼砂五分하야復合半하고蒸取汁服之하라

風丹及胎丹 ○寒水石을作末하야調水付貼하면神効니라

胎毒瘡 ○埋胎水를頻服하고且以綿으로蘸水塗하라○益母草를水煎浴兒하면不生瘡疥니라

未斷乳前 ○食鷄肉하면生蚘虫하나니라

未經痘兒 ○鱧魚(가물치)烹水에沐浴하면能稀痘니라

癎氣 ○牛黃一分重을乳調服하고釣鉤藤(얍굼벙)이나桑木虫이나煎油하야油를溫服하라

泄瀉 ○日數十次不能收拾精神兒○乾柿를煎服하라

食滯 ○雪糖을調水少許야야濃煎似造淸後食하면卽差라

腹瘧 ○蟾一個를平地에反置하고以箒、(수수비)로三打其腹後好黃土로全裡하고細繩으로緊縛하야火燒至熱乾後에蟾은出棄하고但黃土少許를酒一鍾에浸하야大爐에煎湯하야一日再服하라

吐瀉 ○髮燒灰를細末하야乳服하라

朞前基後(돌젼돌후)泄瀉痢疾 ○生薑汁三七生淸一七白鹽半匕를調合하야文火(뜬불)에煎出하야三次에分服하되若難服이어든甘草一錢을水煎하야和右藥服하라

大便塞欲泄瀉 ○石鹼(왜비누)를細碎하야水調作炷하야細入葱門하고限一頃以後手掌住라가量其入炷盡消하야退手하면少間에糞出이라

驚風 ○銀物煎水에調朱砂하야少許服之하라

胎毒 ○尿水로頻々溫洗가甚好라○桃葉을燒灰水하야眞油에調付하라

胎毒四肢浮腫雜堪不安者 ○天乙丸을甘草煎水에調服하라

口病不安 ○白鹽少許를含口하야以口涎으로和融하고取淨細黃土少許하야以鹽和涎하야日調作片하야付兒顋(숫구멍)門하라○咳嗽○金蒙石을細末하고生淸에作丸하야簿荷煎水에調服하라○南星末을薄荷煎水에調服하라○葱白을速根하야一握을水二甫兒에煎至半하야服之하고取微汗하면即効라

蛔虫 ○木綿子를爛搗하야水煎服하면蟲이盡出하나니라○鰻魚(배암장어)를去皮하고一尾를濃煎하야分二服하되二尾면蟲盡出하나니다

誤呑諸物科

稻殼掛喉 ○食糯米糖(찹살엿)하라○鴨涎을呑下하라

諸骨掛喉 ○虎骨末을水에調服하라

魚骨掛喉 ○鴨涎을灌之하라○吳茱萸煎汁一碗을飮하면骨刺腹中者라도亦軟下하나니라○貫衆을焙末하야服二錢하라○白糖을服하라○苧麻根을搗融作丸如龍眼大하야魚骨鷄湯하야呑一丸하라○鯉魚背鱗을焙末하야凉水에調服하라

諸骨掛喉 ○象牙를磨水服하라○狗涎을徐々下하고又鷄足一雙을燒灰水調服하라

雉骨掛喉 ○鷹葱을微灸末하야和酒服하라○鷹羽를水洗服之하라

魚骨掛喉 ○魚網을燒灰水調服하라○箕上糠을括取하야溫水調服하라○東流水一器를置前하고以手指로浸水書龍字後에東向服之하라○縮砂末을煎服하라○牛筋一條를槌軟如彈丸後快呑하야到硬掛處어든還更引出하면掛物이幷付出하라或弓弦으로用如上法하라

誤呑馬鍍 ○黃土末一匕을水和服二三日하면土含鐵하야從大便出이라○多食豬羊肉肥脂하면脂合하야從大便出이라

誤呑鉄針 ○蠶豆를煑하야韭菜와拌食하면大便同出이라○生癩蝦蟆의眼珠一對를冷水呑下하면針兩頭에穿眼珠吐出하나니라(或從大便出)

各種滯祟科

食滯 ○(보리수나무)枝條를濃煎하야三次服하라

積滯 ○破沙器를細末하야하야水三椀에煎至半하야去滓하고眞油一鍾을和溫하야二次分服하라

牛肉滯 ○生梨汁을服하라○梨木枝數握을濃煎服하라○沓中草(俗名가래)를服하되乾者는煎服生者는取汁服一鍾子하라○白鳳仙花一握을水三椀에煎至一椀하야空心服數三次하라

猪肉滯 ○柿를生食이나或煎服하라

鷄卵滯 ○蘇葉及梗을煎服하라

河豚湯 (복장이)黑砂糖을水煎二三次服之하고又米泔水를多服하라

麯滯 ○大根生汁이나烟草灰水一鍾을服하라

豆腐滯 ○大根生汁이나烟草灰水一鍾을服하라

果實滯 ○苽蔕細末하야一錢重을白沸湯에飮下卽吐하면差하고又陰陽水(温水相合者)를白鹽에和服하라

柿滯 ○大口魚頭를煎服하고又生糖(날수수)을嚼取汁食之하라

眞苽滯 ○石首魚를炙食하라

狗肉滯 ○(닭의씨갑이)를爛搗하야取汁服야라○「싸마종이나무」를煎服하면速効니라○年久糖桿(수수대)을不見風雨者數握을濃煎하야服一碗하면卽差니라或糖米를濃煎多服하라

諸咬傷科

虎咬 ○生山藥을搗付하되所付藥이消化爲水어던連次改付하고生眞麻油를泄瀉爲限하고多服後에鷄를剖出內腸하고付當處하되乾薑末을先入咬瘡하라

多足虫蛟 ○急用熱鹽水하야以綿으로數醮塗付하고若甚至遍身瘙痒者는大黃末을付之하라○鳳仙花를爛搗付之하라

蠨蛛蛟 ○形似蜘蛛하고特大하니名曰壁鏡이라子時에作白窠如錢大하야貼壁上者라咬

最毒하야不治면必死니桑枝煎湯에調白礬末付하라常用刀를燒紅하고白礬을其上에置하면消流汁하니乘熱하야咬處에點滴하라

蜘蛛咬 ○白羊乳를飲之하라○藍汁一碗에入雄黃麝香하야點漲咬處하라○好酒를多飲하면肉中으로自出小融하야即效니라○藍汁을塗付하라

蜈蚣蛛 ○十指甲(손톱)을磨水付하면立效라○田蝸(달팽이)를搗付하라○「역귀입새」를取汁塞하라○生栗을嚼付하라○蝎螫傷○雄者는傷人에痛在一處하고雌者는傷人에痛牽遍身하나니井底泥를付하고隨乾換하라○畫地作十字하고取其土하야水煎服少許하라○木椀을蓋痛處하고過半日하면即愈라○生芋를搗付하라

毒蛇纏身不脫 ○令其人으로在地上하야遍身轉滾하면蛇白骨軟而解脫이니라又用草刺蛇尾上小眼하면亦效라

蛇咬 ○用新汲水하야洗淨腐肉하고白芷末에加胆礬麝香少許하야摻하라○貝母末을酒調服하되隨量大飲하면少頃에酒自傷口로流出하니待流盡하야以渣로付之하라○兩刀로在水相磨하야飲之하라○五靈脂一兩重雄黃五錢共末하야各二錢을酒調服하라○桑灰水淨洗後枯白礬末摻하라○北魚目을吸烟草涎에嚼付하라○燒酒를大飲하고胡椒煎水에頻洗하고北魚皮을付五하라○櫻桃葉을搗付하라○白粥을煎浴하면神效하니라

毒蛇咬 ○生石灰와生柿汁을混合置之하얏다가咬處에頻々塗付하라

鼠燒 ○荔枝를嚼付하고又는班猫糞灰香油에調付하라

猫咬 ○薄荷를煎洗하라
○川椒煎洗하라

家犬咬 ○胡椒를極細末付之하면初覺腫痛이나少刻에痛上腫消하나니라○以木一截로向傷處指定하야以火로在木尾燒之하며問其痛否하야痛則多燒數次하고不痛則愈니라○甘草煎水에洗之하고熱牛葱으로摻之하라○多灸後에商陸葉을搗付하면惡汁이流出하나니라

狂犬咬 ○糖米末을以油로煎餅하야食之하라○被咬時頭頂上紅髮二三根을見하거든趕急拔去하고無風處에서以冷茶로洗淨하고杏仁을搗付하야內服韮汁一椀하고隔七日再服하되四十七日에共服七椀하고鷄子白을煎熱하야傷口上에蓋하고用艾灸數十張하라百日內에忌鹽醋하고一年內에忌猪肉魚腥酒色하며終身所忌는狗肉蠶蛹紅豆飯이다○班猫三分重을作末하야男子被咬에는持右猫末하고咬人의後에立하야授以服之하며女子被咬에는持左猫末하고咬人의前에立하야授

以服之하면即差하리라「水調服」

諸傷通治科

手足凍龜(어러터진대)○菊花莖을水煎洗하라○蓄茄(가지)樹根、葉間霜前에採取陰乾하얏다가三伏에水煎浸手足하면神效니라

草麻鞋足後跟見傷 ○生「무릇」을爛搗取汁하야塗付하야

火傷 ○「오소리」油를塞塗하고糯油「동겨기름」를塗付하고「우[illegible]」를塞付하라○沒食子를細末하야猪脂에匀調付之하라○精綿(정한헝겁)에陳醬(묵은간장)을蘸하야傷處에裹한즉止痛速差히나니라

火傷皮脫 ○燒酒를塞하라○梨糞을浸燒酒하야付之하라○熊油를塗之하라○豆粥에죽니불진것을斂取付之하라○鼠葱을燒灰하야眞油에和調付之하면毒液이流出速效하나니라

湯皮膓 ○白米葱를煮하야待冷浸傷處하라

刀鎗傷 ○白礬末을塗付하되勿論大小傷皆效니라車煎子葉을細末摻之하라

鐵針刺 ○石灰를付之하면即差니라

草木根刺 ○榛子(개금)를嚼付하면即出이라○蕎麥桿灰水에溫浸하라 牛肉을薄切하야付當處면自出이라

針入腹中 ○磁器를肛門에按住하면引出秋라

失鏃入肉 ○蝌蚪(올창이)와蟷螂(말동구리)을合搗付之하면自然聳出이라

蛇骨刺成胴 ○百葉無效에家春(찟는방아)頭便地의土를握取하야調水作餠하야溫付하고其土를浸水飮服하면神效라

蛇轉瘡(全身頭面作浮腫形與蛇同凶怪)○庭階石面에雨水類濕處靑苔生한者一錢重을水調付하면神效라

蛇頭瘡 ○鷄卵一個를破一邊하야去黃하고靑蜈蚣大者一個를納入破卵中하야封破口하고溫置突經一宿하야蜈蚣이盡消後에指를入鷄卵中因過數日하면神效하니若生蜈蚣이無커든乾蜈蚣을作末하라鷄子白에調和하야裡付하라痔疾에神效라

家畜治療科

牛羊猪瘟 ○牙皂細辛川烏草烏雄黃을等分同燒灰研末하야五六分重을吹入鼻中하면即愈니라加麝香二三分하면尤妙하니라

牛馬疥癩 ○蕎麥稈(모밀집)灰水에頻洗하고又藜蘆를作末하야水調塗하라

牛猪病 ○大黃芩黃柏梔子連翹柴胡蒼朮各三錢을水二錢에煎至一碗하야灌口하라

犬病 ○以水로調平胃散灌飮케하라

鷄病 ○眞麻油를灌口하면立效라若中蜈蚣毒者여든研莧搗汁하야灌口하다

鷄瘟 ○巴豆一粒을搗細碎하야香油에調和灌口하면即差라○綠豆磨粉을水和成條하야數次餧之하라○生硫黃을灌飼하라

百鳥翅足折傷 ○以芝麻로喂하고仍嚼付하면即差라

辟諸虫科

辟蜂蟻 ○大蒜이最可니라

辟白蟻 ○梔子가甚好하니能消爲水니라

辟蛇 ○白芷를栽植하면不敢入이라○雄黃을熏燒하면不入이라

辟蜈蚣 ○頭髮을燒之하라

却病諸方

凡人之病多出鬼祟而世不知之或道人張天師以此退送方救之者或不愈則必非鬼祟也先以四課及六爻占之若鬼賊動則確是鬼祟如不然則以藥治之可也

子日病 三四日前嘔吐生이라北方에酒肉往來하고產鬼作祟하며父母兄弟侵嘖이오木石動土○男女重輕이라十三의病을愼之하라白紙三張白米三升을作飯하야成造群雄에祈하고塲中에設四位하야請產鬼退送北方하라

丑日病 五六日前에木石酒肉이往來하야成造群雄이動하고西北動土와東方財物飮食이往來한故라請無主鬼하야祈西北方退送하라

寅日病 行處得病이며書簡往來하고大人牛馬가見夢하고竈王動土와寅申動土니成造前에設酒肉祈禱하고塲中에又設七位하야祈無主鬼退北方하라

卯日病 五日前九日病이니木石動土와卯酉方神位出入한罪며成造神에動土라白紙一張白米一升을作飯하고成造群雄에酒食을設하야祈父母兄弟神하야退西方하라

辰日病 出行得病하야進退吐食하니東南戌亥方에犯한罪라三四人病이니祭竈王하면戌日에少差라

巳日病 手足四肢苦痛하며大人牛馬見夢하고三四日後至四五日에進退吐食이라己亥方

神位出入하罪니成造群雄에設酒食하야退送東方하면吉하리라

午日病 四肢不安하고頭痛腹痛이니肉味의祟라成造ㅣ少熱하야二四人病이오北方神位出入한罪니成造羣雄에設酒食하야祈禱하고又祈父母兄弟하야退送北方하면寅日에可差라

未日病 下血往來하며大小便不通이라北方土木出入罪니成造前에設酒食하고場中에又設三位하고招餓死鬼하야退送東方하면八日後少差라

申日病 四肢不安하며頭痛腹痛이甚하니東方財物來往하고木石竈王動土라場中에設七位하고酒食을具하야祈退東方하면七八日後可差라

酉日病 男重女輕하니西北方酒肉往來하고卯酉方財物出入하고路中客鬼侵嘖이니成造羣雄에設酒食하고請客鬼退送西方하면卯日可差하리라

戌日病 男女皆輕하며出行得病이오西方動土罪니成造群雄에게設酒食하야退送南方하라

亥日病 頭腹痛이오己亥方財物出入罪와路中客鬼犯하야大人牛馬見夢이니成造前에酒食設場中에又設九位하고請客鬼退送하면吉利라

初一日病 東南木神과客死鬼執頉이니頭痛寒熱이오飮食無味라東南四十步退送則吉

初二日病 東南親戚老鬼執頉이니頭痛嘔吐하고寒熱無氣라東南三十步退送則吉

初三日病 正北親鬼執頉이니頭痛寒熱煩燥하고飮食不進이라正北二十步退送則吉

初四日病 東北客鬼執頉이니頭痛嘔吐하고身重不省指向이라東北五十步退送則吉

初五日病 東北에得하야石榴鬼執頉이니嘔吐寒熱이라東北五十步退吉

初六日病 正東木神黃頭鬼니四肢重全身痛이라正東四十步退送則吉

初七日病 東南土地神老鬼執頉이니寒熱嘔吐四肢重이라東南三十步退吉

初八日病 東北土地神鬼執頉이니腰膝皆痛하고寥熱無氣라東北二十步退吉

初九日病 正南親戚女鬼執頉이니嘔吐氣無에一身不安이라正南三十步退吉

初十日病 正東客鬼執頉이니寒熱頭痛과四肢痛飮食無思라正東四十步退

十一日病 正北寃死鬼執頉이니酸水吐飮無思라正北四十步退

十二日病 東北土地家鬼執頉이니嘔吐煩燥四肢厥冷이라東北三十步退

十三日病 東北少女鬼執頉이니霍亂腹眩飮食無味라東北五十步退

十四日病 正東家神執?이니霍亂手足厥冷과飮食無味라正東三十步退

十五日病 正南水火神執頉이니寒熱嘔吐飮食不進이正南三十步退

十六日病 南西親鬼執頉이니頭痛四肢重이며寒熱徃來라西南四十步退

十七日病 正西少年鬼執頉이니頭痛과四肢如火에寒熱甚이라正西三十步退

十八日病 西南食物鬼執頉이니霍亂飮食無味에寒熱來라西南四十步退

十九日病 正北寃魂女鬼執頉이니嘔上溫下冷에酸水嘔吐라正北三十步退

二十日病 東北土鬼執頉이니嘔吐寒熱에坐臥不安이라東北五十步退

廿一日病 東北親戚少年鬼執頉이니霍亂腹眩하고飮食無味라正北四十步退

廿二日病 正東非神引鬼執頉이니霍亂煩燥와手足冷하며飮食無味라正東三十退吉

廿三日病 正南産神客死鬼執頉이니霍亂腹痛不成寐라正南四十步退吉

廿四日病 西南老母不葬鬼執頉이니四肢重하고寒熱嘔석라西南五十步退

廿五日病 正西金神老鬼執頉이니一身昏困하고飮食不思라正西四十步退

廿六日病 西北에서得之하고北方大神使和尙家親鬼로作病하야頭痛眩氣하고一身이不省方向하니西北五十步退

廿七日病 正李에得之하고東方神이使少年男子不合鬼로作病하야頭痛霍亂이며乍寒乍熱하야嘔吐煩燥니正東三十步退

廿八日病 正北에得之라金神使少年女鬼로作病하야頭痛發熱하고睡起不安하며不思飮食이니正北四十步退

廿九日病 東南에得之라土家鬼作病하야頭痛昏沉寒熱하고飮食無味니東南四十步退

三十日病 東北山神男子鬼作病하야頭痛腹痛하고吐瀉煩燥하며恍惚不安하고飮食不思니東北四十步退

用右法하야不差어든且計得病日하야先以天干字占으로速行하고次以地支字로退送하되皆夜中에行하라

天干字病占

甲乙日病 鬼姓名은奇壬用이니靑紙에裹錢八分하야三呼鬼名하고東方四十步退

丙丁日病 鬼는禹鳳蓮이니紅紙에裹錢七分하야再呼鬼名하고南方四十步退

戊己日病 鬼는豊有信이니黃紙에裹錢十葉하야五呼鬼名하고西南三十二步退

庚辛日病 鬼는孟分이니白紙에裹錢九分하야四呼鬼名西方五十步退

壬癸日病 鬼는林無生이니黑紙裹錢六分하야一呼鬼名하고北方十八步退

地支字病占

子日病 은北方飮食에來하고或乾巽方有頃이라鬼名天賊이니眞米飯四器에具鹽醬하고酒一盞馬四疋을畫하야北方十九步에三呼鬼名退送

丑日疾 은太歲方과西方을動하야帝釋의罰逆이요或東方財物과飮食納入한頃이라鬼名은天剛이니糯飯(찰밥)七器에具鹽醬하고酒一盞馬七疋을畫하야西方十步에三呼鬼名退

寅日病 은太歲方과乾巽方使用하고古木을伐하야竈主侵瀆이라鬼名은同奴니粟米飯七器에具鹽醬하고酒一盞과馬七疋을畫하야北方四十步에三呼鬼名退

卯日病 은巽方財物과南方飮食에附東과或東을動하고古木을斫伐하야竈王의罰逆이라鬼名은儀光이니眞米飯七器에具鹽醬하고酒一盞과馬七疋을畫하야南方十七步에三呼鬼名退

辰日病 은南方改井에亥方動土의頃노竈王이作業라鬼名은祀骨이니粟米飯七器에具鹽醬하고酒一盞馬七疋을畫하야南方十九步에三呼鬼名退

巳日病 은東南方飮食米라或南北을다르고改門戶한△이라鬼名을長良이니糯米飯七器에具塩醬하고酒一盞馬七疋을畫하야東方十七步에三呼鬼名退

午日病 은西方을다르고柳木을버히고修井或衣服飮酒肉에有頃이라鬼名은百明이니粟米飯九器에具鹽醬하고酒一盞馬九疋를畫하야東方十步에三呼鬼名退

未日病 은月殺方과巽方을다르고東西南木石入來의頃이라鬼名은退奇이니糯米飯三器에具鹽醬하고酒一盃馬三疋을畫하야東方十五步에三呼鬼名退

申日病 은修竈土馬厩伐古木巽方에鼎入한頃이라鬼名은東龍이니粟米飯七器에具鹽醬하고酒一杯馬一疋을畫하야東方十九步에三呼名鬼退

酉日病 은東方飮食來或은修東方門戶하야土地竈王의罰逆이라鬼名은道側이니粟米飯

三器에具塩醬하고酒一杯馬七疋을畫하야西方十步에三呼鬼名退

戌日病 은東方物色綱入又는代古木改井戶한頉과土地竈王의侵嘖이라鬼名은天赤이니粘米飯七器에具鹽醬하고馬七疋를畫하야南方十步에三呼鬼名退

亥日病 은北方土와人의出入頉이오或月殺方에犯한頉이라鬼名은却老니白飯九器에具塩醬하고酒一盞馬九疋을畫하야南方十四步에三呼鬼名退

▲鬼名及退送方

子日病 鬼名天賊赤面黑古青鬼北方十九步退

丑日病 鬼名天剛一手二足持傦青鬼西方十步或十九步退

寅日病(鬼名同奴) 無眼面赤青鬼北方四十步退

卯日病 (鬼名儀光)赤面鐵齒有角有尾青鬼南方十七步退(或東方二十六步)

辰日病 (鬼名白蓮一名祝骨)南方十九步或十五步退

巳日病 (退鬼名長良一名天干)赤面黃鬼車方十七步退

午日病 (鬼名百明)有角黃面赤鬼東方十步退或南方十五步

未日病 (鬼名退奇一名光睢江)一手一足兩翼東方十五步退

申日病 (鬼名東龍)龍人身魚首兩翼耳聾東方十九步退或南方十五步退

酉日病 (鬼名道側一名小郞)赤面靑鬼西方十步退

戌日病 (鬼名天赤一名赤伯)南方十步或十五步退

亥日病 (鬼名却老一名會傅)黃赤面執弓南方十四步或十五步退

▲三十日病占

一月內에尋見何日得病하야以其日用法으로退其病鬼하되紙上에書某方某鬼退送이라하고錢五叕裏하야棄之하라

每月初一、三、四、五、八、十三、十六、十七、十九、二十、廿一、廿二、廿四、廿六、廿七、三十日은用黃紙하고初二、六、七、九、十、十一、十二、十四、十五、十八、廿三、廿五、廿八、廿九日은用白紙하라

▲病人吉凶預言

正五九月 祿馬祿馬祿馬祿馬祿馬

二六十月 馬祿馬馬祿馬祿馬祿馬

三七十一月　馬馬馬祿馬祿馬祿馬祿
四八十二月　祿馬祿馬祿馬祿馬祿馬
馬立定生不妨　馬橫有祿不救　馬倒不救歸地
祿立病大重吉　祿斜病重不救　祿倒不救治棺
大月自上順下小月自下逆上數得病日計之誰日期

▲避病五鬼起例

男은一歲起坤逆行하고女는一歲起艮順行하야行年所到處神을入中宮하야値五鬼方이면切不可抵向避病니다

二宜坤　七傷兌　大害乾
九厄离　五鬼　一吉坎
四殺巽　三主震　八難艮

▲病人生死預判法

算　一百四十九個內에先除天一、地二、陽九、陰六、北斗七個하고次除病人年數하고三三除之하야餘一爲吉하고餘二苦痛이오餘三하면難起니라

子生、午庚日得病凶
丑生、丑酉日得病凶
寅生、寅辰申日得病凶
卯生、申亥日得病凶
辰生、午丙日得病凶
巳生、亥子辰日得病凶
午生、戌寅辰日得病凶
未生、申辰未日得病凶
申生、戌寅卯日得病凶
酉生、卯丁寅辰未日得病凶
戌生、寅辰壬日得病凶
亥生、己卯己日得病凶

春當戊己猶難活　秋當甲乙難救命
夏至庚午亦不生　冬遇丙丁夫魂精

▲家內의要訣

○淸酒가시여서버리게된대는한울타리씨를살나서그재를술에混入하야저어서갈아안치면其味가回復하고極味하니라

○衣服에墨을새는대는水仙花뿌리를絕하야其處로附墨處를씨스면신긔하게새지는이라

○水를不受하는糊를만드는대는糊에酢를適宜하게交하니나此糊는遮面等에雨水를受하는處은塗背에用하면良好하니라

○下品烟草를上品으로만드는대는折草에藥酒를조곰뿜어서草遼에入置하기를二三次하고酒香이업서지지안토록一個月間爲限하고두면非常한上等烟草가됨

○잉크를만드는法何色을勿論하고津染粉一錢重에明礬小許를入하고火酒를半保兒와常水세종자를다섯종자새지如入하야火에조곰쓸이면非常한잉크가되는이다

○石油에거림이업시하는法은石油에鹽을適當히너허點火하면火止石油와毫里差異함이無하고또떠되다르는니다

○破傷한등피를부치는法白礬을火上에置하야沸騰하거든手速키其破傷處에塗하야接하면신효하게붓는이다

○白髮을黑染하는法硝銀酸一「온스」水九「온스」를黑色瓶에入하얏다가此를刷子로髮에칠하면決코脫落함이無하는이다但塗할時에油質을無케하나니라

○菁根田에惡蟲을無케하는法　桐葉을煎하야藁幕와如한者도撤布하면一切업서지는니라

○麥藁帽子를洗濯하는法　麥藁를石油水에浸하니솔노善히洗한후에궤中에入한후硫黃을器皿에담어櫃에入하야火를燃하며新品과無異하니라

○上等香水製造法「베루가못도」油一兩二錢麝香丁機四錢오루리스丁機六錢薔薇油一錢四十度火酒十五兩薔薇水一兩五錢重을混合하야濃紙를漉하야유리막애한유리병에貯置하야다가若厚濃하거든蒸溜水適當하게加하라

附錄

明心錄（사람々々이다알아둘）

계란의자웅아는법　오전에낫는알은수것이오오후에낫는알은암것이니라

곱슈머리를펴는법　오좀입파삼입을다려서항상씻나니라

것싸나는데는자긔슈로매일씻나니라

간긔에신효하약청둥슈오리의허를오푼중식세네번식만참기름에다려먹으면령락업시낫나니라

근박인데는　쑥파복사씨로푼을하면근이녹아빠지며분을쓰리면압흐지안코근이삭나니라

골머리흔들니는데는우골을먹나니라

고기에체한데는배를먹나니라

간체한대는소곰을먹나니라

날고기에(살지루산)이란약을발나두면상치아니하나니라

노탕머리에나흰머리는오동나무와호도를씹질재대여서작말하고밀파기름에석거솔여바르면머리가거머지나니라

나무십으는법은아모나무나마듸를쓴어서십으면사나니라

난산에는술석잔만마시면순산하나니라

담배쓴는법은호도나무닙흘말닌후에디룡이피를무처서또말닌후에대에담아피우면다시담배생각이업서지나니라

돌에이세시는집우엉색리를돌에문지르면아모돌에나이세가세나니라

쌀싹질하는데는설탕물을먹나니라

유리나동피를새지々안케하는법 소곰물에살마쓰면새지々안나니라

남포에거림이나거든십지를초에담앗다가말녀서불을켜나니라

련쑷을푸르게하는법 련밥(蓮實)을쑥물에담어둔지백일후에십으면그련쑷이성々하니라

리질에는약이무수하나기중신효한약은아해는피화한돈중고기각한돈중식을세번만다려먹으면즉차하고어른은각닷돈중식세번만다려먹되년치대로먹나니라

먹못은조희를희게하는법 무룰쌀나서백지로싸서한도막은밋헤밧치고또한도막은위로문지르나니라

맥고모자를세탁하는법 먼저비누로씨순후에황불을피여서너덧시간만그림을쓰이면날근것이새게되나니라

목구녁의가시걸닌대는계란을양편에바늘노구멍을뚤코입으로쏙쌔라드리면가시가녀머가나니라

목소래를조케하랴면길경두돈중파감초오푼중파전강한푼중과오매육오푼중을작말하야조석으로설탕물에터먹나니라

목쉬인데는강집에무집을타먹으면난나니라

머리를방지々아니하게하는법 생나무속씹질을다려서머리를감나니라

머리를부드럽게하는법감초물에 소곰을타서씻나니

라

물이어지안는법 물독에다호초를너허두면엄동설한에도물이어지안나니라

목구녕에가시배는법 마늘노코수녕을막으면가시가빠지나니라

복사를오래두자면 밀가루죽을쑤고소곰을친후에복사를담아두면상치아니하나니라

밥을오래두는법 항아리밋헤벽돌을쌀고밥을담은후에꼭봉하야두나니라

밤에잠이아니오거든 눈을감고마음을고히한후에하나둘셋부터천까지세면잠이오나니라

벌에쏘인데는 댓진을붓치나니라

배압푼대는 더운물노수족을씨스며또작약뿌리를다려먹기도하나니라

백발을금지하는법 흰털을뽑고그자리에강집을바르면백발이다시나지못하나니라

사긔그릇이깨여지거든 계란흰자위에흰설탕을타서반죽하야붓치나니라

송이를만히만드러먹는법 새로싼송이한개를잘게썰어솔밧헤뿌리면송이가국수버섯갓치돗나니라

의복에잉크가뭇거든 소곰을뿌리고초에적시여서수건으로문대나니라

의복에기름무든데는 된장으로문대나니라

연장에상한대는 석유를만히바르고처매여면덧나지도안코속히낫나니라

안혼중에는 고삼씨를식후마다삼사십개를장복하나니라

양치물로날마다씨스면평생에눈이밝으니라

우유만드는법 콩국을묽게하고설탕을치면맛과효험이우유와똑갓니라

얼골을희게하자면 흰팟서홉파활석한돈중파백단향한돈중을세말하야비누질하나니라

입병난데는 생가섭질을불에살나서사탕물에타먹나니라

와사중에는 깨처플을붓치되왼편으로빗두러진대는오른편으로붓치나니라

정욕을억제하는법 남녀간에정욕을이긔지못할제는거처를선々케하고금침도얇게하면정욕이업서지나니라

정신조케하는법 밤물에계란을타서장복하나니라

정이날적에는 사금치로돈을맨드러붓치면곳주저안나니라

코피나는데는 목덜미털세개만셤고백지로코를막으면피가곳긋치나니라

털나는법 배암에섭질을작말해서보리가루에반죽하야붓치면털이나오나니라

태뎜하는법 잉태한부인을무심중여보々々불너서그부인이왼편으로도라보면아들을나을것이요오른편로도라보면딸을낫나니라

포도를오래두는법 호박꼭지를도리교속을글거낸후에(알콜)로씻고포도를너허두나니라

호박심을때에 황을뭇으면호박이동의갓치크고회로거름을하면씨가만하지나니라

합창시기는대는 인삼가루가제일이니라

하혈에는 쌀뜨물에두부를너허서뜻々하게데워먹으면신효하니라

현긔나는데는 마나세보단(지레)생으로먹으면참신긔하니라

황달에는 생국화를다려먹으면조흐니라

치위를물니치랴면 현눈동파백복령가루두돈중식매일두번술에타먹으면동지섯달에홋적삼을입어도땀이뻘々흐르나니라

쥐를업시하랴면 매삭에진일파인일에쥐구녕을막나니라큰고양이를나무로맨드러노으면조흐니라

벽록파이를업시하려면 장포와파와부평초각한근식작말하야두고한종자씨뜨내여책상우에노와둔즉벼록파이가다죽나니라

배암쫏는법 오리를기르지며또한법은뎍류슈를써다가먹을갈가룡々짜를써서네귀기둥에다붓치나니라

사람의게물연데는 자라나구판을살너기름의개여붓치라

호랑의게물인데는 갈근을대려씻고갈근탕을먹나니라호랑이나끔의발톱에상한데는생률을씹어붓치라또술을먹고취하라

말에상한데는 익모초를난도하야초에개여붓치라닥의볏에피도바르나니라

개의물닌대는 급히침으로질너피를낸후소변으로씻고쑥으로슈업시뜰지니라

도야지에게물인데는 송진으로떡을맨드러붓치나니라

쥐의게물닌데 고양이섭질을소화하야사향을조곰너코칠을개여붓치라

배암의게물인데 웅황물을창구에붓치라

지네문데는 물검의를당처에노면독읇쎌아먹은후에검의도죽거든다시다른검의를쓸지니라달팽이집을내여바르며수달피도바르나니라

검의문데는 우유를먹으면그독이풀니나니라만약왼몸에독이퍼지거든조흔술을만히먹으면쌀파갓흔버레가살노나오나니라

버레가귀에드러간데는 피마자기름파흑우유와닭의볏피를넌나니라

불씨써지지안케하는법 조흔숫도한개를반쯤살나재에뭇으면사오일견대나니라

소주먹고죽게된대 옷을벗기고몸을굴니면토하고쌔나니라또더운물노왼몸을잠글지니만약번열노냉수를먹으면죽나니라급히외와외덩쿨노집을내여먹나니라

깁흔산에들어갈제는 의강(儀康)파의방(儀方)을가마니외오면악한즘생이범치못하나니라

도망한사람스사로오는법 도망한사람의머리털을슈레박휘다얼그면마음이살난하야도라오나니라

납설슈로오월오일오시에석가래와들보와벽에바르면파리가쏭을못누나니라

▲아홉가지거동ᄒᆞ는법 (九容)

몸파마음을거더방탕치못하게한이아홉거동에서더긴요함이업스니일은바아홉거동이란것은발의거동은무겁게하며손거동은공순히하며눈거동은단정히하며가마니시며(이말은쓸데업시잔말하지말나함이요)소래거동은안정하게하며머리거동은곳게하며긔운거동은엄숙히하며셧는거동은덕잇게하며낫빗거동은씩々히합이니라

▲아홉가지싱각ᄒᆞ는법 (九思)

학문을널피여지혜를더함이아홉생각에서더긴요함이업스니닐은바아홉생각이란것은봄애밝음을생각하며드름애귀밝음을생각하며낫빗은온화함을생각하며얼골모양은온공함을생각하며말은충후함을생각하며일은조심함을생각하며의심나는대는무름을생각하며노하매어려운을생각하며어듬을봄애올흠을생각함이니라

▲양싱월남 (養生月覽)

○뎡월일일닭울때에홰에불을켜다섯가지파실파생나무에빗최면충재를제어하나니라

하로날인시에도소주(屠蘇)장유노소가먹으면길

하리라

○싸치집을뒤산에서사로면병화를파하나니라

○뎡월초사흔날파갑자일파인일에흰털을쌔면다시나지아니하나니라

○뎡월팔일파십일에목욕하면길하리라

○뎡월칠일에남자는적두일곱개면먹고녀자는개를먹으면삷병이칠노치못하나니라

○뎡월에호당이고거와배를먹지말지니라

○이월이일파륙일파팔일에목욕하면대길하리라팔일에흰털을쌥으면길하리라

○월월을축일오시에북으로머리두고음양교합하면귀자를나흐리라

○삼월일일에부뷔동칙하면크게싀리나니라

○삼월삼일파륙일파칠일이십칠일에구귀자나무에목욕하면장생불노하나니라

○삼월십일일파십삼일에흰털을쌥으면다시나지안나니라

○사월사오일파칠일파팔일구일에구귀자나무로목욕하면장생불노하나니라

○사월십륙일의털을쌥으면다시나지안나니라

○오월일일에구긔자나무로목욕하면길하고오일에

는난초를다려목욕하면대길하리라

○오월오일에반드시벌네열네개를취하야머리에묻지르면검어지나니라

○단오일에의방(儀方)이라두자를써서기둥아래거쑤로붓면모기를제어하나니라

○오월이십일에흰털을쌥으면다시나지안나이라

○오월오일파륙일파칠일십오일십륙일십칠일이십오일이십륙일에십칠일에방방사를범하면슈를감하나니라

○오월에마육을먹으면신긔가상하나니라

○륙월일일파륙일칠일팔일이십일이십칠일에구긔자나무로목욕하면장생불르하리라

○륙월십구일파이십사일에흰털을쌥으면길하리라

○륙월에양의고기와기러기를먹으면신긔(神氣)에해로오니라

○칠월십오일에목욕하면길하리라

○이십삼일에머리를감으면희지아니하고이십팔일에흰털을쌥으면길하리라

○팔월삼일칠일팔일이십이일이십팔일에목욕나면길하리라

○팔월십구일에흰털을쌥으면길하리라

○구월구일에국화와복령파송백의기름으로환을맨
드러먹으면장생불로하나니라
○구월구일파십일々파이십팔일에목욕하면장생불
노하나니라
○구월구일에구긔자와국화로술을비저먹으면두풍
을다사리나니라
○구월십륙일에흰털을뽑으면길하리라
○십월일々파십사일파십팔일에긔긔자나무로목욕
하면장생불사하나니라
○십월십파십삼일에흰털을뽑으면길하리라
○십월삼사일에피화나무열매를깨여먹으면백병이
침노치못하고총견평하나니라
○십월십일々에흰털을뽑으면길하리라
○십일월십일々십오십륙일에구긔자무나로목욕하
면길하리라
○십이월일々이일팔일십삼일십오일이십삼일삼십
일의목욕하면길하리라
○십이월칠일의흰털을뽑으면길하리라납평날에도
야지를들보위에달면부자되나니라
○납평날에도야지를들보위에달면부자되나니라
○납평날슈여호의쓸개를두엇다가사람의죽사할때

더운물에흘녀너흐면곳사나니라
○제석(除夕)일에밝은등잔의곳々이불을켜면길하
리라
○석(除夕)날밤에쓰지못할약을모아다가뜰가온
대서사르면대길하리라
○제석(除夕)날밤에집안사람파노비를무짓고욕하
거나긔영을파하나거술이크게취하면크게상서롭
지아니하나니라

▲救荒僻穀方法

대저슈한의재앙이나생활곤궁을인하야사람이주리
고부황이날때에실섭을하던지혹주린끗헤음식을파
도히먹으면할이나서인명의상해를일우기도쉽거니
와요행으로면할지라도병을어더걸니기가십상팔구
인고로이런때를당하야구제하는방법의가장필요함
을가리여좌에긔재하노라
○주리여거의긔진지경을당한사람이당장더운음식
을먹던지혹음식을냥의지내도록먹으면필경죽기
가쉬우니이런때에는몬저간장을조곰물에타서마
시고그다음에죽을서늘하게식켜먹이여조곰소성
할후에차차죽을또먹어완구히구완하나니라

○주림을견대지못하야부긔가생하거든 천금목(북나무) 셥질을벗기여다가씨여서물에조곰축이여솟헤너어잠간뜻々하후에도로내여싸서집을내여그물에다쌀을조곰넛코죽을쑤어주린자에긔량을쫏차차々먹이면부긔가곳나리나니라

○찰벼집이나혹셥을솟헤넛코물을부어농난이다린후에건지를다건저낸후에북나무셥질을집어너코다시다려서그물을써내여헐석식은후항아리속에드러부엇다가말갓케도청이되기를기다려두고조곰식먹으면맛시달고구황에제일묘방일뿐아니라부황을인하야몸에종긔가발생한것이라도다사라저업서질것이며물두동외에쌀한되가량으로법을하라

○솔입은사람에장위를윤택케하고편안케하는셩질이라가히흉년을당하야양식을대신할만하며솔열매송진、색리、셥질、이다벽곡하는재료중솔입이가장효험이잇스니솔입을작말하야먹을때에느룹나무셥질을벅겨다가겨다가씨여서집을내여솔입가루를타서먹으면대변(뒤볼때)시후중할염녀도업슬지라

○솔엽을마니싸서농난히찌여서자루에너서훌녀가는내물속에당거두엇다가삼사일을지낸후에건저다가시루에다쩌서다시말인후에작말하야두고먹으면맛시달고또곡식을대신하나니라솔입가루서홉파느름나무셥질을집을내여한되쓸파한데석거죽을쑤어조석마다먹으면이것이섭생하는사람의조혼약이된다하며사람의게유익하기가오곡보다낫다하야가히년々의슈한다하겟더라

○솔입가루두홉파콩가루한홉을생수에타서마시면가히한때를요다긔한하면흉년에먼길을행하는사람이설혹행자잇슬지라도이두가지가루를가지고가면대단긴요하니라솔입을만히먹은사람이혹뒤가불통하거든콩가루를한두술식물에타서마시면즉낫거니와만일효험이더듸거든이삼일을연복하면대변이즉통하나니라

○솔입을오래먹어서혹종긔가나거든폭포슈나려질니는물에갓편으로이요동치안코가마니잇는물밋헤가라안진흙을갓다가종처에바르면곳득효가잇나니라

○송진한근파백복녕넉냥중을한데합하야작말하야매양식전에물에조곰식타서마시고혹꿀에환을지여서두고먹으면가히곡직을아니먹어도장생한다

하며잣나무입가루와송진가루를한데타서마시면 또한흉년을안파한다하며그러나느릅나무섭질은 성미가곡식파갓허흉년에작말하여두고조곰식물에타서마시면긔황을면한다하며당장생결노집을내여먹어도가하니라

○느릅나무섭질을작말하야한되와쌀가루한홉을설는물에다반죽하야떡을만드러두고기름에지지던지혹불켜는황밀에다지지던지하여두고먹으면흉년에양을대신하나니라

○라상슈리(참나무열매)와갈근(칡뿌리)도곡식을대신하거니와길경(도라지)을정히씨서살마서물에담갓다가쓴맛이울어난후에전저서농난이찌여쌀가루를석거찌던지혹삼던지하야먹으면가히긔황을면하며쌀가루가업스면그대로쩌서먹어도가하니라

○백복령을항상먹으면주림을면하나니라

○창출도벽곡에능히일방이되나니라

○서여근(마짝)선복근(메짝)위유(둥그렛무릇)도흉년에먹으면가히곡식을대신한다하겟다

○황정을오래먹으면점々곡식을멀니한다하며뿌리입사귀、꽃、열매、가모다성질이양호하니라

○면문동을시루에찐후에섭질파속곡이양을쌔여바린후두고먹으면흉년을안파하나니라

○백합을케서뿌리를쩌서두고먹으면사람의게대단유익하다하나니라

○하슈오뿌리를쩌서다시말여작말하여두고먹으면점々곡식을몰니친다하며생것도또한가하니라

○만형자를캐여물에쩌서세차례를다려쩌마시업슨후에다시말여두고일일삼시로두돈중식타서먹으면또한벽곡하나니라

○토사자를찌여떡을쩌서두고먹으면주림을면할뿐아니오풍병이업서지나니라

○주린때에황밀파대초를합하야먹으면시장이업나니라

○황밀한근을녹여서데밀가루한근파합하야떡을쩌서두고먹으면가히백일을견댄다하며다시음식을먹으랴하랴면몬저호도를만히먹으면식념이도라순다하나니라

○거문팟혼팟한되와관중(약명)한근을갓치다려물이마르도록복근후에팟만골라내여두고매일오칠개식만먹으면그후에는풀파나무를먹을지라도병이업다하며다만어육채등파음식은해로우니라

○백미한되싸서가루두되오홉을만들고것보리한되를작말하야가루두되를만들고피도그와갓치작말하야가령한되의작말이되오홉이면이십오인이먹는다하면연즉한말을작말한것이면이백오십인을구급하며이것을한사람게공급하면녀달을안파하며한사람이서말의가루를가지면거히일년을지낸다하니라

▲肉跳法 (살이발々썰니는데중험하는법)

자 존장이오매만사가길하다
축 의외에경사가이르더
인 구설로인하야흉한일이이르다
묘 재물을어드니일일이여의하다
진 내의말을좃케하면도로혀흉함을르리라
사 빗슬맛나면크게길하리라
오 마음을실슈하면일마다불길하다
미 재물을어드니몸파일이대길하다
신 구설을당하야서로풀면길하다
유 재화가일을것이니필경손재하리라
술 멀니행하매길한사람을맛나리라
해 셩사의징조는필경길하리라

烏雀噪法 (써마귀짓는증험하는법)

자 의외에사람이와서크게길하리라
축 크게깃부매허사도또한길하다
인 송사를당하여도반드시득셩하리라
묘 재물을어더날노깃거하리라
진 써난사람이다시오매집안이깃버하다
사 깃분일이날로이르리라
오 병세가위중하나귀신이와서도으니다
미 집안에기르는희생을일으니뜻밧게흉하다
신 길한중조가잇스니필경깃붐을보리라
유 북방으로부터불안한일이잇스리라
술 재물을엇고일도길하리라
해 관사가잇스니구설로인함이라

▲狗吠法 (개짓는데중험하는법)

자 부인이한가함을인하야불시에닷후다
축 마음에근심이잇나별다른일은업도다
인 큰일에재물을쓰매일노차길하도다
묘 큰일을경영하매재물을엇으리라
진 주인이자비하매사사대길하다
사 기다리는사람의소식을듯다
오 주식을갓초고필경연회하리라
미 쳐자로하여곰손재하고구심하리라
신 집안에인구가더하리라
유 복록이이르매만사대길이라

술 구설을조심하고화재를조심하라
해 관사로인하야취착이가례라

▲耳鳴法 (귀가우는대중험하는법)

자 원편은방외색을삼가고오른편은손재가잇다
축 원편은말을삼가고오른편은송사가잇다
인 원편은손재하고오른편은사렴이잇고
묘 원편은손재하고오른편은벗시오고
진 원편은원행할것이요오른편은의복을엇고
사 원편은길사가잇고오른편은경사잇고
오 원편은원방소식을듯고오른편은친구가오다
미 원편은잔채에참네하고오른편은벗을보고
신 원편은멀니가지말고오른편은공을이르리라
유 원편은손재슈가잇고오른편은풍을이르라
술 원편은음식이생기고오른편은소식이온다
해 원편은경영을이르고우편은모되어질기리라

▲心驚法 (마음놀내는대중험하는법)

자 녀자를말매암아깃분일이잇고
축 악하고니롭지못한일이잇고
인 손이와서음식오로크게질기고
묘 잔채하매빈객이오다
진 모되어의론하매만사대길하고
사 부인이어질매깃분일이중하고
오 의외주석으로크게질기고
미 귀인이와서크게길하고
신 재물이오메마음이협악하고
유 경사의일이잇서크게길하고
술 놉흔사람이와서크게길하고
해 악한사람이와서크게흉하고

▲耳熱法 (귀가확근하는대중험하는법)

자 중이와서일을서로외논하고
축 깃분일이몸에일하매대길하고
인 주석이잇서서로모되여질기고
묘 먼데사람이오매크게길하고
진 정신이쇄락하야옛일을긔록하고
사 손재슈가잇서일을대하야니롭지못하고
오 깁분일이잇서오는재다길하고
미 손이잇서와서내게구함이잇고
신 주식이잇서서로질거움을보고
유 녀자로하여픔혼인을맷제되고
술 구설이잇서송사를당하고
해 송사로인하야구설을듯고

▲眼跳法 (눈이발々셜니는대중험하는법)

자 원편은귀인을맛나고 오른편은주식이잇고　**축** 원편은주식이잇고 오른편흉은사가잇고
인 원편은귀인이와서보고 오른편은경사를보고　**묘** 원편은원방사람이오고 오른편은길한일을보고
진 원편은손이이르러오고 오른편은손해를보고　**사** 원편은주식을엇고 오른편은흉사를보고
오 원편은원방에일이잇고 오른편은사람을생각하고　**미** 원편은길함을보고 오른편은깃분이일을보고
신 원편은재물을엇고 오른편은깁붐을보고　**유** 원편은귀한손이오고 오른편은녀이을맛나고
술 원편은주식을엇고 오른편은셔로질기고　**해** 원편은사람을맛나고 오른편은일이생기고

▲嚏噴法（재채기하는대 중험하는법）

자 길한사람을맛나 주식으로질기다　**축** 집사람이일을이르매 녀자가깃붐을보다
인 친구를맛나셔주 식으로깃거하다　**묘** 운수가대통매하손이 와셔일을의논하다
진 주인이주식을갓초와 손파한가지질기다　**사** 친근한사람이와셔 재물을의논하다
오 손을맛나매주식 으로질기리라　**미** 식복대통하야농 사를잘짓도다
신 삼인이근심하니주 식이맛슬일도다　**유** 며나리와셔공순 히일을못난다
술 조혼사람을생각하 니뜻시화락하다　**해** 사람이와셔도으니 만사가대길하다

▲三災出入法

申子辰生은寅午에入하고辰에出하며寅午戌生은申年에入야고戌年에出하며巳酉丑生은亥年에入하고丑年出하며亥卯未生은巳年에入하고未年에出이라

▲病人出入法

（避病人出入宅法每月初三日 十五日 十九日二十九日等大吉）
春三朗은申酉方不吉　夏三朔은卯方不吉　秋三朔은酉方不吉　冬三朔은乙卯方不吉

▲洪煙局米豆參考法

冬至驚蟄一七四　小寒三元二八五
大寒春分三九六　八五二兮立春局
雨水三元九六三　穀雨小滿五二八
清明立夏四一七　六三九兮芒種節
夏至白露九三六　大暑秋分七一四
小暑三元八二五　二五八兮立秋臨

霜降小雪五八二　四七一是大雪地
冬至以後陽十二節　每一節管三局　夏至以後陰局
十二節　每一節管三局
一節各十五日　每五日에換成〻局하야十五日에
成三局하니上中下三局也
假如冬至節則上一局이管五目하고中七局×五日
하고下四局이?五日也
接氣超神과超神接氣者는每節上局을甲己子午卯
酉日로定하되超過其節이九日에不過하고節日後
接氣者는六日에不過하나니甲子甲午己卯己酉에
起케홈

▲九宮八門定式

冬至後陽遁　坤二死　兌七驚　乾六開
夏至後陰遁　离九景　中　坎一休
　　巽四杜　震三傷　艮八生
冬至는甲子戊子壬子日을艮上起順行丙子庚子日을
坎上起順行
每一宮에　甲子乙丑丙寅　艮　丁卯戊辰己巳　兌　庚午辛未壬申　巽
三日式看
하되　癸酉甲戌乙亥　离　丙子到坎 餘皆倣此
一艮　二兌　三巽　四离
一坎　二乾　三震　四坤
(坎上起丙子庚子)
生傷杜景死驚開休를次第順하되每宮에三日式看할
數合爲體而體生卦하니此成卦身故로以入中之數로
起一上生氣

▲數　例

(天干)甲一乙二丙三丁四戊五己六庚七辛八壬九癸
十
(地支)子一丑二寅三寅四辰五巳六午七未八申九酉
十戌十一亥十二
右日辰干支數總合하야八々除之하고入中出坎하
되支數는進하고干數退홈
假如癸亥年甲子月甲子日이면(干數 癸十、甲一、
甲一、合十二라以九除則零三하니三으로入中하
야出于坎而數則退行하야九宮을順行홈
一七　六二　七一
四四(干)三五　二六

九九　十八　五三

(文數)亥十二、子一、子一、合十四이라以九除則零五하니五로入中하야出于坎而數則進行하야九宮을順行홈

▲九宮八門米豆評

陽數는高하고陰數는低하며吉門은高하고凶門은低하며陽升陰位하면保合하고陰升陽位하면保合하나니라上元甲子起七赤　中元甲子起四綠　下元甲子起三碧(乾隆甲子起七赤次々讓用)

二黑死　七赤驚　六白開　(元局式)
九紫景　五黃　一白休
四綠杜　三碧傷　八白生

假如中元甲子年讓局預言

一白驚　六白休　五黃景
八白傷　四綠　九紫杜
三碧生　二黑死　七赤開

(陽數逢吉門則高逢凶則保合)

正　月　陽數逢吉門　陽升陰位然而少男用事高又保合
二　月　陰升陽位逢凶門　先保後低
三　月　陽升陰位逢吉門　(三月高四月低)先強後弱膽前而低(四月同)
五　月　陰升陽位　先保後低
六七月　陽升陰位而急騰存焉　易之升卦三爻虛邑之象也急騰則急下
八　月　陰升陰位逢吉門　低而高者膽前而高也
九　月　陽升陰位逢吉門　先低後高膽前而高
十一月　陽升陽位逢凶門　高而低
十二月　陽升陰位逢吉門　高而強保

▲八門圖

休　門　宜和集萬事休心寧志、造修進取(六丁太陰爲人遁)
生　門　宜營造、入宅所求皆吉丙(丙戊丁奇)爲天遁
傷　門　不宜葬埋、上官、出行遭賊、宜漁獵、討捕
杜　門　宜掩、捕防奸、治墓、鍊藥、餘事皆凶(臨三宮)亦宜葬埋
景　門　宜獻策選士、干謁進求(三奇同會九天)爲天假
死　門　固防不出、又可射獵、捕禽餘皆凶(臨三隱宮)爲鬼假

驚　門　可以祈祭風雪、討捕鬪訟、衝坜營寨宜捕逃(臨九天)爲人假

開　門　宜遠行所向通達投書獻策、不宜葬埋斬草破土(臨乙奇巳)爲地遁

▲九星所主

天蓬字子禽　宜修築城池

天芮字子成　宜崇儒、修道、交際、朋輩、授業師長(不可移築)

天沖字子卿

天輔字子光　宜修道

天禽字子公　宜祭祀、求福、斷絕、諸凶、入官

天心字子襄　宜療病合藥、築室、祭祀

天柱字子甲　不宜移徙、入官修道、祭祀

天任字子章　宜祭祀、宜通財、請謁、移徙、上官

天英字子元　宜出人、遠行、飲宴作樂(不可移築祭祀)

▲方所法

男一歲起震二歲巽三歲中宮四歲乾五歲兌六歲寅七歲午八歲子九歲申十歲震二十歲巽三十歲中宮四十歲乾零年之宮에서呼入中宮而出乾順飛八方

女一歲起坤二歲震三歲巽四歲中宮五歲乾六歲酉七歲寅八歲午九歲子十歲坤二十歲震三十歲巽三十一歲中宮三十二歲乾零之宮에入中宮而順飛八方

如男三十三歲則止艮宮이니呼入八宮印하고入中宮하야九退食하고出於乾方이니兌方이爲天祿方也此男女一般而但女一歲起坤行

假令男十八○二十七○三十六○四十五○五十四○六十三○七十二○八十一○女十九○二十八○三十七○五十五○六十四○七十三○八十二○

未申方爲年落方子親鬼丑寅五鬼卯退食辰巳…祿午合食未申官印酉徵破戌亥食神

天祿獲財眼損損財眼病食神盈財致富徵破盜財損志五鬼家宅不寧合食富貴雙全親鬼鬼崇財害官印加官進爵食家產退敗

▲九宮圖

子一天祿未申二眼損卯三食神辰巳四徵破中五鬼戌亥六合食酉七

親鬼丑寅八官印午九退食

巽巳 辰四	離午 九	坤申 未二
卯三 震	五戊 中己	兌 七酉
八丑 寅艮	一 子坎	六戌 乾亥

▲大殺白虎

戊辰丁丑丙戌乙未甲辰癸丑壬亥　七月幷入中宮

▲雷霆白虎

甲己月　坤上起甲子順飛丁卯丙子乙酉甲午癸卯子辛酉乙庚月　离上起甲子逆飛戊辰丁丑丙戌乙未甲辰癸丑壬戌　丙辛月　震上起甲子逆飛辛未庚辰己五戊戌丁未丙辰乙丑　丁壬月　巽上起甲子順飛乙丑甲戌癸未壬辰辛丑庚戌己未　戊癸月　兊上起子順飛辛未庚辰己丑戊戌丁未丙辰乙丑

右與大殺白虎所忌同　是皆入中宮日

▲八偸時法

戊申日開基丙丁日柱役辛酉入

▲移徒引死日

正寅二午三酉四巳午五卯六午未七申

▲日遊神所在方（不宜安產室掃舍予設狀帳）

癸巳甲午乙未丙申丁酉日（在房內北）戊戌己亥日（在房之中）庚子辛丑壬寅日（在房內南）癸卯日（在房內西）甲辰乙巳丙午丁未日（在房內東）戊申日（在房之中）己酉日（出外遊四十四日也）

▲太白逐日遊方（不宜安產婚嫁徙來抵向）

一日十一日廿六日（正東）二日十二日二十二日（東南）三日十三日二十三日（正南）四日十四日二十四日（西南）五月十五日二十五（正西）六日十六日二十六日（西北）七日十七日二十七日（正北）八日十八日二十八（東北）九日十九日二十九日（中央）十日二十日二十日三十日（在天）

▲逐日人神所在（不宜針灸）

一日在足大脂　二日在外踝　三日在股內　四日在腰　五日在口　六日在手　七日在內踝　八日在腕九日在尻　十日在腰背　十一日在鼻柱　十二日在胃腕　十五日在遍身　十六日在胸　十七日在氣衝十八日在股內　十九日在足　二十日在內踝　二十

一日在手小指　二十二日在外踝　二十三日在肝及足在二十四日在手陽明　二十五在足陽明　二十六日×胸　二十七日在膝　二十八日在陰　二十九日

▲膝脛　三十月載足趺

▲百　忌　日

甲不開倉　乙不栽植　丙不修竈　丁不剃頭　戊不受田　己不破劵　庚不經絡　辛不合醬　壬不決水　癸不詞訟　子不問卜　丑不冠帶　寅不祭祀　卯不穿井　辰不哭泣　巳不遠行　午不苦蓋　未不服藥　申不安牀　酉不會客　戌不乞狗　亥不嫁娶

▲太陽出入詩

正九出乙入庚方　二八出兎入鷄鵬　三七發甲入辛地　四六出寅入犬藏　五月生艮歸乾上　仲冬出巽入坤方　惟有十一與二月　出辰入申仔細詳

▲大將方運行法

亥子丑年（酉方）寅卯辰年（子方）巳午未年（卯方）申酉戌年（午方）

▲喪門方運行法

子年（寅方）丑年（卯方）寅年（辰方）卯年（巳方）辰年（午方）巳年（未方）午年（申方　未年（酉方）申年（戌方）酉年（亥方）戌年（子方）亥年（丑方）

▲力士方運行法

寅卯辰年乾（蠶室）坤（博士）
艮（奏書）巽（力士）
申酉戌年乾（力士）坤（奏書）
艮（博士）巽（蠶室）
巳午未年乾（博士）坤（力士）
艮（蠶室）巽（奏書）
亥子丑年乾（奏書）坤（蠶室）
艮（力士）巽（博士）

甲己年午未申酉乙庚年辰巳方丙辛年子丑寅卯午未方丁壬年寅卯戌亥方戊癸年子丑申酉方

▲伏臘運行法

夏至後三庚初伏而立秋前後三個日庚爲末伏冬至後第三未日爲臘而當大寒前後未日

▲二社日運行法

立春立秋後第五個戊日而即春分前後近戊日也

▲土　王　日

立春立秋立夏立冬四立前十八個日也

▲觀潮法

三兎三龍水 三巳一馬時 羊三猴亦二 月黑復如斯

▲破舊墓方 (開新土方附)

春三朔卯足午腹 夏三朔酉足子腹 秋三朔子足卯腹
冬三朔午足酉腹

▲五帝旺氣法

寅午九月(背午向子)亥卯未(月背卯向酉)
申子辰月(背子向午)巳酉丑(月背酉向卯)

▲黑中法

寅申巳亥年(正、七×當黑中)
子午卯酉年(七月當黑中)
辰戌丑未年(四月當黑中)

▲枯葬法

病、死、葬三方也(看起胞法)

▲吊客運行法

子年(戌方)丑年(亥方)寅年(子方)卯年(丑方)
巳年(卯方)午年(辰方)未年(巳方)申年(午方)
酉年(未方)戌年(申方)亥年(酉方)

▲防賊單方

四月戊戌執日 倒懸弊草鞋於側間則盜不來侵

▲十二星疊侵入法

建、除、滿、平、定、執、破、危、成、收、開、閉
每月滿되는前日로부터節氣되는日싸지二個日을雙으로疊入하나니假令正月初三日이立春이면此는正月節이라初二日도建이오初三日도建日이니每月節마다倣此하고立春驚蟄淸明立夏芒種小暑立秋白露寒露立冬大雪小雪小寒十二節은皆十二……의節이此節日은皆二個式疊入하나니라

▲簡易占年豊歉法

太歲計以先天數五五除之後一餘太旱 二爲豊 三……凶 四大凶 五餘則無實

▲胎中男女預判法

元置四十九問妊有何……更添一十九除去母生年更以三三除逢一生男子逢雙生女兒男女若稷生未久到黃泉

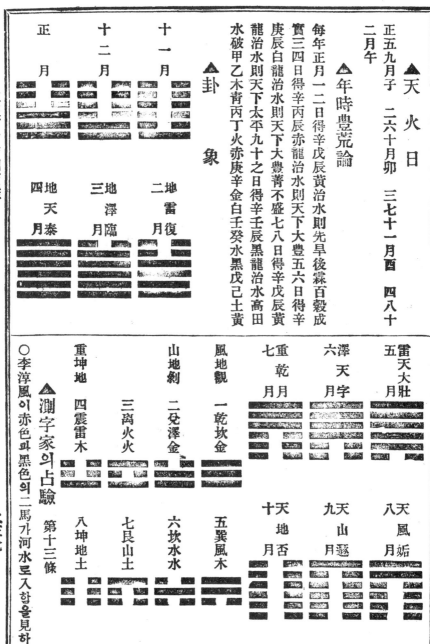

▲天火日

正五九月子　二六十月卯　三七十一月酉　四八十二月午

▲年時豊荒論

每年正月一二日得辛戊辰黃治水則先旱後霖百穀成實三四日得辛丙辰赤龍治水則天下大豊五六日得辛庚辰白龍治水則天下大豊菁不盛七八日得辛戊辰黃龍治水則天下太平九十之日得辛壬辰黑龍治水高田水破甲乙木靑丙丁火赤庚辛金白壬癸水黑戊己土黃

▲卦象

十一月　十二月　正月

地雷復 二月　地澤臨 三月　地天泰 四月

雷天大壯 五月　澤天夬 六月　重乾 七月

天風姤 八月　天山遯 九月　天地否 十月

風地觀　山地剝　重坤地

一乾坎金　二兌澤金　三离火火　四震雷木

五巽風木　六坎水水　七艮山土　八坤地土

▲測字家의占驗　第十三條

○李淳風이赤色과黑色의二馬가河水로入함을見하

고人의게問하되何色의馬가先起할고人이離卦를占得하고云하되離는火이니赤色이라赤色의馬가先起하리라하거늘李曰火가燃하려면烟氣가先發하나니烟은黑色인즉黑馬가先起하리라하더니其言이果驗하니라

○一婦가其夫의久客不歸함을問코저하야李淳風先生을尋問하니時에先生은不在한지라先生의子의게問한대其子ㅣ來婦기手中에一扇을携함을見하더니其[illegible]이忽히地에落함을見하고斷云호대「骨肉分離하니不得相見이라하거날來婦ㅣ恨하며歸하더니中路에서先生을遇하야其故를訴한대先生이斷曰「穿衣見父오脫衣夫니不妨爾夫가今日必到하리라」하더니日晩에其夫기果然歸家하니其解法의不同함이如是하니라

○謝石이測字로當之에有名하더니宋高宗私行하다가石을遇하야杖으로써土上에一字를畫하고問한대石이解曰「土上畫成王字하니必是非常之人하라」하며疑信을不已하거날高宗이다시問字를畫한대時에字를畫한土面이耕作하는田地임으로兩傍이俱히斜側한지라石이大驚曰左着是字이오右着是君字이니必是主上이라하며俛伏謝恩하니라次日에高宗이石을召하야官職을賜할새殿額에春字를書하고問한대石이奏曰「秦頭가太重하야壓日無光이니라」上이聞하고默然無答하니時에秦檜이政權을弄하는지라秦檜ㅣ此言을聞하고石을忌하야官職을貶하고邊地로遷하거날石이邊地로出할새中路에一女子ㅣ有하야測字에能하다自稱하거날石이疑曰當世에엇지我와如한測字術이有하리오하며謝字를書하고問한대女ㅣ曰「不過一術士이라하거늘石이其故를問한대女ㅣ曰「是는寸中에立身이라하거늘石이다시皮字를書한대女ㅣ曰「石逢皮則破矣라」하니時에石을押送하는卒의姓이||이라石이驚服曰我在測字에能하니汝는字를書하야我의術을試하라한대女ㅣ曰吾가此에在함이卽字이니君은測하라하거늘石이曰「人傍山立하니卿仙字也라」汝非仙乎아한대女ㅣ笑而忽逝하니世에妙術이有하고術에妙理가有하다謂치아니치못하라라

○劉侍郎이張乘槎을召하야字를問할새槎ㅣ曰字를畫하면解하리라한대時에小學生이劉傍에。하야千字文卷面에德建名立一句를寫하는져라劉ㅣ德

字를指하며問하거늘榿ㅣ曰公이行人을占하려하나뇨劉曰然하다何時에至할고榿ㅣ曰今으로부터十四日이면必來하리라劉ㅣ曰事가未了하야肯行치아니할가恐하노라榿ㅣ曰一心要行하니所占과如하리라한대劉ㅣ其故를問하거늘榿ㅣ曰德字는並人이니行人임을知함이오體에十四字의頭가有하고一心字이又有하니余言이無違하리다하더라

○裵晉公이命을奉하고賊을討할새地를掘하다가石々을得하니石面에「鷄未肥酒未熟」이라彫刻한字形有하거늘測字師를召하야解한대師ㅣ曰鷄未肥면無肉也니己字가되고〓未熟은無水也니×去水酉字이라己酉에賊은破하리라하더니果然賊을破한日이己酉兩日이니라

○宋太宗이太平이라改元하고測字師의게問한대師ㅣ曰「太平은乃是一人六十壽라」하더니太宗이果然享年六十에崩하니라

○一人이其子의病을問할새字々拈한대測字師ㅣ曰ウ는家字의頭이니家下有者子하大象之兆라하더니其人忽然煙色를吃하더가火를對坐한人의게送할새火가字々上에誤落하야子字가燒去한지라測師ㅣ又云호대字々를以火易子하니灾字를成한지라其疾이灾를成할가恐하노라하더니果然其子가卒하니라

○一婦人이産兒를臨하야久히生치못함애其夫가測字師의게生産할時를問한대測師가時를定치못하더니傍人이忽足을伸하다가足下에犬을觸動하야犬이大聲一吠함을聞하고代時立定하더니果驗하니라

○一大夫가紀律을犯하고獄에入하니其子가義字를拈하고何罪로入獄함을問한대測字師ㅣ曰「原是秀士로서伏義而致于才나無死兆로다」但義字난王右軍의各字이니軍罪를犯함이라하니果然하니라

○一人은名花一盆을得하니其花가尙히未開한지라測師의게此花가幾枝이나開함을問하며其外孫을命하야字를拈하다하니其時에外孫이剪를手에持하고剪字를呼하난지라測師ㅣ曰「剪은屬金하니金數로花가開하야四枝를成할지나剪代之兆가有하니其花가不久할것이오外孫은女之子也니其花가必爲女子所殘하리라」하더니花가果然四枝를

開하고婢女가誤히熱湯을剪하야殘케하니라

○一軍士가戰地에出하니諸將이測字師를召하야吉凶을問할새盃字를拈하니測師ㅣ云호대「八日刀下見血하니大凶之象이라」하거늘軍士가此言을聞하고大愧하야逃走하더니主帥가捕獲하야斬니第八日이라主帥가다시測師를召하야畢心을煽惑한罪를治할새主帥ㅣ問曰汝가汝의生日事를知하나뇨測師白字를得하면可測하리의다主帥ㅣ曰盃字를測하라測師ㅣ曰「八日當殺己나有人當之하니我困不死오須杖責見血이라」하거늘主帥ㅣ杖責의幾何를又問한대測帷師曰分字는四筆이니四十杖이至當하니이다主帥ㅣ三十杖을笞하며曰汝數가不驗이라하니라

○一人이白刄을懷하고仇를報하려할새術士의게問曰我가一事를行코저하니可否가如何한고術士가其言을聽함애疑가生하고其面을又見함애殺氣가有한지라因하야字의理를解치아니하고다만利害로써懇切히曉諭하니其人의恐懼하야歸하더니其後에怒氣가解함애其事를告하니라

○一閑人이小事로써字를問하더니白虎列傷之象이有한지라測帷ㅣ다만其人을力勸하되諸事를忍耐하고人오로보려爭競치말나하얏더니此人이十日後에一小巷을經할새糞車를運搬하는人이此人의衣服을汚케하는지라此人이測師의勸諭를記하고顧而去하더니推車人이反怒하야此人을歐하려하되此人이忍耐하고다만謝過하며退歸하얏더니是夜에一夢을得하니一人來謂曰我는汝로더부러世仇가有한지라今世에汝가我를殺하고命을償하며來世에我가汝를殺하고命을償하야世々로報仇를不己하려함이러니今日에汝가忍耐하고我를殺치아니하얏스나我의命數가己終하야其處에서轉死하얏스니汝난一棺을備하야我의尸身을殮藏하면此仇가自解하리라하거늘此人이明日에其處에往探하니一尸身이有하되果然糞車를運搬하던人이라棺을備하야厚葬하니라以上二人의事는一은利害로써人을勸諭하고一은忍耐로써人을勸諭하야人의性命을救하고人의宿寃을解케하니術士의功이至大하도다맛당히機를見하고誡하며事를隨재야勸할진저仁人의用心함은진실노如此하니라

相字의注意

字를寫하는人이兩字를寫하거든一字만取看하고又는多數의字를寫하야推想키難한時는字를注看치말고目을轉한移時에心을定고하再看하라

辨字의式

富人의字形은穩重이多하고枯淡이無하며○貴人의字形은淸奇하며長畫이肥大하고○貧人의字形은枯淡이多하며精이無하고○賤人의字形은散亂이多하고卒亡을帶하며○工匠이字形은挑起가多하고○問買의字形은遠邇가多하고○男子의字形은開濶이多하고○女人의字形은逼側이多하며○此外에濃淡○肥瘦○斜正○分明의字形類가多ᄒᆞ니次下略擧하니라

筆法의筌蹄

(字를寫할에其形이各々不同하니其特異한例)

濃淡、肥廋、長短、濶狹、反西、順逆、曲直、高低、大小、軟硬、開合、淸濁、虛實、凹凸、平正斜側、圓滿、直牽、明白、輕快、穩重、挑趯、勾槐、破碎、枯槁、尖削、倒亂、鶻突、孤露、交加肥滿、尖瘦、剛健、精神、艶治、氣勢、衰弱、小巧、軟滿、老碩、骨稜、色卒·開闊파의分한類가各其一體를成하니其例를枚擧치못하거니와字를相하려하는人은此로綱領을立하고其變化의例를經驗하면知幾如神하리라

字의變化狀態

初疑從風러니更顧作乙은九字이오○左七右七에橫山이倒出은婦字이오○夕杜에一個蠅은外字이오○乃失杖而橫帶는子字이오○廿一日竹下來는籍字이오○天脫冠而得點은犬字이오○一木兩人依하니橫月이滿盈衣는來夜이오○馬倚蘆邊하야吃盡草而爲驢鳥入風中하야啄蠹虫而爲鳳은驢鳳二字이오○豆入村中還成樹오鳥下江邊便作鴻파○氷消一點還成水오木立雙株便林의類이니라

破字略記

妙 年少之女　威 戌包一女　妄 冠亡五七　吉 文筆之口
色 子在巴山　思 心在農土　貴 一貝在中　野 予有田土
困 日中鳥足　神 申有一衣　失 一牛兩尾　巫 靈捐兩口
得 寸日重人　騎 可以立馬　我 一戈當手　文 鶯去牛鳥
祖 盲秋外孫　操 口彙才木　勳 重力之火　伯 比人玉色

獨蜀鹿一牛 具且下某八 原石下一子 米半出其人
義我戴八王 計言係二五 胡十月之口 魁十升之鬼
玉蝿在一土 懼眞心墜土 意太陽立心 苦十口兩土
註積土之言 政下體三人 樂扶絲白木 淺雙戈刺人
黑里有火土 怒心又向女 借三七人日 懦雨中儒人
美羊在火上 讎兩鳥一言 多上下一人 粟米在日落
如五七舌庫 敏文人之母 卒衣下二五 催山有鳥八
灸十金久火 宿冠下戴人 堂尙有厥土 哀口在衣間
短閑人大豆 落各有水草 苦二五草口 天蚤損一虫
寂叔氏戴冠 恙八君存心 詩佛家之言 知南人開口
語口出五言 善八王八口 孝務不取文 賊戎能持貝
器四口一八 愁心火水穀 傷以八易人 朝十日之旬
哭兩口大者 間門中居諸 老尤戴二五 射人己半木
城戈刀兼土 理田土之君 干井隅之壽 射身後之才
聖王耳添口 腫千里對月

▲風 雨 法

日逢室壁增風雨 婁胃濠々天陰冷
每到奎張天必明 畢昂之盛亦天明
觜參井々大風雨 亢軫風來吹沙走
鬼角翼々黃陰冷 氐房心尾聽雨聲
箕斗濛々忽有雨 日遇虛危風吹大
牛女增々重霧起 令到抑星雲霧起

天氣豫報의秒法

一、天氣朦朧하야溫暖을覺하는時는소내기올徵兆
二、冬暖夏冷하면降雨喜
三、朝에虹은雨오夕에虹은晴天
四、曉天에草葉에露霜이無한時는雨나風에徵兆
五、아참에露霜이多한時는晴天
六、霜이早消하는時는降雨
七、아참날이붉근빗슬帶하는쌔는風雨에兆、저녁날이色을呈하면快晴의兆
八、昆虫類가群飛하면降雨
九、鳥의海面遠飛하면天氣靜穩前徵

太 陽 曆 (二十四節之日出入時刻及晝夜長短表)

一月大 卅一日 立春 日出午後七時三十六分 日入午后六時〇分 晝十時二十四分 夜十三時三十六分

雨水　日出午前七時二十分　日入午后六時十七分　晝十時五十七分　夜十三時〇三分

二月小　平二六日　閏二元日　驚蟄　日出午前七時二十分　日入午后六時三十二分　晝十一時三十二分　夜十二時二十八分

春分　日出午前六時二十八分　日入午后六時四十六分　晝十二時〇八分　夜十一時五十二分

三月大　三十一日　清明　日出午前六時十五分　日入午后六時五十九分　晝十二時四十四分　夜十一時十六分

穀雨　日出午前五時五十二分　日入午后七時十四分　晝十三時二十二分　夜十時三十八分

四月小　三十日　立夏　日出午前五時三十四分　日入午后七時二十七分　晝十三時五十三分　夜十時〇七分

小滿　日出午前五時二十分　日入午后七時四十一分　晝十四時二十一分　夜九時三十九分

五月大　廿一日　芒種　日出午前五時十三分　日入午后七時五十二分　晝十四時三十九分　夜九時二十一分

夏至　日出午前五時三十九分　日入午后七時五十分　晝十四時四十五分　夜九時十五分

六月小　三十日　小暑　日出午前五時十九分　日入午后七時五十八分　晝十四時三十九分　夜九時二十一分

大暑　日出午前五時二十九分　日入午后七時五十分　晝十四時二十一分　夜九時三十九分

七月大　廿一日　立秋　日出午前五時四十三分　日入午后七時三十六分　晝十三時五十五分　夜十時〇七分

處暑　日出午前五時五十六分　日入午后七時十六分　晝十三時二十分　夜十時四十分

八月大　廿一日　白露　日出午前六時〇九分　日入午后六時五十四分　晝十二時四十五分　夜一十時十五分

秋分　日出午前六時二十二分　日入午后六時二十九分　晝十二時〇七分　夜十一時五十三分

九月小　三十日　寒露　日出午前六時三十五分　日入午后六時〇七分　晝十一時三十二分　夜十二時二十八分

霜降　日出午前六時五十分　日入午后五時四十六分　晝十時五十六分　夜十三時〇四分

十月大　廿一日　立冬　日出午前七時〇五分　日入午后五時三十分　晝十二時二十五分　夜十三時三十五分

小雪　日出午前七時二十一分　日入午后五時十九分　晝九時五十八分　夜十四時〇二分

十一月小　三十日　大雪　日出午前七時三十五分　日入午后五十時六分　晝九時四十一分　夜十四時十九分

冬至　日出午前七時四十五分　日入午后五時二十分　晝九時三十五分　夜十四時二十五分

十二月大　廿一日　小寒　日出午前七時四十九分　日入午后五時三十分　晝九時四十一分　夜十四時十九分

大寒　日出午前七時四十六分　日入午后五時四十五分　晝九時五十九分　夜十四時〇一分

置閏法

萬曆十二六年戊戌正月初八日甲午符頭已到十五日

戊時雨水乃符先到而節後到日正月初八日甲午起節則節々氣々超去超至十月二十七日己卯日超用大雪直至則一月初九日乃大雪節己過十一日合當置閏十三日甲午日疊作大雪節此名閏奇餘倣自此十一月十三日接起節々氣々直接去至萬曆二十七年己亥五月十七日甲子日子時小暑節此符節兩到名正授奇也餘倣此以正授奇用八月初三日己卯日符頭己到初四日秋分乃符頭先到而節氣後到當用超法自初四秋分超起節々氣々超去至萬曆二十九年辛丑四月二十七日甲午日超用芒種五月初七日甲辰日丑時芒種己超過十日勢無雨超之理故當此時置閏也五月十二日己酉日疊起又作芒種節上局陽乾六宮起甲子此爲閏奇故書云二至之前有閏奇者此也

小滿小雪節雖有九日十日餘下置閏局當芒種大雪置閏可也

凡一月節氣必三十日零五時二刻以三十日分六局以餘五時二刻置閏超神不過十日過芒種大雪超過九日即置閏閏如四月十三日壬申立夏而本月初五日甲子先到爲立夏前九日矣此超神也　如五月初一日己卯爲初九日芒種上元超局己過九日故置閏初六日甲申十一月己卯爲芒種之中下局畢於此重用一局以十六日甲午日爲閏奇此超神置閏之法也遇芒種大雪內如是超過九月即合置以歸每節氣所餘五時二刻也盖奇以夏冬二至順逆故於二至前置閏以均其氣不應也

陽曆概畧

西曆 平年三百六十五日 閏年三百六十六日　陽曆閏以日計

陰曆閏以月計

六十秒爲一分六十、分爲一時、二十四時爲一晝夜、三百六十五度四分度之一爲一個年、一年零六個時積四年爲二十四時故每四個年置一閏日作閏年　百年每在陰曆申、子、辰年　百年　一閏爲平年(不置閏作平年)四百年一閏爲閏年　不足數至八千年爲一日二時四十分也

(朝鮮開國二百九年庚子時即閏年　光武四年庚子閏爲平年)

▲日曜日輪回表

陰每月房、虛、昴、星日

▲地球說

○地球에陸이四分之一이오水는四分之三이라

○地球는日夜에一次輪回하고日은一年에一次輪回하고月은一月에一次輪回홈

○陸은八百八十萬方里오水는二千四百萬方里라

○六洲 亞細亞洲、歐羅巴洲、阿弗離加洲、東西阿美利加洲、南北大洋(濠太利、加洲)

立春帖

天增歲月人增壽
春滿乾坤福滿家
和氣自生君子宅
春光先到吉人家
灾殃秋葉霜前落
富貴春花雨後紅
天生四時春作首
人間五福壽爲先
春回禹貢山川外
人在堯天雨露中
唐虞五百年太平
農桑三萬里豐登
衣冠繼世文武兼
忠孝傳家子與孫

近水樓臺先得月
向陽花木易爲春
忠則盡命孝竭力
男効才良女慕烈
願得三山不老草
奉獻高堂白髮親
堂上父母千年壽
膝下子孫萬世榮
門迎春夏秋冬福
戶納東西南北財
舜殿風流開禮樂
堯天日月煥文章
天爲日月星辰局
地作山川草木車

萬樹綠陰鶯世界
一江疎雨鷺平生
人情富貴如將得
春色江山漸看新
千里騁懷明月夜
一春含恨落花樽
野水巧成連井脈
庭梧未斫入檐枝
盡情林下看花坐
餘興樓中秉燭來
風微野館春花落
月掛山仁夜笛高
八字兩蛾柳花新
玉顏長得四時春
雙簪挾來香滿口
一年春色腹中傳
春風忽已近淸明
細雨霏々成晩晴
紅日難消頭上雪
黃金都是眼中花

屋角杏花開欲遍
數枝含露向人傾
秋陰漠々四山空
落葉無聲滿地紅
蜂曉花鬚燕接泥
雨餘深院鶯苔齋
閑事猶多關得失
浮生自老閱炎凉
白首靑山不掩扉
看花出洞舜吟詩
世間優樂皆春夢
江上漁樵半古人
寬慾無非閑日月
能詩方有好江山
萬樹飛花寒食日
三盃擊節夕陽時
隣舍有人隨事問
豊年留客盡心歡
看山欲伐窓前樹
灌圃遙通戶外溪

世間得失無非馬
靜裡工夫莫是書
鼎冠撑石小溪邊
白粉清油煮杜鵑
自古英雄浪用兵
秦皇漢武竟何成
空手來空手去
世上事如浮雲
落々青驢瘦
登々一逕危
人情還可笑
猶惜掩前扉
洞月閑窺戶
林風自動門
家貧花自發
人臥草偏生
路永愁歸夢
蓬飄自白頭
溪聲如昨夢
山色可新詩

絕逕人誰到
荒庭鹿自馴
人歸一犬吠
松火隔籬聞
寂寞心無累
繁華夢亦驚
暮山晴霧薄
平草碧烟浮
寺在蟬吟處
鍾鳴客到時
野情隨水遠
山色與僧分
省中眞有悟
身外摠虛名
樹擁寒汀曲
天連遠水流
路轉長天遠
雲低廣野平
苦吟長咄々
斜月倚高樓

有約來何晚
殘燈漸向微
靜中見物態
風絮正紛々
野路天容大
村墟月脚斜
草衣人三四
於塵世外遊
今宵看己盡
明月亦安期
晚築龍山下
無心關白雲
鬼火林間碧
漁燈雨後明
洞深花意懶
山疊水聲幽
誰云山不動
飛去夕陽風
犬吠兒休問
風吹我不疑

遠聲灘下石
寒色雪中村
數滴梧桐雨
高眠曉氣清
歸舟夜未泊
鴉軋櫓猶鳴
短岳盃中畫
長々袖裡秋
白雲岩下起
歸路駕青牛
花落昨日雨
花開今朝風
草々西郊別
春風酒一盃
宇宙一男子
淸風寒碧樓
山僧汲水歸
林末茶烟起
早識交情淡
今知此味甘

可憐一春事
往來風雨中
蕭々落葉聲
錯認爲疎雨
青山人不見
斜日獨歸來
採藥忽微路
千峯秋葉裡
春來花滿地
秋去葉飛天
到寺方應覺
瓶傾月亦空
罷衫不足惜
但恐思情絶
秋風落葉聲
驚起斜陽暮
菊花眞不負
寒後更相參
老僧枕松根
夢行千里路

佳人年十二
彈琴雙手纖
臨軒發長嘯
江月五更秋
帰地黄金出
開門萬福來
立春大吉
建陽多慶
春王正月
萬和方暢
九錫九疇
嚮用五福
孤舟明月客
何處是生涯
相思何處是
月白望郷臺
夜久喧未休
戞々鳴寒機
水澤魚龍窟
山林鳥獸家

洞月初生處
松風不動時
寒角斜陽外
江村一二家
雲飛山亦露
一萬二千峯
月生前夜白
人復舊時三
呼童出門看
月掛溪南樹
王母調金鼎
天妃奉玉盤
應天三光
備人五福
雨順風調
時和年豊
瑞日祥雲
和風甘雨

十年節候表（乙丑）

正	大	丁	酉	初九	立春	未	二十三	雨水	巳
二	小	丁	卯	初八	驚蟄	丑	十三	春分	亥
三	小	丙	申	初十	清明	午	二十五	穀雨	辰
四	大	乙	丑	十一	立夏	亥	二十七	小滿	酉
五	小	乙	未	十三	芒種	巳	二十八	夏至	卯
閏	大	甲	子	十五	小暑	戌			申
六	小	甲	午	初一	大暑	辰	十六	立秋	子
七	大	癸	亥	初三	處暑	酉	十九	白露	亥

八 大 癸 巳卯丑 初四 秋分 十九 寒露
九 小 癸 亥酉未 初四 霜降 十九 立冬
十 大 壬 辰雪寅 初五 小子 二十 大雪
至 小 壬 戌申午 初五 冬至 十九 小寒
臘 小 壬 辰寅子 初四 大寒 十九 立春

（丙寅）

正 大 辛 酉未巳 初五 雨水 十 驚蟄
二 小 辛 卯丑亥 初五 春分 二十 清明
三 小 庚 申午辰 初六 穀雨 二十二 立夏
四 大 庚 寅子戌 初八 小滿 二十三 芒種
五 小 己 [illegible]巳卯 初十 夏至 二十五 小暑
六 小 戊 子戌申 十三 大暑 二十八 立秋
七 大 丁 巳卯丑 十四 處暑 三十 白露
八 大 丁 亥酉未 十五 秋分 三十 寒露
九 小 丁 巳卯壬 十六 霜降
十 大 丙 戌申午 初一 立冬 十六 小雪
至 大 丙 辰寅子 初一 大雪 十六 冬至
臘 大 丙 戌申午 初一 小寒 十五 大寒 三十 立春

（丁卯）

正 小 丙 辰寅子 十五 雨水
二 大 乙 酉未巳 初一 驚蟄 十六 春分
三 小 乙 卯丑亥 初一 清明 十六 穀雨
四 小 甲 申午辰 初二 立夏 十八 小滿
五 大 癸 丑亥酉 初五 芒種 十一 夏至
六 小 癸 未巳卯 初七 小暑 二十二 大暑
七 小 壬 子戌申 初九 立秋 二十五 處暑
八 大 辛 巳卯丑 十一 白露 二十六 秋分
九 小 辛 亥酉未 十二 寒露 二十七 霜降
十 大 庚 辰寅子 十三 立冬 二十八 小雪
至 大 庚 戌申午 十二 大雪 二十七 冬至
臘 大 庚 辰寅子 十二 小寒 二十七 大寒

（戊辰）

正 小 庚 戌申午 十一 立春 二十六 雨水
二 大 己 卯丑亥 十二 驚蟄 二十七 春分
三 大 己 亥酉未 十二 清明 二十八 穀雨
四 小 己 巳卯丑 十三 立夏 二十七 小滿

閏	小	戊	亥申午	十五 芒種	
五	大	丁	辰辰丑	初二 夏至	十八 小暑
六	小	丁	未巳卯	初三 大暑	十九 立秋
七	小	丙	子戌申	初六 處暑	二十一 白露
八	大	乙	巳卯丑	初八 秋分	二十三 寒露
九	小	乙	亥丑未	初八 霜降	二十三 立冬
十	大	甲	辰寅子	初九 小雪	二十四 大雪
至	大	甲	戌申午	初八 冬至	二十三 小寒
臘	小	甲	辰寅子	初八 大寒	二十三 立春

（己巳）

正	大	癸	酉未巳	初八 雨水	二十三 驚蟄
二	大	癸	卯丑亥	初八 春分	二十四 清明
三	大	癸	酉未巳	初九 穀雨	二十四 立夏
四	小	癸	卯丑亥	初十 小滿	二十六 芒種
五	小	壬	申午辰	十二 夏至	二十八 小暑
六	大	辛	丑亥酉	十五 大暑	三十 立秋
七	小	辛	未巳卯	十六 處暑	
八	小	庚	子戌申	初二 白露	十八 秋分
九	大	己	巳卯丑	初四 寒露	十九 霜降
十	小	己	亥酉未	初四 立冬	十九 小雪
至	大	戊	辰寅子	初五 大雪	二十 冬至
臘	小	戊	戌申午	初四 小寒	十九 大寒

（庚午）

正	大	丁	卯丑亥	初五 立春	二十 雨水
二	大	丁	酉未巳	初五 驚蟄	二十 春分
三	大	丁	卯丑亥	初五 清明	二十 穀雨
四	小	丁	酉未巳	初六 立夏	二十一 小滿
五	大	丙	寅子戌	初八 芒種	二十三 夏至
六	小	丙	申午辰	初九 小暑	二十五 大暑
七	大	乙	丑亥酉	十二 立秋	二十七 處暑
八	小	乙	未巳卯	十三 白露	二十八 秋分
九	小	甲	子戌申	十四 寒露	二十九 霜降
十	大	癸	巳卯丑	十五 立冬	三十 小雪
閏	小	癸	亥酉未	十五 大雪	初一 冬至
至	大	壬	辰寅子	十六 小寒	三十 大寒
臘	小	壬	戌申午	十五 立春	

（辛未）

正	大	辛	卯丑亥	初一 雨水	十六 驚蟄
二	大	辛	酉未巳	初一 春分	十六 清明
三	小	辛	卯丑亥	初一 穀雨	十七 立夏
四	大	庚	申午辰	初三 小滿	十九 芒種
五	大	庚	寅子戌	初五 夏至	二十 小暑
六	小	庚	申午辰	初六 大暑	二十二 立秋
七	大	己	丑亥酉	初八 處暑	二十四 白露
八	小	己	未巳卯	初九 秋分	二十五 寒露

九	大	戊	子戌申	初一 霜降	十六 立冬
十	小	戊	午辰寅	初十 小雪	二十五 大雪
至	小	丁	亥酉未	十一 冬至	二十六 小寒
臘	大	丙	辰寅子	十二 大寒	二十六 立春

（壬申）

正	小	丙	戌申午	十一 雨水	二十六 驚蟄
二	大	乙	卯丑亥	十二 春分	二十七 清明
三	小	乙	酉未巳	十三 穀雨	二十八 立夏
四	大	甲	寅子戌	十五 小滿	三十 芒種
五	大	甲	申午辰	十六 夏至	
六	小	甲	寅子戌	初二 小暑	十七 大暑
七	大	癸	未巳卯	初四 立秋	二十 處暑
八	小	癸	丑亥申	初五 白露	二十一 秋分
九	大	壬	午辰寅	初七 寒露	二十二 霜降
十	大	壬	子戌申	初七 立冬	二十二 小雪
至	小	壬	午辰寅	初七 大雪	二十一 冬至
臘	大	辛	亥酉未	初七 小寒	二十二 大寒

（癸酉）

正	小	辛	巳卯丑	初七 立春	二十一 雨水
二	小	庚	戌申午	初七 驚蟄	二十二 春分
三	大	己	卯丑亥	初九 清明	二十四 穀雨
四	小	己	酉未巳	初十 立夏	二十四 小滿
五	大	戊	寅子戌	十二 芒種	二十七 夏至
六	小	戊	申午辰	十四 小暑	二十九 大暑
閏	大	丁	丑亥酉	十五 立秋	
七	大	丁	未午卯	初一 處暑	十六 白露
八	小	丁	丑亥酉	初二 秋分	十七 寒露

月	大小	干	支	日	節氣	日	節氣
九	大	丙	午辰寅	初三	霜降	十八	立冬
十	大	丙	子戌申	初三	小雪	十八	大雪
至	小	丙	午辰寅	初三	冬至	十七	小寒
臘	大	乙	亥酉未	初三	大寒	十八	立春
（甲戌）							
正	小	乙	己卯丑	初三	雨水	十八	驚蟄
二	小	甲	戌申午	初四	春分	十九	清明
三	大	癸	卯丑亥	初六	穀雨	二十一	立夏
四	小	癸	酉未巳	初六	小滿	二十二	芒種
五	大	壬	寅子戌	初八	夏至	二十四	小暑
六	小	壬	申午辰	初十	大暑	二十六	立秋
七	大	辛	丑亥酉	十二	處暑	二十八	白露
八	小	辛	未巳卯	十三	秋分	二十八	寒露
九	大	庚	子戌申	十四	霜降	二十九	立冬
十	大	庚	子辰寅	十四	小雪	二十九	大雪
至	大	庚	子戌申	十四	冬至	二十九	小寒
臘	小	庚	午辰寅	十三	大寒	二十八	立春

最近百年間年代及年齡對照表

干支	朝鮮	日本	中國	西紀	年齡
庚寅	四三九	天保	道光一〇	一、八三〇	九六
辛卯	四四〇	二	一一	一、八三一	九五
壬辰	四四一	三	一二	一、八三二	九四
癸巳	四四二	四	一三	一、八三三	九三
甲午	四四三	五	一四	一、八三四	九二
乙未	四四四	六	一五	一、八三五	九一
丙申	四四五	七	一六	一、八三六	九〇
丁酉	四四六	八	一七	一、八三七	八九
戊戌	四四七	九	一八	一、八三八	八八
己亥	四四八	一〇	一九	一、八三九	八七
庚子	四四九	一一	二〇	一、八四〇	八六
辛丑	四五〇	一二	二一	一、八四一	八五
壬寅	四五一	一三	二二	一、八四二	八四
癸卯	四五二	一四	二三	一、八四三	八三
甲辰	四五三	弘化	二四	一、八四四	八二
乙巳	四五四	二	二五	一、八四五	八一
丙午	四五五	三	二六	一、八四六	八〇

干支	朝鮮	日本	中國	西紀	年齢
丁未	四五六	四	二七	一、八四七	七九
戊申	四五七	嘉永	二八	一、八四八	七八
己酉	四五八	二	二九	一、八四九	七七
庚戌	四五九	三	三〇	一、八五〇	七六
辛亥	四六〇	四	咸豊	一、八五一	七五
壬子	四六一	五	二	一、八五二	七四
癸丑	四六二	六	三	一、八五三	七三
甲寅	四六三	安政	四	一、八五四	七二
乙卯	四六四	二	五	一、八五五	七一
丙辰	四六五	三	六	一、八五六	七〇
丁巳	四六六	四	七	一、八五七	六九
戊午	四六七	五	八	一、八五八	六八
己未	四六八	六	九	一、八五九	六七
庚申	四六九	萬延	一〇	一、八六〇	六六
辛酉	四七〇	文久	一一	一、八六一	六五
壬戌	四七一	二	同治	一、八六二	六四
癸亥	四七二	三	二	一、八六三	六三
甲子	四七三	元治	三	一、八六四	六二
乙丑	四七四	慶應	四	一、八六五	六一

干支	朝鮮	日本	中國	西紀	年齢
丙寅	四七五	二	五	一、八六六	六〇
丁卯	四七六	三	六	一、八六七	五九
戊辰	四七七	明治	七	一、八六八	五八
己巳	四七八	二	八	一、八六九	五七
庚午	四七九	三	九	一、八七〇	五六
辛未	四八〇	四	一〇	一、八七一	五五
壬申	四八一	五	一一	一、八七二	五四
癸酉	四八二	六	一二	一、八七三	五三
甲戌	四八三	七	一三	一、八七四	五二
乙亥	四八四	八	光緒	一、八七五	五一
丙子	四八五	九	二	一、八七六	五〇
丁丑	四八六	一〇	三	一、八七七	四九
戊寅	四八七	一一	四	一、八七八	四八
己卯	四八八	一二	五	一、八七九	四七
庚辰	四八九	一三	六	一、八八〇	四六
辛巳	四九〇	一四	七	一、八八一	四五
壬午	四九一	一五	八	一、八八二	四四
癸未	四九二	一六	九	一、八八三	四三
甲申	四九三	一七	一〇	一、八八四	四二

干支	朝鮮	日本	中國	西紀	年齡
乙酉	四九四	一八	一一	一、八八五	四一
丙戌	四九五	一九	一二	一、八八六	四〇
丁亥	四九六	二〇	一三	一、八八七	三九
戊子	四九七	二一	一四	一、八八八	三八
己丑	四九八	二二	一五	一、八八九	三七
庚寅	四九九	二三	一六	一、八九〇	三六
辛卯	五〇〇	二四	一七	一、八九一	三五
壬辰	五〇一	二五	一八	一、八九二	三四
癸巳	五〇二	二六	一九	一、八九三	三三
甲午	五〇三	二七	二〇	一、八九四	三二
乙未	五〇四	二八	二一	一、八九五	三一
丙申	建陽	二九	二二	一、八九六	三〇
丁酉	光武	三〇	二三	一、八九七	二九
戊戌	二	三一	二四	一、八九八	二八
己亥	三	三二	二五	一、八九九	二七
庚子	四	三三	二六	一、九〇〇	二六
辛丑	五	三四	二七	一、九〇一	二五
壬寅	六	三五	二八	一、九〇二	二四
癸卯	七	三六	二九	一、九〇三	二三
甲辰	八	三七	三〇	一、九〇四	二二
乙巳	九	三八	三一	一、九〇五	二一
丙午	一〇	三九	三二	一、九〇六	二〇
丁未	隆熙	四〇	三三	一、九〇七	一九
戊申	二	四一	三四	一、九〇八	一八
己酉	三	四二	宣統	一、九〇九	一七
庚戌	四	四三	二	一、九一〇	一六
辛亥		四四	三	一、九一一	一五
壬子		大正	民國	一、九一二	一四
癸丑		二	二	一、九一三	一三
甲寅		三	三	一、九一四	一二
乙卯		四	四	一、九一五	一一
丙辰		五	五	一、九一六	一〇
丁巳		六	六	一、九一七	九
戊午		七	七	一、九一八	八
己未		八	八	一、九一九	七
庚申		九	九	一、九二〇	六
辛酉		一〇	一〇	一、九二一	五
壬戌		一一	一一	一、九二二	四

干支	朝鮮	日本	中國	西紀	年齡
癸亥		一二	一二	一、九二三	三
甲子		一三	一三	一、九二四	二
乙丑		一四	一四	一、九二五	一
丙寅		一五	一五	一、九二六	
丁卯		一六	一六	一、九二七	
戊辰		一七	一七	一、九二八	
己巳		一八	一八	一、九二九	
庚午		一九	一九	一、九三〇	

昭和三年八月五日　初版發行
昭和五年四月十日　再版印刷
昭和五年四月廿日　再版發行

家庭百方吉凶寶鑑

定價金壹圓也

著作兼發行者　京城府鍾路二丁目四二番地　金天熙

印刷者　京城府堅志洞三十二番地　金在涉

印刷所　京城府堅志洞三二番地　漢城圖書株式會社

發行所

京城府鍾路二丁目四二番地　振替京城九五四五番　廣韓書林

京城南大門通二丁目十七番地　振替京城七一二番　滙東書館

京城府鍾路二丁目八十四番地　振替京城六二三一番　永昌書館

京城府鍾路二丁目八十二番地　振替京城二〇二三番　博文書館

京城府堅志洞六十番地　振替口座京城八二五五番　朝鮮圖書會社

笠原
技師

清韓染織視察報告

本縣の染織工業は、近歲著るしく進步發達の好運に趨き、旣に內國需要生產中の主位を占むるもの一二に止まらざるの盛況を呈せしと雖ども、如何せん內地染織物の需要は限りありて、其產出を無限にする能はず、殊に各府縣競て斯業の振興を奬め開進を促し、到る處として機織を爲さゞるの地なきに至り、現時の狀体は生產過多の境遇にして各地共に不振頹廢の域に陷らむとするの悲況を現はせり、豈遺憾ならずや、本會は夙に斯る顯象あらむことを豫測し、海外輸出向染織物の製產に注目し、歐米の如き先進國に輸出するものは、羽二重を主と爲し、其他は專ら淸韓兩國向の染織物を製產し、尙進んでは西比利亞印度及南洋方面に販出せむことを圖り、孜々として之か經營考究を爲しつゝあり、遇本會學藝員たる本縣技師笠原次郎作君、農商務省の囑託に依り、淸國綿織物の視察として彼地に渡航せらるゝに際し、本會年來の企望を達せむが爲め、特に淸韓兩國に於ける、染織物の調査を懇囑せしに、斯業上極めて有益なる報告を寄せられしを以て之を鉛版に附して、本會員に頒布することゝせり、當業家は宜しく自家の參案に資し、以て斯業の改善發達を計り、實利實益を得む、啻に自家を益するのみならず併せて縣下を利するたゞ鮮少にあらざるへし、今已に淸韓輸出染織物を製產するの時機來れり、此機を逸すれむ再び來らず、事業成功の秘訣は、時機に投ずるにあり、豈に空しく看過するの時ならんや、若夫れ有志家の實施遂行に方りては、堅確なる共同一致の結合を以て彼地需用嗜好の狀況、共同販賣、資金の運用、製品の檢查、需用地の視察、通信機關等の設備なからざるべからず、此等の設備を完成して、能く其事業を遂行せむ、需要は增進し、販路は廣大となり、製產は殆んご無限に至らん然らむ則ち漸次多大の利益を收め得べきは、蓋し疑ふべきにあらず、豈に勉めざるべけん哉、

明治三十七年七月一日

新潟縣染織業聯合會

緒言

予昨年九月官命を以て渡淸するに際し農商務省より全國に於ける木綿染織物の調査を囑托せられ特に左記事項の實況を調査し歸朝の上詳細報告すべきの嚴命に接す

一、淸國に於て需要する綿織物及其染物の種類寸法價格等

二、淸國に於ける綿織物及染物製産の狀況及生産費

三、淸國へ輸入する諸外國産綿織物及染物の種類數量價格並に其狀況

但本項に關しては日本より輸入する製品並に其競爭品及現今に於ては競爭品たらさるも將來競爭輸出し得べき種類に就て特に調査すべし

四、淸國に於ける織物職工染物職工等の賃銀額及勞働功程

予は已に左の目次に從ひ一片の報告書を編し以て復命せり

牛　莊

全地の輸入綿布

一、總　說

二、外國製綿布及淸國製機械織綿布

三、淸國製手織綿布卽ち土布

四、仝地の本邦製綿布の輸入狀況

天津

仝地の輸入綿布

一、總説

二、外國製綿布及淸國製機械綿布

三、淸國製手織綿布

四、仝地の本邦製綿布の輸入狀況

北京

工業獎勵機關

芝罘

仝地の輸入綿布

本邦製綿布の仝地輸入狀況

漢口

仝地輸入の外國產綿布及淸國製機械織綿布

仝地輸入の淸國製手織綿布

工業地としての漢口

上海

上海及其附近の綿布需要の大勢

結論

然るに又新潟縣染織業聯合會より數多事項の調査を委囑せられたりと雖ども之れを要するに二三の項目を除く外ハ概して上記の事項に含蓄せらるゝを以て報告せんと欲する所の者も亦如上目次の下に記する所の者を以て之れを提供するに足るを見る若し夫れ調査事項の異なる者或は其新らしき者に至ては別に項目を加設して以て報告せんと欲す然れとも其調査する所の者は短少の日子と乏しき方便より成る者なれは必すや皮想の觀察に出て疎漏杜選の者たらさるを得ず

予か這般の旅行は九月三十日神戸出帆韓國釜山京城仁川を經て先づ牛莊に航し陸路山海關を經て天津に至り北京に往復し更に芝罘に航し上海に渡り漢口に往復し十二月十九日上海を發し仝二十一日長崎に上陸歸京す即ち八十有余日の旅行其日數敢て鮮少ならすと雖とも視察區域亦大ならざるに非す徒に多大の日子を航路に費し發着日數を除き前記清國各地を蹈査する者僅かに四十有八日實に短少の日子なり而して清國に於ては外人の所謂一に事物を明確に知る人を見出すこと能はす二に其考ふる所又は知る所を信實に語る人を見出す能はず三に一の事件に付き二人以上の言語の符合する塲合を見出す能はず四に此間

に處して事物の眞想を究明發見せさるべからざるの困難を免かる能はざ的にして之れ豈啻に外人のみならんや而かも同一人種の同文なる本邦の視察者亦之れを怨するにあらざや淸國の事物の調査は實に一大困難事なりとす況んや專門的知識なき通譯者の通辨を待つ予の如き者に於ておや常に隔靴搔痒の憾なきにあらず卽ち調査する處の者も亦疎漏杜選の者たらざるを得ずと云ふ所以にして固より完全を期すべからざ然れども幸に至る處の本邦領事及領事館員居留本邦某々商店等の助力に依り調査事項の幾分を發見し多少の得る所あるを信せざるを得ざるのみならず又本縣下當業者の參考資料たる者あるを信せんと欲す今其視察蹈查する所の者を記して報告となす幸に我當業者取て以て參考に供せらるゝあらざ大に予が光榮とする所の者なり若し夫れ調査の不完全なる點に至ては讀者之れを諒とせられ事實の錯誤疑義の存する所は乖敎に吝ならされざ亦予が幸福とする所の者たり

新潟縣技師笠原次郎作

笠原技師

清韓染織視察報告

牛莊

吾人の所謂牛莊は卽ち營口にして眞の牛莊は營口を去る日本里數にして五里余北方遼河の上流に在りて昔時は殷盛なる通商地なりしが河底淺くして大船巨舶を入るゝに足らざるを以て今は唯豆油豆糟製造地となり海外貿易は全く營口に於て行はれ現行通商條約上の牛莊は卽ち營口を以て之れを云ふなり

營口は千八百五十八年の天津條約に依り千八百六十一年に開港せられたる處にして遼河の左岸にあり滿洲唯一の通商口にして河身大に且つ深く大船巨舶常に輻輳し貿易區域は滿洲一帶及東蒙古東部直隷に跨り非常に廣大にして從て年々貨物の出入多量實に一大貿易港たり然れども全港の爲めに遺憾とする所は結氷久しきに涉り又潮流急激に過ぎ且つ其滿干甚しく隨時大なる船舶の出入し得ざることにあり而して尙仝港の商業を論ずる先進學者の書籍報告等數多あれば予は敢て蛇足を加ふるをなさゞるべし

仝港輸入綿布

予等仝港着は恰度十月下旬にして日露の關係雨平雲平的にして人心恟々商況波靜峦に日露商人に限らず清人を始めとして仝地居留の各國商人も亦平常商業の三四分に止め戰々兢々として僅かに從來の商賣を

繼續するに過ぎざるの實況たり其時に當て事の眞相を索めんと欲するも到底得べからず況んや淸人間にペスト病の流行するに於ておや衞生思想の欠乏せる淸人の故となれば其危險實に言ふべからず淸人に就て調査の不充分なるは蓋し免るべからざる所なりとす幸に全領事館に於て昨春我新潟縣より外務省に委賴して全地需要の綿布に關し調査を囑したる者を得たれば之れを骨子とし左に更に他に見聞せし所の者を加へて之れを記せんと欲す

第一 總說

綿布は牛莊港輸入品中の大宗にして近來全港貿易の發達と共に其輸入額益々增進の傾向あるは著しき事實なりとす蓋し滿洲たる淸國北部に偏在し氣候冱寒民俗質素にして住民は重に農業に從事し商工業の如きは未た甚た幼稚の域に在るを以て日常の必要品たる綿布類の如きも或は其原料綿糸を外國若くは淸國南部地方より輸入し以て自家用の布類を織製するにあらざれば或は其製品を右等の地方より其供給を仰がざるべからざればなり近來滿洲の風氣漸く開發すると共に民俗漸次華美に趣くの傾きあるは爭ふべからざるの事實にして從來全地方住民は重に上海附近に於て製造する手織木綿を需要したりしに近來手織木綿は殆んど農民又は勞働者等の使用に限られ商民は多く外國產機械綿布を用ふるに至りたるが如きは是其の著しき列證なりと雖ども尙ほ之を南淸各地に比するに民俗一般に質朴なるを以て各種日用布類の如きも華美にして軟弱なるものよりも質素にして堅靭なるものを撰し地方にて有名なる資產家と雖ども

身に絹布を纏ふは頗る稀なる所にして只僅に需要せるは官吏又は南方客商の一部に過ぎず是れ全牛莊港に於て絹布類の輸入甚た微々たるに反し綿布類の需要甚だ盛大なる所以なり左に過去十ケ年間に於ける全港純輸入綿布類の全統計を掲げて以て其趨勢を示すべし（純輸入とは外國又は其内地各港に再輸出したる者を扣除したる殘額を云ふなり）

年次	價格單位	外國製綿布	清國製綿布	合計
二十六年	海關両	二、〇〇七、七五二	一四、三三七	二、〇二二、〇八九
二十七年	〃	二、二〇三、七六九	一二、九六〇	二、二一六、七二九
二十八年	〃	一、三〇七、〇四二	一、三三六	一、三〇八、三七八
二十九年	〃	三、〇四八、二一六	一五七、七七八	三、二〇五、九九四
三十年	〃	四、〇二一、八六四	三七、三〇〇	四、〇五九、一六四
三十一年	〃	四、五六〇、三七六	七、九三六	四、五六八、三一二
三十二年	〃	七、七六一、〇三七	一〇九、一六〇	七、八七〇、一九七
三十三年	〃	三、〇八七、一九三	五四、九五五	三、一四二、一四八
三十四年	〃	七、四四二、二二三	二六、五三〇	七、四六八、七五三
三十五年	〃	八、三七六、五七五	二、四五〇	八、三七九、〇二五

前表に示す所は總て外國製輸入綿布及淸國製外國形機械織綿布類のみにして粗布、雲齋布、金巾類等を其主なるものとす尙右の外土布卽ちナンキーンスと稱する支那固有の手織木綿あり主に上海附近及び山東の製造に係れり今過去十ヶ年の全港純輸入統計を擧ぐれば左の如し

二十六年	九八、一八八海關兩	二十七年	九二、五二五海關兩
二十八年	二八五、〇七二〃	二十九年	三一七、三二三〃
三十年	四八二、七五五〃	三十一年	六七七、四九七〃
三十二年	七三五、八二八〃	三十三年	三八一、四〇八〃
三十四年	一、二〇二、一一四〃	三十五年	九二九、〇二七〃

前二表に示す所は外國形滊船又は帆船によりて輸入せられたるもののみにして尙ほ此等の外支那帆船卽ちヂャンクに依り輸入せられたるものあり今過去二年間統計を擧ぐれば左の如し

年次	價格單位	外國製機械織綿布	淸國製機械織綿布	淸國製土布	合計
三十四年	海關兩	八、五六三	—	六、八七八、九二六	六、八八七、四八九
三十五年	〃	二七	—	八、二一一、四三九	八、二一一、四六六

前三表の示す如く全地方に於ける綿布の需要は年々長足の進步を示し殊に最近數年間に於て其增進の度尤も著しきを見るなり勿論其間日淸戰役或は北淸事變の爲め著しき影響を受け爲めに一大打擊を蒙りた

るおとなきにあらざりしと雖ども右は凡て一時の變態なりしに過ぎずして翌年に至り直ちに回復に向ひたるのみならず反て其反動を受け輸入額一層増加せるを見るなり

前文の粗布と稱する者は英語の所謂「シーチング」(Sheetings)にして或は被單布或は花旗布とも云ふ雲齋布「ドリルス」(Deills)にして主に打連布と云ひ金巾は「シヤーチング」(Sherttings)の事にして小綿花旗布と云ひ其洒したる者を漂市布と云ふなり而して清國製手織木綿を清國海關にて「ネーチヴクロス」と云ふ故に之れを土布と稱す今前表に依て三十五年の全地輸入の綿布價格を合計すれど千七百五拾壹萬九千五百拾八海關両にして全地の海關及其內地稅關の總輸入高參千七百六拾五萬九千參百七拾八海關両に比すれば實に其の四割六分五厘余に當る卽ち綿布は全地輸入品の大宗となす決して偶然にあらざるなり之れを假りに支那帆船卽ちジヤンクに依て輸入せられたる者を除き外國形瀛船又ハ帆船に依り輸入したる九百參拾萬八千〇五拾貳海關両のみを以て又全地海關のみを通過せる總輸入高の貳千五百參拾四萬五千六百拾貳海關両に比すれは其參割六分七厘に當り或は全港純輸入額の貳千五百拾六萬七千百七拾八海關両に比すれど參割七分參厘に當るを以て見るも綿布は全港の重大なる輸入品なるを知るに足る而して比較の爲め日本貨に換算するには上海両の壹両貳四は海關両の壹両に相當し日本貨百圓は爲替相塲に依て始終一定ならずと雖ども予等渡航の當時日本貨百圓は上海參看八拾參両半前後にありしを以て之れを八拾參両半とすれど日本貨百圓ハ海關両の七拾五両弱に相當す故に七拾五を以て淸國海關両を除するにあり然

れば日本貨の圓となるなり

實に近來滿洲地方は漸く開發の氣運に向ひ土地の開墾鑛山の開掘等大に世人の注目する處となり山東直隷等より來住する移民は年々其數を增加して從來は不毛未開の地方も漸次開墾豊饒の沃野と化し農業牧畜は日を追て發達に向ふの有様なるを以て從て日用必需品なる綿布類の如きも今後其需要猶一層の增進を見るへきは明かなる所なり而るに全地方の市場に顯はるゝ日本製綿布は概して其輸入日尚淺く一般士民の信用を得るの時日少きを以て年々の輸入額甚だ少く販路狹隘にして到底米英の二國製品に及ぶこと能はざるは甚だ遺憾とする所なりと雖ども近時本邦に於ける各種の工業は著しく進步し工業製作品の海外販路を求めて急なるの今日宜しく全地方士民の嗜好用途其他意匠等を注意し商利を永遠に企圖するに於ては確かに製勝の望みあるを信ずるものなり況んや本邦と北清とは其距離甚だ遠からず殊に北清航路の開かれたる今日に於ておや今全地方清人の常用する綿布各種に就き調査したる所を揭け以て參考に資すべし

第二　外國製輸入綿布及び清國產機械織綿布

◎粗布即ち「シーチング」(Sheetings)

シーチングは全地方清人之を粗布又は花旗布と稱し全港輸入綿布類中の巨擘にして從て其用途甚だ廣し

從來全地方の清人は日常着用の衣服を製するに大抵南淸地方より輸入の土布を使用したりしに民俗漸次開發するに從ひ近來は機械織綿布類の需要增加し殊に普通の商人等は主に此シーチングを以て日常の衣服を製するに至れり其外全地方に於て支那帆船用の帆を造るには專ら本布を用ゐる者の如し今過去五ケ年間に於ける全港の純輸入額を左に揭ぐ但し（純輸入高とは全港の總輸入額中より外國又は支那各港に再輸出したる者を扣除したる者なり）

國別	數量 價格	三十一年	三十二年	三十三年	三十四年	三十五年
米國製	反	六二五、九八二	一、一〇一、七六五	四二六、一一三	九八〇、〇〇一	一、〇九〇、一五二
	海關兩	二、一五四、二〇七	三、九一〇、九一六	一、五三四、〇〇七	三、五二八、〇〇三	四、三六〇、六〇八
英國製	〃	一五、三三〇	一一、九一一	二、七九二	三、二二〇	一八、二八一
	〃	五三、一一三	四〇、九一六	一〇、〇五一	一一、二三五	六三、九八四
印度製	〃	九、七三〇	一四、〇五〇	一三、九九〇	一五〇	二七〇
	〃	二七、二四四	四一、一一三	四二、〇九〇	四八〇	八六四
日本製	〃	二六〇	七、八一〇	一、四九六	一〇〇	一一、一〇〇
	〃	七八〇	二三、四三〇	四、七九八	三〇〇	一五、〇七三
清國製	〃	二、五六〇	三四、九〇〇	一五、四〇〇	七、五八〇	七〇〇
	〃	七、九三六	一〇七、七八〇	五三、四二〇	二六、五三〇	二、四五〇

全港輸入シーチング中尤も多額を占むるは米國製にして殆んど獨占の狀を呈すること前表の示す所の如し蓋し全地方は冬期間割合に長く且つ氣候至て寒冽なるを以て本布の如き厚地の者尤も全地方の需要に適し米國製の今日に於ける如き成効をなしたるは能く土民一般の嗜好に適したるの結果なりと云はざる

べからざ英國製印度製は薄地の者多く需要甚だ廣からざ若し夫れ本邦製に至ては米國品に比すれば貳百八拾參分の壹强に當り概して織方不整にして組織粗鬆原糸細大不同にして布面均一を欠くのみならざ光澤に乏しきを以て全地方清人間に信用を求むる能はざ加之毎品々質の一定せざるは之れ一大欠点なり米國製の如きは同一の商標の者は例令幾年月を經過するも其品質光澤等は一定して決して變じたることなきも本邦製は僅かに前後の注文に對して全く別商標なるかの如きを常とす此等は製造家尤も注意を要すべき点なり

シーチング即ち粗布は全港輸入綿布類中の巨擘たること前述せる所の如し而して其販路の廣大なる丈け其商標數も亦多く殆んど百種を超ゆ就中强固なる信用を有するものを擧ぐれば左の如し

商標	國別	價格單位	相場(過爐銀)
圈狗頭	米國製	一疋に付き	四兩四匁〇
元馬	〃	〃	四、四八
藍大象	〃	〃	三、七五
馬狗	〃	〃	四、一〇
三兎	〃	〃	四、一〇
大鬼頭	〃	〃	四、五五

商標	國別	價格單位	相場(過爐銀)
砲馬	米國製	一疋に付き	四兩二匁〇
藍大鹿	〃	〃	四、三八
圈鷄	日本製	〃	三、七五
頭號刀	米國製	〃	四、二三
四瀨果	〃	〃	三、七五
紅西瓜	〃	〃	四、三八

外國字	〃	〃	三、三八	大小馬	〃	〃	三、六二

本布は各國製共尺巾一樣にして一疋の長さ四十ヤード巾三十六吋なり之が荷造は二十疋を以て一梱とし一種の油布を以て下包をなし其上を粗製の麻布にて包み鉄葉を以て四ケ所を結束す一梱の重量は商標に依りて異りと雖ども普通二百四十封度乃至二百八十封度甚しきは三百五十封度に至るもあり而して本布は皆生にして凡て一疋を以て相場の單位とし賣買せらる

本布は仝地に輸入の上大抵生地の儘にて內地に分輸し各地に於て各其の嗜好する色合に染色して消費者に供給せるものなれども又仝地染房に於て染色し仝市及附近の需要に應ぜる者少からぜ今各色合を區別し其重なる用途並に相場を示せば左の如し

仝地清人の稱する色合	價格單位	相場	主なる用途
干青	裁尺一尺に付	五八〇文	男女用褲子（ヅボン）砍肩兒（袖ナシ）等を作る
正灰	〃	四二〇〃	喪服を製するに用ふ
靛灰	〃	四四〇〃	冬季用綿入袷等の表に用ゆ
魚白	〃	三八〇〃	綿入袷等の裏地に用ゆ
佛青	〃	八〇〇〃	婦人用衣服の表地に適す
大藍	〃	七四〇〃	仝上

石藍	〃	六六〇〃	男女用衣服の表地に用ゆ
品緑	〃	四六〇〃	年少婦女子の衣服の表地に用ゆ
竹扦青	〃	五二〇〃	婦人用綿入の表及褲子（ヅボン）に用ふ
大紅	〃	四六〇〃	年少婦女子の衣服の裡地に用ふ
品紫	〃	四六〇〃	仝上
茶青	〃	四六〇〃	仝上
桃紅	〃	四八〇〃	婦人用下着を作るに用ゆ
鷺黄	〃	四六〇〃	亡者の被服を製す
荷灰	〃	四八〇〃	婦人用衣服の裏地に用ゐ又表にもなす
品藍	〃	四八〇〃	婦人用衣服の表地に用ゆ
枯陳	〃	四六〇〃	男女用綿入褲子（綿入ヅボン）を作る
紬月	〃	四六〇〃	男女用綿入袷の裡地に用ゆ

仝地に於て染色したる者は凡て裁尺一尺を以て價格の單位とす

予等亦同地に於て目下賣行宜しき二三の米國製シーチングの見本を得たり見本大ならずと雖ども必ずや其糸質織方組織等當業者の參考たるを信ず其見本左の如し

一號　圈○に狗頭　四兩五二（過爐銀）　二號　天　馬　四兩五八（過爐銀）
三號　走　馬　四、三二　四　號　一品當朝關羽像　四、二一

右の商標名は予等が布面の圖書と形狀に依て稱したる者にして前記商標名と異るは蓋し免れざる所にして實に○に狗頭、走馬、天馬は前記の圈狗頭砲馬元馬に相當するが如し而して又其價格の異るは買入時期の異ると卸賣と小賣との關係に因する者にして予等渡航の際の小賣直は實に上記の如し

過爐銀とは全地商賈の銀爐（銀行の如き者）に於て賣方買方双方口頭にて告げ其帳簿上に貸借受渡の記入をなさしめ此の如く口頭にて受渡をなす貨幣を云ふ者にして實は帳簿上に於ける無形の通貨なり其銀爐及過爐銀等に關し詳細なることは中村桂次郎氏著の日清貿易策及び外務省通商局出版の北淸地方視察復命書等に記載しあれば玆に贅せざ只予等渡航當時の日本貨百圓に對する爲替相場は過爐銀八拾參両にして過爐銀壹両は小錢八千八百五拾文に相當し小錢の六千文は補助小銀貨の壹弗に相當し小銀貨百拾弗は墨銀百弗に相當し墨銀百弗は吉林及奉天弗江南及湖北弗に對して二三弗乃至四五弗の打步を附せしむる丈の差額なりしを記し置くべし

夫れ如此く全地方には過爐銀なる者ありて物品賣買の媒介者となると雖ども亦元寶銀と稱する馬蹄銀の正貨なきにあらず正貨の受授の如きは相互間一年四季若くは三季の帳尻決算の時にあらざれは行はるゝにあらず平常の大取引は皆過爐銀を以てし小取引及些末なる小賣商人の如きは弗銀小銀貨小錢等を以て

するが故に價格不定なる通貨を以ては其換算の紛糺繁雜なること想像の外に出て實に驚くに堪へたり況んや其両換相場時々變更するに於ておや尙况んや本邦貨に對する爲替の日々に變動するに於ておや本邦人の淸國貿易に關係ある者の淸國通貨及ひ此爲替相場に注意を怠らざる所以亦此に存す將來淸國貿易に從事せんとする商人又は淸國向物品を製造する工業家は大に淸國の通貨及對日本の爲替に就て硏究を要する所なりとす而して両換相場の不定なる通貨の多きこと啻に牛莊地方のみにあらず淸國一般にして只他地方に在ては過爐銀なる者あらざるも同樣通貨換算の錯雜なるあと決して牛莊に劣らざ

亦淸國は度量衡制度なく從て殆んど其度量衡器一定する者なし全地方に用ゐる尺度に二種あり大尺裁尺之れなり大尺一尺ハ裁尺の一尺八寸に當り裁尺一尺は我鯨尺九寸前後に當る蓋し其裁尺も各人各家異り或は九寸一分なる者あり或は八寸九分なる者もあり或ハ九寸なる者ありて一定せざ故に之れを平均我九寸と見做せは可なり予は更に進んで其の染物に就て少しく記する所あらんとす色合名稱は種々の報告書類を見るも徒に淸人の稱する色合を記するのみにして本邦普通に稱する者と對照するにあらざれど讀者は常に不了解に終り甚だ遺憾とする所なれど左に予等が全地方に於て調査したる種々の色合の名稱と本邦普通の名稱と兩々對照して參考の資となさん唯其前記の淸人の名稱を以て淸國至る所通せる者となすべからざ蓋し各地又多少の名稱異れどなり

清人の稱する色の名

本邦普通に稱する名

干青	黑色
藍毛干青	黑色
元青	黑色
光青	黑色
正灰	普通の鼠色（濃淡共に）
光魯	藍鼠
銀灰	銀鼠
灰色	鼠色
靛灰	藍鼠
大藍	紺色
石藍又石青	濃花
哈藍	濃花
正藍	納戸色（多少の濃淡共に）
藍干青	花色の黑味ある者
品藍	花色の尙赤味ある者

二藍	青色の赤味ある者
魚白	淡淺黄又は其稍鼠掛りたる者
湖色	水色少しく黄味を帶ぶ
靠湖	水色
蛋青	水色の黄味ある者
細月	活色
竹扞青	淡革色
品綠	綠色
茶青	草色又は萌黄
香色	草色
柳黄	萌黄の一層黄味ある者
鵞英	黄色
枯陳	青茶色
大紅	緋色
眞紅	赤色の少しく青味を帶ぶる者

火	紅	赤色
棗	紅	牡丹色
桃	紅	桃色
醤	紫	海老茶
天	青	紫紺
茄	紫	紫色の赤味を帶ぶる者
品	紫	紫色
荷	灰	藤色（淡紫色）

右の外他に尚數多の色合の名稱あるべしと雖ども遂に之れを逸す而して凡て仕上を施し光澤を出したる者には光の字を冠す例之は光魚白、光干青、光藍干青、と稱し宛かも一个の色合の名の如し

右の如く色合の名稱數多ありと雖ども全地方清人の尤も多く嗜好する色合は藍の極めて淡き湖色魚白即ち水色淺黃色等より極めて濃き紺色に至る迄でと鼠色の淡き者より其極點の黑に至る迄でとして殊にシーチングの如き常服に使用する者に至りては尚然りとす若夫れ其染色方法染賃に至ては前に云ふが如く其當時ペスト流行猖獗を極め患者あるも清人能く之れを隱蔽し危險極まるを以て遂に染房を視るを得ざ從て之れを調査するを得ざりしと雖ども某吳服太物店に就て之れを聞くに

尺長		色合	染賃
三十六吋	四十碼	黒	貳兩
〃	〃	紺又は濃花	貳兩五匁乃至參兩
〃	〃	濃納戸	壹兩五匁
〃	〃	納戸	壹兩
〃	〃	淺黄	五匁

の如き者にして又土布の染賃の如きは左の如しと云ふ

裁尺長五丈六七尺	巾一尺二三寸	紺	壹兩壹匁六分
〃	〃	納戸	貳匁五分
〃	〃	淺黄	壹匁
〃	〃	赤色	貳匁
〃	〃	綠色	貳匁

予等右の如くにして遂に其染方染賃等に關して充分なる調査を遂げるを得ざりしは甚だ遺憾とする所なり然れども農商務省商工局臨時報告明治三十五年第十一冊中に全地方の染房に關する記事もあり亦以て參照するに足る

◎打連布

雲齋布即ちドリルスを全地方にて打連布と云ふ輸入綿布中粗布に亞て需要の大なる綿布なり今全地税關統計表の示す所に依り過去五年間の純輸入額の比較表を示せば左の如し

國別	數量 價格	三十一年	三十二年	三十三年	三十四年	三十五年
米國製	反	三六七、九一六	五八四、八七七	一六、五三五	五四六、四九八	三四五、五〇五
	海關両	一、二七〇、四六六	二、〇三三、六四六	四一九、四九〇	一、九六七、三九三	一、三八三、〇三〇
和蘭製	〃	—	四八〇	二一〇	二、六一〇	—
	〃	—	一、三九二	六三〇	九、一三五	—
英國製	〃	一、六五〇	三、八七〇	—	五八〇	一、五九七
	〃	五、一一五	三、一一九	—	二、〇三〇	五、五九〇
日本製	〃	—	三九五	—	三	七二〇
	〃	—	一、一四六	—	一〇	二、五三〇
清國製	〃	—	四五〇	七五〇	—	—
	〃	—	一、三八〇	二、五三五	—	—
印度製	〃	一、六九五	六三〇	一、六五〇	—	—
	〃	四、六九〇	一、八九〇	五、二八〇	—	—

本布三十五年中の輸入額前年に比し減退せるハ之れ三十四年は三十三年の反動として輸入額割合に多かりし爲め翌年への持越品多くして此の如き現象を呈したる者にして全地實際の狀況は依然として需要漸次增進の傾向あり而して本布も亦米國の獨占にかゝり他國品の輸入甚だ微々として振はざるは前記統計

表の示す所の如し是れ粗布に於けると同一の理由に基き米國製品の地質の堅靭なると色合の光澤に富めることと織方の整然なる等能く全地方人の嗜好に適し他國品を壓して以て此成功を遂げし所以なり

本布の用途は粗布に於けると大差なきも本布は各種の色合に染色し主に冬期並に春秋用衣服の表地となすもの多し本布も需要の大なる丈け其商標數も多く數十種を下らざるべし今重なる者を撰んで相場を示せむ左の如し

商標	國別	價格單位	相場（過爐銀）
眞龍	米國製	一疋に付	四兩六匁
老人馬弓	〃	〃	四、四五分
大小鷹	〃	〃	四、三五
大小馬	〃	〃	四、五〇
川山甲	〃	〃	四、五〇

本布は凡て長さ四十碼巾三十吋なり荷造は十五疋を以て一梱とし重量は一梱に付き二百封度乃至二百二十封度位にして更に重さは二百四十封度位に至るもあり

本布も亦粗布と同じく全地輸入の上內地の市場に分送し各其嗜好に適したる色合に染め上げ販賣せる者なり今全地に於て染色したるものに就て其色合用途相場を示せむ左の如し

清人の稱する色合	價格單位	相場	主なる用途
藍干青	裁尺一尺に付	六〇〇文	男女用袷及袖ナシの表に用ゆ
藍毛干青	〃	六〇〇〃	仝上
正藍	〃	五〇〇〃	男子用綿入の表地並褲子用
灰色	〃	四四〇〃	男子用袷及綿入表地に用ふ
眞紅	〃	四八〇〃	婦人用褲子及羽織の裏地に用ふ
秋葵	〃	四八〇〃	仝上
銀灰	〃	四四〇〃	男子用袷及綿入の表地に用ふ
光青	〃	五四〇〃	袷袖ナシ及褲子を作るに用ふ

前にも述べたる如く「シーテング」及び「ドリルス」は輸入綿布中の最大なる者にして尤も能く仝地方清人の嗜好に適し彼ら常用の衣服を製するには尤も多く此二種を材料に用ゐるものなるを以て今後猶一層の輸入増加を見るは明かなる處とす左れば本邦當業者に於ては材料の撰擇機械の改良に注意し製品を整頓して漸次信用を博し販路の擴張を勉むべきなり

今又仝地に於て二三米國製「ドリルス」の標本を得たり聊か當業者の參考に資するに足るを信ず即ち左の如し

五號　龍　印　四兩七匁五分（過爐銀）　六　號　川　山　甲　四兩七匁貳分（過爐銀）
七　號　飛　馬　印　四兩七匁參分（〃）　八　號　双　兎　印　四兩七匁貳分（〃）

之れにも亦前記の價格の異るは購入時季及卸賣と小賣と異なるを以てなり而して本布の染物中尤も賣行良きは藍干青、藍毛干青、正藍、灰色等にして正藍染の見本は左の如し

九　號　色の名稱　正藍（龍印を染めたる者）　長四十碼　巾三十吋　價格　五兩八匁（過爐銀）

◎小線花旗布

小線花旗布は生金巾卽ち「グレーシャーチング」にして花旗布卽ち「シーチング」に比し糸質細少に地質手薄きを以て此名あり然れども本邦の普通に所謂金巾或は唐木綿に比すれば稍厚き者と知るべし而して之れハ粗布又は打連布に比し輸入額遠く及ばざると雖ども又相應の需要ある綿布なり今最近五ヶ年間の輸入統計を掲ぐれば左の如し

年次	數量	價格（海關兩）
三十一年	九七、三五一疋	二七四、五一四
三十二年	一二〇、三一九	三四四、四九二
三十三年	六二、五四八	二〇〇、一五四
三十四年	九〇、七四九	三一七、七四二

三十五年	一四六、一六九	五一一、五九二（内日本製八百疋 二千八百海關兩）

本布は纖維細く地質薄きを以て專ら衣服の裏地用に供する者にして白地の儘用ゐるもの有りと雖ども多くは各種の色合に染めて使用するものなり今仝地にて信用ある商標を示せば左の如し

商標	國別	價格單位	相場（過爐銀）
鷹三鷄	米國製	一疋に付き	四兩八匁五分
人鎗	—	〃	五兩一匁五分
人刀	米國製	〃	五兩〇五分

本布一疋は各國製共長さ四十碼巾三十六吋を普通とし重量は各商標に依りて異りと雖ども大抵一疋十二封度乃至十四封度位なり而して本布は主に仝地方に於て染むると雖ども又其染物の輸入なきにあらず三十五年の如きは實に千八百二十疋七千二百八十海關兩の純輸入を見る今又左に仝地に於て本布を染色したるもの二三色合を記し以て其價格用途を示すべし

清人稱呼の色名	價格單位	相場	主なる用途
紬月	裁尺一尺に付	四六〇文	男女用衣服の裏に用ゆ
藍干青	〃	六二〇〃	男女用衣服の裏に用ゐ又表にも用ふ
正藍	〃	五六〇〃	仝上

◎漂　市　布

本布は漂白したる金巾卽ち「ホアイトシヤーチング」にして本邦の普通所謂「キヤラコ」なり色合純白光澤に富むを以て淸人は夏用肌衣又は靴足袋等を造るに用ゆ去る三十五年の全地純輸入高は八萬三千二百九十五疋にして其價格貳拾四萬九千八百八拾五海關兩なり今尤も信用ある者の商標相場を記すれば左の如し

牡　丹　英國製　一疋に付　四両八匁（過爐銀）

一疋は長さ四十碼巾三十四吋にして重量十二封度内外なり而して之れか染物の需要多きは水色空色より納戸に至る迄で位の淡色にして男女用の袍子（長衣）又は褲子を製し或は袷綿入の表になすもあり

前二者は全じく「シヤーチング」にして之れを別々に見れば其輸入額少しと雖ども之れを合すれば其純輸入額七拾六萬千四百七拾七海關兩に達し輸入綿布中第三位にあり

◎柳　條　市　布

本布は漂市布の一種にして只竪に組織上の棒縞あるを以て此名あり本布の最流行せるは數年以前にして現今は需要減退せり用途は夏用肌衣にあり一疋の長さは四十碼にして巾は漂市布に比し稍廣く三十六吋あり

◎竹　布

白色の者は用途漂市布と仝一にして夏季用肌衣靴足袋褌子等を製するに用ふ一疋は長さ四十二碼巾三十六吋にして重量は十四封度内外なり一疋宛を紙にて卷き五十疋を一箱に詰め輸入す

竹布の染色せる物は重に汕頭上海廣東製のものにして就中汕頭製の者尤も賣行良し重なる需要者は普通の商民にして用途は男子の上衣に用ゐる者多く又褌子を製するに用ゆ

染物は長さ四十二碼の竹布を七分したる者と八分したる者との二種あれども八分したるものは仝地方にて尤も需要多き男子の上衣を製するに稍不足あるを以て七分したる者賣行良く輸入仝額の七八分を占む

以上小線花旗布漂市布柳條市布竹布等の如きは皆同品質の織物にして之れを合計するも未だ「シーチング」「ドリルス」の輸入額に及むぞと雖ども己に滿洲地方人の氣風漸次南清地方の氣風に感染するの兆候あれむ柳條市布以外の三布の如きは或は近き將來に於て大に其流行を見るやも計るべからぞ況んや滿洲愈々開放せられ世人の多く入込むに於ておや「シーチング」「ドリルス」の需要益々多大なると共に之れら綿布の需要愈々隆起せん當業者開眼一番大に注意を要すべきなり

◎羽綢

綿繻子卽ち（Cotton Italians）を仝地方にて羽綢と稱し有紋物を花羽綢と云ひ捺染したる者を印花羽綢と云ふ近來仝地方土民の風習漸次華美に赴き都府に於ける商民其他富裕者は本布の如き華麗の布帛を用ゐて日常の衣服を製するに至り仝港輸入額の如きも此數年間に於て著しく增進せり例に依て最近五ヶ年間

の輸入額を示せば左の如し

年次	數量	價格
三十一年	四〇、一〇四疋	二〇〇、五二〇海關両
三十二年	六九、五四五〃	三四七、七二五〃
三十三年	三九、五五一〃	二三七、六四六〃
三十四年	七二、四〇六〃	六六〇、六五四〃
三十五年	七二、三九八〃	六五一、五八二〃

本布一疋は長さ三十碼巾三十吋にして一疋の重量約七封度内外なり今各種色合に就て其用途を示せば左の如し

色合	主なる用途
元青即ち黒色	男女用衣服の表を造る
二藍即ち青色の赤味ある者	仝上
荷灰即ち藤色	年少婦人用衣服の表を造る
茶青即ち草色又は萌黄	仝上
品緑即ち緑色	仝上

火紅卽ち赤色　仝上
湖色卽ち水色　仝上
品藍卽ち花色の尙赤味ある色　仝上又は男女子衣服の表地に用ゐるもあり
桃紅卽ち桃色　仝上
枯陳卽ち青茶色　男子用套褲(ツボン)を造る
大紅卽ち緋色　年少婦女子の褲子を造る
靛灰卽ち藍鼠　男子用套褲を造る
天青卽ち紫紺　男子用套褲及衣服の表を造る

如上の色合ありと雖ども就中需要の多きは黑色にして總需要高の六分を占む而して其紋織及び捺染に拘はらず其様摸の大なる者は年少者の嗜好に適し少なるものは老人專ら之れを用ゆ

◎羽布

綿呉絽(在上海本邦領事館の譯語を採る)卽ち(Cotton Iasting)を仝地方にて羽布、或い羽綴と稱するもあり)と稱す之れにも織摸様物と捺染物とあり其輸入額遠く羽綢に及ばずと雖ども又相應の需要あり今過去五ヶ年間の輸入統計を示せば左の如し

年次	數量	價格

三十一年	二二、七三一疋	八六、九六一海關兩
三十二年	二六、六二六〃	一〇二、五八三〃
三十三年	一四、八〇九〃	五九、二三六〃
三十四年	一三、七一八〃	五四、八七二〃
三十五年	二五、八八六〃	一二九、四三〇〃

羽布の用途は羽綢と大差なきも亦大に欲肩兒（袖ナシ）の表地に使用せらる而して之れも亦黒色の者尤も需要廣し本布一疋の長は羽綢と仝じく三十碼巾三十吋にして重量八十一封度內外なり羽綢羽布共に歐洲產に係り經緯共綿糸にして繻子あり繻子の印花あり紋繻子あり紋綾の如きあり混合組織ありて二者殆んど全種類に屬し場所と人とに依て其呼稱を異にする故其名稱の依て分かるゝ所以を知るに苦む而して此二種は近來各地共に大に流行需要ある者にして仝地に於ても亦三十五年の輸入高を合すれば七拾八萬千〇拾貳海關兩に達し「シャーチング」類の次に位する輸入品なり予等亦此等數種の見本を得たれば後章天津の部に於て之れを列し以て參考に資すべし

◎唎叭喇

本布は露國の製品にして近來の輸入に係り且つ價格稍や高貴なるを以て需用甚だ多からず用途は羽綢羽布と異なるなし而して本布一疋の長さは三十碼巾二十六吋半なり総て旅順口より輸入せらるゝと云ふ

◎小綿打連布

小綿打連布は英語の「ヂエーンス」(Feans)卽ち畦織木綿にしてドリルス卽ち打連布と組織全じきも原糸細少なるを以て此名あり從て全地方に於ける用途は打連布に於けると異る所なく各種の染色を施して男女冬期並に春秋用衣服の表を作るに用ゆ今又稅關統計の示す所に依り最近五ヶ年間の輸入高を示せむ左の如し

國別	數量價格	三十一年	三十二年	三十三年	三十四年	三十五年
米國製	反	三、三八〇	二九、六三〇	一六、七一〇	五三、四七三	七三、六二〇
	海關兩	九、九二三	八八、八九〇	五〇、一三〇	一五七、四一九	二五七、六七〇
英國製	〃	一三、五六〇	九、二五〇	二、一三〇	一〇、一〇〇	一九、六〇二
	〃	三五、六六二	二四、三一八	六、二四四	三〇、三〇〇	六八、六〇七
和蘭製	〃	—	一、六八〇	二七〇	三〇	—
	〃	—	四、二〇〇	七五六	九〇	—

本布一疋は長さ三十碼巾三十吋にして二十疋を以て一梱とし毎梱の重量百六十四封度內外米國製一疋の相場過爐銀參兩四匁位なり

又左に全地に於て染色したる染物の價格用途を示すべし

淸人の稱する色合	價格單位	相場	主なる用途
光藍干青	裁尺一尺に付	六四〇文	男女用綿入袷の表に用ゆ

石　藍　〃　七二〇〃　仝上
光干青　〃　七二〇〃　仝上

◎花粗布花市布花洋机布等

「シーチング」「シャーチング」「テークロス」等の捺染したる者即ち本邦の所謂更紗及ひ形付等は亦仝地方の需要ある者にして三十五年の純輸入額三萬九千八百二十四疋拾貳萬〇六百貳拾貳海關兩に達す而して其用途は專ら蒲團の表、年少婦人及小兒の衣料或ハ寢臺の垂幕窓掛等の裝飾的材料に在り價格重量尺巾等は原布に依て異るも大畧左の如し

「シーチング」「シャーチング」の捺染物は長さ四十碼巾三十二吋乃至三十六吋一疋の重量は十二封度乃至十四封度にして一碼の價格は過爐銀壹匁七分位なり

「テークロス」の捺染物は長さ二十四碼者と三十碼者とあり巾は二十八吋乃至三十一吋一疋の重量九封度半乃至十二封度にして一疋の價格は過爐銀貳兩七匁より參兩貳匁位は普通なるも摸樣と長さの如何に依て或は貳兩貳匁位の者もあり或は參兩七八匁の者もありとぞ

此らの捺染類は牛莊の輸入額未だ莫大ならずと雖ども淸國至る處其需要ある者にして前途益々其販路を擴張せんとするの傾向あり本邦近來稍々金巾捺染に注目し來りたれば將來此事業を企圖する者は大に注意するを可とす

◎洋机布

本邦の所謂天竺木綿卽ち(T-cloth)を全地方にて洋机布と云ひ未だ甚だ需要多からざ左に過去五年間の輸入統計を擧ぐれば左の如し

年次	數量	價格
三十一年	三二、二七三疋	五三、四三一海關兩
三十二年	三一、三〇四〃	五一、四五〇〃
三十三年	一一、九二七〃	二三、一二五〃
三十四年	九、五七七〃	一六、二七三〃
三十五年	二一、一六八〃	六二、六五八〃(内日本製一萬九千五百六十二疋 五萬八千六百八十六兩)

全港輸入天竺布は殆んど本邦製の獨占に係り現に昨三十五年に於ける如き約六萬兩ハ本邦製品なり本布は地質稍薄きを以て主なる用途は裏地向きにして多くは各種の染色を施し衣服蒲團の裏を造るに用ゆ本布一疋の長さは二十四碼にして巾は三十二吋の者と三十六吋のもの二種あれども三十二吋のもの需用大なり而して重量は其巾の廣狹により異れども通常一疋五六封度なり

左に全港に於て染色したるものに就て其相場を示すべし

色合の名	價格單位	相場

蛋青卽ち水色の黄味ある者	裁尺一尺に付	參百六拾文
湖色卽ち水色	〃	參百六拾文
紬月卽ち活色	〃	參百六拾文
正藍卽ち納戸色(濃淡共に)	〃	參百八拾文
光魯卽ち藍鼠	〃	參百貳拾文
元青卽ち黑	〃	四百文
石藍又は石青卽ち濃花色又は淡紺色	〃	五百八拾文

右の中黑及び濃花に染めたる者を得たれど以て參考に供す

十號	元青	二十四碼	三十二吋	一疋 五兩(過爐銀)
十一號	石青又は石藍	二十四碼	三十二吋	一疋 六兩(過爐銀)

本布は元來粗布「シーチング」及小綿花旗布「シャーチング」の中間に位する如き者にして當時仝地方にては小綿花旗布と仝樣只に裏地に用ゐらるゝのみなれども比較的廉にして牢實なれど「シャーチング」の需要多くなると共に增大するは疑ふべからず況んや衣服の表地に用ゐられんとする傾向あるに於ておや

◎毛洋布及大洋布

本布は本邦の普通所謂金巾又は唐木綿と稱する者にして前記の「シャーチング」卽ち小綿花旗布に比すれ

も原糸更に細少にして極めて薄地の綿布なり其白地の者は專ら死人の衣服及ひ蒲團等を造るに用ゐ其他に用途を見ず一疋は長さ四十碼巾三十八吋とす

本布の當地にて染色せられたる者に就て其用途を示せば左の如し

色合の名稱	主なる用途
竹干青卽ち薄草色	下等社會男女及小兒の帶に用ゆ
品紫卽ち紫色	仝上
茶青卽ち草水又は萌黃	仝上
桃紅卽ち桃色	婦女子用衣服の裏地に用ゆ
湖色卽ち水色又は水淺黃	男女用衣服の裏地に適す
品綠卽ち綠色	下等男子並に小兒の帶に用ゆ
正灰卽ち鼠色	仝上
香色卽ち草色	仝上
正藍卽ち納戸色	下等社會男子の帶並に衣服の裏に用ゆ
魚白卽ち淺黃色	死者の衣服の裏に用ゆ
干青卽ち黑色	死者の衣服の表に用ひ又貧者の衣服の表にも用ゆ

鵞黃卽ち黃色　　死者の蒲團を作る

◎猩紅毛洋布

本布は本邦の普通所謂緋金巾にして其主なる用途は小兒又は婦女子用衣服の裡地にして其染色は卽ち土耳兒赤長く變褪せざるを以て少しく需要あり一疋は長さ二十五碼巾三十一吋にして重量は一疋二封度位なり

以上二種の如きは極めて薄地にして耐久性に乏しき故氣候寒冷に且つ風俗質素にして牢實なる者を尙ぶ全地方には未た多大の輸入あるにあらざ亦將來多大の輸入ある者たるを信ずる能はす

◎打連絨

綿フランネルを當地方にて打連絨と云ふ片毛綿ネルにして組織は3/1の綾をなし2/1の組織を有する「ドリルス」卽ち打連布と外觀相類似するを以て此名あり而して全地に輸入せらるゝものは米英日の三國品にして就中米國製は毛深く地質堅緻緻密なりとして好評を博し居れり左に最近五ヶ年の輸入統計表を掲ぐ

國別	數量/價格	三十一年	三十二年	三十三年	三十四年	三十五年
米國製	疋	――	――	――	二八、一八四	四、五一八
	海關兩	――	――	――	一〇四、八八四	一三、九〇五

英國製 〃	五、四八五	二一、七四三	三六〇	五五	二
〃	一五、八七〇	五六、六四七	一、七五〇	一九五	一〇
日本製 〃	一四三	五、九四八	—	三、一六七	一、〇九一
〃	二六二	一、七六三	—	九、三九八	二、九八六

本布は價稍や高きを以て現今に於ては尙贅澤品視せられ宛然本邦二三十年前の如く需要未だ一般に行き渡らざと雖ども冬期間の長く且つ氣候の冱寒なる當地方に取りては土民生活の度進むに從ひ將來需要增進の望みあり而して本布は一疋長さ三十碼巾三十二吋にして重量は一疋十二三封度なり用途は重に肌衣用にして又頸卷となすことあり

予等亦米國製見本二三を得たれば以て參考に供す

十二號	米國製	大鬼印	五兩九匁(過爐銀)
十三號	〃	二號鉄車路	六兩九匁(〃)
十四號	〃		五兩(〃)

卽ち全地方に輸入せらるゝ者は多くは白無地ネルにして大紅、桃紅、荷灰、品紫、茄紫等の無地ネル往々市場に散見すと雖ども贅澤品視せられ需要極めて鮮少なり現今は專ら白無地ネルの需要勃興せんとするの時にして或は其白無地ネル染色を施して使用するあるを見る故に若し白地の起毛少ければ染色後「ネル」の「ネル」たる所以の必要なる毛羽或は拔脫し或は伏寢し恰も普通のドリルスの如きに至るを以て淸人は

寧ろ起毛の豊かなる者を好むの狀あり又起毛豊かなりと雖ども地質粗鬆にして脫弱なる者は彼らの好む所にあらざれど大に注意を要すべきの点なりとす實に淸人は價格の廉にして徒に外觀の美且脆き者よりは價格少しく貴しと雖ども寧ろ牢實堅靭の者を好むは其生活事情の然らしむる所殆んど天性の如くにして殊に北淸滿洲地方の人に於て尙然りとす

其他外國產にして全地方の花吡吸透花布（此二種ドリルスの一種にして組織の一層粗大なる者赤色捺染なり）花剪絨（本邦の葛布の如き者に捺染したる者）蹚子絨（コール天のこと）洋絨（唐天のこと）黒瞎子洋布（羅紗とも云ふべき者）花洋紗（麻織の捺染）帳羅（レース織）縐地卓衣（縐縮織の捺染卓子掛の如き者）等稱する者輸入せらるゝと雖ども其輸入額僅少にして敢て屬望するに足らざ

尙亦他に本邦より輸入する手巾、浴巾《たれる》、綿毛布、日本綿布及日本綿縮み等あり今之れが種類の三十五年全港の輸入表を示せば左の如し

品名	外國產		日本產	
手巾	六三、九八四打	四七、九八九海關両	一四、八七七打	八、〇九五海關両
浴巾《たれる》	九九、一一六〃	六九、三六五〃	二二、六六四〃	一四、一三一〃
綿毛布	四五、九七五枚	二二、七二六〃	五五、五一六枚	三〇、九三八〃
日本綿布			二、六五七反	二、八五一〃

日本綿縮み　三、九一八〃　四、八九一〃

右五種の如き者は綿織物の一種に外ならざるも一に雜貨品として販賣せられ滿洲地方に於ては寧ろ之れを贅澤品となすの傾向なり然れども氣風漸次開明に赴き生活程度漸次進歩するに從ひ此等物品の需要漸次多量に至らんとす就中浴巾《たれる》綿毛布は生活上の慣習熱湯を以て絞り上げたる手拭を以て幾度となく顔と手を拭ふの慣習と冱寒なる氣候との關係より愈々需要多からんとす之れ我當業者の大に奮勵すべき時なりと雖ども我當業者は常に製品の販路廣まると同時に却て反對に製品の品質を下落せしむるの癖ありて遂に信用を失し折角開けし販路を自ら杜絶することあれば其覆轍に鑑み揚々として正路を活歩し販路擴張の手段と機會を誤まり且つ失はざらんことを希望して止まざる處なり聞説綿毛布は近來非常に粗濫に流れ價格廉なりと雖ども實用に適せざるを知れば需要者大に減し寧ろ價格少しく貴きも染織二つながら良好なる獨乙品を需要するに至り昨年の如きは實に言ふべからざる不況に陷れりと其結果にや其製造元なる名古屋の綿毛布組合が頃者解散云々の説ありと云ふを耳にするに至る實に遺憾の極みなり綿毛布に就ては吉田虎雄氏著支那貿易事情及び中村桂次郎氏著の日清貿易策中稍詳細に記する處あり

手巾は前表の如く輸入あり將來開明に赴くに從ひ多少輸入の増加を來すあるべしと雖ども元來支那人は手を以て鼻水をかむの習慣にして紳士の如きすら手にて鼻をかみ然る後手を拭ひ鼻を拭ふの有樣なれば將來浴巾《たれる》の輸入增大せるが如くに增大するものにあらざるべきを信ず殊に本邦の如き地質薄弱糊堅めに

して外觀のみを保ち洗濯の後再び使用すべからざる者の如きは彼らの天性尤も嫌惡する所にして決して需要の增大を望むべからざる者なり日本綿布とは本邦の內地向綿物の如き者を云ひ其絹綿交織と否とに拘らず皆此種に屬す而して目今全地方に於て本邦より輸入せらるゝ日本綿布なる者は愛知岐阜兩縣下より產せる所謂紫縞と稱する者にして三四年前に在ては稍多額を輸出したりしと雖ども本邦工業家の通弊なる粗製濫造を免かれず遂に一昨年より昨年に於て大に信用を失し販路極めて縮少せり用途は小兒及年若き婦女子の衣服褌子の表地の外俗に所謂ハイカラ的男子の褌子等にあり或は其縞柄によりては蒲團等になすありて多數の人民中間々之れを使用するのみ決して一般に需要ある者にあらず蓋し支那の國風として衣服は凡て色無地にして縞なる者の觀念なく假令彼らに色糸を混用せる織物ありとも棒縞又は格子縞にして主に裏地に用ゐるに過ぎざれは本邦より輸入する紫縞なる者も已に其價値の知れ渡りたる今日に於ては到底販路の擴張を望むべからざるを見る況んや其益々粗製濫造に於ておや然れども紫縞も未だ全く命脈を落したるにあらざれば漸次品質を改良するに於ては四億有余の人民を有する大國何處の邊にか更に其需要を求められざるなきを得んや（此紫縞に就て其詳細なる者は岐阜縣美濃縞同業組合の織物輸出地狀況取調書報告書あり）

木綿縮みの中には纖織も含有す縮みは皮膚に接觸して稍刺擊を與ふるの嫌あると地質薄弱の感あるとによ
り寧ろ彼らは纖織を嗜好するが如しと云ふ其用途は夏時の肌衣褌子等に在りて年々其輸入額を增す傾

きあるも其額未だ五千両に達せざれど前途尚遼遠なる者たり

第三　清國產手織綿布（土布）

土布の全地に輸入せらるゝ者夥多なることは己に第一総説に於て記したり而して其種類亦一ならず曰く大尺布、清水布、白套布、紫套布、高橋布、對青布、魚白布、影白布、徐鄉布、嗎花布、家机布、嗎花家机布、被面布、回布、口袋布、等にして其名稱は皆全地方の稱する所の者なり而して土布に關する名稱の如きは各地必すしも同一樣の者にあらされど上記の名稱を以て一定の者となさヽるへからざるあとは又色合の名稱の如し今又同地領事館の調査書を骨子として踏査せる處の者を左に記すべし

◎大尺布

大尺布は江蘇省通州の產出に係り同地輸入支那手織木綿中最も需用の大なる木綿にして恰も「シーチング」の機械織綿布に於けるか如き位置を有し一ヶ年輸入額十三四萬梱を下らさるへしと云ふ而して本布の重なる需用者は地方の農民にして白色の儘又は各種の染色を施して衣服を製する外土民の日常使用する手拭となし或は又形付して蒲團地となす等其用途頗る廣し

本布の一梱は四十疋にして每疋長短廣狹差等ありて一定せされども通常長さは裁尺五丈五尺乃至六丈（我鯨尺四丈九尺乃至五丈三尺五寸）にして巾は裁尺一尺二寸乃至一尺三寸五分（我鯨尺一尺五分乃至一

尺二寸）なり而して其重さは亦尺巾の如何に依て異るも概して營口秤三斤乃至三斤半卽ち我四百二十目乃至四百九十匁內外なり又價格は尺長短商標の異るに依て一定せずして壹兩位より壹兩五六匁に至る前に記するか如く支那には確然たる度量衡制度なく自由製作を許され居れば支那の權衡も亦尺度の異なる如く一定せる者にあらず營秤の一兩と稱する者も或は我八匁七分に當り或は八匁八分に當り或は八匁九分に當る者もありと雖ども今之れを假に我八匁八分を以て計算すれは彼は十六兩を以て一斤となすか故に彼れの一斤は我百四十匁八分に相當す

◎清　水　布

淸水布は上海縣三林堂の製造に係り全港に於ては支那手織木綿中大尺布に亞て需要の大なる綿布なり而して本布の重なる用途は大尺布と大差なく染色を施して農民男女の衣服を製し又其地質稍厚硬なるを以て足袋を造るに用ゆ

本布の一梱は二疋一對の者四十二對卽ち八十四疋にして一疋の長さは裁尺二丈の定めなれども實際は其一丈九尺內外を以て常とし巾ハ裁尺一尺二寸內外なり而して重量は槪して九十五六斤より百斤內外に至る卽ち一疋殆んど我百六十匁乃至百七十匁位にして一疋の價格は四匁六分乃至五匁位なり

◎白　套　布

白套布は前者と同しく上海三林堂の製織にして同港一ヶ年の輸入額約三四萬梱なりと云ふ本布の一梱は

十疋一束の者の十束を其一疋にて結束したる者にして即ち百〇一疋を含む重量は上等品百斤内外中等品九十六七斤下等品九十二三斤にして即一疋は我百十四匁位の者より百二十七八匁の者なり而して其長さは裁尺にて一丈七尺内外巾は裁尺一尺許りなり而して重なる用途は衣服用にして殊に小兒の衣料に供し多くは同港に於て染色を施し賣捌く者にして其納戸色に染めたる者の如きは農民男女の衣服となり或は綠色又は赤色に染めて女子の襯子となし又は纒足用となす而して本布は品質に依り販路を異にして其地質の良好なるは同港附近及び奉天府地方に需要せられ劣等なる者は吉林附近其他北方邊外地方に需要せらる隨て下等品の輸入甚だ多く總額の七八分を占むると云ふ而して其染色したる者の價格は一疋五匁二分位にして白布は一疋四匁乃至四匁一分位なり

◎紫套布

紫套布は上海三林堂の製造に係り同地方に於て亦相應の需要ある綿布にして普通所謂茶棉と稱する褐色を有する棉花を原料とするか故に從て色合褐色を帶ひ白布の如く直に汚色せるの恐れ少きを以て地方の勞働者又は船夫等主に本布を以て衣服を製す一疋は裁尺にて長さ一丈六尺乃至七尺巾一尺餘あり一梱は十疋一束の者の十二束を其一疋にて結束したる者にして百二十一疋入なり而して其重さは約九十八斤にして即ち一疋い我百十五匁位なり價格は一疋三匁五分位とす

◎高橋布

本布は上海高橋鎮に於て製造する土布にして奉天以南の地に專ら需要せられ奉天以北には需要甚だ少しと云ふ而して主なる需要者は農民及樵夫等にして白布の儘又は納戸等に染めて主に褌子(ヅボン)を造る蓋し其長さ一疋を以て一個の褌子を製するに適するを以てなり而して本布一疋は裁尺にて長さ一丈二尺五寸巾九寸二三分にして百四十疋を一梱とし其重量約九十斤內外なれど一疋の重さは我八九十匁なり價格は花色に染めたる者にして一疋三匁二分許りなり

◎對　青　布

對青布は上海附近に於て製織せられ上海に於て染色せられたる者にして近來全地方需要は甚だ減退せりと云ふ從來全地方民は主に本布を以て馬褂子(羽織)の表となしたりしも近來は其嗜好を變し輸入後更に當地にて染め直し婦女子用衣服の縁又は靴の面を造るに過ぎど而して本布は裁尺にて長さ一丈九尺乃至二丈巾は九寸七八分を以て普通とす一梱は百五十疋にして其重量約百三十七八斤なれば一疋の重さは約我百三十匁前後なり價格は一疋四匁三分乃至四匁五分位なり

◎魚　白　布

魚白布は上海附近に於て製織せらるゝ綿布にして近來其輸入額甚だ多からず用途は衣服の裏地にして又農民勞働者は本布を以て足袋を造るの材料に供す一疋の長さは裁尺にて二丈許巾は九寸五分內外にして百五十疋を以て一梱となし其重量百二十六七斤なれど一疋の重さは約我百十八九匁內外なり價格一疋四

匁二分位なり

◎影白布

影白布は上海附近の製造にかゝり淡水色を帯び光澤ある綿布なりと雖ども全地方に於て需要甚だ少し從來本布は多く衣服の裏地に使用されしも近來は其嗜好を變じ專ら足袋を造るの材料に供せられ殊に地方博徒の輩好んで本布を以て足袋を製すと云ふ之れは二百疋一梱にして其重量百四十四斤余なれど一疋の重さは約我百匁許りなり而して其長さは裁尺一丈七尺五寸許り巾は一尺許りなり價格は一疋四匁參分位なり

◎徐鄉布

徐鄉布は山東省周村の產出に係り全地方に於て相應の需要ある綿布なり其用途は大抵赤色紫色藤色桃色水色萌黄黑色等の種々の染色を施し小兒の衣服の表婦女子の足袋又は婦人用靴の表又は其緣等に用ゆ而して一疋の長さは不定にして裁尺にて一丈四尺位より一丈五尺五寸位の者もあり巾は七寸より一尺に至る價格も亦色合に依て異るも概して一疋貳匁四五分より貳匁七八分に至る

◎嗎花布

嗎花布は淸水布を白地藍花又は藍地白花に形付けたるものにして上海より輸入せらる用途は重に農民用の蒲團表とし又は下等社會の婦女及小兒の衣料とし或は支那馬車の垂幕等になすを見る尺巾は淸水布と

同様にして裁尺にて長さ一丈九尺巾一尺二寸許りなり價格は五六匁とす

◎家机布

家机布は輸入綿糸を以て全地方に於て織られたる者にして重なる用途は農民衣服の表裏にあり一疋は裁尺にて長さ七丈二尺巾一尺四寸餘重さ約五斤にして我七百匁許り代價過爐銀壹兩四匁六分位なり

◎嗎花家机布

嗎花家机布は蓋平に於て製織せられ牛莊に於て形付せられたる者にして專ら蒲團地に使用す一疋は裁尺にて長さ一丈八尺巾一尺三寸餘重量百九十匁餘にして代價過爐銀壹兩位なり

◎被面布

本布は同地に於て製織せられたる縞物にして用途は專ら蒲團地にあり一疋の長さ裁尺にて一丈四尺許り巾一尺二寸弱にして代價弍匁參分乃至貳匁五分位なり

◎流水被面布

本布は山東省周村に於て製造せらるゝ所の綿布にして專ら蒲團地に用ゐらるゝ一疋は裁尺にて長さ一丈二尺六寸許り巾は一尺許にして代價二匁位なり

◎回布

本布は前者と同しく山東省周村に於て製造せらるゝ綿布にして專ら農民の敷蒲團の表に使用せらるゝ一疋

は裁尺にて長さ五丈巾二尺二寸にして重さは一疋約六斤半即ち我九百匁余なり價格壹兩五匁位とす

◎口袋布

本布は輸入の綿糸を以て同地に於て製造せらる豆麥等を容るゝ袋を造るに用ゆ一疋は裁尺にて長七丈二尺巾一尺三寸五分にして價格貳兩五六匁なり

以上列記したる土布中大尺布の標本を得たれは其當時の小賣直段を附し參考に資す

十五號	白布	一疋に付き	小賣相場	小銀貨 貳弗拾仙
十六號	〃	〃	〃	〃 壹弗六拾仙
十七號	正藍(淡)	〃	〃	〃 貳弗參拾仙
十八號	〃	〃	〃	〃 貳弗五拾仙
十九號	石藍	〃	〃	〃 參弗六拾五仙

右の如く土布の見本を得たりと雖とも本邦に於て之れを經濟的に擬製するを得るや否や後章之れを論するの期あるべし

第四　牛莊地方へ本邦綿布の輸入狀況

日本製綿布の全地方に輸入せられたるは日清戰爭以後にして岡山紡績會社三重紡績會社大坂紡績會社等

の製造に係れる機械織綿布は其最たり而して全地には之れか輸入をなす本邦商人二三ありて熱心之れが販路の擴張に努力し普く清人をして其商標に親近せしむるを務め近來稍僅かに其商標は清人間に知らるゝに至りたりと雖ども時日尚淺く未だ信用を繋ぐに足らず目下は一に商標の普及せんことをのみ務むるの時にして其間の苦心慘憺は實に容易ならざる者なりと云ふ清人元來本邦人と異にして一度已れが信用せし物品は永く之れを需要する性質にして他に類似或は同等品質の物品ありと雖ども容易に之れに手を出さず頗る頑迷なる者なり左れば或る商標の信用を得るに至る迄では其の間非常の困難ありて一朝一夕の事にあらざるべしと雖ども一度彼らが信用を得るに至れば販路忽ちにして廣まり意外の盛況を呈するに至る本邦工業家之れを知らずして目前の小利に走り徒らに現金の回送のみを希望する故に販路の局に當る者自ら煩に絶へずして力を之れに出すの徒益なるを知る盖し本邦工業家未だ清國貿易事情を知らざるに基因すへしと雖ども如此しては到底對清貿易の隆盛を望むも決して得べからさるなり故に販路の局に當る者は常に曰く本邦の製造業者は忍耐力に乏しく暫時の忍耐は遂に將來の利益なるも之れを爲さすして自ら利益を放棄するは實に遺憾なり當地方は固より綿布の一大需要地にして將來充分望みを屬するに足れど大に忍耐するを要すと今や同地方に於ては販賣者の苦心に依て僅かに本邦綿布の輸入を見るに至り年々多大ならんとする趨勢あるは大に嘉すへき事なりと雖ども亦一の憂ふべき事實なしとせず他なし則ち日本商人の苦心慘憺商標を廣め着荷毎に幾分つゝなりとも直段を高めて以て已も利し製造元も利

する頃に至れは先天的商事上に悧發なる清人其信用ある若くは信用あらんとする商標の製品を大坂或いは神戸等に居留する出張員或は代理店或いは他の清人に托して之れか直輸入を圖り本邦人と競争す元來清人の商賣いは直ちに金錢を受授するに非す物品の賣買は銀爐の帳簿勘定にして購入品代を送るの代りに其代價に相當する貨物を送り亦先方より物品を仕入しむる如き組織にして眞の物品交易の狀をなし殊に同地方は山東商人の管理する商店多數にして各々同一商號の下に各種類の數店を有し極めて物品交易的商賣に便利なる組織となり互ひに其間信用を以て融通し三十五年間或部分に於て損失をるありと雖も平然として結局の勝利を收むるは同地方清人商人の特長にして遂に日本商人の堪へさるに至り最早己に同地方に於ける日清貿易の實權は清人に壟斷せらるゝに至れるは實に遺憾なりとす製造家に於ても目前の小利に吸々たるの餘り已に本邦商人に托して其地方に賣れ行く物品にしても内に在て些末の顧客あらは其顧客の大小或は一時的の者なるや否や殊に此顧客は何の地に輸出する者なるやも探究せすして直ちに同商標の者を販賣す之れ販賣地に於ける商品衝突の起る原因にして清人は固より其慾を以て之れをなを故に競爭となり需要者をして之れを疑はしめ本邦商人の從來の苦心皆水泡に屬し我れ敗れて販賣の權彼れに歸し徒に其利益を壟斷せらるゝに至るのみならす需要者己に疑ふに依り販路は比較的擴張せられさる者とを之れ製造家の德義なきが如き者なれども全く同地方の事情を知悉せさるに基く者にして且つ遠大の利益を希はさる爲なれは寧ろ憫然の者たるを免かれず故に商標權を我に收め我を利せんと欲をるには製

造元が已に各地に於て一手販賣を約し或は委托販賣を約し其販路の擴張を一任したる者あるに於ては決して同品に就て他を顧みさることとなり或は内地に於て清人の需めに應するとても可及的同一商標の者を避け別商標の者となすべく彼れが需求厭く迄て同一商標の者をなさゞるべからさるに於ては絶對的に之れを忌避すへし聞說英米國綿布製造者は實に一任したる販賣者の他を顧みるなく同質製品も販路地の異なるに從て商標を異にすと我製造家又販路地の異るに從て同質製品の商標を二三にするも可なり殊に信用と德義を重せす前後の注文に應して品質を異にする如きは大に戒むへし然れとも同一地方に於て競爭起らす從て需要者之れを疑ふの餘地あらす商標愈々廣まり信用愈々加はり販路の擴張自ら至らん然れとも現今に於ては本邦綿布の欠点前に言ふか如くにして其輸入の狀況亦右の如し之れ大に當業者の猛省せさるへからさる所とす

天津

天津は直隷灣の太沽海岸を去るおと三十餘哩の白河と大運河と會流する所に位し千八百六十年の英佛北京條約に依り其翌年開放せられたる北清第一の通商地にして又北清貿易の中心たり人口八十萬を有し市街は支那人街と外國居留地との二部に分れ本邦專管居留地は從來の外國居留地(紫竹林)と支那街との中央にありて白河に面し佛國專管居留地に接續せり聞說往昔白河は河底深くして二三十年前迄ては三千噸位の大船も來りたるも今は上流諸川より吐き來る土砂皆白河に落て徐々に海に注き港口爲に暗洲を作り從て河底年々埋沒せられ僅かに淺底の小蒸氣船航行するを得と實に大船巨舶は太沽海岸を距る數哩の沖に在りて小蒸氣船の引舟若くは支那帆船に依て其貨物を天津に輸す旅客の如きも小蒸氣船にて塘沽に上陸し此間十三哩更に塘沽より滊車にて二十七哩を行かさるのへからす加之風浪少しく荒めは荷役を行ふを得さるのみならす空しく時日を費すと冬期永く結氷し貨物滯澤旅客の不便甚しく天津の將來に就ていは兎角の論をなすものありと雖ども現時に於ては優に清國商業の一大雄鎭たるを免れを

抑も天津は前記の如き不便ありと雖とも而かも水陸の利便多きこと北清第一にして鉄道の一方は塘沽を經て秦皇嶋山海關營口に達し一方は北京に至り運河は山東江蘇に通し白河は北方より奔注し來りて共に運輸の便を與ふる大なるのみならず車道亦山東山西河南の各省に通し運送の便少からざ故に全地商業は

啻に支那大帝國の首府北京を包含するのみならず其範圍は非常に廣くして東は直隷東八縣より山海關を經て錦洲に及び北は張家口を經て蒙古に至り西は保定を經て山西に達し南は山東に入り又河南に至るされど其貨物輸出入額も宏大にして三十五年中に於ける海關を通過せし内地品も合して其總額は實に九千參百七拾四萬九千六百〇五海關兩の巨額に達し日本貨百圓を七拾五海關兩として換算すれば實に壹億貳千四百九拾九萬九千參百四拾圓となる其純輸入出額は八千九百四拾七萬八千四百六拾四兩となる他に亦内地税關を通過せし貨物亦鮮少ならざるを疑はず

全港の輸入綿布

全港の輸出入貿易額は九千參百萬兩以上に達すること己に前に言ふが如しと雖ども元來北清一帶は工業未だ充分に發達せず殊に天津商業區域内尙然る者にして唯に農産物及工業原料を輸出するに過ぎず專ら加工品を他に仰ぐ故に實に天津は一の輸入港たるの感あり今最近三ヶ年に於ける海關輸出入統計を示せば左の如し

年次	輸入額	輸出額
三十三年	二四、五六一、四三一海關兩	八、〇七三、三八四海關兩
三十四年	四一、二八〇、六五六〃	一〇、一五四、一〇六〃
三十五年	八〇、一八一、六八三〃	一三、五六七、九二二〃

前表に依て見れば三十三年三十四年の輸入額は輸出額の三倍四倍に當り三十五年は殆んど六倍余に相當す即ち三十三年三十四年は所謂北清事件及其創痍未癒の結果購賣力一時中絶したるの致す所にして三十五年は形勢復舊頓に購賣力を增加したるが爲めなりとすと雖ども輸入額增加の比を以て輸出額の增加の比に比すれば遙かに大なり或は此變態を以て之れを推論するは無理なると云ふべきも以上三十五年の輸入額は平和恢復後順況に復したるものにして加之元來全港輸出の物品は已に限りありて農產物獸毛獸皮其他僅かの工業原料品に過ぎざ反して輸入物品は北清事件復舊以來迷夢を覺醒し大に氣運開發し加工品の需要底止する所を知らざるを以て年々の輸入一層增加するは疑ふべからざ之れ天津は一の輸入港たるの感あるの所以なり而して八千余萬圓の輸入品中尤も多額を占むるは綿布にして其額實に貳千六百〇壹萬參千貳百八拾九兩に達し其三割二分余を占む而して此輸入額は外國產及清國產の海關を通過せる者を示す者ありと雖ども他に亦必ざ牛莊の如く支那帆船卽ちジャンクに依て輸入せられたる土布の如き者多少あるを疑はざ蓋し之れ支那各港普通なればなり予等遂に其調査を得ざれざ記するを得ずと雖ども以上輸入の額に合すれざ實に其多大なるを知るに足る今亦左に見聞せる所を記せんとす

第一　總說

綿布は當地輸入品中の大なる者なることは已に右に記するが如く然り今全港三十五年の綿布總輸入統計

を擧ぐれば左の如し

	外國產	清國外國形機械織綿布	土布
海關兩	二五、六三二、五三四	一〇、〇七五	三七一、六八〇
合計	二六、〇一三、二八九		

全港輸入の程度は聊か牛莊地方と異る者あり即ち牛莊商業範圍內には商賣的綿布製造者なく自家用綿布を製造し其余る所を市場に出すに過ずして其原料綿糸の輸入四百萬兩位なるも天津商業の範圍內には自家用綿布の製造のみならず山東黃河以西より直隸運河一帶の地及直隸東八縣に商賣的綿布の製造地ありて其原料綿糸の輸入は八百萬兩以上に達し從て土布の輸入少し故に牛莊の總輸入額に對する綿布の輸入額の比に比すれば天津の總輸入額に對する綿布の輸入額は稍劣るを見る然れども其需要の程度に至ては大に優るあるを信ず何となれば天津は王都北京に近く恰も我東京の橫濱に於けるが如く文化夙に開け風俗華美にして生活の程度漸く高く從て早くより布面の平滑なる機械織綿布の需要ありて從來の手織木綿のみを使用せる者も今は一袞の機械織綿布を得んと欲し又都の風俗は漸次田舍に及ふ者にして天津北京附近の人民の風俗は亦牛莊地方の人民の比にあらず一層華美の風あれば必ずや機械織綿布の需要の度の大に進歩せることは牛莊の商業範圍地の比にあらさるべく將來愈々其需要は他の加工品と共に增加を來すは明かなる所とす然るに本邦綿布輸入の狀況及其販路の狀況は牛莊と同一轍にして而も北清事件後本

邦人は同地方に於て大勢力を有し大專管居留地を有し諸種の利便あるに拘はらず本邦綿布の同地輸入の進歩の微々たるは實に遺憾とする所とす本邦居留民の同地にある者千二百余名多くは本邦内地失敗家の僥倖を希ふ無資產の者若くは娼妓的婦女にして確實の商業を營む者實に屈指するに足らす貿易の進歩せさる敢て怪むに足らさる所豈獨り綿布のみならんや然れども同港に於ける綿布の需要夫れ如此多きを以て一葦帯水の我が當業者奮勵一番渡航して以て能く實地に同地方の流行嗜好を視察し其用途を調査し英米の綿布は果して如何の現況なるや注意し永遠の商利を企圖するに於ては正に有望の者たるを信す今又同地市場に顯はるゝ綿布の主なる者に就て聊か記する所あらんとす

第二　外國產輸入綿布（淸國產機械織綿布も含む）

◎粗　布（シーチング）

「シーチング」同地に於ても亦輸入綿布中のみならず他の各種の輸入品中の最大なるものにして三十五年の輸入額二百二十五萬三千四百〇六疋九百〇八萬六千九百七拾六海關両に達す今左に其製造國別を記して其趨勢を明にすへし

國別		
英國製	二二一、二七六疋	八三、六一七海關両

米國製	二、二七三、八四〇〃	八、八三二、二〇一〃
日本製	五四、一九〇〃	一六一、〇八三〃
清國製	三、一〇〇〃	一〇、〇七五〃

前表に示すが如く仝港輸入「シーチング」中尤も多額を占むるは米國製にして其九割七分餘に當り殆んと獨占の狀を呈す之れ牛莊と同樣氣候の商品に及ほす影響にして冬期間長く氣候寒冷なるを以て防寒の爲め本布の如き厚地の者北清地方の需要に適す故に本布の如きは其內地と交通益々頻繁に赴くに從ひ愈々増加すべく厚地シーチングの前途洋々たり英國品ハ薄地の者多く需要甚た廣からす清國製は厚地ならさるにあらされども技術未だ精巧ならす產額少く唯た試賣の如き姿に在り若し夫れ本邦製に至てハ前に牛莊の部に於て記したる如くにして未た充分の信用を博する能はす然れども之れを三十四年の同港輸入本邦製シーチングの數量一萬四千百疋價格參萬八千七百七拾五海關両に比すれは殆んど四倍前後に達す勿論三十四年は同地方變亂後の秩序恢復せす貿易盛ならさりしと雖とも一躍して其額の四倍に達するを見れは本邦製シーチングも亦前途多望なるを信するに足る或は米國品を凌く能はさる理由の存するあるべしと雖とも米國品にも亦上中下あり此の時に當て本邦當業者は出來得る丈けの範圍に於て糸質を改良し織方に注意し組織の整然として堅靭なるを計り器械の應用を巧みならしめて生產費を減するの方針を取るに於ては米國製の中等品以下と共に北清市場に角逐する難きにあらさるへし

同地方に於ける米國製シーチングの賣れ行き良き商標は印度人頭印、アップレトン社の獅子印、猫頭に鷹印、虎印第一、鷄印、天官賜福、犬頭印、鷹に三ッ旗印に兎印、一兎印等にして牛莊地方に需要ある商標とは稍異なるも其品質尺巾價格に至て、往々一疋重さ十五ポンド乃至十七封度價格四兩八匁乃至五兩位の者ありと雖ども概して大同小異なり而して其用途は牛莊地方と同樣染色の後衣料に供す又其色合の如きも別に牛莊地方と異なるなく尤も多く嗜好に適する色合は藍の極めて淡なる者より紺色に至る迄でと鼠の淡なる者より其極点の黑に至る者とにして藍染と鼠又は黑染と混じたる者も多少の需要あり要するに綿布の之れらの色合は淸人が其地方の南北東西を問はず嗜好する所にして殆んど綿布各種の色合の九分を占むと云ふて可なり而して又天津地方の色合は名稱二三を本邦普通の名稱と對照して參考に資せん

元青	黑色	石藍	納戸色	石青
紺色	紫色	海老茶色	青洋灰	藍鼠色
缸靠	水色	洋灰	鳩羽色	深缸靠
空色	棗紅	赤色	雪妃	桃色
醬色	牡丹色	金宅	茶色	

右に依て見れば其命名少しく牛莊地方と異にして必ずや亦至る處其呼稱異るべし而して又天津のシーチング巾三十六吋長四十碼の物一疋の染賃は左の如し

黒色　壹両八匁　紺色　貳両七匁五分
納戸色　壹兩四匁　淺黄　七匁
鼠(淡色)　七匁　水色　五匁貳分

予等天津滯在中日本貨の爲替相場は日本貨百圓は天津両八拾両前後にありたれど前表の染賃を日本貨に換算すれど容易にして目下本邦の染賃に比すれど甚だしく不廉なるを覺え清人の嗜好する所の色合已に限りありて染色の方法亦我國の舊法に異らずして主に綿布は藍及タンニン鉄の二種の染色にあり西洋の化學染料の輸入なきにあらざるも元來清人は科學的智識なし故に其染料を使用するも皆之れ濫用のみ綿布に媒染劑を施さずして鹽基性染料を用ゐる如きは尤も普通なる者にして殆んど染料の性質等を知る者あるなし實に清人は化學的染色に於ては其價値零なり然れども今日專ら使用せらるゝ藍の染色及タンニン鉄の染色は我國の如く時間と手數とに吝ならざる故染液を薄くして何回も染め何回も洗ひ何回も乾かすが故に寧ろ我國の者に比すれど大に堅牢なるも前に言ふが如く染賃決して廉ならさるは我國今日の化學的染色の進歩せる技術を以て內地製織品の彼地に輸出する者に彼らが嗜好する色合を染め出し相當仕上を施して輸出するは亦大に有望なる者なるを信ぞ我邦の染色業者宜しく一度彼地に渡り實况を視察して之れを製造し輸出を試みられんこと敢て勸告する所の者なり

◎市布

シャーチングは主に英國製造に係りシーチングに亞て輸入の大なる綿布にして之れに漂白せざる者と漂白したる者と二種ありて漂白せざる者卽ち「グレーシャーチング」を市布と云ひ卽ち生金巾なり漂白したる者卽ちホアイトシャーチングを足布又は漂市布と云ふ固より兩者厚薄あり品質同しからざ而して市布の尺巾價格重量用途の如きは已に牛莊の部に於て記したれば之れを略す今亦同港三十五年の市布の輸入高を示せば左の如し

數量	一、五二一、三七八疋	價格	三、八〇三、四四六海關両

右の内日本製左の如し

數量	二、六三八疋	價格	五、九三六海關両

前に記したる如く牛莊はシーチングに亞て輸入額の大なる者は雲齋布なりしが天津に於ては市布なり卽ち知る天津は徒らに厚地の綿布のみの需要にあらす少しく地合薄くとも原糸細く組織緻密に布面平滑にして外觀の美なる者を嗜好するを之れ牛莊と天津の需要の程度の異る所なり

本布は主に英國産原糸細少にして織方精巧なり或は本邦に於ては紡績上種々の点より本布の如きは到底企及すへからさる事由あるも知るへからざと雖ども已に前表の如く多少の本邦製品の輸入を見るに至りたれは又全く絶望の者にもあらさるべし然れども此等の織物に至ては單に機械上よりのみ之れを觀察すへき者にあらざ亦紡績上よりも之れか觀察を要す予や紡績上の智なし故に以上の言は或は偏見たらさる

なきを期せさ宜しく紡績業者の敎を請ふへきなり前に言ふが如く北清地方漸次開發し來り生活程度高まるに從ひ贅澤亦之れに伴ふに於ては必ぞ外觀美麗なる細薄の者も一層其需要を進むべし本邦紡織工業上豫め之れに注意を施すも敢て無用の事にあらさるを信ぞ

更に又本布の染物の天津市場にて求めたる見本一二を示せは左の如し

二十號	石青	市布	四十碼	一疋	九両
二十一號	灰	市布	四十碼	一疋	七両

◎足布（漂市布）

足布さは漂白したるシャーチングにして市布に比すれむ更に地薄く本邦の普通所謂キャラコなる者則ち之れなり其同港三十五年の輸入額は綿布中第三位にありて實に數量八十四萬二千四百五十九疋價格參百五拾壹萬〇參百貳拾海關兩の多きに達す又輕々に看過すへからさる同港の重大輸入品なり而して其尺巾重量價格用途等も已に前に記したれは之を畧す只天津市場にて購入したる足布の染物見本一二を參考に供すへし

二十二號	石青	足布	四十碼	一疋	六両二匁
二十三號	灰	足布	同		五両八匁

然り而して右の市布足布の染物の如きも需要する色合已に限りあるが如き者なれむ幸に本邦に於て紡績

するを得ざ更に之れに染色を施し整理を加へ輸出を試むるも將來望なきにあらさるへし好しや本邦に於て此れらの綿布を製織する困難なりとするも淸國已に輸入品を使用せ我亦之れを輸入して進歩的染色を施し彼れが嗜好に投する亦愉快ならざや若し夫れ雜費の如きに至ては原布の輸入に要する者彼我大差なく只に染物を彼地に送る些少の運賃と保險料關稅倉敷艀賃其他二三の少費のみにして本邦の進歩的染色の廉なる賃錢と彼れが守舊的染色の賃錢との差を以て之れを補償するに足るべし況んや淸國に於ては至る處此種の白布の外に更に之れらの無地染物を輸入し實に全港のみにても三十五年に數量三萬五千七百二十五疋價格九萬八千八百七拾兩の外國品の輸入あるを見るに於ておや

他に此種の紋織物にして其白布と白地染物の輸入あり本邦當業者の將來の參考の爲め全港三十五年の輸入統計を示さん

白紋織シャーチング	數量	三三四疋	價格	一、三五三海關兩
無地染シャーチング	數量	一七、五四九〃	價格	六五、七五九〃

◎打連布（ドリルス）

打連布則ち雲齋布は全港輸入綿布中の第四位にして三十五年の輸入統計を擧ぐれざ左の如し

英國製	數量	九、七二〇疋	價格	三三、二八〇海關兩
和蘭製	〃	一六、七二八〃	〃	六二、九五七〃

印度製	〃	五、四七二〃	二〇、二七六〃
米國製	〃	七二九、二三〇〃	三、二〇一、五四二〃
日本製	〃	一〇、一九一〃	三六、七九六〃
合計	〃	七七一、三四一〃	三、三五四、八五一〃

本布も亦シーチングの如く米國製獨占の狀にして實に本布總輸入高の九割五分余に當り他國品の輸入微々として振はざる理由已に牛莊の部に於て之れを記したれば之れを再びせざるべし而して米國品中仝地市場に於て尤も賣行良き商標飛龍印、印度人頭印、アップレトンの獅子印、双兎印、單兎印、馬印、人馬弓印、牛頭印、四小鳥印等にして下等は參兩參四匁より上等ハ四兩八匁に至る本邦のドリルスハ其上等なるものにして米國品に比すれば其下等品にして同樣參兩參四匁より參兩六七匁の間にあり組織不完全にして斜紋不整原糸不均一にして色澤欠乏し到底米國品と比肩し難し然れとも幸に三十四年同港輸入の本邦製ドリルスの二百九十五疋千〇八拾六海關兩に比すればシーチング輸入の進歩よりは遙かに非常の進歩にして實に三十三倍の多きに達し淸人の同情を得るに至りたるは嘉すべきの現象なりとす故に當業者は此機を逸せす可及的糸質織方に注意し熱心之れが改善を計らば北淸市場に雄飛せんこと期すべきなり豈奮勵せさるべけんや而して其尺巾用途に至ては已に記せる所なれば玆に贅せず

一　市布印花、足布印花、洋机印花等（更紗及形付綿布類）

此に捺染綿布の同港輸入は亦大なる者にして第五位に在り卽ち三十五年の輸入高左の如し

數量	四〇一、九三一疋	價格 一、二二九、三四九海關兩

牛莊の捺染綿布各種の總計僅かに拾貳萬餘兩に過ぎざりしが天津の捺染綿布の總輸入は前表の如く實に百貳拾貳萬九千餘兩に達す卽ち又開化の度合に依て需要品に大差あるを知るに足る而して此ら捺染布の最多なるものは足布の捺染卽ち本邦に於ける普通の更紗にして次は天竺木綿の捺染なり其用途は小兒の衣料蒲團窓掛寢臺の垂幕等種々裝飾的に供せらる本邦近來漸く金巾捺染に注目し來り以て外國品輸入を防かんとする時なれど未だ以て淸國輸出の暇あらさるべきも淸國の該品輸入夫れ如此にして將來益々大ならんとそれど金巾捺染を企圖する者豫め之に留意する決して無謂の業にあらさるを知る只注意すへきは淸人の嗜好する摸樣は本邦人の嗜好と異にして一種の迷信より來る者多ければ充分に之れを了解するにあり西洋人能く之れを解して今日の如く成效す當初の苦心亦察すへきなり今普通金巾の捺染二種を供して參考に資す

二十四號	巾 三十二吋	長 三十八碼	一疋 參兩五匁
二十五號	同上	同上	同上

一羽綢(コットンイタリアン)及羽緞(コットンラスチング)

羽綢羽緞は共に天津港輸入綿布中多量なる者にして更紗類の次に位す今又例に依り三十五年の本布同港

輸入額を示せば左の如し

種類	數量	價格
羽綢（コットンイタリアン）	一六一、四八五疋	九三三、〇一〇海關両
羽緞（コットンラスチング）	二一二、〇六四〃	八四八、二五六〃

前に言ふが如く北清地方は南清地方に比すれば文化の度程稍低く人民一般に質朴にして絹織物の如きは比較的輸入少なし然れども天津市場は王城北京を包含するのみならず全地には總督府の存する所にして大官高吏の居住あり市民亦早く外人に接し文化の進歩せること牛莊芝罘等の比にあらず從て風俗亦稍華美にして絹織物輸入の如きも北清第一に位す

夫れ如此絹織物の輸入北清第一なりと雖ども絹織物固より高價にして元來質素なる中流社會の需要に適せず故に今や價格比較的廉にして一見絹織と疑はしむる本布の如き者を需要するに至り中流社會の日常服下等社會の晴れ衣は皆本布を以て作らるゝに至れるを見れば將來本布の輸入額は益々增加するを疑はず大に着目すべき織物なりと雖ども本邦綿織物上の技術尙言ふに忍びざる者ありて存し今日に於ては到底及ぶべからざる者たるを信ず

羽綢羽緞に織模様物と捺染物とありて織模様あるを花羽綢花羽緞と云ひ捺染したるを印花羽綢印花羽緞と云ふ前に羽綢羽緞なる名稱の依て分かるゝ所以を知るに苦むと云ひしは蓋し洋名己に異れば其組織品

質も亦異らざるべからざる織物なるべきも清人の呼稱する所各人各家に依て異なるのみならず場處に依て異なり實に左の標本の如く區別し難ければなり即ち今天津及上海等に於て購入せる見本の清人の稱する名稱を記して參考に資すべし

番號	名稱	巾	長	價格	購入地
二十六號	印花羽緞　(銀花)	三十一吋	三十碼一尺に付	九兩	天津
二十七號	花羽緞　紫色	三十吋	四十碼	七兩	〃
二十八號	〃　金宅	〃	三十碼	拾兩	〃
二十九號	〃　青洋灰	〃	〃	九兩	〃
三十號	〃　棗紅	〃	〃	九兩	〃
三十一號	〃　洋灰	〃	〃	九兩	〃
三十二號	印花羽緞	〃	四十碼	六兩	〃
三十三號	花羽緞　元青	〃	三十碼	九兩	〃
三十四號	印花羽緞	〃	四十碼	拾兩	〃
三十五號	〃　(金花)	〃	三十碼	九兩	〃
三十六號	花羽緞　雪妃	〃	〃	九兩	〃

三十七號	〃	醬色	〃	四十碼	五兩	〃
三十八號	〃	靛灰	〃	三十碼	七兩五匁	上海
三十九號	印花羽綢	二藍	〃	〃	七兩八匁	〃
四十號	橄地花羽綢	醬色	三十一吋	三十碼	七兩貳匁	〃
四十一號	玫瑰花羽綢	桃江	三十吋	〃	七兩八匁	〃
四十二號	印花羽綢		〃	〃	七兩八匁	〃
四十三號	橄地花羽綢	青灰	三十一吋	〃	七兩貳匁	〃
四十四號	花羽綢	天青	三十吋	〃	七兩五匁	〃

則ち本布の清國市場に輸入せらるゝ者は右の如くにして糸質精良光澤艶麗にして一見絹織物と疑はしむるに足り而かも支那產絹織物の綢緞に比すれど其價格僅かに十分の一に足らず加之組織染色両ながら比較的堅牢にして清人の嗜好に適せる好綿布なり殊に其花紋たるや織模樣と捺染とに拘はらず從來の支那產絹織物に見る所の花紋にして能く清人の嗜好を穿たる者其需要の多大なる決して偶然にあらざるなり而して此らは皆歐洲の產能く風俗習慣異にして未開頑迷なる清國人の嗜好を察し今日の如く確乎たる信用を得るに至りし迄での苦心經營夫れ容易なる者にあらざるべく外人の根氣の堅忍なる實に羨望に堪へざる所なり

他に亦絹綿交織ありて盡く外國輸入品なり卽ち左の見本の如し

名稱		巾	長	價格
四十五號	把緞	三十吋	三十碼	一碼に付 六匁
四十六號	洋本緞	〃	〃	〃 六匁
四十七號	閃寧綢	〃	〃	〃 六匁
四十八號	太西洋縐	二十一吋（二巾織）	二十碼	〃 參匁

之れらは地質堅牢なる者にあらざるも價格廉に一見絹織物の如くにして外觀艶麗なる者なる故寧ろ派手を裝ふ者の需要に過ぎず只其仕上の佳良なるは見るに足るべし

◎天竺布（天津にて稱する名を逸す）

天竺木綿則ちテークロスは亦天津輸入綿布中の雄大なるものにして其額前者に亞ぐ例に依り一昨年の全港輸入の統計を擧ぐれば左の如し

數量　三六八、五六五疋　價格　一、一四九、二六八海關兩

內日本製左の如し

數量　一二七、二九九疋　價格　四八八、九二三海關兩

前表に依て見れば日本製は四拾八萬八千九百貳拾參海關兩にして他は他國產主に印度產及び小量の英國

産なり英國産は品質優等なるも價格貴きに過ぎて全市場を占領するに適せず今は殆んど印度品と本邦品の競爭の狀に在り日本品の賣行良は大坂紡績會社の李大白印、錦魚印、日本紡績會社の蝙蝠印等にして其他三重紡績會社岡山紡績會社等の製品あるも近來の輸入にして未だ其成績判明せずと云ふ而して日本品印度品は品質に於ては格別甚だしき差異なきも我は米綿に加ふるに印度綿支那綿を以て紡績するが故に色白く光澤に富むも彼は土産の色黑き棉花のみを以て紡績するが故に原糸已に光澤なく從て綿布亦我の如く白からず加ふるに近來我製織術僅かに熟練し來り織耳之井然として淸人の同情を求むるに足り價格亦少しく彼より廉なるにより故に競爭の地位に立つを得たり然れども近來印度に於ても亦米國綿を輸入し原糸を改良し織布の品質を進めんとして汲々たるあれば決して小康に安んずべきの時にあらず我は今漸く對等の位置にありて之れを凌厭するの日尚遠し宜しく對戰の計を立て製品を改良して以て他品を市場より驅逐すべし

◎小綿打連布

本布は畦木綿則ち「ジェーン」のことにして其輸入の大なる天竺木綿に亞ぐ今又例に依り三十五年の仝港輸入高を擧ぐれば左の如し

國別	數量	價格
英國製	一〇〇、一四三疋	二九八、九七〇海關兩

和蘭製	一六、〇六〇〃	四六、五四六〃
米國製	八四、八一六〃	二七六、三〇四〃
合計	二〇一、〇一九〃	六二一、八二〇〃

前表に依て見るに本布の全港輸入總額い數量二十萬千〇十九疋價格六拾貳萬千八百貳拾海關両にして稍需要の多き者なるを知るに足る而して其品質用途は打連布則雲齋布と異る所なきあと又其重量價格等は已に牛莊の部に於て說けるが如くなれども之れを再せず只天津商業範圍內の地方は牛莊商業範圍內に比すれども風俗稍贅澤に傾き華美の度大に優る故に纖維細少にして地質薄きシャーチングの大々的需要あるに至りしと同樣之れ又將來長足の進步を以て需要の增大を來すこと疑ふべからざれども本邦當業者は全港輸入のシャーチングに向て注意を拂ふと同時に又本布に向て注意を要するを可とす

◎緋金巾（天津の呼稱の名を逸す）

全港輸入綿布中小綿打連布の次に位する多額の者を猩紅毛洋布則ち緋金巾とす而して三十五年の全港輸入高は數量七萬二千百三十四疋にして價格貳拾八萬千貳百五拾四海關両なり已に前に記したるが如く其染色は所謂「ターキーレッド」にして長く變褪の恐れなきを以て能く清人の氣質に適し如上需要ありと雖とも緋金巾は元來地薄質きに過ぎ耐久性稍乏しきを以て亦幾分か清人の氣質に適せざる所ありて其輸入額著しく增加せざ寧ろ減却の傾向あるが如し而して其用途尺巾重量等は亦前に記したれば之れを署す

◎浴巾

浴巾則ち「タオル」も亦全港拾萬海關兩以上の輸入綿布中の一にして三十五年の輸入高は左の如し

數量　二七四、二四三打　價格　二一〇、四九〇海關兩

右の內日本製左の如し

數量　三八、六八三打　價格　八一、七三二海關兩

之れを前數年間の輸入高に比すれば他國品に於ても日本品に於ても共に數量價格二つながら增加し將來愈々有望の者たるを疑はず浴巾に關しては已に牛莊の部に於て記する所あれば更に之れを再說せずと雖ども尙一言の附加すべき者ありて存す卽ち浴巾は一種の綿布に外ならざるも一に雜貨品として販賣せられ全地在留數多の本邦雜貨店一として之れを陳列せざるなし然れども無資產居留民の多き內には亦資本の豊かならざる雜貨店なきにあらず今日の如く北淸の平和舊に復し濡手攫粟的の利益を收むるの難き時に於ては素之れ僥倖を萬一するの渡航者自暴自棄的に德義信用を顧みず已れ獨り先き驅けせんとして一致團結を破り相場を崩解し相互競爭の結果盡く不利に終り遂には閉店する者あるに至り徒らに淸人をして輕侮の念を起さしむ本邦人商賣の不安固なる如此にして無資本者多數なれば亦己むを得ざるべしと雖ども浴巾需要愈多大ならんとし本邦製品漸く頭角を顯はさんとする時に當て此現象決して嘉すべきの事にあらず能く同業者一致團結互に扶掖して價格を維持し愈々其販路の擴張を計り外品と競爭し之れを驅

逐せしめんこと希望に堪へざる處なり又他に「タオル」の品質に就き製造家に計らんとする者あり即ち本邦「タオル」は外國品に比して劣る所なく價格亦貴し反して外品は緯糸に屑綿を太糸に紡績したる者を用ゐ或は其枡形織浴巾の如きは木質纖維の如き糸を用ゐて廉價に之れを製造す凡て貿易品は品質を粗惡にする如きは其目的にあらざるも已に競爭品に廢物利用的の廉なる者ありて市場に跋扈す故我に於ても亦外品の如く廢物利用の法等に依り安價なる原料を用ゐ耐久力を減ぜずして之れを製造し前者の良品と之れを區別して販賣するを得ば淸國市場更に一層の銷路を得るを得ん之れ敢て當業者に計らんと欲する所の者たり

◎打連絨

本布も亦全港拾萬兩以上の輸入綿布の一にして三十五年の輸入高は數量二萬五千五百九十三疋價格拾萬○貳百參拾四海關兩に達し統計上外國品と本邦品と區別せざるが故に本邦品果して幾何の輸入ありしやを憶むる能はずと雖ども決して零碎の者にあらざるを信ず之れを全地の盛大なる某本邦商店に聞に本邦製にして輸入する綿ネルの縞物は皆白地にして京都和歌山等の產に係り片面起毛の者多く往々兩面起毛の者なきにあらず尺巾は普通本邦の大巾三十碼者にして一疋上等參兩四匁位より下等三兩以下の者もあるも就中參兩位の者尤も賣行良し白無地者は米國品の堅緻にして起毛の多き者尤も需要あるも日本品亦淸人の知る所となれり北淸地方は氣候の冱寒なる處なれば本布の如きは益々販路擴張する疑なしと實に

然り已に綿チルに就ては牛莊の部に於て記するが如く氣候沍寒なる地方にありては必要品なるも從來贅澤品視せられ需要廣く行き渡らざりしが今は漸く其效用現はれ民度の進むに從ひ益々需要多きに至り殊に天津地方に於ては年々輸入額の多量に至るを見る縞綿チルの輸入ある如きは慥かに需要程度の進歩を證するに足る本邦當業者内地需要の供給にのみ跼蹐せす進んで北淸の野に雄飛せよ

◎其他の外國產綿布

其他尙外國產毛洋布（本邦の普通所謂金巾又は唐木綿）天鵞絨手巾綿毛布等多種類の輸入あるも其額鮮少敢て囑望するに足らす只二三の本邦に關係ある者を摘採して同港輸入の趨勢を示すへし

手巾　同港三十五年輸入の手巾の総額は數量六萬〇八百八十五打價格四萬八千八百參拾五海關兩にして内日本製は數量二萬二千二百七十七打價格壹萬〇〇貳拾五海關兩なり去三十四年輸入日本製手巾は七千〇七十六打參千百八拾五兩に比すれば殆んど三倍餘に達す手巾は支那人の生活の慣習上より見れは全く贅澤品なるが如くにして浴巾の如く生活慣習の必需品に比すれば其需要遙かに少しと雖ども團匪事件の大刺擊城壁撤去等に依て俄然一層開發し手巾の如きも漸次使用者の增加を來し本邦製手巾も亦漸次多大の輸入を見るに至れるは可賀の現象なり要するに日本品は外國品に比して其價格殆んど半にして品質の佳良なるは望むへからさるも將來は一層品質の改善に勉め殊に染色を要する者は堅牢にして手巾の目的に背かさるを期すべし

綿毛布　三十五年同港綿毛布の輸入は數量二萬〇四百十七枚價格壹萬參千貳百參拾海關兩にして統計上外國品と本邦品との區別あらされば果して本邦品幾何の輸入ありしや或は又一の輸入あらさりしや計り難しと雖とも本邦已に清國向綿毛布製造者あり天津市場亦多少の輸入なきを保せぞ綿毛布に關しては已に牛莊の部に於て之れを記したれぞ茲に再ひせぞ

日本綿布　岐阜愛知縣等の製造に係る所謂紫縞と稱する如き者亦同港に輸入せらる然れども同地の統計上日本綿布と稱せる者必ぞしも之れのみに限らぞ在留本邦居留民の需要する者も亦之れに含まる今之れが三十五年の同港輸入額を擧くれぞ數量七千〇〇二反價格七千四百五十二海關兩にして三十四年の此種の輸入價格六千九百三十四海關兩に比ぞれば多少の增加を見る然れども之れ決して清人向き日本綿布の增加したるにあらさるを知る蓋し天津には三十四年末方より日本居留民の需要を目的とせる某呉服店の開業ありて同呉服店が三十五年に於ける所謂日本綿布の輸入亦鮮少にあらされはなり或は疑ふ清人向き日本綿布の粗製濫造遂に信用を失し輸入額却て減少したるにあらさるなきやを天津支那街に至れぞ或は一、个の服となりて古着店に陳列され或は數反雜貨店に棚晒しせらるゝを見るに就て其賣行を問へぞ不の一言を答ふるのみ實に其末路憫むへき者たり而して日本綿布に關しては前に已に記したればこれを細說せす

日本綿縮み　此類には纎織も含有すべし凡て此らの種類は夏季用にして使用の期間短きと比較的品質

牢實ならさるとに依り清人間には賣行良しからすと云ふ然れども三十五年の同港輸入高は數量八千百〇七反價格壹萬六千七百八拾九海關兩にして三十四年の輸入高數量六千九百二十二反價格七千〇四拾七海關兩に比すれは多少の增加を見る而して綿縮みの如きは本邦人の好需要品なれは或は輸入增加の如きは同地在留本邦人の需要大に與る者にあらさるや北淸人對日本綿縮み前途は一種類にして九百兩の輸入ある者に比すれど夫れ甚だしく遼遠なり

第三　淸國產綿布

前に記するが如く海關を通過して輸入せられたる淸國產手織木綿卽ち土布の數量九萬二千九十二擔卽ち九十二萬九千二百淸斤（十六兩を一斤とし其斤量は處に依て多少異るあるは前に言ふが如しと雖ども稅關等にて使用する一斤は大抵我百六十匁と見て可なり）價格參拾七萬千六百八拾海關兩にして他に亦必ず支那帆船卽ち「ジャンク」に依て海關を通過せずして輸入せらるゝ土布多少あるべしと雖ども牛莊に比較して其輸入額の多からざるは天津商業範圍內に自家用綿布製造甚だ多きのみならず商賣的綿布の製造地數ヶ所にあるが故なることは亦前に言ふが如く然りとす而して其輸入綿布を見るに牛莊地方と同樣にして上海地方より來る者と山東地方の產出に係る者とありて其用途は全く牛莊地方と異るなし

天津商業範圍內に於て產する土布に關し調査したる者を得たれば左に其概況を記して參考に資せん

卽ち天津商業範圍內に於て綿糸の尤も需要する地方は山東黃河以南より直隷運河一帶の地及直隷東八縣

即ち天津より山海關に至る間は其主なる者にして商賣的製造者あり自家用製造者あり依て織られたる土布は都會に賣れる者にあらず其地方の需要尤も多く蒙古滿洲地方にも亦販路ありとす而して其土布に二種ありて巾一尺長さ一丈八尺の者と巾一尺三寸長さ八丈の者にして前者は印度綿糸下等日本綿糸支那綿糸等を經緯に用ゐ組織粗笨後者は經に上等日本綿糸緯に印度糸を用ゐ衣服足袋等に使用す織工は主に女子にして其織賃は一日一丈八尺物六反位を織らしめて僅かに四錢位なりとす染業者地方至る處にあらざるなく之れらは嘗て都會に出で染業者に徒弟的に仕へ業を習得し歸りたるもの多く皆徒弟を使役して漂白、艶出し染色等を兼業す其職工の食費の如きも亦四錢位の者なりとす而して上に記したる土布製産地方の中に就て尤も製造の盛なるは運河一帶地方の寗津黃街及其附近にして土布を商賣する者四十余戶もあり然れども一般の開發奢侈風は遂に自織自衣の土民に及ぶに至り寒村僻地至る所多少機械綿布の需要を見ざるはなく而して年々綿糸の輸入愈々多く土布敢て衰微の兆を現はさゞれども機械織輸入の需要の多大なると共に土布亦決して衰ふる者にあらざるが如しと云ふ凡そ衣料及身邊附帶の者の如きは其需要の多少は其地方の開發人民の文化如何に關する者なれば淸國は漸次開發し人文愈々進むに從ひ其需要愈々多かるへく內外產綿布も共に永く其販路を持續すべし

更に又牛莊の所謂嗎花布即ち土布の中形染めも同樣天津に輸入せられ用途亦牛莊地方と同一にして下等社會に需要ある者なり左れども嘗て東京の中形染其他染物等を盛に扱ふ某商店淸國視察の後中形を製

造し仝地三井物產會社の支店に委托して販賣を試みられしことありと然れども結果良好ならずして其殘品を生ぜるに至り今日に至るも販賣を仝くするを得ぜ予等幸に參考上其殘品を一見するを得たり盖し其結果良好ならざりし所以は本邦綿布は清國中形用土布に比すれば其品質牢實ならざるのみならず尺巾の稍清人に不適なりしと柄合は清國嗜好の柄合を斟酌して却て其嗜好以上に出でたる傾向ある爲めにして必竟調査に欠如たる所あればなり日本人の新柄若くは珍柄なる者は決して清人の新柄若くは珍柄にあらす藍地白花にせよ白地藍花にせよ其紋と地と黑白の分量殆んど限定的の意匠なるが如く而して彼らが迷信より來る其摸樣數亦限定的にして徒らに之を斟酌し日本的思想を以て珍柄等を案出するは却て彼らの同情を得難きが如し況んや綿布の品質尺巾等清人に不向なるに於ておや今日の清人の嗜好思想は到底日本人の嗜好思想を以て同一に律すへからず然れども清人需要の中形の如きは其技術甚だ劣等幼稚なる者にして若し我れに於て其土布に比して經濟的に其原布を製造するを得ば直ちに以て彼らの現に使用しつゝある形紙を摸擬し我が比較的優等なる技倆を以て製出するは最も容易なる業なりとす果して我れに於て經濟的に擬土布を製するを得るや否や要するに爾來は專門當業者續々渡清し範圍を狹少にして深く研究せられんことを希望す範圍廣く淺き研究は或は鼓吹の材料たるべきも今日に於ては殆んど其價値なきに均し

第四　天津地方へ本邦綿布輸入ノ状況

天津は前に記せる如く開港久しく清國の商業の一大雄鎭にして本邦商人も疾くに居住せる者あり殊に所謂北清事件以後は著く居留民の數を増加したれど本邦各種製品の輸入の如きも多くは本邦人の手にありて居留民の少なき牛荘に比すれば稍趣きを異にし表面上大に可賀の如くなりと雖とも能く仔細に之れを観察すれは居留民の多數は素と之れ内地の失敗無資者一時の僥倖を希ふものにして德義なく信用なし資本あり信用ありて確實に商業を營む者に於ても團結一致は行はれす互に競爭豚擠得の爭奪の如きは其常態にして大は小を壓し强は弱を凌け徒らに清人をして漁夫の利を得せしむるの如き觀なきにあらされは實に遺憾とする所なり本邦製綿布輸入も亦此軌道を脱せさるべし世人已に知る如く清人の一致團結は非常に確固したる者にして互に德義と信用とを重んじ緩急相助け彼我共に大局の利を制するに比ぶれば我商人の行動實に雲泥の差にして頗る異觀とする所清人亦我が弱点を知るが故に我れを利用して彼遂に利を收む其悧發なること歎賞するに足る然り而して本邦工業家に於ても亦已に前に牛荘の部に記するが如く半工半商的にして其行爲に欠点ありて清人の乘する所となる故に内に在ては工業家一定の方針を立て外に在ては輸入同業者相携へ相助け其販路に務めなば絶對の利遂に我れに歸すべきのみ

北京

北京は天津を去る八十餘哩の所に在り世界の大帝國の首府にして周圍二十七哩餘人口百五十萬ありと云ひ或は二百萬ありと云ひ無統計の清國何を信とすべきや其實數は難計と雖ども饒多の人口あるは疑ひなし城廓は內城外城に分ち內城は外城の南方に連り王城を包み滿洲出身者多く此に住し從來の清人多く外城にあり故に更に之れを滿洲街支那街と云ふ而して其市街の光景人民の風俗等は已に他人に依て公にせられたる記錄多ければ予は蛇足を加ふることを略すべし

予始め北京の邦制上全國の頭腦有司百官の淵叢諸機關の蒐聚せる所なるのみならず人口饒多加之交通機關としては運河あり鐵道ある所なれば商業上亦我東京の如くならんと相像せしに實地に之れを視るに全然意表の外に出づ則ち其商業上に於ては單に都內居民の需要を充たすに止まり百貨を吐呑し各地と聯絡し商介に雄飛する地區にあらず實に貨物の銷售區たり故に北京には大問屋あるにあらず市內の商業家皆小賣店のみにして商品供給を天津に仰ぎ北京に輸入せらるゝ貨物は一度天津の關門を通過するものなれば天津の調査之れを盡くして余あり其內國產貨物に於ても亦然らざるはなく少しも我東京の地方商業と關係あるが如き狀態を認むる能はず之れ其意表に出づる者にして現今に於てハ一も商業地北京を視るの價値なし然れども北京を一通商地として開くの議あり鐵路の塘路天津より通ずるあり蘆漢鐵道數年を出

でざして中部支那の大市場漢口より通ぜんとするあり加ふるに廣東より漢口に通ぜる粤漢鐵道己に工を起しつゝあり北京開放せられて通商地となり鐵道亦香港廣東地方より武昌漢口を經て河南の都會及正定保定に通じ北京に達するに至ては天津今日の繁榮幾分か減殺せられて北京に推移するやも難計於是乎始めて商業地としての北京なる者生ずべし之れ世人の注意を要する所の者たり

工業獎勵機關

京師工藝官局　北京宣武門外四眼井に京師工藝官局なる者あり之れは北京政府の直轄にして局內に印判科あり藤細工科あり硝子科あり石鹸科あり刺繡科あり織物科あり堆朱科あり陶磁器の燒附彫刻家具製造等十五科を並置し庶民の子弟に其術を授くる所とも予等幸に之を見るを得たり然ども專門以外の者深く之れを言ふを須ゐず唯織物科に就て其見る所の者を記せんと欲す

織物科に男子部と女子部との二あり元來全地方は工業生產のある所ならざ時勢の變遷當局大に工業を獎勵するの結果各科共に可なりの徒弟を收容す織物科亦男女各二三十人を收容す其授くる所の者は目下木綿物にして從來の支那機臺と上海地方より輸入せしと稱する日本式の普通高機を使用し從來の支那機臺を以ては白木綿即ち所謂土布製造を練習し日本式高機を以ては「バッタン」を使用して「タオル」の製造を練習し又組織の變りたる白木綿を織り土布の製造は一に支那機臺を用ゆ之れ蓋し高機「バッタン」を以ては到底支那機臺に依て織られたる土布の如き者を織る能はざるが爲めなりと今幸に同局長に請ふて徒弟

の練習したる土布の見本を得たるあれば以て參考に供す

四十九號　京師工業官局徒弟實修品　經糸本邦鐘淵十六牛 緯糸山東手引糸　巾裁尺一尺 長仝三丈六尺　價格　六匁

五十號　仝上　巾裁尺一尺二寸五分 長仝　四丈八尺　價格　壹両貳匁

仝見本を見るに未だ稱揚すべき技倆を認めずと雖ども素養なき徒弟の手腕に依ては稍可なりの成蹟とすべし「タオル」は未だ織り方熟練せず組織均一を欠き「パイル」の起ち方不整にして甚だ粗雜なるも更に經驗熟練を積むに至らず大に見るべき者を製するに至るは信じて疑はざる所なり此等徒弟卒業後自宅に歸り年來修得せる技術を以て綿布工業に從事するに至らず土布の如きは敢て問はずとするも「タオル」は必ずや其地に於て製織せられ仝地方輸入「タオル」に大なる影響を及ぼすなきを保せず本邦「タオル」業者大に注意して可なり其他の補助器械工具等共に本邦普通使用の者よりは一層非文明的にして又其繰業工程の迂遠なるは記するを要せず敎員なる者は上海地方より來りたる者にして僅かに其技術に熟する者の日本式機臺も亦上海地方の製造にして彼の携ふ所の者なるが如し則ち今に於ては以上の如き程度にして僅かに織物工業の端緒を開きたるのみ其進歩發達せざるは本邦の爲めなるべしと雖ども時勢の變遷は北清地方をして亦現狀に在らしむるを許さず工業を起さゞるべからずとは其局に當る者の一般の輿論にして爾來設備を整ひ良敎師を招聘し各種の織物の製造を奬勵するに至らば其成蹟の一層見るべきものあるに至らん

又正陽門外瑠璃街の工藝商局を見る一方に勸商塲の如きあり一方に製作工塲ありて當初は官設摸範工塲の如き者なりしが今は富豪なる一私人の所有に屬する者なりと云ふ製作塲内には石鹼家具七寶器絨氈等の製造あり絨氈は手織にして經糸には綿糸緯糸には羊毛と山羊毛とを混し粗雜に手織したるものを自ら染て用ゆ種々の花紋を織り出す然れども其花紋は殆ど一定にして稍種々の意匠あるにあらざれは職工は大抵其圖案を暗記して緯糸を織り込む其熟練賞すべき者あり而して其價格は一平方呎二十五仙乃至一弗なりと云ふ

時勢の變遷と共に工業振興は大に政府當局の注目する所となりしは前に言ふが如くにして地方官も亦大に發奮し各地に實業奬勵機關の設立を見るに至れり予亦先きに天津に設立せる直隷總督の直轄に係る北洋工藝學堂を見たり則ち工藝學堂は本邦の工業學校にして學と術とを授け技術者を養成する處とす又其附屬として教養局なる者ありて貧民子弟に職業を授くる所とす本邦人の傭聘せられし者顧問及教員通譯等にして三四人ありと云ふ予等大坂高等工業學校出身の全學堂教員及通譯某々諸氏の東道に依て染織に關係せる工塲を縱覽す機臺は皆本邦製松田式と稱する足蹈自働織器にして縞綿ネル其他二三の織物を仕掛けられたり一方には染色塲あり本邦より外國染料を取り寄せ使用せらる他の一方には絨氈製造塲あり支那的意匠のみならず新に圖案を作り之れを織らしめられつゝあり元來支那人は無教育者多く科學的智識なく從て理解力乏しく之に向て科學に關する技術を授くるに當ては當事者の困難極めて甚だしき者あ

るべし況んや學堂に於けるや不規律惰弱にして教育の不定不均なる者も支那的階級の異る者も皆混一に科學的學術を授けんとするに於ておや教育の方法甚だ容易なる者にあらざるべく加ふるに設計意の如くならざ抱負行はれざる如きあるに於ては直ちに嫌厭の情に堪へざる者多々あるべしと雖ども能く之れを忍び之れに耐ひ淳々として學を授け術を與へて以て大に本邦の學藝を扶殖せられんことは予等の希望に堪へざる處にして蓋し如此すれば清國將來の工業技術上の勢力を占むること又疑を容れざる所なればなり或は清國の工業不振なるは本邦商品販路の爲めには大に望ましき處なりとする者ありと雖ども清國近來工業を奬勵すること已に右の如くにして將來清國工業の勃興するや必然の勢なり故に今に於て我之れか機先を制するの策なかるべからざ我進んで彼れを助くるなくんば彼れは他の外人に委賴せん外人已に之れに着目し或は自ら着手せんとす卽ち彼れに傭聘せられたる日本敎師の先入者の如きは一に忍耐克已勤勉之旨とし淳々として彼等を敎養するを以て快樂となし隱然技術上の勢力を占有するを要す然れば清國愈々工業勃興するに當ては日本人に委賴するや必せり況んや他の外人に比して報酬の廉なるに於てをや然るに何ぞや先きに傭聘せられたる人にして或は事に托し或は病と稱し其不平を抑ゆる能はずして彼我の感情を害して歸りたるものありと聞く實に遺憾に堪へざるなり今や日本人は稍工業に慣れ工業敎育を受けたる者年々多きを加へ職工にも亦大に熟練せる者あり此ら本邦人相携へて彼れが事業の全權を引受け低廉なる支那勞働者を監督使役し技術上の全權を我れに掌握するに至れば日清の關係に於て勢力愈

々增長し寧ろ國家の爲めに可賀の事にして淸國工業發達に伴ひ日本商品の販賣に影響を及ぼすべしと云ふ區々の問題の如きい決して憂ふるに足らず上海地方の其紡績工場某製紙工塲の如き實に此適例にして近來大に收益ありて彼愈々我技術に心服するに至りたりと云ふ亦愉快ならぞや

芝罘

芝罘一名烟臺と云ふ烟臺の名稱は或は往昔倭寇の襲來を虞り港內に突出せる一丘陵に見張所を設け敵船を認めば直に烽火を揭けて其來襲を報知したるが爲め烟臺と稱したりと云ひ或は同地の官吏は政府の官吏巡回の際之れを厚遇せんが爲め丘陵に設けたる一室に導き阿片を饗應したる爲め烟臺と稱すと云ふ何れか信なりや知るべからさると雖とも烟に關係あるは疑ひなきが如し千八百五十八年の天津條約に依り千八百六十二年に開放せられたる所にして渤海灣頭に位し往昔は一漁村に過ぎざりしが南北兩淸の交通盛なるに從て船舶の寄港する者多く人口次第に輻輳し其後開放して通商地となせしより內外商賈愈々來集し海底深くして大船巨舶亦停繫するに足るが故に南淸地方及ひ本邦より北淸に向て航行する船舶概ね寄港せざるなく商工業益々繁盛に赴き今や人口拾萬を以て算するに至れり

仝港は山東省唯一の開港地にして牛莊天津と共に鼎足形をなし山東省の貨物集散權は仝港の掌握する所の如しと雖ども事實は大に之れに反せり蓋し仝港は山東半嶋の一端に偏在し半嶋內山岳蜿蜒丘陵起伏して道路險惡僅かに牛馬を通ぜるのみ加之淸國最巨の交通機關たる水路の便なく運輸交通の不便なるのみならず大雨の候に至れば地質疎鬆道路爲めに泥海に化し地形の低き處は沼澤に變し運輸の途絕ゆるあり故に仝港輸出入貨物の聚散區域は極めて狹隘にして東は海岸に沿ふて寧海州に至り西は登州萊州二府に

至り或は支那船に依て北清河の沿岸に至り毫も青州以西に及ばず即ち青州以西黄河流域一帶の地方は天津の輸送貨物之れを占領し其以南の地方は大運河に依て來る所の鎭江貨物之れを占領し又半嶋南面は直接に貨物の輸送を上海に仰ぐあり故に該港は山東省に於ては單に其北面猶頗大の商業區域を有するに過ぎず如此其商業區域狹少なるに關せず近年仝港輸出入貨物の巨額に上り將に輸出入総計四千萬両に達せんとする所以は遼東に於て牛莊開港後の今日に至るも尙昔時の通商的關係より持續し山海關錦州一帶の地方及鴨綠江流域の一帶則ち安東縣大東溝大孤山等は依然として貨物を芝罘に輸し又貨物の供給を芝罘に仰ぎ遼東の貿易區域頗る大なると又仝港に於ては山東唯一の物產柞蠶糸の製造愈々盛にして其他豆糟麥稈眞田、絹紬素麵製造等の諸工業漸次隆盛に赴き輸出貨物の多くは仝港より輸出せらるゝを以てなり

然れども芝罘の將來をトするに對岸遼東に於てハ秦皇嶋の開放せらるあり「ダルニー」の自由開放あるのみならず近來米清及日清條約に依り大東溝安東縣の開放せられんとするあり又山東南面に於ては青嶋の自由港ありて仝港起點の鉄路濰縣を經て進んで濟南府に至らんとするあれば山海關錦州附近一帶の貿易は秦皇嶋に奪はるべく鴨綠江一帶の貿易は自然に消滅に歸すべく又山東省に於ける内地貿易及び工業製作品の輸出は青嶋に轉すべく故に芝罘貿易の前途充分の望を囑し難き者なるを信ずるなり

仝港重要の輸出品は作蠶糸豆糟麥稈眞田素麵絹紬黄生糸落花生家畜等其最なる者にして三十五年輸出品の總額千百五拾壹萬五千八百八拾海關両に達し輸入品の最なる者は綿布綿糸石油燐寸砂糖人參鉄類阿片

米紙類綿等の内外品にして三十五年の總輸入額貳千六百九拾七萬參千〇八拾壹海關両に達す則ち総貿易額三千八百四拾八萬八千九百六拾壹海關両なり之れを前年の総貿易額參千九百九拾四萬〇九百參拾參海關両に比すれば少しく減じたるも三十四年は所謂北清事件の反動として未曾有の膨脹をなしたるものなれば之れを以て對照するは不可にして決して衰退せるにあらず寧ろ之れ順境なる者なり

仝港輸入綿布

仝港輸入品中尤も多額を占むる者は綿布にして三十五年外國製綿布の輸入せられたる總額は六百參拾參萬千六百九拾七海關両に達し清國産綿布の輸入せられたる者器械織と共に亦參拾四萬五千〇五拾四海關両に至り輸入綿布の總額六百六拾七萬六千七百五拾壹海關両となる此他支那船舶に依て輸入せられ海關を通過せざる者あるべきも其調査を得ざれば此に記するを得ず今只上記の總額を以て之れを仝年の總輸入額に對比せんに實に貳割四分七厘强に相當す即ち又牛莊天津と仝様仝港の一大重要輸入品たるを證するに足る

仝港外國製輸入綿布の種類用途等は牛莊及天津等の輸入綿布と殆んど同様にして一々之れを解説するを要せず只北清人民の需要嗜好は何の邊にある乎を表せんが爲め仝港輸入綿布中五萬両以上の者を列記して其趨勢を示すべし

シーチングの三十五年總輸入額

英國製	數量	一七、三二〇疋	價格	六三、二一八海關両
印度製	〃	二、七一〇〃	〃	九、七五三〃
米國製	〃	六三〇、二五二〃	〃	二、三〇六、七二二〃
日本製	〃	二〇、三八二〃	〃	三四、六一四〃
合計	〃	六七〇、六六四〃	〃	二、四一四、三〇七〃

他に亦清國製シーチングの輸入ありて其數量價格左の如し

清國製	數量	二、七六〇疋	價格	九、九三六海關両

之れを前者に合すれば實に數量六十七萬三千四百二十四疋價格貳百四拾貳萬四千貳百四拾參海關両となり全港輸入綿布中の大宗とす

金巾(シヤーチング)の全年總輸入額

生金巾(グレーシヤーチング)	數量	二六八、九九二疋	價格	八七四、二二四海關両
晒金巾(ホアイトシヤーチング)	〃	一六五、六八八〃	〃	六〇四、七六一〃
合計	〃	四三四、六八〇〃	〃	一、四七八、九八五〃

他に亦其染物及び紋織シヤーチングの染物の輸入を見る其數量價格左の如し

染金巾	數量	一四、三一九疋	價格	五一、一一九海關両

染紋織金巾	〃	七、〇七八〃	〃	二五、六二二〃
合計	〃	二一、三九七〃	〃	七六、七四一〃

即ち金巾類の輸入總計は數量四十五萬六千〇七十七疋價格百五拾五萬五千七百貳拾六海關両にして其多量なることシーチングに亞ぎ其染物を除くも尙輸入綿布中の第二に位せる重要輸入品なり

雲齋布（ドリルス）の全年總輸入額

英國製	數量	一一、六七七疋	價格	四二、〇三七海關両
和蘭製	〃	一、〇四五〃	〃	三、六〇五〃
米國製	〃	一六六、七三五〃	〃	六〇〇、二四六〃
日本製	〃	五四八〃	〃	一、六七一〃
合計	〃	一八〇、〇〇五〃	〃	六四七、五五九〃

綿繻子（コツトンイタリアン）及綿吳絽（コツトンラスチング）の總輸入高

綿繻子	數量	七七、〇四七疋	價格	三七三、六七八海關両
綿吳絽	〃	六二、二九〇〃	〃	三〇二、一〇七〃

此二種の輸入價格を合計すれば六拾七萬五千七百八拾五海關両にして却て雲齋布の上位にあり

天竺布（テークロス）の總輸入高

印度製	數量	二八〇疋	價格	四五〇海關兩
日本製	〃	一〇五、六〇五〃	〃	一四七、八四七〃
他外國製	〃	七五、五〇〇〃	〃	一五一、〇〇〇〃
合計	〃	一八一、三八五〃	〃	二九九、二九七〃

更紗及形附類の總輸入高

數量	九七、八一六疋	價格	二三九、六四九海關兩

畦木綿（ジエーン）總輸入高

英國製	數量	一六、三六〇疋	價格	五八、八九六海關兩
和蘭製	〃	七六〇〃	〃	二、二八〇〃
米國製	〃	一九、五四〇〃	〃	七〇、三四四〃
合計	〃	三六、六六〇〃	〃	一三一、五二〇〃

緋金巾の總輸入高（シヤーチング及カンブリック共）

シヤーチング	數量	一六、五九五疋	價格	六四、七二〇海關兩
カンブリック	〃	二二、五九六〃	〃	五一、九七一〃
合計	〃	三九、一九一〃	〃	一一六、六九一〃

以上列記したるものは皆仝港輸入の綿布中の五萬両以上に達する者にして其輸入額の多寡より見るときは需要の程度は牛莊よりは寧ろ天津に類似する者あるも知るに足る則ち「シーチング」「シャーチング」「ドリルス」羽綢羽緞（綿繻子綿吳絽）天竺布、更紗等其輸入額各順をなし天津と同樣多少牛莊と異なる所あり是れ蓋し商業區域の異るに從ひ氣候寒暖の度異なると人智の開發進步の度異るに因する者にして本邦の製造家及輸出業者等苟しくも北清貿易に關係ある者は共に注意を拂ふの價値ある者なるを信ず而して又前表に依て見るに本邦に關係ある者は「シーチング」「ドリルス」「テークロス」にして獨り「テークロス」は本邦品大に勢力あるも「シーチング」の如きハ米國品に比すれば僅かに其六十六分の一强に當り「ドリルス」は米國品の三百六十分の一弱に當り其無勢力なる實に遺憾に堪へざる所とす而して其無勢力なるは啻に芝罘に於てのみならんや牛莊天津に於ても前に記するが如く然りとす更に尙ほ其他の「シャーチング」綿繻子、綿吳絽、更紗、哇木綿、緋金巾等の如き原糸の細少なる者及加工品に至ては一として英米等の實業列强國と伍を均ふするを得ず假令本邦近來染織工業進步したりと云ふと雖ども如此其糟粕だも舐る能はざるに至ては我染織工業界も亦前途尙遼遠にして暗黒なる者なり我邦の其局に當り清國貿易に鞅掌する者果して如何の感あるや一葦帶水の淸國なる大市場の大輸入品今や鵬程萬里の地より來て之れを蹂躙す我國の斯業に從事する者及有志の者は徒らに對歐米貿易を云々するよりは寧ろ近く對淸貿易に留意し技を練り智を研き奮て英米と伍を等ふするに至るを期するに若かざるなり

其他本邦に關係ある者を擧ぐれば左の如し

手巾の總輸入額

他外國製	數量	一二、七七二打	價格	六、三八六海關兩
日本製	〃	三、二二六〃	〃	一、二九〇〃
合計	〃	一五、九九八〃	〃	七、六七六〃

浴巾《たおる》の總輸入額

他外國製	數量	八一、六七八打	價格	三二、七五一海關兩
日本製	〃	一八、七七八〃	〃	一二、五四八〃
合計	〃	一〇〇、四五六〃	〃	四五、二九九〃

綿フランネルの總輸入高

他外國製	數量	一五、三八八疋	價格	四二、八三五海關兩
日本製	〃	一、四九八〃	〃	四、三〇八〃
合計	〃	一六、八八六〃	〃	四七、一四三〃

綿毛布の總輸入高

之れは統計上國別を示さゞれば果して本邦品を含有するや否やを知るべからずと雖ども全市塲本邦品を

散見すれども必ず本邦品を含蓄する者なるを信ず

數量　四七、九三〇枚　價格　二八、七七三海關兩

日本綿布總輸入高

數量　二、五三六反　價格　四、三二二海關兩

日本綿縮ミの總輸入高

數量　一、七九二反　價格　二、三三一海關兩

前表に依り見れども手巾浴巾フランネル等も亦本邦品未だ優勢なる能はず毛布若し果して日本品含蓄せるとせども例の粗製品亦必ずや微々たる者たるべし若し夫れ上記の手巾より日本縮ミに至る迄の各品に就ての意見に至ては已に前に記する所あれども之れを再せず要は只此ら物品の本邦製造家は清國の風俗習慣嗜好等各種の事情を知悉せずして徒らに阪神在留清人若くは阪神地方の清國輸出品仲買者の命にのみ之れ從ひ製造するが故に多數清人の同情を得る能はざれども宜しく渡清彼地の習俗氣風を究察して一致團結直進邁往すべきにあるのみ

其他全港輸入の外國綿布の種類尚ニ三ありと雖ども皆少額にして敢て望を囑するに足るものに非れども之れを省畧すべし然れども他に尚ほ一の記せんと欲する所の者あり卽ち清人需要の藍地白花又白地藍花の形付則ち我が所謂中形付の如きは多く土布を用ゐる者なりと雖ども又近來廣巾綿布を用ゐる者あり予等

の仝地に於て購入せし見本左の如し

五十一號　シーチング　中形　長　四十碼　巾　三十六吋　一疋　五両

五十二號　テークロス　中形　長　二十四碼　巾　二十八吋　一疋　參両

前者は清國に於て染色したる者にして後者は何の產なるを知らず然れども印花及仕上の精巧なる染料の化學色素の如くなるを以て見れば或は西洋品なるが如し而して此らの者亦土布中形の需要あるが如く需要ある由なれば我國已に其の原料あり中形染色家之れを試みては如何前に天津の部に於て論ぜるが如く小巾の中形は我に上布の如き綿布あるに於ては我技術之れを摸造する易々なるのみ然れども擬土布を經濟的に製造する能はざるに於ては小巾の清人向き亦見込みなしとす却て廣巾に其技術に應用し清人嗜好の摸樣を捺染し之を試賣する或は意外の好結果を收むるなきを得ぞ之れ敢て當業者に勸告せんと欲する所なり

淸國內地產綿布の輸入せらるゝ者は前記の「シーチング」の外は皆土布にして其海關を通過する數量七千九百七十九擔（擔は百斤のことなり）價格參拾參萬五千百拾八海關両なり主に上海地方より輸入し其需要區域は僅かに芝罘及其附近に過ぎずして其輸入額比較的多量ならぞ元來山東省は土布の產出盛なる所にして地方の需要を供するのみならぞ又牛莊及遼東各地に輸出す故に其原料繰綿及び綿糸の輸入決して少なからず今三十五年の綿糸の同港純輸入高を擧ぐれば左の如し

英國糸	數量	一、一七三擔	價格	四一、〇五五海關両
印度糸	〃	三八、四二六〃	〃	九九九、〇七六〃
香港糸	〃	九四二〃	〃	二四、四九二〃
日本糸	〃	一〇七、〇四三〃	〃	二、八九〇、一六一〃
上海糸	〃	一六、四九五〃	〃	四二八、八七〇〃
合計	〃	一六四、〇七九〃	〃	四、三八三、六五四〃

則ち數量十六萬四千〇七十九擔價格四百參拾八萬參千六百五拾四海關兩にして總輸入額中他方に再輸出せられたる者を扣除したる者なれば此數量は概して同省內土布製造に消費せらるゝ者と看做して可なり其他織の純輸入額は一萬九千〇〇一擔參拾四萬貳千〇拾八海關兩にして夜具及衣服用等となす外亦手紡して織物原料となすなきにあらず即ち知る山東省內產出の土布決して尠少に非らざるを從ふて土布の輸入は比較的多量ならざる所以にして全港綿布の輸入額の總輸入額に對する割合は絕對的に少量にして牛莊の夫れの如くに至らざる所以なり然れども外國製綿布輸入額は年々好況を呈し土民生活程度の昂進は將來益々機械織綿布の如き者を歡迎せんとするは已に前に言ふが如く北淸一般の大勢にして其前途益々多望なり

本邦製綿布の仝地輸入の狀况

予は更に進んで本邦製品の仝港に輸入せらるゝ狀况を記せんと欲す則ち仝港に輸入せらるゝ本邦製品は如何にして何人の手に依る乎芝罘領事舘の調査に依れば三十五年直接に日本より來りたる者四百四拾四萬千七百貳拾兩臺灣より來りたる者五百貳拾萬千五百五拾貳兩合計九百六拾四萬參千貳百七拾貳兩にして間接に上海等より本邦品の再輸入せらるゝ者なきにあらずと云ふ如此殆んど千萬兩に近き本邦品果して何人の手に依て輸入せられたるやを知るは大に必要とする所にして之れを知るに於ては撫然とし歡せずんむあらざるべからさるなり

元來清國民中山東人廣東人寗波人等は我國の所謂江州商人が日本内地到る處を跋渉せざるなきが如き天下至る處跋渉せざるなきが如き對外思想の雄大なる者にして現に我長崎横濱居留の清人は廣東寗波の人民多く神戸大坂の在留清人は山東人民多きが如くにして而して彼らは先天的悧發なる商業上の智識を以て彼等の本國と氣脈相通し彼我の物品交易的に或は送り或は送られ機を見せず先を制して誤らず其勤勉に鋭敏なること實に驚くべきものあり則ち本邦製品の芝罘等に輸入せらるゝ者は十中九に至る迄で坂神在留清人の手を通過する者にして商權一に彼に歸す本邦綿布も亦決して此軌道を脫せず主に清人に依て輸入せらるゝ者なり宜なる哉芝罘の商店を見るに外國綿布を販賣する者い盡く雜貨店ならざるなく彼らは他に柞蠶糸豆糟業等に關係し或は上海或は天津或は牛莊と云ふが如く清國中亦二三要處に支店又は代

理店を設け或は出張員を派して物品金融の圓轉を計るや決して偶然にあらざるなり今や彼我の國交愈々親密に通商區域愈々擴張し本邦品の販路愈々宏大ならんとする時に於て商權實に彼に歸し我製品我自ら輸出する能はざる如きは豈に撫然たらざるなきを得んや況んや清人の命之れ從ひ粗品を製造し或は確實の本邦商店に委托しながら一時の小利に眩惑し背て清人の意を迎ふる如きに於ておや本邦在留の清人等い固より我國產に忠實なる者にあらず而して又物品の適否善惡は敢て問ふ所にあらず唯低廉なる物品を賣買するときは資本の運轉迅速にして其利益從て多きを以て徒らに低廉なる物品のみを注文し又其間に介在する本邦仲買者等は支那の各種の事情を知悉せずして其注文に應じ製造家をして低廉なる粗品の製造せしめ製造家は其製品果して何の地に行き何の目的に用ゐらるゝ者なるやも辨せずして一に清人の需要品は須らく低廉の粗品すらざるべからずと稱し粗品を研究して之れを供給す我製品の清國市場に雄飛する能はざる原因多々あるべしと雖ども之れ又其一大重因たらざるなきを得ず目下坂神地方に於てのみ清國輸出貿易に係る仲買商の如き者數百あり之れらの徒は多くは恒產なく又恒心なく唯貨主と清商との間に介在して一時の利を貪るの外他の余念なき者にして隨て約束に背き粗惡品を供給し甚しきは詐僞の手段を逞ふする者あり現に大坂に於て此らの徒已に三百に上り加之居留清人中にも亦斯る徒輩ありて相共謀して以て奸惡を逞ふすと云ふ焉そ我對清貿易の發達を望むも得べけんや之れ敢て當業者の猛省を乞ふ所の者にして又敢て能く彼の地の各種の事情を究察し一致團結奮進直行漸次直輸出の途を開き目前

の小利も永遠の大利も皆我掌中に握らんことを勸告せんと欲する所の者なり

漢口

楊子江（世人之れを長江と云ふ）の大なる今之れを言ふを要せず漢口は千八百五十八年の天津條約に依り千八百六十二年に開かれたる所にして清國東西を横貫せる雄大なる楊子江の中央部海口を距る六百哩◎上流に在り上海を距る五百八十哩漢水の長江に會する一角にして右は漢水を隔て漢陽府城に接し前面は長江を挾んで兩湖總督府の所在地武昌府と相對す此地昔時の夏口にして河南省の朱仙、江西省、景德廣東省の佛山、と併せて天下、四大鎭と稱し二府一鎭恰も鼎足の勢をなす人口八十五萬漢陽の人口二十萬餘武昌の人口四十、萬餘を合すれば優に百五十萬に達する大都會なり漢水を遡れば河南陝西の二省に到るべく長江の本支流を遡れば四川甘肅雲南貴州湖南五省に達すべく下流は直ちに河西安徽二省に接し所謂九省の通衢水陸の要衝にして自省と共に十省の貨物集散の權を掌握し又山西廣西等にも多少關係を有すと云ふ實に中央支那の商業中心となり輸出入貨物の多きこと清國數多の各港中上海に亞ぐ今日に於ては實に中淸の上海北淸の大津南淸の廣東と共に淸國の所謂天下の商業四大鎭たり而して今や又將に漢口より北方河南省開封府を經て北京天津の聯絡を密接ならしめんとする盧漢鐵道ありて已に北京正定間及漢口信陽間開通し及び南方湖南省長沙府を經て廣東香港の交通を直接せしめんとする粤漢鐵道ありて已に廣東佛山間開通し淸國南北縱貫の此に大鉄道の全通遠きにあらざるべく漢口は實に其中央停車場たらんとす左れど外人の漢口を目するに東洋のシカゴを以てするは蓋し偶然にあらず現今の漢口已に清國商業の四大鎭にして將來の漢口は東洋のシカゴを擬す其の有望なる豈に予が辯を待んや夫れ然り漢口は實に清國有數の好望地にして我國專管居留地を有す然れども本邦人の渡行商業を營むもの寥々として曉天の星の如く其專管居留地に於て土地を有する者只三人のみにして其他の好位置は皆清人若しくは他外人の所有に屬し目今非常の高價なりと云ふ實に痛歎の至りに堪へざるなり人あり告げて曰く我政府先きに專管地を得るや假令本邦人の渡行者なきにせよ之れを買收し置き今日時價を以て之れを外人に賣るも尙利ありしに時機已に遲く今や國家も亦大損に屬す西洋人の居留地を經營するや政府先づ自ら道路を作り水道を敷設する等市街の大体を作り居留民の生活上に必要なる諸種の機關を設備し以て其本國人の渡來を待つか或は政府は大々的保護を與へて居留民をして以上の設備をなし居留地を形成すと雖ども本邦政府及本邦人のなす所皆非にして遂に盡く國家の損失に歸す豈に漢口のみならんや馬關條約に依り開放せられたる蘇州杭州皆然り草蓬々として行人をして轉々三歎に堪へざらしむる者我專管居留地にあらずやと慨然として語る者あり予之れを知らずと雖ども漢口の本邦專管居留地を實際に目擊し其現況を聞知するに當てや換然たる者なき能はず本邦專管居留地は獨逸居留地に接し河岸は江河の浸食に委し英露獨佛の居留地經營の爲め放逐せられたる貧民來て茅屋を搆へ乞食と流行病患者の巣屈となり本邦人の土地を有する者ありと雖ども未だ一の國家を標榜すへき國旗を掲ぐる本邦人の家屋あらざるなり之れに反し英露

佛獨の各居留地は順をなし從來重きを漢口に置かざりしや尙少しく物足らざる感あれども今や前記の如く漢口は形勢一變せんとする兆ありては着々大廈高樓を設立し或は商業に或は工業に經營雄大護岸工事の如き殆んど間然する所なく碼頭倉庫の設備を完成し近來に至り白耳義も亦本邦專管居留地の下位盧漢鐵道の漢口停車塲附近に接し專管居留地を領せんとし土地を買收しつゝありて其經營亦大なるが如しと云ふ實に一葦帶水の本邦人の無勢力なる一に鵬程萬里の外人等に其利益を壟斷せられ我は只其余計を啜るに止まる乎經世家商業家工業家等は徒らに掌大の天地に跼蹐せず宜く雄飛自ら大陸的なる語を解釋し自ら長江の如何に大なるやを測量すへし

全地は商業上地の利を占むること上の如くにして十省の貨物集散し商業極めて繁盛なり今全地輸出品の重要なるものを擧ぐれば茶、牛生皮、及其他の皮革類油類胡麻子、米、繰糸、豆類、脂《タルロー》類、烟草、麻類、黄生糸、木材、醫藥、木耳、五倍子、石炭等は其最なる者にして輸出貨物の総額四千百貳拾貳萬六千貳百九拾九海關兩なり又全港輸入の重要なるものは綿布絹織物、砂糖、石油、石炭、綿糸、銅、染料、鐵道枕木、及其材料、醫藥等にして輸入貨物の總額五千九百〇九萬五千五百貳拾四海關兩となり則ち輸出入貿易總額は壹億〇〇參拾貳萬千八百貳拾參海關兩に達セ今其輸入額より外國及支那各地に再輸出せられたるものを減ずるも尙參千貳百五拾八萬四千八百七拾九海關兩の純輸入額となり純輸出入総額七千參百八拾壹萬千百七拾八海關兩となる何ぞ夫れ全港の貿易の大ならずや

全港輸入綿布の外國綿布及清國機械織綿布

綿布は全港輸入品中重要なる者にして三十五年の外國製綿布の輸入せられたる總額千〇八拾九萬貳千八百〇九海關兩に達し清國產綿布の輸入せられたる者器械織と共に亦四萬四千七百貳拾海關兩に至り輸入綿布の總額千九拾參萬七千五百貳拾九海關兩となる之れを全港輸入貨物の總額五千九百〇九萬五千五百貳拾四海關兩に比すれば其壹割八分五厘弱に當る勿論輸入綿布に於ても亦清國各港に再輸出したる者少なきにあらず則ち其再輸出額は貳百四拾貳萬〇九百五拾五海關兩に達し之れを其總輸入額千九拾參萬七千五百貳拾九海關兩より減ずれば純輸入額は八百五拾壹萬六千五百參拾四海關兩となる之れを全港の純輸入額參千貳百五拾八萬四千八百七拾九海關兩に比すれば實に其貳割六分余に當る則ち知る全港に於ても綿布は優勢なる輸入品なるを

然り而して全港輸入綿布の種類用途等を見るに前各港の輸入綿布と大同小異なれども一一其品種に就て解說するを要せず然れども北清地方と全地方とは自ら氣候の異るあり亦文化の程度異るあり從て人情風俗習慣等異らざるを得ず故に亦土民の嗜好需要の程度も亦大に趣きを異にするあれども其輸入綿布中拾萬兩以上の尤も多額なる者より前記して以て其趨勢を明かにし全地方土民の需要嗜好の何の邊にあるやを示すべし

「シヤーチング」の三十五年の總輸入高價格

「グレーシャーチング」	數量	一、二二三、八九一疋	價格	四、二八三、六一九海關兩
「ホアイト、シャーチング」	〃	五八九、三八九〃	〃	一、八八六、〇四五〃
合計	〃	一、八一三、二八〇〃	〃	六、一六九、六六四〃

他に清國製「シャーチング」數量七百二十疋價格貳千七百參拾六海關兩の輸入あり之れを前者に合すれば其總輸入額實に六百拾七萬貳千四百海關兩に達し全港綿布中の巨擘たり加之他に亦本布の染物及紋織本布の染物の輸入を見る其の數量左の如し

染「シャーチング」	數量	一一、九二六疋	價格	六〇、九〇五海關兩
染紋織「シャーチング」	〃	二〇、八三七〃	〃	七四、三七一〃
合計	〃	三二、七六三〃	〃	一三五、二七六〃

之れを更に前の總額に合すれば數量百八十四萬六千七百六十三疋價格六百參拾萬七千六百七拾六海關兩にして此種類は實に輸入綿布の第一位を占む

「コットンイタリアン」及「コットンラスチング」の三十五年の總輸入額

「コットンイタリアン」(綿繻子)	數量	二一七、一二二疋	價格	七九四、六六七海關兩
「コットンラスチング」(綿呉絽)	〃	一八三、四〇一〃	〃	七五一、九四四〃
合計	〃	四〇〇、五二三〃	〃	一、五四六、六一一〃

前に言ふが如く此二種は原名三に區別あれは必ず其品質も異るべしと雖とも之れらは場處と人に依て各其呼稱を異にし淸人に就ては殆んと之れを區別し難きに依り殊に其用途も亦同一なれは之れを合して統計せり則ち合計百五十萬兩以上に達して輸入額の多きこと「シャーチング」に亞ぐ

「ドリルス」の三十五年の總輸入額

英國製	數量	二九、六一四疋	價格	一〇九、五七二海關兩
和蘭製	〃	三〇〇〃	〃	七五〇〃
米國製	〃	二五一、〇一〇〃	〃	九〇三、六三六〃
合計	〃	二八〇、九二四〃	〃	一、〇一三、九五八〃

同地方本布粗針紋布と云ふ前表に依て見れは米國品尤も優勢にして英國品に比すれは少しく厚く實用上米國「ドリルス」を堅牢とし下等社會秋冬の常用の衣料たり普通本布を紺黑等に染めて用ゐ漸次土布の需要領分を蠶食するの傾ありと云ふ左れは其輸入額も英國品和蘭品と合して百萬兩以上に達し實に第三位を占む

「シーチング」の三十五年總輸入高

英國製	數量	一三二、一三六疋	價格	四八八、九〇三海關兩
和蘭製	〃	二、一二〇〃	〃	五、五五〇〃

米國製	〃	五一、〇四〇〃	〃	一七八、六四〇〃
合計	〃	一八五、三九六〃	〃	六七三、〇九三〃

此他清國製シーチングの輸入あり其數量左の如し

清國製	數量	一一、一二〇疋	價格	三五、五八四海關両

之れを前者に合すれは數量十九萬六千五百十六疋價格七拾萬八千六百七拾七海關兩となる尙他に紡及織を兼ぬる武昌織布局の製造に係る「シーチング」あり全局は機臺七百个を有するも目下四百五十個を運轉し一晝夜六百疋織ると云ふ假りに一年三百日を織る時間とせは十八萬疋にして其製品頂、天地、元寶、宇等の品位あるも一疋四兩五匁の間にあり故に之れを平均海關兩四兩二匁と見れは七十五萬六千兩となる然れとも之れは遠く四川雲南地方に供給せらるゝものにして僅かに漢口附近に需要を見るのみ好しや之れを前者の七拾萬八千六百七拾七兩に加ふるも百四拾六萬四千六百七拾七兩にして「シャーチング」の需要の雄大なるに及はさる遠し而して又前表に依て見るに本布に於ては米國製品よりは英國製品却て優勢なるを見る英品米品共に北淸地方の需要と異にして一般原糸細く從ふて織布手薄く英國製「シーチング」は米國製に比すれは一層布面平滑にして精緻なり故に夫れ或は英國品の優勢なる所以にあらさる乎卽ち知る全地方に於ては手織物は寧ろ一般に手薄くして布面平滑精緻なる者の需要あるを之れ蓋し北淸に比すれは氣候稍温暖にして氣風亦上海等に直接して漸く奢侈に傾きたる結果ならさるを得す

更紗及其他形付の總輸入額	數量	二〇四、〇四二疋	價格	四九一、七二九海關兩
天竺木綿の總輸入高	數量	一二九、五二三疋	價格	二四八、四〇四海關兩
緋金巾の總輸入額	數量	四九、二〇一疋	價格	一二三、〇〇三海關兩

「ジエーン」(細針紋布)

英國製	數量	二四、八七五疋	價格	八八、五五五海關兩
和蘭製	〃	一、九〇〇〃	〃	四、七五〇〃
米國製	〃	四、〇三五〃	〃	一三、七一九〃
合計	〃	三〇、八一〇〃	〃	一〇七、〇二四〃

以上列記する者は皆拾萬兩以上に達する者にして全清輸入綿布の大勢を知るに足るへく北清地方に比するは大に其趣きを異にせり北清地方需用の主なる綿布は即ち「シーチング」にして「シヤーチング」類之れに亞き「ドリルス」其次に位し羽綢羽緞其下にわりと雖ども漢口地方に在ては「シヤーチング」類第一位を占め羽綢羽緞「コットンイタリアン」及「コットンラスチング」之れに亞ぎ「ドリルス」其次に位し北清第一

の需要品なる「シーチング」其下ニアリ湖北省産「シーチング」を合するも尚第三位にあるに過きす即ち漢口地方に在ては「シャーチング」の如き細薄の布帛精緻滑脱の者尤も流行し羽綢羽緞の如き華美の者需用多く「シーチング」に於てすら尚英國製の糸細物を嗜好するは蓋し氣候寒暖の差と文化開發の程度如何の關係なれはなり從來各種の報文を見るも北清と長江筋との需要嗜好の異なるを比較的に記せし者少けれは或は本邦當業者の注意未た此に到らさるを恐る故に敢て之れを統計的に其需要程度の異る所以を記して日清貿易に關係ある當業者或は將來の日清貿易に關係せんとする商工の有志者に注意を促さんと欲する所以にして必竟予か老婆心に過きさるなり然れとも世人己に此區別あるを知るに於ては予亦何おか言はんや

予等幸に漢口に於て英米「シーチング」見本些少を得たれは極めて少なくとも左に列して參考に資せん蓋し依て以て其品質如何を窺知するに足るを信すれはなり

五十三號	英國製	長	四十碼	巾	三十七吋	價格	參兩九匁五分
五十四號	米國製	〃	四十碼	〃	三十六吋	〃	參兩五匁
五十五號	〃	〃	四十碼	〃	三十六吋	〃	四兩

又武昌織布局の製造に係る「シーチング」を得たれは列して以て前者と比較せん

五十六號	武昌織布局製	長	四十碼	巾	三十六吋	價格	四兩五匁

因に記す日本貨百圓は上海銀八拾參兩半に相當し上海銀百兩は漢口銀九拾七兩に漢口銀七拾貳兩は墨銀百弗に墨銀百弗ハ湖北銀貨九拾九弗五拾仙に相當し湖北銀貨壹弗は小銀貨の壹弗五仙に亦銅錢七百五拾文に相當す之れ予等漢口滯在中の兩換相場にして其換算の紛雜なること他に異るなし

然り而して又前表に依て之れを見るに右の全港輸入綿布の最大なる各種類の內に本邦製品一も加はるなし北清市場に於ては「シーチング」「ドリルス」「テークロス」等多少本邦製品散見する所となり稍意を强ふするに足りしか漢口市場に於ては未た嘗て其隻影たも認めす本邦の無勢力此に至て極まれりと云ふべし然れとも東洋のシカゴ焉んぞ我當業者之れを遺棄せんや然れとも幸に昨年に至り始めて本邦製「シーチング」「テークロス」綿子ル等の輸入ありしと云ふ昨今の輸入漸く見本試賣に過きされは未た以て將來の成敗をトもへらさるも我に多少の技術經驗なきに非す必すや或は英米を凌く能はさるも其驥尾に附して共に漢口市場に雄飛せさるなきを期せす否當業者の奮勵獨り英米の蹂躪に委せす奮然起て其利益配當に預らさるべからす

以上記する處の輸入綿布の外他に多種類の綿布輸入せらると雖も其額甚た多からす未た以て望を屬するに足らす只綿子ル手巾浴巾綿毛布は明かに統計上國別を示さゞれは本邦品果して如何の關係を有するや知るへからすと雖も已に前北清地方の部に言ふか如く本邦の製作狀況より之れを見れは同地方に向て多少の販路を求むる難しとせす就中綿子ルの三十五年の總輸入高は數量は三萬五千三百十三疋價格九萬參

千百六拾七海關兩にして可なりの需要あり又將來大に需要あらんとすと云ふ而して米國製の白ネルの毛多き者尤も賣行良く英國製の藍棒ネル毛少なきも地質厚く品位高く多少の販路を有せ本邦の伊豫及大坂の白ネル等昨年始めて輸入せられ目下試賣の時代にあり米國ネルは本邦品に比すれは起毛多く地質幾分か厚きも價格は四兩貳參匁乃至四兩五六匁にして本邦品の參兩九匁乃至四兩（但し巾尺國一なり）なるに比すれは大に貴し故に本邦品今や試賣の時代にあるも彼れら漸く之れに親昵するに於ては必ず販路を求むるの難きにあらざるを信ず則ち現時は本邦當業者の大に辛抱すべき時なりとす併し一の注意すべきことあり前に牛莊の部に於て記するが如く全地方に於ても亦白ネルは其儘用ゐるなきにあらざるも紺色又は鼠色等に染めて用ゐる者多し故に起毛少き時はネルのネルたるに必要なる毛或は撚れ或は拔け或は伏して普通の「ドリルス」の如き一个の斜紋布の如くなれと或は淸人の嗜好に適せざる者に至ることあり故に大に淸人の使用方法に注意し可及的起毛の多きを要す又藍棒ネルの如きは直接に衣服の裏に使用するものにして聊か白ネルと趣きを異にして起毛少しと雖ども寧ろ有面平かにして堅靱なるを要す一二年前本邦和歌山の某綿ネル會社員支那人の嗜好商狀を詳にせずして日本の所謂新柄なる者を携帶し上海より長江筋を遡り全地方に至れるも顧客更になく本邦へ積み戻すの愚をなさんよりは競賣に附するに若かずとして遂に上海に於て競爭に附し非常の損毛を以て歸朝せられたりと聞く實に氣の毒千萬なりと雖ども堂々たる會社にして此不始末を演ずるは蓋し淸國の事情を知らずして徒らに日本的の考のみを以てした

るの結果甚經躁なりと謂はざるべからず京都綿ネル會社の見本も已に已に淸國各地に回送せら全地に於ても亦之れを見る就て其意嚮を尋ぬるに日本の所謂新柄なる者は多少本邦人の在留する者に需要あるべきも支那人の需要ある者にあらず只白ネル緋ネル桃色ネル鼠ネル紫ネル水淺黄ネル鳩羽鼠ネル等總て無地者は支那人の嗜好に適すべく就中白ネル緋ネル桃色ネルの無地者尤も見込みありて他は極めて少量の需要あるに過ぎざるべしと實に支那人は縞柄色合等に就ては嗜好殆んど零に近くして從來よりの慣用し來りたる極めて單純なる小範圍の內にあり模樣者に至ても彼等か迷信より來りし在來の模樣を撰擇するに過ぎず故に日本の所謂新柄若くは珍意匠の如きは決して支那人の新柄若くは珍意匠にあらず日本に在ては長江の大なる知るも如何に其大なるやを想像し難きと同樣支那人の衣料其他の嗜好に關する凡ての點に至ては日本に在てハ全く想像し難く到底日本的考へを以て律すへからず之れ事少なりと雖とも對淸貿易を策する者豈輕々に附して可ならんや殷鑑遠からず已に前記の如く不始末を演する者あるにあらずや要ハ先づ當業者渡航以て支那人の嗜好慣習及其商狀を究察するにあり

今又全港に於て得る英國製藍棒ネルの見本を示さん

五十七號　英國製藍棒ネル　長　三十碼　巾　三十五吋　一疋價格　四　兩

更に手巾浴巾綿毛布の統計を示せば左の如し

手　巾	數　量　六一、五九五打	價　格　三三、二六一海關兩

浴巾	〃	〃	三七、七八二〃	一一、五九五〃
綿毛布	〃	〃	一一、三八九枚	八、〇二七〃

全市場を見るに之れらの者は主に獨逸の獨占にあるが如しと雖ども亦本邦品の輸入せられたる者なきにあらさる如し已に大坂の某商店の如きは之れらの製品の輸出を劃策しつゝあり前に嘗て言ふが如く當初の贅澤品たりし之れらは今や漸次必要たるの傾向あれは將來大に需要を増加するや疑なし製造業者一に商業者に委せも相携へて彼れが事情を操り又我競爭者たる外品の如何にして如何なる點に勢力あるかを究め以て業に當らんことを希望して止まざるなり然れども此に一の警告すべきものあり他なし全地方の近來「タオル」製造業の勃興之れなり予等亦「タオル」織工場一二を見る織工皆纏足の婦人にして日本式の高機に上り「バッタン」を以て之れを織る原糸は多く全地方産にして經は二十手緯は二十手を用ゐ織り上げの後之れを漂白す其工程や凡て我國に類似するも整經其他準備工程中尙迂遠なる所あるを免れざ其巾日尺九寸長全一尺七寸位の小なる者は一日一打半より二打を織り巾日尺一尺一寸長全二尺四寸位の大なる者は一打を織り賃錢は小一枚銅錢七文より巾と長さ少しづゝ増すに從ひ八九文より全十二文に至り其價格は小は九十仙より大は一弗六十仙位にして支那纏足婦人能く之れを遂行するに至ては實に感心の至なり賃錢は意想外に貴きが如しと雖ども創業の當時なれば止を得ずとして已に原料其地に産するあり而かも纏足婦人にして之れを能くするを証明するに至ては從來の閑居的婦人之れに從事する者多々なるべ

く將來必ず全地方一個の有數なる工產物に至るや疑ひなし或は四億の人口を有する大國僅かに或る部分に於て斯業の勃興するあるも我製品の販路の閉塞するが如き恐れあらざるなりと樂天的に之れを觀察する者ありと雖ども已に前に言ふが如く今や支那の官民漸く工業に着目し來て種々の方面より之れを奬勵し之れを實行するの傾向ある又漸次各地至る處に家族工業と勃興せん全地方の「タオル」製造の如きも則ち其一なり況んや其地に原料あり小足婦人之れを能くし元來の賃銀廉にして而も其製品信切にして本邦品に比すれば耐久性稍優るに於ておや實に余り樂天的にのみ之れを見るへからず今に於て當業者奮進我製品の勢力を全市場に扶殖するを要す

若し夫れ日本綿布及び日本綿縮みに至ては其輸入額甚だ少にして記するに足らさるも苟も本邦の製品なれば敢て記して參考に資すべし

	數量	價格
日本綿布	三、〇二〇反	一、三八七海關両
日本綿縮	一、九六〇〃	一、四五〇〃

上記の表の如くにして輸入額甚だ少く寧ろ漸次衰微の兆ありと云ふ實に遺憾なりと雖とも至る所之れを見さるなきを以て見れば其能く廣まりたるに驚かさるを得ず本邦當業者曩きに清人の命にのみ之れ從ふは自ら能く清國を探究して改良すへき点を發見し之れに處したらんには或は又今日の狀勢に反するの結果を生したるも難計今や時已に遲く日本綿布の如く編なる者は絕對的に清人の同情を得難しとするも前

に言ふが如く未だ命脈尚燼滅せず宜しく當業者の一考を費やすべき價値あるを信す四億有餘の人口を有する大國なれば製品若し確實なるに於ては淸國各地に分附するも今日數量以上の賣れ口如きは優に求むべきに難からざるべし

又他に全港輸入織物中に左の見本の如きものありて輸入額の大なる者にあらざるも各地亦多少の輸入あれば旁々以て參考に資せん

五十八號	洋縐紗	長 二十碼	巾 日尺一尺四寸(二巾織)	淸尺一尺	弗三十仙
五十九號	醬色條毛羽緞	〃 三十碼	〃 日尺二尺	〃 一尺	〃二十六仙
六十號	畝織捺染	〃 三十碼	〃 日尺一尺八寸	〃 一尺	〃十仙

全港輸入の淸國產手織木綿

全港の淸國產手織綿布の總輸入額は僅かに數量千〇二十四擔價格四萬千九百八十四海關兩にして多くは之れを他地方に再輸出し全港の純輸入となる者更に減して數量百擔價格四千百海關兩となり殆んど見るに足らさるの輸入なり之れ蓋し湖北省は白木綿の產地にして又湖南四川雲南等多少產せさるはなく全地商業區域內に產する土布大に需要あれはなり左れど綿糸の輸入高は非常多大なる者にして如何に土布製造の盛なるやを察するに足る今參考の爲め其輸入表を示さん

	數量	價格
英國糸	八、四四二擔	二七九、四三〇海關兩

印度糸	〃	二九一、一一八〃	〃	八、四七一、五三四〃
日本糸	〃	二九八、三五九〃	〃	五、六九二、九〇三〃
上海糸	〃	六三、九七三〃	〃	一、六一五、三一八〃
合計	〃	五六一、八九二〃	〃	一六、〇五九、一八五〃

卽ち總輸入額は上記の如く多大の數を示し又其純輸入額は七百八拾九萬千四百九拾五海關兩となり總輸入額に於てハ綿布の上に出て純輸入額に於ては綿布の下にありて明かに其需要の大にして土布製造の盛大なるを証するに足る其他武昌紡紗局に於て目下四萬五千錘を運轉し其製する者亦大なり而して之れらの糸の内印度糸及湖北糸は長江の上流其他各地に至り上海糸は四川湖南山西等に至り日本糸は主に湖北省に需要せられ或は經糸に或は經緯に皆其地方の土布製造の原料たり故に全港に於ける土布の輸入は尠少にして却て九千八百七十三擔參拾七萬五千百七拾四海關兩の土布の他地方に輸出せらるゝを見る而して漢口市場に現はるゝ湖北省内の製造に係る土布に數種ありて産地の異なるに依て其尺巾異り又價格を異にす今其主なる者の名稱尺巾價格を記して參考に資せん

缶口布	長清尺	四丈	巾清尺	一尺二寸	一疋	價格	六匁二三分
京口布	〃	三丈六尺	〃	一尺三寸	〃	〃	六匁五分
保安布	〃	三丈八尺	〃	一尺四寸	〃	〃	八匁

澇庄布　〃　四丈　〃　一尺一寸　〃　五匁
邑都布　〃　四丈五尺　〃　一尺六寸　〃　一両一匁

其他馬安布木郷布等數多あるも尺巾價格は前者と大同小異にして一般に湖北に産する者は附近他省の産に比すれば良好なりと云ふ或は經糸に紡績糸を用ゐ緯に手紡糸を用ゐ或は經緯共に紡績糸を用ゐるありて其經緯共に紡績糸を用ゐたる如きは組織平滑にして精緻なり思ふに全地方に於ては地質厚くして堅緻なる米國「シーチング」の如き者比較的需要少なきは氣候其他の關係ありと雖ども一は亦近來土布の精功なる者生ぜざる爲めにあらざる乎土布は一般下層社會常用の衣料にして紺黒鼠花色納戸等數種の色に無地に染めて用ゐられ捺染印花して夜具地手拭風呂敷婦女小兒の衣料等種々の用に供せらる實に漢口は此印花土布則ち本邦の所謂中形染の流行する處にして市中印花土布販賣店の軒を並べて存在する如きは予等這回旅行せし各地に未だ曾て見ざる所とす而して其印花布に至ては已に天津及芝罘の部に記したる如くにして本邦に於て清國土布の如き者經濟的に製造し能はざるに於ては假令染色の技術清國に劣らざるべしと雖ども其製造輸出は決して勝算あるものにあらざれば全地方産土布の品質は上海地方より北清地方に輸出せらるゝ土布の品質と同樣に而かも農民の副産にして其製造工費の如きは一の計算あるにあらざれば則ち原料代以上に賣れたる者は其工費なれば比較的廉なる者なり予の同行者臺灣向の本邦製白木綿を持參してこれを比較するに未だ價格の點と風味の点に於て及はさる所あるを見れば果して本邦に於ては如此土

布を摸擬せるを得るや頗る疑ひなしとせす然らば支那的中形の摸造輸出果して絶對的に勝算なきや芝罘の部に於て記するが如く今日淸國に於て土布以上に需要されつゝある「シーチング」の如き者に捺染印花して彼れが需要の如何を試むるが如きい亦一の策ならさるを得す而して尚參考の爲め仝地の染賃を左に記せん

印花土布濃納戸	淸尺一丈	片面	平均百十文乃至百二十文
〃	〃	両面	平均百八九十文

無地染玉色(淺黃)	土布一疋(三丈六尺乃至四丈位)	洋布一疋(之れは四十碼三十六吋者)	五十文	四百文
〃　無白(水淺黃)	〃	〃	仝上	仝上
〃　靠白(水色)	〃	〃	仝上	仝上
〃　毛藍(花色)	〃	〃	百八十文	八百文
〃　淺藍(納戸)	〃	〃	仝上	仝上
〃　眞青(紺)	〃	〃	四百文	千百文
〃　墨青又は元青(黑)	〃	〃	三百六十文	千文

以上は信切なく懸引多き支那人の言ふ處なれば素より盡く信を措くに足らさるも其大略は窺知するに足

る尙織布局繅糸局（製糸場のこと）及市中の絹織物製造家等の職工賃銀を聞くが儘記すれば左の如し

織布局	男工（上等）	一日賃銀	二百七十文（清尺十丈を織る）
〃	〃（中等）	〃	二百四五十文（仝　七丈五尺を織る）
〃	〃（下等）	〃	二百二十文（仝　五丈位を織る）
繅糸局	女工	〃	二十四五仙以下（上等百十匁位下等九十匁位挽く）
	女子手傳	〃	八仙位
絹天鵞絨織	男工（上等）	〃	三百文

黃糸の紋羽二重如き者の織工男工（上等）〃　二百五六十文（上等清尺三丈位織ると云ふ）

今又換算上便宜の爲め兩替相場を記せんに其當時日本賃壹圓は墨銀壹弗九仙墨銀壹弗は七百六拾文に相當すれば之れより日本貨に換する容易にして實に其賃銀の高貴なるは全く意想の表に出づ然れども之れ亦淸人の無責任の言必しも盡く信ずるに足らず只其事業未だ新にして經驗未だ積まず職工も亦應募者少く比較的賃銀の廉ならざるは免れざる所なり

工業地としての漢口

以上記する所の者は主に商業地としての漢口を觀察し其商業地の綿布の需要供給を敍したるものなり今や方向を變じて工業地としての漢口の觀察を記せんとす

前に言ふが如く漢口は中央支那の貿易中心にして幾多の貨物皆此に集散し輸出品の重要なる者は亦前記の如くにして他に幾多の工業原料あるや測り知るべからざる的の者なり支那の現今の狀況は漸く工業に注目せし時代にありて原料は殆んど盡く他に出し以て加工品を他に仰くの有樣にして漢口地方の如きも亦漸く數種の製造工業を見るありと雖とも未だ以て土產原料の盡くを費すに至らず武昌の紡績紡織の二工塲ありと雖ども尙棉花の輸出は更に紡績業を起すに足るべく麻類(大麻苧麻)は製麻業を起して織物及製網等の原料たるへく養蠶の發達は製糸及絹織物を起すに足るべく獸皮の豐富なるは以て製革柔皮製膠業を起すに足り胡麻綿實、菜種子豆類落花生等ハ製油業に適し其副產物は好個の肥料たり小麥綠豆小豆等は製粉業に適し其殘滓は養牛養豚の食料たるへく樹脂獸脂漆膏油其他の油は或は製蠟或は製鹼に適し硅石の產出あるは以て硝子業を起すへく大冶の鉄鑛は以て製鉄業を起すへく豚毛猪毛は以て「ブラシ」業を起すへく鳥卵の夥多なるは更に製蠶業を起すに足り茶の豐富なる亦更に製茶業を起すも可なり或は已に原料の盡くを外國に仰きて營業する燐寸製造所もありて其收益あるを以て見れは需要の如何に依ては原料必すしも土產なるを要せす炭質は本邦炭の如く佳良ならさるも豐富なる石炭山あり智識なきも職工を得るに難からす則ち工業設計の要素夫れ如此具備し他に尙全地輸出品中幾多工業の材料たる者あるへく則ち漢口を工業地として見る敢て無稽の觀察にあらざるべし而して漢口には幾種數多の工塲ありと雖とも彼等の必需品なる油の如き澱粉の如き未だ新式の器械を應用するにあらす紡績紡織製麻製糸の工塲の如きも利益の上らさるより見れとも單に工業地として之れを觀察するのみならず本邦人の早く之れに着目着手し機先を制さんことを希望して止まさる所なり

予等漢口を視察して後仝地の本邦領事館の調査書中『工業地としての漢口』なる論文を借覽せしに原料の供給、製品の需要動力及職工等の關係より立論し漢口將來の工業を論述して餘蘊なく實に一讀千金の價あるを認む今其結論を借用して左に記すべし（其論文は通商彙纂三十六年改第四十二號にあり）

要之當地は之れを原料支給の方面より見るも製品頒布の難易より見るも將た工場燃料の得易きより見るも此處を轉運發貨の大集散地として見るの正しきが如く又一個の工業地と看做すの强て失當に非らざるを知るべし元來本邦の人が商賣上に於て錙銖の利を爭ひ營々として其業に安するの點に於ては支那人の敵に非らざるは言ふ迄でもなきのみならず又資本の點に於ても本邦人は或は支那人に一籌を輸する憾あるを免れずと雖とも今後日本の採るべき對淸事業は果して如何なる種類の者なるや鐵道施設が政畧權に用ゐられ滊船航路は商權伸張ー國利權の植立を意味して開放せらるゝは大に悦ふべき現象なれど此種獨占的性質の事業は其範圍に限りあれとも多くを人に望む能はとも然るに幸ひ日本人は科學の力と機械運用の術に長けたることと支那人に過ぎたれとも其聊か兄長せる工業を內地に施すのみを以て甘せとも宜敷淸國內地に移して其奏効の如何を試むるの强て迂策に非らざるを知るべし聞く淸國に於て日本人の商業を代表するは上海を最とす然るに其商店中信用あり取引ありて常に利純の幾分を見る者は數十軒中僅かに四五家

に過ぎざ天津然り牛莊然り而して尤も必要なる長江流域にさへ却て日本大商人の投資する者甚だ少しと云ふに至ては對淸貿易の前途も亦遼遠と言はざるべからざ畢竟內地の企業家や實業家と稱する有力の資本家にして淸國內地の商工事情に精通する者稀なるか爲め着手すべき企業多きに拘はらず空しく機會を失して徒らに供手無爲に終るを常とし其海外に出でゝ何等か爲すあらんとするの徒い無資の靑年か然らざれど當年單騎旅行の壯圖を再びして泡の如き虛榮を得べく夢想せる遊覽者のみ遊覽者は高き船賃と莫大の宿料とを拂へて僅かに皮想の外觀を見物するのみ又無資產の企業家は投機に僥倖を期するに止まり殖產興業の實際に効なし

今や漢口は各種企業の勃興すべき機運の端を示し着實なる大資本家の放資を待てり製油業者來るべし製業者來るべし製燐寸業者尤も可なり製石鹼業者亦不可なし漢口の膨脹は一時も停止せざ若し今機會を失はゞ他の外人は徒らに供手無爲に終る者にあらざ必らざや十年を出でざして漢口は外人の製造町と變ぜん

上海

上海は千八百四十二年南京條約に依り其翌年開放せられたる支那各港中尤も古き開港場にして東洋第一の互市場たり從來本邦人の支那を談する者は先づ上海を談じ航する者先づ上海に航し商に工に多くは皆上海を起点とし世已に通商貿易地の上海を記する者亦多きを以て予は唯た予が専門に關するの瞥見を記せんのみ

上海は已に東洋第一の互市場たり去れば其貿易區域の廣濶なる北淸に長江流域一帶に南淸に一として關係を有せさるなく實に全港の貿易の消長は支那貿易の盛衰を表示する者にして加之朝鮮に日本に臺灣に遠く露領浦塩斯德等に多少の關係ありて全港が東洋貿易上樞要の位置を占るは予が言を待たさる處世界各國の人種此に輻輳し營々として利益を護得せんとするや決して偶然にあらさるなり

上海は已に如此廣濶なる區域を有すれば漫然として之れを見れぞ遂に不得要領的に終るに過きず全港の貿易統計に依て之れを見るも例之は綿布の「シーチング」の如きは米國製品尤も優勢なるも全地及其附近に於ては寧ろ英國製品のみを需要するが如くにして統計の數と其地方の現狀とは大に趣きを異にする点少からぞ盖し之れ商業區域の廣濶にして各地の需要物品各々異なる所あるが爲めなるべし予等幸に初め北淸を見漢口を見最後に之れを見たるを以て少しく得る所あるべき者ならんに今に至るも尙茫漠として

捕捉し難きの感ありて調査も或は不得要領的の者なるを免れさるへし

上海及其附近の綿布需要の大勢

例に依り三十五年の上海の貿易の大勢を示さんに左の如し

一（イ）外國品總輸入額	一八三、二九五、〇三一海關両
內　再輸出額（外國及支那各港に向て）	一二九、九〇〇、〇八四〃
差引外國品純輸入額	五三、三九四、九四七〃
一（ロ）支那內地品總輸入額	八五、九九五、七三〇〃
內　再輸出額（外國及支那各港へ向て）	七七、四四七、〇七二〃
差引支那內地品純輸入額	八、五四八、六五八〃
一（ハ）上海及附近產物品輸出額（外國及支那各港に向て）	七六、八三二、一〇三〃
一　輸出入額（（イ）（ロ）（ハ）を合したる者）	三四六、一二二、八六四〃
一　純輸出入額	一三八、七七五、七〇八〃

前表に依て見れば純輸入額は總輸入額の四分の一弱にして純輸入の案外少なきは之れ蓋し一度全地に集りたる者の又再ひ各地に輸出せらるゝ者にして綿製品の如きも亦頗る多量の輸入ありと雖ども再輸出に係る者決して尠少にあらざるなり今全地輸入の主要綿布に就て少しく記する所あらんとす

「シャーチング」の三十五年の輸入額

「グレー、シャーチング」	英國製	總輸入額	一三、四〇五、六〇二海關兩
〃	印度製	〃	二六、七〇四〃
〃	米國製	〃	一、九四五、九八〇〃
〃	日本製	〃	二三、二一八〃
「ホアイト、シャーチング」	英國製	〃	九、五六七、一九〇〃
〃	米國製	〃	一八、九一二〃
合計		〃	二四、九八七、六〇六〃

此他白紋織「シャーテング」其染物及染「シャーチング」等の輸入あり左の如し

白紋織「シャーチング」	總輸入額	五五、一一三海關兩
仝上染物	〃	四八〇、〇一三〃
染「シャーチング」	〃	一四六、六八九〃
合計	〃	六八一、八一五〃

之れを前者と合すれば貳千五百六拾六萬九千四百貳拾壹海關兩となる而して更に之れらの純輸入額を見れば參百七拾七萬五千百四拾九海關兩にして殆んど其壹割四分强に當り他の八割五分强は盡く外國及支

那各港に再輸出せらる

「シーチング」の輸入額

英國製	總輸入額	二、〇四一、九一六海關両
米國製	〃	一三、二九四、二四九〃
印度製	〃	一八一、九七九〃
和蘭製	〃	一三、一八七〃
日本製	〃	九八、九九八〃
合計	〃	一五、六三〇、三二九〃

然るに其再輸出を減したる純輸入額を見れば左の如し

純輸入額	三、三三一、四九三〃

則ち之れ亦其總輸入額の七割八分強は再輸出せらるゝ者なり

コットンイタリアン（綿繻子）及コットンラスチング（綿呉絽）の輸入額

綿繻子	總輸入額	二、一七八、七二六海關両
綿呉絽	〃	二、一一〇、七七三〃
右二者の特別仕上品	〃	二、五七一、九三七〃

合　計	〃	六、八六一、四三六〃

又其純輸入額は左の如し

	純輸入額	一、八九七、三一五〃

則ち之れらも亦七割二分强を再輸出し其四分の一强の純輸入に當り殊に税關統計に依れば普通品の綿繻子は全部再輸出に係り獨り特別仕上品は其半額以上の純輸入となり綿呉絽は其五分の一弱純輸入となるを見る

「テークロス」(天竺木綿)の輸入額

歐米製(國別を明かにせず)	總輸入額	一、九〇一、八七七海關兩
印度製	〃	四九、三〇二〃
日本製	〃	一八八、一五七〃
合計	〃	二、一三九、三三六〃

然るに其純輸入額左の如し

	純輸入額	七〇七、六九一〃

之れ亦其六割　分强の再輸出となる

「ドリルス」の輸入額

英國品	總輸入額	四八五、四九五海關兩
印度品	〃	四三、九八八〃
和蘭品	〃	三五、五一七〃
米國品	〃	五、三二七、五七〇〃
日本品	〃	、四三五〃
合計	〃	五、八九三、〇〇五〃

之れらの內和蘭品は全部再輸出せられ米國品亦八分の六强を再輸出せられ凡ての純輸入額減して七拾萬貳千五百貳両となり其八割七分强は再輸出となる

「ジエーン」(畦木綿)の輸入額

英國品	總輸入額	八七二、六九一海關兩
和蘭品	〃	六九、四八四〃
米國品	〃	五一七、三五八〃
合計	〃	一、四五九、五三三〃
	純輸入額	三八八、二七二〃

則ち之れらも亦其七割三分强の再輸出となる

更紗形附綿布の輸入額

更紗及形付綿布(形付天竺木綿も含む)

總輸入額	一、八九八、七二八海關兩
純輸入額	三六七、一二六〃

之れも亦八割强の再輸出あり而して此種類の内に額僅かに百〇九海關兩なる者存するを見るは大に意外とする所なり

其他總輸入額拾萬海關兩に達する者數多ありと雖ども前者の如く一として外國若くは支那各港に再輸出せられさるはなく純輸入額の拾萬兩以上にある者僅かに「ホアイト、アイリッシ」と稱する晒金巾の種類の者と綿天鵞絨と手巾との三あるのみ然れども流石東洋第一の貿易場なれは其他の輸入綿布も多種類にして其額亦積て大となる今更に輸入綿布全体の純輸入額を記せんに實に千貳百貳拾七萬五千五百四拾壹海關兩にして之れを全港輸入貨物の純輸入額六千百九拾四萬參千六百〇五海關兩に比すれど二割弱に當り前に記したる各港に比すれど却て其歩合の少きを見る之れ蓋し前記數多の表に示す如く遠く外國若くは支那各港に再輸出する者多く大抵七割二分以上の再輸出あり少きも六割五分以上にありて其地方のみの需要區域小に加之全地方ハ土布の製造尤も盛なる處にして其輸入の如きは極めて少なきを以てなり卽ち知る上海の貿易は單に上海其物の貿易にあらずして東洋の貿易なるか故に又强て上海の輸出入の貿易統計等に依り上海地方民の嗜好及需要流行如何を斷ずへからず予は已に北淸各港より漢口地方の需要綿布の大勢を論したり然らは則ち前記諸表に示す其再輸出は氣候の關係文化の程度等に依り果して如何に各地に分配せらるゝやを推察するを得べし故に今只上海其物の觀察のみを記すへし然れども上海に二あり一は上海城内にして元來の支那人街たり一は上海城外にして外國租界地たり仝しく吾人の所謂上海なる者なるも亦多少風俗習慣異り前者は質素にして後者は華美なり從て嗜好と需要の程度も亦異ならさるを得す故に上海其物を解決するには一面上海城内より見一面外國租界を究明せさるへからずと雖ども予は不幸にして遂に之れが時を得ず故に只上海及其附近の綿布需要の大勢を記すへきのみ

前諸表に依れば仝地方尤も需要あるは「シャーチング」にして其純輸入額の多數なるを以て之れを證すへく北清地方とは全く赴きを異にし漢口と相似たり否寧ろ漢口地方は風俗漸次上海化して華美に流ると云ふ實に然り上海は早くより外人に接し刺擊を受け漸く開明に赴くに從ひ生活程度愈々高く衣食住の善美なること支那第一とせん去れば平常絹物を纒ふ者敢て珍からず華美の風は漸次波及して下等社會に浸染し布面の滑脫緻精にして輕快なる者を好むに至れり況んや風候温暖なるに於ておや彼等は秋冬春の候に於ては綿入若くは袷の袍子と稱する長衣裳の上に水色若くは水淺黃等に染めたる單衣の袍子を羽織るは一般の習慣にして皆「シーチング」を以て之れを作る漢口地方も亦然り好しや之れを纒はさるにせよ上衣は多く本布の如き布面の平滑精緻なる者を用ゆるを見る其他上は帽子より下は靴に至る迄で華美ならざるはなし之れ北清地方と異にして「シャーチング」の如き者の優勢なる所以なるべし

次に全港純輸入の大なるは「シーチング」にして大に全地方に需要あるを見る次は綿繻子綿呉絽の類にして「テークロス」「ドリルス」「ジエーシ」更紗形附類順次之に亞ぐ北清地方は氣候冱寒にして風俗極めて質朴なるが故に尤も需要あるは「シーチング」なりしが上海地方は前に言ふが如く其趣きを異にし「シャーチング」の需要第一にして「シーチング」其次に位す恰も北清の中天津芝罘の需要程度を轉倒せしに髣髴たり漢口武昌の織布局製品輸出入統計表に現はれざるが故に「シーチング」の輸入額第四位にあるも其製品を其輸入額に合算すれば第三位若くは第二位に上るに至るべく殆んど上海地方相等し而して漢口に於ては「シーチング」の其地方に需要あるは英國品の手薄くして精緻なるもの多くして全省製は勿論或は米國製の厚きものすら需要多からずして凡て一般に手薄き者の需要あるを記せり反して上海地方に於ては統計に徵するに米國品寧ろ英國品より優勢なるを見る之れ大に注意を要する點にして思ふに之れ漢口及其附近の下層社會は尙土布に安んじて未だ機械織綿布を需要するの程度に至らず機械織綿布を需要し得る者も未だ盡く「シャーチング」如きの美なる者のみ用ゐる能はず英製「シーチング」の如き者も之れが爲めに需要ある所以にして反し上海及其附近に於ては下層社會に至る迄で華美の風に浸染し土布に甘せず品質稍々土布に近似する米國「シーチング」の如き機械織綿布を以て其代用とし其以上に至ては概して輕快精緻なる「シャーチング」の如きを需要するが故にあらさる乎果して然らば上海と漢口と其の下層社會及其少しく上なる者の一般に文化生活等種々の程度に於て亦多少の徑庭あるを知るに足る而して前記

「シャーチング」と本邦品の列せらるゝを見るは大に愉快に感する所なりと雖ども其價格の大小を比較せるに「シャーチング」に於ては本邦品ハ英品の百八十分の一米品の四十八分の一に當り「シーチング」に於ては米品の四十二分の一英品の七分の一に當り印度品にすら尚ほ及ふ能はずして漸く其二分の一弱に達するのみ「シャーチング」は糸質細少なるものなれは或は「シーチング」の如く製造易からさるべしと雖ども「シーチング」の如きは製造容易にして我國機業の現況に適する者なり然るに何ぞや印度品にすら競爭し能はさるとは實に遺憾とする所當業者果して如何の感やある

「コットン、イタリアン」(羽綢)及「コットン、ラスチング」(羽緞)は全地純輸入の綿布中優勢なる者にして目下全地方にて流行せる所の者の見本は已に天津の部に於て掲けたるが如く然りとす北清地方に於ては比較的絹織物の需要少くして本布の如きは寧ろ上流社會の平常衣料中流社會の盛裝材料たるも上海地方は之に反して中流社會以上は絹物を纏ひ下流社會の盛裝の如きは概して本布の如き者を用ゐ其常服尚之れを用ゐるを見る風俗の差異ある如此と雖とも此種類の織物は清國に於ては到る處將來其需要を持續するのみならず否却て益々其販路擴張する者たるを疑はず殊に技術の精巧整理の完全なるもの尚然りとす其他更に天津及漢口の部に於て掲げたる絹綿交織綿毛交織等の一見純絹物なるやを疑いしむる如く技術の精巧整理の艶麗なる者亦可なりの需要あり凡て人情は世界萬國至る處全樣にして若し與ふ得へくは光澤秀麗に且つ輕快なる絹物を求むるの念止むなきも絹物素之れ高貴の者なれど未だ必ずしも盡く求め得らるゝ者にあらず必ず其代用品を求むるの必要あるは東西殆んど一轍にして世開明に進むに從ひ愈々其度を進む故に本布の如き或は絹綿交織の如き皆其必要より來りし者にして殊に支那人は貧富の懸隔甚しく價格廉にして外見の艶なる本布等の如きを身に纏ひ世を衒はとする者多けれど尙更本布等の如きは將來に於て益々需要發達し本邦産絹綿交織の觀光繻子の所謂南京繻子あるに拘はらず近來益々需要ある亦之れか爲めなり然れども本邦機業界の技術及原料器械等の現狀果して之れを模擬するの勝算あるや否や「テークロス」(天竺木綿)の全港に於けるや大に優勢にして前記各地に於ては「ドリルス」の上位にありて本布の如きは殆んど五位以下にあるも前表に依れば實に全港の「ドリルス」の純輸入額と伯仲の間にあり前記地方に於ては「ドリルス」が組織は一の斜紋にして幾分か外觀を異にする点と地質手厚くして堅靭なる点とは大に其需要ある所なりしが上海地方は其風俗より察するに今日に於ては品質の牢實如何よりは寧ろ輕快にして價格の廉なるを撰むの有樣なる如くなれば從て本布の需要頓に增大し殆んど「ドリルス」を凌ぐに至りたる者なるを信ず現時本邦より淸國に輸出する綿布中本布の如きは大に重要なる者にして將來益々好望の貿易品なりとす淸國稅關報告に依れば日本製天竺木綿は去る二十七年に於て始めて二千百五十四疋の輸入ありて其當時ハ現今の競爭として目せらるゝ歐米製及印度製品に比し僅かに其五百分の一に過ぎず頗る微々たる者なりしが爾來年を追ふて其數量を增加し來り三十五年に至り歐米品の四分の一印度品の三倍額の輸入を見るに至れり云々之れ蓋し其輸入數量に就て比較する者なりと雖ども價格

に於ても亦歐米品の七分の一印度品の二倍半餘に達し實に著しき進歩にして將來尙外國品と競爭角逐し本邦品の增加を見るを得へき餘地充分なるを以て本邦機業家は皆此點に注意し奮勵と改良とを加へ指据前進するを要す

「ドリルス」は亦全港輸入綿布中「テークロス」と相伯仲する者にして大に需要ある者たり然れども本邦品の統計に現はるゝ者僅かに四百參拾五海關兩にして輸入「ドリルス」の全額に比すれば殆んど九牛の一毛だにも若かざるなり本布は獨り上海地方に輸入あるのみならず支那各地に需要あるは已に已に前記各地に於て述ぶるが如く支那の重要品たるを失はず故に本邦當業者の奮勵能く天竺布の漸次成功に近つくが如く淸國市場に向て益々本布の輸出多大を見んことを希望して止まざる所なりとす

「ジェーン」は亦全港輸入品中十指の內に算せらるゝ者にして主要なる者とす然れども本邦機業の現況綿布と同組織にして只糸質の大なる「ドリルス」すら尙未だ他外品と競爭する能はざれば本布に關して種々の希望を懷くは寧ろ徒爾なるべし只當業者目今に於て勝算の有ると無しとに拘はらず將來に於ては之れをして遂行するの勇氣と決心とを以て大に奮勵を要する者なり

更紗及其他諸形附類の需要は亦他地方に於ける如く稍々大なり全港輸入の形附類中に本邦製品の百〇九海關兩の輸入あるを見るは大に意外とする所にして其物品果して更紗的の者なるや或は中形的の者なるや或は手拭的の者なるや遂に之れを見るを得ざりしは大に遺憾とする所なり數量價格の少なきより考ふ

れど一の試賣品に過ぎざるべしと雖ども此類に於て本邦品を見るに至れるは寧ろ嘉ぶべきの現象なりとす種類果して如何なる者なるにせよ上海貿易市場此項目に於て本邦の捺染物已に現はるゝに至りたるに於ては爾後當業者能く彼地の嗜好流行等を充分に調査し大に之れが輸出を計畫するい必要の事なりとす

其他數多の仝港輸入外國綿布中本邦の名を列する者少からず則ち左の如し

緋金巾	總輸入額	四五四、一九七海關兩	内日本製	四九八海關兩
	純輸入額	四九八〃	〃	四九八〃
「コットンクリンプス」	總〃	四五、三九七〃	〃	一、七五二〃
	純〃	七、二五三〃	〃	七三一〃
手巾	總〃	三一八、九四七〃	〃	七、三三七〃
	純〃	一八三、七六七〃	〃	七、三一九〃
浴巾	總〃	二六九、七九八〃	〃	七七、九二五〃
	純〃	九四、二八一〃	〃	五九、二四三〃
綿毛布	總〃	八三、四四五〃	〃	一、二二四〃
	純〃	一二、八〇一〃	〃	一、一六四〃
綿子ル	總〃	四〇五、五四五〃	〃	二五、七二六〃

	純〃	一一、二八八〃　〃　六、〇二八〃
日本綿布	總〃	一四、五六三〃
	純〃	五、七六〇〃
日本綿縮《くれぷ》ミ	總〃	一一、〇五七〃
	純〃	九、七五〇〃
日本品總輸入高合計		一四〇、〇八二〃
仝　純輸入高合計		九〇、四九三〃

以上の種類の内「コットンクリンプス」と絨織或は普通の綿縮ミの何れを言ふ者なるや知るべからざれども前に記し來りたる各地に於ては之を類別せずして皆「コットンクレープ」の名の下に列す故に名稱新なりと雖ども前記の種類に關しては已に屢々之れを述べたる所あれば更に之を略說せず

上海に於て購入したる羽綢羽緞の參考品は天津の部に於て掲けたるも亦他に綿ネル及ひ二三の外國製綿布を得たれば列して以て參考に供す

六十一號	條子絨子	長　三十碼	巾　二十八吋	一疋價格	參兩七匁
六十二號	〃	〃	〃　三十吋	〃	四兩壹匁
六十三號	條子西絨	〃　四十碼	〃　二十七吋	一碼	壹匁貳分

六十四號	〃	〃	〃	〃	壹匁貳分
六十五號	〃	〃	〃	〃	壹匁貳分
六十六號	元青席法布	〃 三十碼	〃 三十吋	〃	貳匁
六十七號	湖色席法布	〃	〃	〃	貳匁
六十八號	月藍竹布	〃 四十碼	〃 三十六吋	一疋	六兩五匁
六十九號	綿綾織《こつとんどりる》				

以上の內六十一號六十二號條子絨子は藍棒チルにして漢口の部に於て掲げたる者と同様なり六十三號乃至六十五號の絨子西絨は本邦に於ても嘗て英國綿チルとして販賣せられたるものに同じく之れらは皆共に肌衣若くは衣服の袖裏に用ゐらるゝ者にして彼等が嗜好の縞柄を現はすに過ぎず六十五號乃至六十九號も亦上海地方に於て需要せらるゝ輸入綿布の一小部を示すに過ぎず其他亦彼らが主に衣服の袖裏に使用する外國品綿毛交織の見本を得たれば以て參考に資すべく本邦に於ても之を摸造せる決して難事にあらさるべし

七十號	毛絨子絨	長 三十碼	巾 二十八吋	一碼	壹匁九分
七十一號	〃	〃	〃	〃	壹匁九分
七十二號	〃	〃	〃	〃	壹匁九分

七十三號　〃　〃　〃　〃　壹匁九分
之れらも亦彼らが嗜好の縞柄を見るに足る
以上記せる所の者は主に全港輸入の外國綿布に關する者のみ他亦支那産手織綿布即ち土布も亦多少輸入せらる其總輸入額及純輸入額左の如し

三十五年土布總輸入額	數量　五、三八八擔	價格　二三一、六七八海關兩
仝　純輸入額	〃　五〇一〃	〃　二一、五五一〃

土布の輸入前記の如くにして主に再輸出に係り純輸入僅かに貳萬千五百五拾壹海關兩なるは蓋し全地方は支那最大の土布製造地にして白木綿以外の土布の如き者の輸入のみなれはなり左れは全地方の土布は其輸出高亦大にして實に七萬六千五百七十四擔參百貳拾九萬貳千七百〇四海關兩に達し其他支那帆船即ちジャンクに依て海關を通過せすして各地に輸送せらるゝ者決して少しとせす土布の産額は不規律なる支那其統計の徵すへき者なけれは果して幾何あるや知るへからさるも江蘇逝江兩省間に於て紡績糸の消費高より推算すれは或は七千五百萬兩位の産額あるへしと云ふ七千五百萬兩の土布は一部兩省士民の需要となり一部は兩省の他開港地鎭江南京吳淞蘇州寧波温州杭州等より各地に供給する者もあるへく其一部は則ち上海より出つるものにして主に其附近の産出に係り而して其額參百萬兩以上の輸出とは決して少なる者にわらす土布も亦敏るへからさる者と謂ふへし

土布は從來の手繰糸のみなりしも紡績糸の輸入或は上海附近に產するに至りてより以來主に經緯共に紡績糸を用ゐ或は稀に緯糸に手繰糸を使用するあり此原料の需要容易なるは土民をして土布の製造を盛ならしむ經糸は主に十四手を用ゐ緯糸は十四手を用ゐる者と十二手を用ゐる者尤も普通にして稀に手繰糸を用ゐるあるは右に云ふが如く然り而して支那は各地至る處外國製綿布の輸入多く亦土布の產出も敢て減するなきは支那の國風益々開化せるに從ひ人民自から贅澤に流れ華美に變し從來一枚を用ゐたるものも二枚を求め二枚を用ゐたる者は三枚を求むるが如く其需要益々多きが爲めにして又確然たる統計なきも人口の增加は之れを疑ふの余地なく綿布需要の前途は實に洋々たる者なり之れ今日我邦綿布輸出に就て一定の方針を確立し對淸貿易の隆盛を企圖せさるべからさる所なりとす

土布の用途は前屢々各地の部に於て記したる如くにして異る所なし其色合も亦大同小異にして從來記したる者の範圍を脫せず卽ち支那人の嗜好する綿布の色合は全國至る所皆全一と見て可なり或は時に依り或は處に依り多少異るあるべしと雖ども其異なる點は些少の色味色調に過きずして其根原の色合は少しも脫する所なし例之は紺或い黑にしても或は時と處に依り赤味あるを欲するあり或は青味あるを欲するあり納戶或は鼠等に於ても時と處に依て或は其濃を好むあり或い其淡を好むあり或は青味あるを或は黃味あるを或は赤味あるを好むあるも要するに殆んど支那人の綿布に對する嗜好の色合は一定なり然るに彼れら至る處に於て予等に告けて曰く染物の輸入は不可なり須らく生物を輸入すへし我等は其好む所に

從ひ塩を入砂糖を加へて適宜の塩梅料理を施して用ゆへしと蓋し彼等の思ふ所は外國人は支那人の流行及嗜好の變化を追ふて進むへからさる者なりとするにあり彼れらの嗜好せる色合は古來より殆んど變化なくして而かも此の言をなす何ぞ其の言ふの奇にして而して敢なるや泰西各國の流行變遷の急激なる處の者は或は遂に追及せへからさる者もあらんかなれども支那人需要の綿布の色合の如きは殆んど單調にして其變化に於ても多少の色味色調に過きされは其流行變化に應する易々なるのみ況んや一葦帯水の我れに於ては支那各地至る處に領事館あり在留民あり彼らが嗜好の如何流行の變遷の如きは直ちに之れを知るの便あるに於ておや故に予は前に嘗て記したる如く彼らの好む所の色は本邦に於て染色加工の上輸出するも決して無謦の業にあらさるを信する者なり而して又上海地方に於ける染賃の少しく調査したる者あれど左に記して參考の資とす

無地染物

洋藍(西洋染粉にて染めたる納戸色)	洋布(廣巾綿布のこと)	一丈	參百文	小巾一丈	百貳拾文
月藍(淺黄)	〃	〃	八拾文	〃	參拾文
双藍(濃花色)	〃	〃	貳百五拾文	〃	百貳拾文
毛藍(納戸)	〃	〃	百參拾文	〃	六拾文
申藍(花色)	〃	〃	百五拾文	〃	七拾文

潮藍(紺色)	〃	〃	貳百八拾文	〃	百四拾文
元青(黑色)	〃	〃	貳百七拾文	〃	百參拾文
灰　(鼠色)	〃	〃	百五拾文	〃	七拾文
魚白(水色)	〃	〃	八拾文	〃	參拾文
中形染物					
申藍(花色)	〃	〃	貳百貳拾文	〃	百參拾文
潮藍(紺色)	〃	〃	參百文	〃	百八拾文

以上は上海城外某染坊に就て調査したる者にして其藍の建方を問ふに廣東地方より來る泥狀藍（此泥狀藍は清國產の藍を泥狀にしたる者なるや又は印度藍《いんぢご》を泥狀にしたる者なるや染坊之を知らず漢口地方に於ては地方產の藍の泥狀物を用ゆ）五十斤石灰二斤燒汁糟一斤半位を混じ熱を與へて醱酵還原せしむと答ふるのみ其分量の如きも支那人のことなれば未だ俄かに信ずるに足らず只其藍液は稀薄なる者なり之れに綿布を漬け置く少時にして其一端を摘み上げ之れを一の木片に穿てる小竅に通し強く牽いて繰り上げ藍液を絞り水洗し又藍液に漬け前の如く絞り上げ漸次如此して適宜の色を得るに至て止む黑は多少の藍下を取り花樹菓（矢車の如きものなり）の煎液と綠礬を染むることと本邦從前の黑染の如く一回毎に水洗し染色の手續は丁寧信切にして從て其色堅牢なり中形染は形附屋より印花したる者を送り來り本邦の墨

と豆汁との代りに墨と牛膠水と稱する者を印花布に施し乾かして後藍瓶に入れて染むること本邦の如し
又他に中形染は印花も染色も共に行ふ染坊もあり其染坊に就て調査する所を記すれば左の如し

中形染

眞青（淡花色）	上海本布（長清尺一丈九尺巾金一尺二寸）一疋染賃（印花賃共）	小銀貨	參拾四仙
深藍（活色）	〃	〃	貳拾四仙

無地染

毛寶（淺黄）	〃	〃	八仙
毛藍（納戸）	〃	〃	九仙
双藍（花色）	〃	〃	貳拾仙
元青（黒色）	〃	〃	貳拾貳仙

中形の糊は荳粉（澱粉質の多き綠豆の粉）四石灰六の割合にて混じ煮して用ゆと云ふ果して信なるや又藍の建方は一樽百斤六拾兩の馬獅子會社製泥狀インヂコヒユーアー二斤燒汁糟五斤石灰一斤を入れ醗酵還原せしむと云ふ黒は藍下を取りて矢車の如き花樹菓と稱する者と鉄醤若くは綠礬にて染むること前者の如し

因に記す其當時銅錢七百五拾文及小銀貨壹弗拾仙は墨銀壹弗に當り墨銀壹弗〇九仙は我壹圓に相當せ

り而して土布及其染物等に關しては日本經濟社藏版中村桂次郎氏著日清貿易策及農商務省商工局臨時報告書三十二年第五冊に稍詳かに記する所あれば又以て參照するに足る
今又仝地に於て仝省寧波の產に係る廣巾縞土布を得たる者あれば左に列して參考の資となすべし

七十四號	寧波膠布（甬布とも云ふ）	長二十碼巾二十八吋	一疋	貳兩參匁
七十五號	〃	〃	〃	貳兩參匁
七十六號	〃	〃	〃	貳兩參匁
七十七號	〃	〃	〃	貳兩參匁
七十八號	〃	〃	〃	貳兩參匁
七十九號	〃	〃	〃	貳兩參匁
八十號	〃	〃	〃	貳兩參匁

之れらは皆衣服の袖裏用にして土布の廣巾縞物なり日本式の輸入せし機臺を以て織る者にして未だ產出大ならざるも廉にして大に需要ありと云ふ其縞柄の如きは前記の六十三號乃至六十五號及び七十號乃至七十三號の輸入外品に類似する者にして亦清人の嗜好を察するに足る本邦人も之れを內地に於て製織せしめ輸入を試みしと聞く願くば從來の覆轍に鑑み着實を旨とし信用を重んじ一に成効せんことを
予は更に進んで本邦製品の上海輸入の情況に就て一言せんと欲す抑も上海は東洋第一の大市場にして尤

も早く開放せられたるを以て世界各國の人種輻輳し本邦人も亦疾に此に着目せしかば其在留者の數殆んど二千に達す亦盛なりと云ふべし然れども二千の人口果して確實の業を營むやに至ては未だ然りと答ふる能はず天津等に比しては古くより渡航せし者多きが故に從て確實の業を營む者亦多しと雖ども歐米人と軒を並べて商業を營み普く信用ある者は僅かに十指を屈するのみ他は雜貨の小賣店若くは日本的旅店料理店飲食店等を開くにあらざれば洋妾となりて世間狹く日を送くるの醜業婦のみ故に其狀況に至ては畧天津に似て確實の商業を營む者比較的多數なるは其非なる所なり去れど又日本製品の上海に輸入せらるゝ狀況は天津と大同小異にして其弊も亦轍を同ふす否上海は稍大なる丈け又其弊も大なるが如く生存競爭の世界或は止むを得さるへしと雖ども如此は寧ろ國家の爲めに害ありて益なく徒らに他人の乘する所となる實に遺憾に堪へさる處とす本邦內地の製造家に於ても己人營業者と會社營業者と問はず一の委托者一の特約者を守らずして或は此に或は彼に其思想を二三にす在外商店亦營利業なり焉んぞ己に利あらざるものに熱中せんや即ち今日に於ては在外の弊害に伴ふに更に在內の弊害を以てす蓋し對外貿易の發達せざる決して偶然にあらざるなり否數字に於て發達するありとするも其實際の商利は遂に我に歸せずして皆他人に歸す綿布の如きは在外の弊害よりは却て在內の弊多きが如くにして製造家の信用を重せさると思想を二三にするあるは尤も其著しき處なり已に牛莊天津の部に於て記するが如く之れらは共に大に商業家及製造業者の矯正せざるべからざる要点にして淸人我弱点を知るが故に無責任なる仲買者等

を使役し當業者をして品質を下落せしめ一時大に有望のものたりし者も遂に消沈の悲境に陷るの狀况を呈するに至る日本綿布綿毛布綿縮ミの如きは其適例にして手巾浴巾の如きも多くは淸人の手に依て輸入せらるゝ者或は將來如何の運命に遭遇すべきや計り知るべからざ故に我當業者は一面には大に自ら支那を究察し一面には信用を重んじ思想を堅ふし內外相提携して以て我製品の販路擴張を勉むべきなり

結論

従來記し來りたる者を綜合すれば綿布中尤も需要ある者は清國産手織木綿即ち土布及び「シーチング」金巾《シャーチング》、雲齋布《ドリルス》、綿呉絽《コットンラスチング》、綿繻子《コットンイタリアン》、更紗及諸形附、天竺木綿《テークロス》、畦木綿《ジエーン》、等にして各地共に其輸入品多寡の順序は種々の關係より必ずしも同一ならざると雖ども亦以て清人需要綿布の大勢を知るに足り且つ各地流行の如何を知るに足る只土布は其需要の大なる者なるを知るを得るも各地に産する者據るべきの統計なし故に之れを除外して今前記各地の輸入綿布の多額なる者より順記すれば左表の如くあるを見る

位置	牛莊	天津	芝罘	漢口	上海
第一位	シーチング	シーチング	シーチング	金巾	金巾
第二位	雲齋布	金巾類	金巾	綿繻子綿呉絽類	シーチング
第三位	金巾	雲齋布	綿繻子綿呉絽類	シーチング	綿繻子綿呉絽類
第四位	綿繻子綿呉絽類	更紗及諸形附	雲齋布	雲齋布	天竺木綿
第五位	畦木綿	綿繻子綿呉絽類	天竺木綿	更紗及諸形附	雲齋布
第六位	更紗及諸形附	天竺木綿	更紗及諸形附	天竺木綿	畦木綿
第七位	天竺木綿	畦木綿	畦木綿	緋金巾	更紗及諸形附

以上列記する者は即ち清人の最も多數に需要する者にして其他の需要綿布多種類ありと雖ども其數量價格に於ては到底右の諸品に及ぶべくもあらず就中手巾浴巾綿毛布綿ネル日本綿布日本綿縮等は多少本邦より輸入せられ益々其販路の擴張は望まざるべからざるは勿論なれども更に其以上の希望は上表に掲げたる諸種綿布の製造輸出にありて存ず

然らば所謂土布は如何本邦に於ては清國產手織木綿の如き者を果して經濟的に製するを得るや否や所謂其土布なる者は前に嘗て言ふが如く農民稼穡の間の副業にして商賣的製造にあらず時間と手數とを吝まずして之れを製造し其織りたる者を市場に出し成行相場に賣り原糸以上の價格に賣れゝば之れに甘んずる的にして敢て生產諸費を計算するにあらず好しや之れを計算するも素より農民の生活程度極めて低き者なれば其費用の如きは本邦の職工賃銀の比にあらざるべし況んや彼らが自ら收穫する所の棉花を用ゐ自ら紡ぎ之れを織る者あるに於ておや加之土布は一種の風味を有し其組織の堅緻なるは織機の構造より來る者多く製品極めて信切牢實にして耐久性に富む者なれば本邦の如く賃銀高く商賣的物品を造るに巧みなる而かも小規模の已人工業者集合に於ては擬土布を製造するも品質一定なる能はず又廉なる能はず其品質不一定其價格の不廉なる者を以て彼れが土布と競爭する如きは誤まれるの甚だしき者決して勝算ある者にあらず或は母子工場の如き者を起し母工場は原料の購入より準備整理荷造諸工程及販賣等を司り子工場は從來の已人工業者を以て之れに充て一定の品質の擬土布を織らしめ母子一團となりて其衝に

當らば從來の機械器具を改めずして成効するを得んと論ずる者ありて恰も一理なきにあらざるが如しと雖ども我國今日の機業界の現狀は一二の機臺を以て自ら絲を買ひ自ら織り自ら賣る如き却て賃織業に若かざる者も獨立營業と自信し之れに安んずるの有樣にして賃織業を賤むの習慣なれば論者の如き方法は亦決して行はるべきものにあらず殊に況んや價格を格別に廉ならしむる能はさるに於ておや寧ろ文明的機械を利用して土布を壓倒するの策を立つべし時恰も淸國に於ては機械織綿布の需要前記の如くにして將來益々多大ならんとす故に能く需要綿布を根底より調査して一定の方針を立て淸人をして土布の製造よりは寧ろ機械織綿布購入の優るに若かざるを知らしむべし手工は到底機械に打勝つべくもあらざれば本邦機業界今日の急務は機械織綿布製造の發達擴張にあり然れども機械織綿布は其設立に多量の資本を要する者なるを以て到底本邦の已人工業界に適する者にあらざれば從來織布に從事する會社の擴張又は紡績會社の織品新設或は新會社の設立に待たざるべからず然らざれば焉ぞ機械織綿布の發達を期すべけんや

然らば則ち機械織綿布は如何機械織綿布の最も淸人に需要せらるゝ者上記の表の如く然りとす而して就中多少なりとも本邦に產し淸國市場に輸出せらるゝ者はシーチング天竺木綿雲齋布等にして天竺木綿は獨り印度品を凌駕するの勢ありと雖ども他は英米製品に比して九牛の一毛のみ金巾の如きは稀に輸出せられ淸國海關統計に上るありと雖ども擧けて數ふるに足らず哇木綿及綿繻子綿呉絽類又は更紗及諸形附

に至ては殆んど皆無に屬す本邦現今の紡績業及機械織布の狀況より之れを見れば細糸の製品未だ望むべからざるが如しと雖ども紡績織布の技術將來進歩するに於ては絶對的に望なき者にあらず或は原料の如何を難する者ありと雖ども英國已に自國に原料なくして之れを能くし其織布を遠く清國に輸して又成功するを見れば我れの原料を他に仰ぎ之れを織成して清國に輸するは稍英國と同一にして敢て必ずしも憂ふるに足らざるなり要は只本邦の機械的工業は近年の創始にして未だ充分に發達せざるにあれば爾來當業者の奮勵經驗を積み技術を練り細糸物の製造を研究して以て前記清人の七大需要綿布を供給するの決心なかるべからず若し夫れ其の染色加工品に至ては亦本邦の染色技術未だ至らざるの結果に過ぎざれば爾來原布製造家相提携して愈々染色機械を完備し技術を磨き歐米品と伍を同ふするに至らんことを要す「シーチング」雲齋布及天竺木綿の如き太糸の厚き物品に至ては現今に於ても我亦多少之れか能くするを得れば大に之れを發達せしめざるべからず然れども漫りに發達せしめざるべからずと云ふ者は之れ却て議論にして實際に之れを發達せしめんには單に多少技術の之れを能くし得るのみを以て足れりとすべからず如何にして之を製造し如何にして之れを輸出し如何にして先入者と競爭せざるべからざるや等根底より之れを調査し一定の方針を立てざるべからず聞說從來清國輸入の綿布は英國品の獨占なりしと然るに今や米國品は英國品の一部を打破して之れを占領し米國製「シーチング」實に清國輸入綿布中の雄大なる者なり之れ蓋し有力なる理由の存するぞあるを以てなり卽ち其理由とする所は英國は綿布の老成國にし

て大に安んずる處あり且つは原綿を米國に仰ぐの不便あると近來燃料昂騰して動力に苦みつゝあるとに反し米國は日進の少壯國にして六合に雄飛せんとするの英氣を有し且つは世界第一の良綿を產すると水利に富みて低廉なる水が電氣を動力とし加之近年諸工業の益々發達して英國すら未だ嘗て見ざる有力なる器械の發明ある等米國に於て種々の利便を有するにあり然れども英國は機械織綿布の率先者にして多年經驗積成の結果大に綿布製造の技術に長じ金巾畦木綿綿繻子綿吳絽等原糸の細少なる織物及び其加工品たる更紗其他諸形附等の製作は大に巧妙なるものにして正に天下に冠たるを失はず米國自ら顧みて其技にあらざるを知り原綿の豐富なるまゝ比較的手練を要せざる太糸より成る所のシーチング雲齋布等の製織を以て其方針とし清國に輸出し土布の代用品たらしめんことを期せり果して清人の嗜好に適し大に需要せらるゝに至り以て英國品の或る一部を凌壓し清國輸入綿布中の雄大を致したる所以にして米國が當初其根底より之れを究察したるの結果に外ならざるなり又更に聞く英國は清國市場に於て何か故に米國綿布に凌壓せられたるかを究明せんが爲め官吏實業家の一隊を米國に派し其源因を調査せしめたりと云ふ或は佛國に於ては一昨々年支那貿易の將來を調査せんが爲め二名の官吏と三名の實業家を清國に派遣し上海より長江を遡り內地を視察し雲南に出で二ヶ年半を費やして歸國せりと云ふ夫れ如此列强諸國が世界の貿易に向て能く其根底を調査究明し苟も其余地を發見せば其機を逸せず强硬なる劃策を立て堂々たる競爭をなすを以て能く勝を制す世界の心營目注する支那貿易に於ては其根底より之れを調査する

にあらざれば決して成効するを得ざるものとす本邦人能く清國に綿布輸出を計るは目下の急務なりとすと稱するも之れ多く統計上の立論に過ぎず政府亦官吏或は實業家を清國に派遣し其需要嗜好の如何を調査せしめ其報告を公にするも未だ滿足の効果を奏せざる者之れ唯其一部の調査のみにして未だ英米の製產狀況或は其便否利害は果して如何なるやを根底より調査せざるの結果に外ならず從て一定の方針立たざればなり今本邦に於ても亦「シーチング」雲齋布天竺布等多少の產出以て清國に輸出するも米品に及ばざる夫れ甚だ遠し果して米品に及ばざる者なるや否や米品に及ばざる者とすれば如何にして可なるや米國品の長短得失を調査し我長短得失を比較して以て一定の方針を立て製造業者一致團結在外販賣の任に當る者と相提携して之れに處せば豈或は米品に及ばずとするも亦近に達するを得ざる無からんや彼れに原綿產地たるの利あり金利の廉なる便あり機械の長ずるあり加るに原糸佳良にして機械精巧なるが故に其有効率多く其他種々の利便あるべしと雖ども亦職工賃銀の不廉なる短處あり米清距離の遠隔なる不便あり其他内部に入て其經濟事情を調査すれば或は又短處とする所なきにしもあらざるべし反して我れに於ては原綿を他に仰ぐの不便あり金利の不廉ならざる短處あり米國の如き精巧なる機械を用ゆるも原綿已に一定ならざるが故に原糸其機械に適せずして從て有効率少く其他種々の利便に欠くる處あるべしと雖ども亦職工賃銀比較的廉なるの長處あり日清間短距離の利あり之れ唯だ其表面に現はるゝの比較のみなれども更に兩々些末の点に至る迄で相比較して一定の方針を立つれば豈獨り米國の跋扈にのみ委べす

けんや況んや米品皆必ぞしも上等品のみならず中等品あり又下等品あるに於ておや我は其上等品と競爭する能はぞとするも中等品以下に於て大に競爭を試むるも亦可ならぞやされ其根底より調査して一定の方針を立つるの必要なる所以にして敢て其調査を我當業者及當局者に望んで止まざる所とす

清國の柞蠶糸

清國柞蠶糸の近年本邦に輸入する數量頗る大にして一昨三十五年の如きは實に其輸入額百萬圓に達したりと云ふ左れど當局者も此に留意する所となり技師を派遣して之れを調査せしめ領事館に令して之れを踏査せしめたれど其復命書又は報告書等大に參考の資となすに足る者あるを見る（芝罘領事館の柞蠶に關する報告は三十七年二月五日の官報にあり上海領事館の同報告は三十六年四月二十三日の通商彙纂にあり中村農商務省技師の復命書は三十六年九月十日以後の時事新報に記載せられたり）啻に當局者の此に留意するに止まらず近來民間當業者も亦此に注意する所となり清國柞蠶糸の本場たる芝罘に渡航調査する者亦多く實に予等渡航の當時は其盛時にして予等を合して八人の多きに達す或は柞蠶糸の直輸入を計らんと欲する者あり或は柞蠶飼育の狀況を視察して以て本邦に移殖せんと欲する者あり或は其繭を輸入して製糸せんと欲する者あり或は予等の如く柞蠶糸生產の狀況を漫然として視察する者ありて其目的一ならずと雖ども要は皆柞蠶に關し一時に八人の本邦渡航者を見るに至れる者偶然の如くにして決して偶然にあらず近來本邦機業界が原料として清國柞蠶糸を重要視するに至れるを知るに足る予等芝罘以外の大產地たる遼東半嶋の生產狀況を視察せんと欲せしも牛莊渡航の際は已に前に記したる如く牛莊以前の旅行は實に危險なれど魯國の警戒頗る嚴にして遂に之れを視察するを得ざりしは遺憾なりしと雖ども幸に芝罘に於て能く種々の方面より之れを調査して其大略を知るを得たれど他に柞蠶糸に關する報文あ

るに拘はらず左に之れを記し以て當業者の柞蠶糸使用の參考に資せんと欲す

柞蠶の主要生産地として知られたる者は遼東半嶋に於ては寛甸縣岫陽懷仁縣安東縣蓋平等にして蓋平以外の前記の處に產する柞蠶繭及柞蠶糸は一度之れを大東溝に集め更に之れを芝罘に送る蓋平地方に產する柞蠶糸亦著名なる者にして大抵坐繰製の大枠者多く或は近來改良を加へ小枠者も製するに至りたりと云ふ而して其一部は牛莊に出で我日本に來り一部は蓋平より芝罘商人に依て芝罘に輸送せられ各地に販賣せらる山東省に於ては芝罘、昌邑、龍泉陽、棲霞、萊州府、登州府、榮城縣、寧海州、等は現時柞蠶繭若くは柞蠶糸の生産地として有名なる者にして其他至る處殆んど多少の產額を見ざるはなし卽ち四川省河南省安徽省湖北省直隷省亦之れに亞ぎ其生產區域大なりと雖ども今日に於て遼東半嶋と山東省を其主產地として之れを推すべく寧ろ遼東半嶋は繭の產地として其主位にあり芝罘は糸の產地として其冠たる者たり而して遼東地方に產する柞蠶糸は農家の副業にして耕耘稼穡の間之れを製糸する者にして其技術甚だ拙劣從て其糸質亦佳良ならずと雖ども反して芝罘及其附近に於ては製糸は皆工場組織にして目今蒸滊機械を有する製糸場二ヶ處あり坐繰製糸も亦外國製糸に摸せる足踏器械を用ゐるありて技術稍熟達し從て糸質一般に頗る優等なり予等芝罘に於て三四の工場を見るに職工は皆男子にして機械と坐繰を問はず糸の纖度の大小に依て四粒附六粒附八粒附乃至十二粒附位迄であり其商標の傍らに四粒六粒八粒等の文字を記して之れを區別す然れども製糸の實際を見れば四粒必ずしも四粒に非らず繭の解舒惡き者に至ては五粒なることあり六粒なることも亦なきにあらず或は減じて三粒のこともあり野蠶と養蠶と異にして纖維大小の差其本末に於て甚だしく糸縷の順序上より解舒の際の二本口三本口は敢て珍しからず寧ろ普通にして之れを正當の一本口に至る迄で解舒して糸口を求めば徒らに屑物をのみ出し四粒とするも必ずしも四粒たらざるは止むを得ざる所にして六粒糸八粒糸に於ても亦然りとす抑も製糸の要は種々ありと雖ども纖度の一定は其たらざるを得ざれば職工も亦大に注意して四粒ならば可及的四粒とし其纖度に不同の生ぜざらんことを期するが如く雄大なる男子の職工細心營々たるは實に感ずるに足る而して四粒以上八粒附等の細少纖度の糸を製するには繭の撰定大に嚴重にして其以上の太さの糸は多少繭を撰定せざるにはあらざるも概して粗雜なり當縣見附地方は本邦に於ても柞蠶糸使用地の第三位にある處にして一昨年の如きは或は貳拾萬圓前後にあるべしと雖ども其糸質の劣等なること該糸使用の第一に位する名古屋地方に比すべくもあらず主に蓋平糸若くは他の遼東各地に產する者を使用するにあらざる乎遼東各地に產する柞蠶糸製造の技術拙劣なるは前に記するが如くにして近來芝罘地方の製糸法に倣ひ小枠取り細糸をも製すと云ふと雖ども元來製糸上の技術拙劣なれば從て其糸質劣等なるを免かれず其揚げ枠は芝罘地方の如く六角ならずして皆四角なれば本邦に輸入せられたる柞蠶糸が外觀同樣に見ゆると雖ども其品質に於ては必ず劣等の者なきを保せず事些末に屬すと雖ども枠の六角なるや或は四角なるや等は當業者の柞蠶糸購入の際大に注意せざるべからざるの要件にして原料の撰擇購入の適否は獨り機業經濟に關するのみ

ならず製作の難易製品の善悪亦實に之れに關す又遼東産大枠糸は柞蠶糸中の尤も品質劣等に價格低廉なる者にして主に本邦に輸入し芝罘糸は主に歐洲向きにして坐繰糸の或物は目下盛に本邦に輸入しつゝあり芝罘糸の目的已に如此なれば品質優等從て價格比較的廉ならず今其調査する所の當時の價格及製糸場名商標等を左に記さんとす

製糸場名	商標	價格
華泰(蒸氣機械製糸)	國旗印	四百兩
華豊(仝上)	柞葉に蠶印	四百兩
同秦和(足踏器坐繰)	日本美人印	參百八拾兩
成生同(仝上)	墨繪の馬	參百七八拾兩
仝上(仝上)	金繪の豹	參百五六拾兩
正祥公(仝上)	墨繪の一疋鹿	參百六拾五兩
仝上(仝上)	墨繪の木登猿	參百五拾兩
仝上(仝上)	墨繪の二疋鹿	參百拾兩
萬順恒(仝上)	二人童子	參百貳參拾兩
豊泰仁(仝上)	三人人物	參百四拾兩

元曾同（仝上）　鶴　鹿　參百四拾兩

長盛東（仝上）　金繪の鹿　參百拾兩

萬盛棧（仝上）　金繪の仙人　參百拾兩

其他尚二三の製糸場ありて金繪の鷄、金繪の犬、金繪の獅子等の商標の柞蠶糸を出すありと云ふと雖ども遂に之れを逸す而して以上多數の製糸場中華泰華豊は單に製糸するのみにして之れを同地の某々商店に出し其某々商店より之れを上海に出し歐洲に販賣す其他の製糸場名は卽ち柞蠶糸を取扱ふ商店の名にして其所有の製糸場の産出に係り或は上海の支店又は代理店に出し或は我坂神の支店又は代理店に出し販賣する者にして百萬圓の輸入あるに拘はらず未だ甞て本邦人の直輸入を試むる者なく他の物品と同様商權皆淸人に左右せらるゝは實に遺憾なりとす今や漸く本邦の柞蠶糸を取扱ふ商人にして自ら彼地に渡航調査するあれば爾來淸國柞蠶糸の輸入の狀況も或は一變化を來し使用者更に多少の利便を得るに至らんかなれども要するに該糸の品質鑑査の注意を怠らざるにありて以上記する所の者は我柞蠶糸使用者の參考の資たらざるなきを信ぞ

清國絹織物

清國産絹織物に養蠶糸より成る者と野蠶糸より成る者とあり前者は江蘇省南京蘇州浙江省杭州等を其主産地とし鎮江湖州寧波漢口福州巴東等亦多少の産出あり他に養蠶業の存する所必す製絹業之れに伴ふと云ふ後者は主に山東省各地に産し我所謂「ケンチユー」と稱する者之れなり（支那人の繭綢と稱する者の音を直ちに我國に移したる者にあらざるか「ケンチユー」を本邦にて絹紬と書するを見るも之れ附會の文字なるが如し）

養蠶糸より成る織物を大別すれば綢、緞、縐、羅、紗、絨、等にして綢緞は前に已に羽綢羽緞を記するに當て説きたる如く綿織物如きに於ては其組織上何れは綢にて何れは緞なるや其區別明かならざるも絹織物の綢なる者は組織の細少なる斜紋織地或は平織地等の者を云ふが如く緞なる者は繻子織地を云ふが如し縐は縮緬或は壁織の種類を云ひ羅は絽の種類を云ひ紗は彼我相同しく絨は天鵞絨類を云ふ而して其模樣ある者には花なる字を附し模樣あらざる者は素なる字を附す近年清國に於ては機械製糸勃興し其器械製糸に係る者は品質優等にして我國の器械製糸に比すれは頗る高價に販賣せられ歐米人に大に歡迎せらるゝと云ふと雖とも其坐繰製糸に至ては其製糸法未だ舊態を脱せずして品質粗惡到底其器械製糸に比すべくもあらず我國の坐繰糸は未だ一般に器械製糸に及ばずと雖ども其技術の熟達せる者に至ては其價格甚しき差あるにあらず地遣糸として製糸せし者も亦價格に於て突飛の懸隔あるにあらず然るに清國に於てい器械糸は悉く歐米に輸出し織物を造るには坐繰糸の品質劣等なる者を用ひ予等上海滯在中の糸價を見るに器械製糸は百斤八百両乃至八百貳參拾両位の價格を有し坐繰糸の上等品は六百貳參拾兩中等品は六百兩下等は五百七八拾兩位にして其上等品は本邦福嶋縣產の三頭馬首位の者なりと云ふ金麟の商標を有する者の如きは卽ち其上なる者にして此れが再操の工程を經たる者すら尙六百八拾兩乃至七百兩位の者たるに過ぎず而かも之れ等の糸を使用する織物は繻子織等の細少なる糸を要する者にして他は中等品以下の者を使用し四百參拾両位の太糸をも使用すと云ふ如上の品質の劣等なる糸を繰るに當ては繰工身邊に小枠數個を置き繰りながら其細大を區別し之れを個々の枠に分ち取り可及的纎度を均一ならしめ撚糸工亦更に之れか細太を區別し時間と手數を吝まずして之を行ふ之れ卽ち支那絹織物の特色にして糸價の貴く職工賃銀の廉ならざる本邦に於ては淸國の如く糸量を多くして廉なる織物を造ること到底企及すべからざる所の者とす宜べなる哉諸外國製品にして淸人向きの絹織物の輸入は或る特殊の者以外には殆んど絕無と云ふて可なる程にして目今に於ては本邦より絹織物を彼地に輸出する如きは絕對的見込なき業なりとす否却て內地向き絹織物を彼地に於て造らしめ之れを輸入して本邦人の需要を充すある如きは實に遺憾なり若し夫れ其見本に至ては本縣に於て陳列館用として各種の絹織物を購入せられたれど一覽するは亦大に參考に供するに足るべく卽ち彼地に於て生產する絹織物の種類尺巾價格地質の强弱如何模樣色合等彼らの嗜好は果して何の邊にあるを察するに足らん嘗て前に記するが如く彼らの嗜好する花紋の

如きは一種の迷信より來りし傳來の者多くして殆んど千篇一律近來稍僅かに西洋的の意匠を加味し來りたりとし往々目撃するなきにあらざ之れ其進歩なる者なるが染色の如きは舊來の者の外アトレンス洋行謙信洋行等の發賣に係る獨乙染料を使用するも元來化學染色の智識發達せざ宛も本邦染色界の二三十年前の狀態にて比較的絹糸に着色容易なる色素を用ゐる者なり野蠶糸より成る織物は即ち柞蠶糸より成る繭綢にして皆平織組織の者なり年々の產額夥多にして本邦にも又は他の外國にも輸出せ西洋語の「ポンジー」なる者は此種の織物にして柞蠶糸の平絹なり之れか製造法を見るに整經の後筬に通し晴天の際室外に於て之れを長く引き張り澱粉質に富む豆粉、糊を施し乾かしながら糸筋を正し筬券をなす一と機を卷くが爲めに之れに從事する者三四人にして其迂遠の方法なるに至ては實に驚くべく之れを織るには支那的投杼の手機を用ゆれむ其生產力の微々たる知るべきのみ然れども柞蠶糸の平絹は淸國の特產物にして價格廉なる故大に歐米に需要ありて年々產額增加の傾向を有すと云ふ果して然らば原料を彼れに仰くの不便あるも我の進歩したる技術を以て柞蠶平絹を製造し之れを歐米に輸出するは如何之れに於ては大に調査を要すべき者ありと雖ども我の機織上の準備工程本工程共に彼支那人に優る萬々にして此利は原料を彼れに仰ぐの不便を贖に足るを信ず柞蠶糸を輸入して內地に消費すると輸入したる柞蠶糸に加工して海外に輸出すると其差果して如何之れ敢て柞蠶糸使用の當業者に問はんと欲する所の者たり

清國の關稅

清國の關稅其他の稅金等に關しては東京民友社發行吉田虎雄氏著支那貿易事情に詳記する所あり故に之れを參照すれば直ちに知るを得べしと雖ども清國輸入稅率は直接に清國へ輸出する物品に關係を有する大なれば清國輸入の諸染織物の主要なる者に關する者のみを記して我當業者の參考に資せんと欲す。

一漂白せる「シヤーチング」及「シーチング」の長さ四十碼巾四十吋を超へざる者

(イ)一疋の重量七封度以下の者每一疋　海關兩〇、〇五〇

(ロ)一反の重量七封度以上九封度以下の者每一疋　〃〇、〇八〇

(ハ)一反の重量九封度以上十一封度以下の者每一疋　〃〇、一一〇

(ニ)一反の重量十一封度以上の者每一疋　〃〇、一二〇

一擬土布(生及漂白共)

巾二十吋長二十碼以下にして重さ三封度を超へざる者は每一疋〇、〇二七の稅を課せらるゝも若し此巾以上に至れは從價五分を課せらる

一漂白「シヤーチング」及「シーチング」等

巾三十七吋長さ四十二碼を超へざる者は每一疋　海關両〇、一三五

一ドリルス但し巾三十一吋長さ四十碼を超へざる者

(イ)重さ十二封度四分の三以下の者每一疋　海關兩　〇、一〇〇

(ロ)重さ十二封度四分の三以上の者每一疋　〃　〇、一二五

我國より雲齋布として輸出する巾二十九吋二分の一乃至三十吋長四十碼重さ十四封度內外の者は本項の(ロ)に依て課稅せらる

一ジヱーンス(畦木綿)

(イ)巾三十一吋長三十碼を超へざる者每一疋　海關兩　〇、〇九〇

(ロ)巾三十一吋長四十碼を超へざる者每一疋　〃　〇、一二〇

一天竺布

(イ)巾三十四吋以下にして長二十四碼を超へざる者每一疋　海關兩　〇、〇七〇

(ロ)巾三十四吋以下にして長二十四碼以上四十碼以下の者每一疋　〃　〇、一三五

(ハ)巾三十四吋以上三十七吋以下にして長さ二十四碼を超へざる者每一疋　〃　〇、〇八〇

我國の巾二十九吋乃至三十一吋長二十四碼者は本項(イ)に依り課稅せらる

一纖織及綿縮(無地者)

(イ)巾三十吋以下にして長六碼を超へざる者每一疋　海關兩　〇、〇二七

(ロ)巾三十吋以下にして長六碼以上十碼以下の者每一疋　〃　〇、〇〇三五

(ハ)巾三十吋以下にして長さ十碼を超へたる者毎一疋　〃　〇、〇三五

一形附綿縮、形附雲齋布、形附金巾、形附天竺布等

(イ)巾二十吋を超へざる者は從價五分を課せらる

(ロ)巾二十吋を超ゆるも三十一吋を超へず且つ長三十碼を超へざる者一疋　海關両　〇、〇八〇

一捺染纖織は無地纖織と同じく色染纖織及染絲にて織りたる纖織亦然り

一染絲にて織りたる綿布(但し染絲織の纖織を除く)從價五分を課せらる

一捺染「シーチング」

巾三十六吋及長四十三碼を超へざる者毎一疋　海關両　〇、一一八五

一各種の捺染緋金巾

巾三十一吋長さ二十五碼を超へざるもの毎一疋　海關両　〇、一〇〇

一捺染綿繻子綿吳絽捺染畝織等及其特種の整理法を施したる者

巾三十二吋長三十二碼を超へざる者毎一疋　海關両　〇、二五〇

一兩面更紗類(但し藍色及白色捺染天竺布を包含せず)は從價五分を課せらる

一無地染綿布類(無地の綿繻子綿吳絽畦木綿其他特種の整理法を施したる綿布を包含す)

巾三十六吋長三十三碼を超へざる者毎一疋　海關両　〇、一二四〇

一色染紋織綿布類（特種の整理法を施したる紋織綿布を包含す）	海關兩
巾三十六吋長三十三碼を超へざる者每一疋	〇、一五〇
一色染雲齋布	
巾三十一吋長四十三碼を超へざる者每一疋	〃 〇、一七〇
一色染「シャーチング」及「シーチング」	
巾三十六吋長四十三碼を超へざる者每一疋	〃 〇、一五〇
一香港染金巾	
巾三十六吋長二十碼を超へざる者每一疋	〃 〇、一〇〇
一色染綿布截片	
巾三十六吋長五碼四分の一を超へざる者每一疋	〃 〇、〇二二五
一色染天竺布（各種の本染及擬緋金巾類	
（イ）巾卅二吋長廿五碼を超へざる者にして重量三封度四分の一以下の者每一疋	〃 〇、〇六〇
（ロ）同上にして重量三封度四分の一以上の者每一疋	〃 〇、一〇〇
一綿「フランチル」及各種の起毛綿布（白地、色染及捺染したる者を含む）	
（イ）巾三十六吋長十五碼を超へざる者每一疋	〃 〇、〇六五

(ロ)巾三十六吋を超へど長十五碼を超ゆると雖ども三十碼を超へざる者每一疋　海關兩　〇、一三〇

一綿毛布

無地捺染若くは紋織共に一枚　〃　〇、〇三〇

一綿手巾

(イ)染色せざる、染色せる若くは捺染せる者にて一平方碼を超へざる者一打　〃　〇、〇二〇

(ロ)其他各種の綿手巾　從價　五分

一タオル(蜂窩狀卽ち枡形織の者も含む)

(イ)巾十八吋長四十吋を超へざる者一打　海關兩　〇、〇二〇

(ロ)巾十八吋長五十吋を超へざる者一打　〃　〇、〇三〇

(ハ)其他各種浴巾　從價　五分

一日本綿布の如き種類の少き者等は皆從價五分を課せらる

其他諸種の稅金あるも其內地產と外國產とに依て徵稅せらるゝと徵稅せられざる者ありと云ふ予等遂に此らの詳細を調査するの餘地なかりしは實に遺憾とする所なり然れども清國貿易に關する種々の報文書籍あれども就てこれを見るべく就中吉田氏著の清國貿易事情なる者能くこれを詳記し殊に貨物輸出入に關する諸種の注意及手續は記する所密にして大に參考とするに足るを見る

韓國

予等清國に入るに先ち韓國に入り釜山仁川京城等を見る釜山は我對州の對岸にありて馬關より百二十浬直航すれば僅かに十時間にして達するを得全港は古來より本邦と重大なる關係を有する處にして同胞二萬人の居留するあり家屋の構造市街の体裁一として日本内地に異るなく外國に在りて外國の感なき者釜山に於て之れを見る京釜鐵道今や大に工事を急き本年を出でずして竣工せんとすと云ふ京釜鐵道貫通せば我山陽鐵道と聯絡を結び快走滊船により四時間を以て釜山に達せしむるの計畵あり釜山京城間は我百有余里にして一日程に過ぎず京城仁川間は元の京仁鐵道の開通するありて小時間にして達す故に本邦より釜山京城を經て仁川に達するは實に容易にして又昔日の比にあらざるべし京城仁川共に本邦專管居留地ありて本邦人の居留するもの釜山に及はずと雖ども各數千人の居留者ありて日本市街を形成す他に南面の海岸には鎭南浦、群山、木浦、の開港場あり東面の海岸には馬山浦、元山津、城津、等の通商地ありて我余力を移すに足る加之韓國は自ら義州龍巖浦を開かんとす或は近き將來に於て我義軍大々的勝利を以て平和克復するに至らば韓國亦內地を開放せざるにもあらざるべし韓國の遺利を我れに收め我製品を廣く彼國人に需要せしむる實に此時にありて存す即ち本邦の商工農漁鑛苟くも實業に從事し世に雄飛せんと欲する者は奮然として起ち先ず專門的に彼の國を蹈査すべし先んずれば人を制す時を遲ふする之れ憂ふ

ゐのみ

韓人需要の綿布　韓國一般の風俗は白衣を纏ふの習慣にして其原料概して綿布ならざるなし綿布の需要亦大なりと云ふべし而して其需要綿布の種類は韓國産あり本邦産あり西洋産ありて一ならざと雖ども寧ろ本邦産を最多なりとす本邦産白綿布に二種ありて手機織に係る者と機械織に係る者とも前者は主に釜山、木浦、元山津等の日本海に面する地方に販路を有し後者は仁川、京城を中心として比較的文化の開けたる地方に販路を有すること宛も淸國に於て需要綿布の異るが如し其他韓人の夜具或は本邦の前掛代りたるべき婦女の袴に供する納戸木綿紺木綿等より婦女子の衣料たるべき瓦斯甲斐絹等皆本邦の輸出に係る者なり亦近來韓人の「ツルマキ」と稱する者にして羽織若くは外套の如き者の材料として本邦の縞物を使用するの傾向ありと云ふ今予の韓國滯在中本縣第四課長及染織聯合會幹事に出したる手書の一部を再錄して以て參考に供せんとす

釜山より出したる手書

（前畧）韓人は正直に過きて猜疑心深く彼等の需要品にして其の物品と類似の寧ろ品性の佳良なる者ありとも當初より用ゐ來りたる者にあらざれば誰れが何と申候とも決して需要するなく其頑迷度し難き者ありと云ふ左れば何程の商品にしても當初より輸入し來りたる者は目下の處大勢力ある有樣にして「レッテル」の重要なることは非常の者に有之候へども本邦人の弊として少しく賣先き佳良となれば直

ちに品質を下落せしむる故正直過ぎて猜疑心深き韓人如きを相手とする商賣は殊更此邊に注意を要する處に有之候由啻に韓人のみならず何人に商取引するにも亦此弊害を矯正せざれば到底勝利を得ること覺束なきことに有之候又韓人は天然的にして人工の巧値を知らざる樣子にて農作上に肥料を施すなく除草するなく灌漑排水の準備なく一に天然に放任するのみなれば或論者抔は京釜鐵道を利用して本邦農作者を內地に送り農事改良を施し收穫を增大ならしめて以て其購買力を增進せしむるは對韓貿易の第一着に及さざるべからざる事業なりと夫れ或は然らん韓人の生活簡單性質惰弱にして仕事なければ路傍に睛睡する如きは之れ奇觀中の奇觀又其動作敏捷ならず故に大聲叱咤して勞役に服せしむれば元來强健の質能く之れを働かしむるを得ると云ふ故に本邦人の多數は實業上何れの方面にても大に遠征を試み視察せるは必要なる樣に被存候南米諸邦「ハワイ」濠洲等に出稼するも可なる一葦帶水の韓國決して見落しにならぬ處の樣に有之候又當地へ二萬人の本邦居留民大に米澤、伊勢崎、秩父邊の織物賣行良ければ我新潟縣の栃尾見附等の者も必ず見込みあり小切見本送りては如何と申す人もあり殊に韓人は羽織(ツルマキと云ふ)用として細少なる縞物を使用せるの傾向ありて韓人漸次日本化すれば一層の需要あるに至らんとのことに有之候尙韓人の夜具用下層婦人の袴等に納戸木綿紺木綿等需要せらるゝ者なれば我新潟縣の葛塚小須戸等の物產も面白きことゝ被存候(下畧)

仁川より出したる手書

（前畧）仁川は流石に王都京城の附近にして韓國第一の開港地我國の東京と横濱若くは京阪の神戸に於けるが如く釜山木浦等に於て賣れる者とは多少趣きを異にするを見れば必ずや京城仁川附近の人民い釜山木浦附近の人間よりは多少文化の程度異にして奢嗜の風ある者と被信候奢嗜の風ありと申候ても韓國一般の風俗慣習なる綿布の白衣は盡く着用致居候唯其種類は釜山木浦地方に尤も需要ある自分等の手織木綿にあらず日本輸入の小巾木綿にあらぞ英國製の金巾《シーチング》若くは日本製の金巾《シーチング》尤も多數を占め申候從來は英國製品淸人の手を以て上海香港等より輸出し來り仁川及京城市場を獨占致候由なるも日淸戰爭の當時淸人韓國より退去し從て英國品杜絕し其虛に乘じて大坂金巾會社の「シーチング」來り大に聲價を博し漸次日本製「シーチング」の信用を得販路を擴張せるに至り候由日淸戰爭平和克復後淸人の手を經て英國製「シーチング」來るも從來の如くならぞ相當の賣行あるも日本製品の輸入增加せる如くに輸入增加せず寧ろ多少輸入減少の傾ありと殊に大阪紡績會社の製品今春（昨三十六年の春なり）突如として來りし以來金巾會社の製品顏色なく今日韓人の尤も信用せる「シーチング」は大阪紡績會社の製品なりと申候本邦の製品兎に角に韓國民に信用あるは日本帝國の爲めに可賀事にして金巾會社も幸に改良を施し大阪紡績會社製品の如き品質に改め相提携して韓國市場に雄飛し又岡山紡績會社三重紡績會社和歌山紡績會社の製品未た尙大阪紡績會社及金巾會社の製品に及はすと雖ども韓國市場に現はるゝ者なれぞ之れ等も亦大に糸質組織を改善し盛に韓國輸出を計り本邦製品を以て英國品を驅逐し全然

韓國需要の綿布を我手中に握るは亦愉快なることゝ存候其他韓國人は秋冬春の「ツルマキ」（羽織又は外套とも稱すべき者）用として近來細少なる縞物例之は、刷毛目、細筋、千筋、一崩し、大名等の縞物を需要する樣に相成候へは遠からずして二タ子瓦斯二タ子絹綿交織位の縞物は輸入に相成候半と之れ本邦當業者の大に注意を要する處の者にして豫め當業者は盛に渡航して以て其狀況を視察するは必要と被存候已に新潟縣見附町機業家某の製品を韓人に供給せんとて五十反計り仕入れ候商人も有之仁川に於て我新潟縣の製品を見るは全く意外とする處にして又密かに喜ふ所に有之候併し之れ愈々流行する者なるや否や難計候へとも日本の勢力愈々優勢に韓人漸次日本化するに至らず必ず流行致候ことは疑ひなく之れ卽ち本邦當業者は大に注意を要する所なりと申候所以にして豫め當業者は渡航して其狀況を視察し販賣者等より色合見本等を乞ひ多少に拘はらず試製試販を爲すれ尙更必要の事と存候韓國迄には距離其多遠からず旅費亦多額を要せず伊勢參り本願寺參詣抔とて京坂或は大和巡り等に徒らに日子と費用を要する者にて充分に彼地に渡り漫遊するを得べく候へばせめては韓國迄でなりとも當業者をして視察爲致度候在韓の日本商人は凡て大阪に於て仕入れ候慣習にて直接に生產地と取引する者等は絕へて無之有樣大坂商人は其注文に依て生產地に注文し其品質の善惡等は敢て問ふ處に無之候一に在韓日本商人の言ふ儘に製造せしめ候在韓の日本商人は表面上競爭なく相提携して遣り居る樣なれども其間一種の暗潮ありて吾は吾、人は人永遠を期せずして目前を計る者比々皆然りと云ふ有樣にて粗惡の品劣等の物を密かに大阪商人に注文し己れ獨り拔け懸け功名を貪らんとし大坂商人も亦其注文に應じ之れを製造家に注文致候製造家何の事情何の需要何の用途をも辨知せずして之れを製造し其需めに應ぞ如此して在韓本邦商人同士にて大に競爭し折角賣れ來りし者も忽ちにして猜疑心深き韓人をして愈々疑はしめ信用を失するのみならず全く販路を失ひ候者も有之從て遂に內地當業者の損失に歸せし者も大に有之候卽ち甲斐絹の如き者靑縞の如き者皆其例に有之候之れを要するに在韓日本商人が一致團結なく徒らに競爭し獨り利を貪らんとするの結果に外ならざるも亦內地の當業者殆んど全く彼地の事情を知らざるより來る者も多々有之候へは當業者自分彼地を踏查するは必要に存候況んや今日の如く日本の勢力漸次韓國に扶殖し交通も從前の如く不便なるにあらす將來尙益々我帝國の外交上此の上にも勢力を韓國に扶殖し諸種の利權を得る者なるに於てをや小生等在韓の各商店を訪問し見込ありと思ふ品物を見當り候ても當業者に無之候へ它思ひ切て約束する譯に行かす甚だ遺憾に不堪專ら我當業者に渡航實況を視察せられんことを勸告せんと欲する所に有之候先んぞれ它人を制し又た主となる

(下略)

以上の手書は實に昨秋彼地に在りて發せし者なれども今や皇軍滿韓至る處連戰連勝帝國の威勢天下を厭し我商品に及ぼす好影響決して鮮少ならず實に我實業界余力の發展は此時に存す韓國八萬二千平方哩の面積は我同胞の至らんことを待つの面積にして二千萬の人民は將に我商品を歡迎せんとするの人民なり

加之本邦人の渡航者愈々多く染織物の如きは實に兩々に共通し大販路を存する者なれど當業者ハ奮然蹶起彼地を踏査せられんことを敢て希望して止まざる所とす

笠原技師 清韓染織視察報告終

明治三十七年九月一日印刷
明治三十七年九月五日發行

（非賣品）

新潟縣染織業聯合會
新潟市下旭町

印刷者　小林二郎
新潟市東仲通二番町四十二番戸

韓国併合史研究資料 ⑪⑰
⑴家庭百万吉凶宝鑑 ／ ⑵清韓染織視察報告書

2018 年 4 月　復刻版第 1 刷発行　　定価（本体価 11,000 円 +税）

原本編著者　⑴廣韓書林編輯部
　　　　　　⑵笠 原 次 郎
発 行 者　北 村 正 光
発 行 所　株式会社 龍 溪 書 舎
〒179-0085　東京都練馬区早宮 2-2-17
TEL 03-5920-5222・FAX 03-5920-5227

ISBN978-4-8447-0468-3
落丁、乱丁本はお取替えいたします。

印刷：大 鳳 印 刷
製本：高橋製本所